課程評鑑

黃嘉雄 著

目錄

表次

圖次

作者簡介

黃嘉雄

學歷

台灣省立嘉義師專；國立台灣師範大學教育研究所碩士、博士；美國北科羅拉多大學及華盛頓大學研究。

重要經歷

台北縣小學教師；縣政府教育局課員；基隆市政府教育局督學、課長、主任督學；國立台北師範學院初等教育學系副教授兼附設實驗小學校長；國立台北教育大學國民教育學系教授兼課程與教學研究所所長；教育部國民中小學課程綱要審議委員會委員、國民中學綜合活動教科書審定委員會委員、國民小學生活教科書審定委員會主任委員。

現職

國立台北教育大學教育學系、課程與教學研究所合聘教授兼教務長

學術專長

課程評鑑、教育評鑑、課程社會學、課程發展與設計

專著

轉化社會結構的課程理論：課程社會學的觀點

九年一貫課程改革的省思與實踐

學校本位管理制度比較研究

序

　　若以 1963 年教育部與聯合國兒童教育基金會合辦的國民教育發展五年計畫實施方案之評鑑做為台灣系統化教育評鑑之嚆矢，則台灣系統化教育評鑑發展迄今已歷四十餘年。這四十多年來，台灣教育行政機關對教育評鑑非常重視，從幼稚園至中小學乃至大學的各級各類學校，皆定期或不定期地接受計畫性的評鑑，評鑑的內涵有些屬訓導、輔導、體育、校園安全、交通安全教育、資訊教育或特殊教育之類的專門項目評鑑，有些屬針對學生學習成就、校長和教師表現的人員評鑑，最近的發展則更重視整體學校機構或其部門業務的校務或院系所機構評鑑。這些評鑑對強化學校績效責任、促進學校教育品質的提升，具有一定程度的助益。然由於至目前為止的大部分台灣教育評鑑設計，傾向於以機構的大範圍業務為評鑑對象，而評鑑的時程安排又過於緊湊、匆促，故仍大多未能完全發揮評鑑在協助方案做決定上的更積極、精緻功能。筆者以為時至今日台灣所需討論的，已不再是學校是否需接受評鑑的議題，所規劃和實施的評鑑方式也不應再僅重於機構或人員的評鑑，而應是討論如何提升層次至如何辦理教育方案，也就是課程評鑑的議題，因為唯有提供高品質的教育和課程方案，方能提升學生的學習品質，而這才是學校機構存在之所本，評鑑則是確保和提供高品質教育和課程方案的主要憑藉。基於此一觀點，乃催生了這本論著，希望本書的誕生能精緻化國內的教育和課程評鑑，進而貢獻於學生學習品質和效果的持續提升。

　　本書撰寫時特別考慮讀者在學習發展及實際運用上的需要，因而先以第一篇的七大章為導論，探討教育及課程評鑑領域裡常見的重要基本觀念與方法，分別說明了課程評鑑的意義與功能、關注的研究重點、課程發展與評鑑之關係、評鑑探究的一般過程與常用的探究方法、價值判斷的性質與取向、評鑑的利用與溝通議題，以及後設評鑑的觀念與評鑑檢核標準。此篇能引導讀者對教育和課程評鑑領域的重要議題、方法與實施過程有整體性認識。第

二篇則按課程發展過程中的主要程序步驟,包括問題與需要評估、設計、試用、準備與安裝和實施等,分四章舉實例說明各課程發展階段裡的評鑑重點與方法,此用以協助讀者掌握各課程或教育方案發展階段下的發展任務、方案成品,以及對其評鑑的具體要領與方法。最後的第三篇再以六章探討和分析九個常見重要評鑑取向或模式的源起、發展、核心觀念和評鑑探究方法,並予以評論,希藉以提供讀者更多元、豐富、深入的評鑑學門視野。這三大篇的內容,兼顧了評鑑學門核心觀念和方法的導入、評鑑在課程和教育方案發展實際運用上的說明,以及常見重要評鑑取向或模式的深入探究。就初學者而言,建議先研閱第一篇,再及於第二和第三篇;就欲實際實施評鑑者而言,可多參考第二篇的方法與實例,然並不能忽略第一篇的內容,亦可參酌第三篇評鑑取向的觀念與方法,將之轉化為自己情境所需評鑑的設計;就欲深入探究各評鑑取向之理念與觀點者,第三篇的討論內容提供進一步探究、分析與評論各種評鑑取向或模式的可行參照架構。這也表示此書雖名為課程評鑑,然其中的重要觀念、方法和議題內容,亦可廣泛地運用於絕大部分的教育及社會人類服務方案之評鑑。

　　本書之撰寫始自 2004 年,至今 2010 年付梓出版,計歷時六年。六年來由於自己教學、研究和行政事務忙碌,致撰寫期間有時整月無一空暇日得以提筆寫作,而當拾得閒暇欲提筆時,又總需再次瀏覽先前研閱之文獻並整理、接續腦海裡的舊有思緒,如此的斷續接連之間,難免發生內容有思索不夠周詳緊密處,尚祈方家指正。這段長時期的寫作,每完成一章或一節即敦請內人林麗梅女士逐一打字、排版並列印校對,對一本如此大部頭的著作而言,可說是苦差事,而內人總能於持家之餘圓滿地幫忙完成,在此表達誠摯的謝意。另心理出版社林總編輯敬堯慨允出版、高執行編輯碧嶸仔細且高品質地校正文章中用字遣詞,在此一併致謝。

黃嘉雄謹誌

於 2010 年 1 月 31 日

基本觀念與方法

　　任一學術領域在其學術社群長期耕耘下，皆會發展出一些重要概念、基本觀念和探究之方法與程序，以做為其劃定學術範疇、定義現象、呈顯關注重點、溝通彼此觀點、規劃和設計研究，以及導向實踐的通用性指引。本篇分七章說明課程評鑑領域的一些基本觀念與方法，包括課程評鑑的意義、評鑑探究之關注重點、角色功能、課程發展與評鑑之關係、評鑑探究的一般過程與探究方法、價值判斷的觀念與取向、評鑑的利用與溝通，以及後設評鑑的觀念，以協助讀者對此一學門的重要概念、觀念、研究議題和方法有整體性認識，並做為進一步探討本書第二和第三篇的基礎。本篇之重要基本觀念和方法，雖以課程評鑑為主要的論述重點，然這些觀念和方法其實廣泛地援引自一般的評鑑領域，故其亦可類推運用於更寬廣的各種教育及社會服務方案之評鑑上。

・課程評鑑・

第一章

導論

　　任何一門學術領域之成熟發展、理論建設及其有效地運用於實務，有賴於對該領域之重要概念予以清晰界定，而課程評鑑（curriculum evaluation）此一學術領域之最重要概念乃課程評鑑一詞。因此，本章第一節乃從「課程」和「評鑑」兩概念著手，分析學者們對此兩概念所下的定義內涵，最後整合出課程評鑑的意義，並提出一概念分析之整合模式。第二節則以第一節的概念分析結果為基礎，引申並說明研究及實施課程評鑑時應關注的重點。

第一節　課程評鑑的意義

　　「一位理論家的優先和必要任務，乃是界定其探究領域的範圍，而達成此目的之重要策略乃是界定其工具語言，包括該理論家用以說明和解釋整組事象之所本的特定或專門術語、主題及過程」（Beauchamp, 1981: 63）。

　　按 George Beauchamp 之言，任何一門學術領域之成熟發展、理論建設及其有效地運用於實務，有賴於清晰界定該領域之探究範圍和使用之概念工具。而概念工具和探究範圍之界定兩者形成相依相成之關係，概念工具內涵改變了，則該領域探究之範圍亦隨之調整。當不同的理論家採用及界定之工具概念內涵不同，其探究領域之範圍及理論立場亦跟著變化，此種現象在社會科學領域，包括課程評鑑研究領域，尤為明顯。George F. Madaus 和 Thomas Kellaghan（2000）即指出，各種評鑑之定義展現了理論家對評鑑性質、如何

實施及如何呈現與運用評鑑結果之各種認識論及方法論立場。因此,從事課程評鑑研究和實務者,應釐清課程評鑑的相關概念內涵,一則貢獻於理論建設工作,二則清楚說明所探究或評鑑之對象範圍,三則省思自己的認識論和方法論立場,四則有利於設計、實施、解釋和運用評鑑。而課程評鑑研究領域的最重要概念,即「課程評鑑」本身,本節即對此加以分析說明。有些國內學者如黃政傑(1985,1987)以及陳美如、郭昭佑(2003)曾從歷時發展之角度,探討不同時期評鑑概念內涵的演變,並據以說明及討論課程評鑑的內涵意義。本節則改採概念內涵分析之方式,從課程評鑑一詞裡的兩個核心概念:「課程」和「評鑑」,分析其概念內涵,重點不在說明其概念內涵的演進,而在於分析內涵本身。

壹、評鑑的概念分析

課程評鑑即評鑑課程也。亦即,所從事之工作為評鑑,而評鑑之對象為課程。所以,欲了解課程評鑑之概念內涵,應從了解「評鑑」和「課程」此兩概念之內涵著手。

評鑑之英文為evaluation,即估予價值之行動也;亦即,對某種事、物或對象進行價值判斷之謂。大陸的學者乃通常譯為評價。是故,價值判斷是評鑑的原初意義(吳清山,1995)。然學者們對評鑑概念之界定,往往超越了此一初始的意義內涵。有些固然強調價值判斷之意涵,亦有些強調進行判斷之過程與方法,也有些則重視評鑑之功能與目的;或者,有些學者之定義包含了前列事項。甚至,有的學者之界定刻意淡化價值判斷之意涵。茲舉述若干代表性學者之界定說明之。

一、Ralph W. Tyler

早期的 Tyler 在其名著《課程與教學基本原則》(*Basic Principles of Curriculum Instruction*)中,將評鑑界定為:「本質上是決定教育目標在課程與教學方案中實際實現情形的過程」(Tyler, 1969: 106)。他強調,因為教育目標本質上涉及人類行為的改變;亦即,教育目標旨在希望產生某些可欲的學

生行為型態之改變，故評鑑應是決定這些行為改變的實際發生程度之過程。就此時的Tyler而言，評鑑乃是評估事先訂定的目標之實際表現情形的過程，雖未直接使用「價值判斷」的用語，但隱然以事先界定之目標做為評估實際表現之評價規準，因此實質上帶有以目標從事價值判斷之意涵。

早期Tyler此種評鑑觀，由於過於狹隘，且可能導致評鑑實施上的一些後遺症，因而引發諸多批評（黃嘉雄，2004b）。後來，Tyler 亦修正了早期對評鑑的界定，將之修正為：「採用本詞（評鑑）用以包括比較課程發展過程中的理念、假設與相應於這些理念和假設的真實情況之過程」（Tyler, 1975: 28）。這時的修正，他已經把早期視評鑑為評估目標的實際表現情形之過程的狹隘定義，擴充為包括比較評估課程發展過程中每一重要歷程中之理念、假設的真實表現情形；而他主張課程發展之過程，包括了選擇與界定目標、選擇與決定經驗、組織經驗及評估經驗之效能等持續循環的過程。換言之，這時他所界定的評鑑概念，已經與課程（方案）發展過程的每一步驟相結合，以評估每一步驟中的理念或假設，評比與驗證這些理念或假設在實際情境中的真確性、合理性，進而用以修正或證明這些理念或假設。因此，評鑑的範圍已不限於那些與目標相關聯的結果表現，而已包括了課程設計、實施及其結果評估等範疇，價值判斷之依據也不再只是事先訂定之目標，而是檢驗理念或假設的合理性、有效性。

二、Lee J. Cronbach

Cronbach（1963: 1）曾對評鑑定義如下：「為了關注其充分廣泛之功能，我們可廣義地界定評鑑即為蒐集和運用資訊以對某一教育方案做決定。」所謂的方案，可指全國性使用的一套教材、某單一學校的教學活動，或個別學童的教育經驗。

Cronbach 的定義，至少強調三個要點：

1. 強調評鑑的功能發揮。若評鑑未能發揮應有之功能即無意義可言；換言之，不能只是為了實施評鑑而進行評鑑，評鑑應能對方案產生功能。

2. 注重評鑑的做決定功能。他強調需發揮的評鑑功能是做決定，此帶有行動導向之意涵，亦即評鑑應引發對方案做決定之行動（Wolf, 1990）。

做哪些決定？他曾進一步說明包括三種決定：⑴課程改進：決定哪些
教材和方法是滿意的，而何處需改變？⑵有關學習者之決定：辨明學
習者之需要以規劃適性教學，判斷學習者之學習成效以選擇和分組，
使學生知悉自己的進步和不足；⑶行政規範：判斷整個學校系統或個
別教師等之績優程度。

3. 為了做合理的決定，評鑑的過程必須蒐集充分資訊，有效運用之。尤
其他認為不能只蒐集測驗表現的資料而已，應包括所有成就表現之資
料，並試著去尋找發現課程變革時對學習者產生的真正影響；例如，
課程實施後及其過程中學習者會回答哪些問題、會解決或處理哪些問
題、學習困難及其原因何在等的充分資料。

Cronbach 的評鑑定義，強調了評鑑過程的資料蒐集與運用，以及以此為
基礎的做決定功能；就字義觀之，他似乎未強調評鑑的價值判斷意涵，但做
決定時豈有未進行價值判斷之理？是故，他的定義亦帶有價值判斷之意涵，
而判斷的基礎源於決定者之需要。

三、Michael Scriven

Scriven 乃強調評鑑的價值判斷意涵之先驅人物，他於 1967 年發表的〈評
鑑方法論〉（The Methodology of Evaluation）一文，對評鑑之意義有如下說
明：

抽象地說，我們可說評鑑乃試圖就某些特定的實在（entities），回
答某些特定種類的問題。這些實在乃各種不同的教育措施（educa-
tional instruments）（教育過程、人事、程序、課程方案等）；各種
形式的問題包括：此等措施之表現有多優秀（相較於何種規準）？
比其他措施表現更佳？此措施產生哪些效果？（例如，我們所關注
的群體經此等措施之實施而受到何種重要影響？）採用此措施值乎
其成本？評鑑本身是一種方法學上的活動，其活動本質上近似於我
們嘗試著評鑑咖啡機或教學機、某房屋建築藍圖或某一課程計畫。
這些活動包括蒐集並整合一組加權處理的目標量尺之表現資料，以

呈現比較性或量化等第結果等的簡單活動，乃至驗證其：(1)資料蒐集工具；(2)權重比例；(3)目標選擇等之活動（Scriven, 1977: 334）。

從前述引言可知，Scriven 的評鑑定義具下述要點：

㈠視評鑑為價值判斷之過程

包括：第一，判斷某方案或對象表現之優越程度，而判斷優越程度之規準可來自某組價值判斷之規準、對標的群之實質影響；此類的價值判斷，後來有些學者如 D. L. Stufflebeam（2000b）、Blaine R. Worthen、James R. Sanders 和 Jody L. Fitzpatrick（1997）等學者將之稱為判斷方案之 merit（有些學者譯為優點，本書將之譯為**本質價值或內在品質**）。第二，判斷方案或對象之效用價值，即判斷其是否值得採用，而此種判斷可來自於與其他方案之比較，或評估其成本效益，或評估其在情境條件中的適用程度；此類價值判斷，後來被學者們稱為判斷方案之 worth（有些學者譯為價值，本書將之譯為**效用價值**）。

㈡主張評鑑應了解方案的成果表現

從 Scriven 之觀點而言，欲判斷方案或對象之價值，必須了解方案的實際成果表現，尤其是對方案標的群體（即消費者）所產生的實質影響。此種觀點，即是 Scriven 所強力支持的消費者取向評鑑。

㈢評鑑是一種方法學上的活動

為了對評鑑對象做客觀、合理的價值判斷，評鑑過程需設計方法和工具，蒐集有關評鑑對象及其表現之資料，以充分了解評鑑對象及其表現後據以判斷價值；甚至應對蒐集資料之方法、工具和價值判斷之過程加以檢證、省思。凡此皆表示評鑑是一種方法學上的活動。

四、Daniel L. Stufflebeam

Stufflebeam（2000b: 280）對評鑑所下的定義為：「評鑑乃對某方案、計畫、服務或其他關注對象的本質價值或內在品質和（或）效用價值之系統性探究。更操作性地說，評鑑乃就某對象之本質價值和效用價值規劃、獲得、

報告和運用其描述性和判斷性資料，以引導做決定、支持績效責任、傳播具效能的實踐，以及增進對所涉入現象之理解的過程。」

Stufflebeam 之評鑑定義頗具整合性，包含下述要點：

㈠它是系統性蒐集和運用評鑑對象資料之過程

系統性意謂需充分了解評鑑之方案或對象，包括對方案之背景脈絡、設計（投入）、實施過程和效果等面向之了解；亦指資料蒐集方法之系統性，即從如何規劃評鑑設計，到如何獲得、報告和運用資料，需反映系統化和整體化的精神。

㈡它是探究評鑑對象之本質價值和效用價值之過程

亦即評鑑係一種價值探究或判斷之過程。經由對所評鑑方案或對象之充分了解，評估其 merit 和（或）worth。他進一步說明所謂的 merit，是指某一對象（方案）之本質價值（intrinsic value）或品質；而本質價值或品質的評估，在於闡明某方案、產品或服務在觀念、設計、傳送、材料和結果上是否具妥適性，由評鑑者就已建立的一些工具性規準，比較所評鑑對象之美藝狀態和相較於重要競爭對象之品質狀態而得。所謂的 worth，則涉及某一對象（方案）之外在價值（extrinsic value）或其適用於某特定受益群體需要的效用程度。效用價值之評估，常因不同受益群體或機構之條件與需求而異。

㈢它是引導做決定之過程

評鑑之功能，在於引導決策者或利害關係人（stakeholders）做出合理的決定。而且評鑑之過程亦將引導社會和各機構重視績效責任、傳播被評為有效能的方案及其實踐，並增進對方案相關現象之深入理解。

五、Robert E. Stake

Stake（2000: 346）曾謂：「評鑑乃觀察所得之價值（分子）與某些標準（分母）之比。它是簡單的比率觀念，然而其分子並不簡單，在方案評鑑中，其關乎了該方案所具有的整體價值叢集。而且，其分母亦不簡單，因其關乎不同的人們對該方案的複雜期望與規準。」他進一步解釋，一位評鑑人員的

任務無需計算出該分數，亦不必然得出總結性等級，而是需對所觀察的方案做綜合性描述，並將其與適當選定的人員對該方案感受的滿意或不滿意做有用的參照。他認為，這是任何評鑑研究的最基本觀念。基於此，他曾提出**全貌評鑑**（countenance of evaluation）之觀念，主張對任何方案之評鑑，一方面要對方案之先在（antecedents）要素、運作（transactions）要素和結果（outcomes）要素做充分、整體性的描述，另一方面則需對所觀察、描述的現象，以某些標準加以判斷，標準則有絕對標準和相對性標準兩類。

此外，Stake主張評鑑設計應發揮服務之功能，以增進方案內及周遭人員對評鑑發現之效用性，故提出**回應式評鑑**（responsive evaluation）之觀念來取代所謂**預定式評鑑**（preordinate evaluation）之觀念。他界定回應式評鑑之意義為：「若其更導向方案活動而非方案意圖、回應於閱聽者之資訊需求、參照方案所及相關人士之不同價值觀來報告方案的成功或失敗，則是回應式評鑑」（Stake, 2000: 348）。

從上述 Stake 對評鑑概念之說明可知，他的評鑑定義內涵，強調下述要點：(1)它是觀察、描述方案或對象之價值，進而將其與某些價值判斷規準相權衡的過程，而此一權衡應參考方案利害關係人的各種價值觀；(2)對方案價值之觀察和描述，需採全貌式的觀點，包括方案之先在、運作和結果等要素在內；(3)它是一種服務取向的活動，應回應方案內部及相關利害關係人之價值觀、資訊需求，以增進評鑑之效用性。

六、Elliot W. Eisner

在眾多評鑑定義中，Eisner 的定義頗為特殊，他不直接使用評鑑一詞，而改以**鑑賞**（connoisseurship）和**批評**（criticism）來表達評鑑的意涵。他說：「此種教育探究的方式（教育鑑賞和教育批評）具質化的特性，是教育評鑑的一種；係引自文學、戲劇、影片、音樂和視覺藝術領域中賞評者之工作。」「在藝術或教育中，有效的批評並非一種獨立於知覺力之外的行動，具看出、知覺到精妙、複雜和重要處之能力，乃其最優先的必要條件。在藝術中，具知識性的知覺行動即為鑑賞。欲作為鑑賞者，必須知道如何觀、看和感知。一般的定義，鑑賞乃感知的藝術，它是批評的根本，因為未具能知覺何為精

妙和重要的能力，批評即是表象的或甚至空泛的。鑑賞和批評的主要區別：鑑賞是感知的藝術，批評則為揭露的藝術。鑑賞是私有的行動，它由認知和感受到某特定事象之品質而組成。」「批評是將鑑賞知覺到的事象或事物之品質予以揭露之藝術。批評乃鑑賞的公開面」（Eisner, 2002: 212, 215, 219）。「批評的目的是知覺的擴展，John Dewey 這樣提到：批評的功能是藝術工作中知覺的再教育。在此種意義上，批評者之功能如同一位知覺的助產士……。我相信 Dewey 所謂的再教育，是表示批評之目的在於幫助我們再觀看，亦即，以新的方式來觀看」（Eisner, 1991: 175）。早期 Eisner 曾說明教育批評包括描述（description）、解釋（interpretation）和評價（evaluation）三個層面之活動，1991 年的文章則再補充了第四個層面的活動，即推**基調**（thematic）（Eisner, 1991）。

從 Eisner 的上述說明可知，他所定義的評鑑是一種採質化取向的方法，以對某現象、事物或方案鑑賞與批評其特質的探究活動。方法論上，其是一種引自藝術批評的質化取向探究活動。在探究的過程中，包括鑑賞與批評兩個密不可分的工作，前者係感知對象的精妙、重要特質之活動，並做為後者批評之基礎；而後者則係揭示所感知對象之特質而加以描述、解釋、評價和推得特質基調之相互循環關聯活動，其目的在於協助評鑑報告閱聽者亦能感知該對象之特質。因此，後者的活動具教育啟蒙之功能。Marvin C. Alkin 和 Ernest R. House（1992）即認為評鑑之功能，除了貢獻於做決定的工具性功能之外，亦具有增進理解的啟蒙功能。

以上說明了六位學者的評鑑定義及其概念內涵，從這些定義及概念內涵可知，不同的評鑑定義隱含了某些評鑑方法論、認識論和價值論上之立場差異，其也進而引發各種取向的系統化評鑑模式。若暫且不深論這些不同評鑑定義背後方法論、認識論和價值論上的立場差異，其實亦可從這些不同的定義中整合出更具綜合性的評鑑定義及其概念內涵。

綜合前述學者對評鑑定義及其概念內涵之說明，可歸納評鑑之概念內涵如下：

㈠它是界定對象加以評鑑之活動

任何評鑑均應界定某一對象做為評鑑之標的，此為優先必要之工作。因此，規劃及進行評鑑時，應先界定評鑑之對象，而評鑑之對象可為某種產品，包括其設計、製造、使用及功能；亦可為某人、團體或事件等個案；亦可為某一教育及社會服務方案，而此等方案可大至全國性方案，亦可小至某一教學單元或某個別化學習方案。

㈡它是系統性地深入了解對象或方案的探究性活動

欲對某一對象或方案加以評鑑，必須設法了解該對象，故評鑑的過程即是一種方法學上的系統性探究活動。儘管學者們所持的方法論有所差異，但藉助各種社會及人類行為科學的探究方法來蒐集、分析、解釋或運用擬評對象或方案之資料，藉此對其獲得深入或全貌式理解，進而予以公正完整評鑑之立場，則無二致。

㈢它是一種價值判斷的活動

前舉六位學者的定義中，少部分學者如 Tyler 和 Cronbach 雖未明示評鑑的價值判斷意涵，然早期的 Tyler 實以目標做為價值判斷之基礎，Cronbach 所強調的做決定亦應先歷經價值判斷的過程，而 Eisner 的鑑賞與批評活動中亦包含了評價的活動。至於其他三位學者，則於定義中強調了評鑑中價值判斷的本質意涵，是以，評鑑是一種價值判斷的活動，殆無疑義；而且，包括判斷所評鑑對象之本質價值（品質）和效用價值在內。然而，在價值判斷過程中，不同學者及不同的評鑑模式所持的價值觀則有所不同。Margaret E. Gredler（1996）即將所有的評鑑模式歸類為兩種不同的價值判斷立場：一是**功利主義觀點**（utilitarian perspectives），另一是**直觀主義／多元主義觀點**（intuitionist/pluralist perspectives）。

㈣它是具教育啟蒙和引導做決定功能的活動

透過評鑑過程中的深入探究及價值判斷活動，評鑑者能協助評鑑對象或方案內人員及其利害關係人，甚至於廣大的社會公眾，進一步知悉、理解該對象或方案之特質、品質、影響、效果、績效、價值及其優弱勢。此一過程，

對所評對象或方案之決策者、消費者或實施者，可發揮啟蒙、增能、再教育及引導做決定之功能；而做決定之功能，則包括對方案或對象之捨棄、採用、修正、選擇和比較績效等決定。相對地，若評鑑缺乏此等功能，則其似已喪失了實施的意義。

　　基於此，可將評鑑的概念界定如下：「評鑑係針對某一對象或方案，採系統化探究方法蒐集、解釋、報告和運用其相關資料，判斷其本質價值（內在品質）和效用價值，以增進評鑑之委託者、方案發展者和利害關係人理解和做決定之過程。」

貳、課程的概念分析

　　課程評鑑之對象乃課程，而「課程」概念之內涵，如同「評鑑」一般，極為複雜。不同的課程定義及概念內涵，影響著評鑑的設計及對評鑑範圍的界定。

一、黃政傑的分析

　　黃政傑（1991）曾將學者所提出的各種不同的課程定義歸納為四類：(1)學科及其包含的內容材料，例如，課程是一系列的科目之定義；(2)學生的學習經驗，包括在學校指導下的一切經驗，甚至於校外經驗亦包含在內；(3)一系列目標的組合，例如，課程是有組織的一系列有意的學習結果之定義；(4)學習計畫，例如，課程是提供給受教者學習機會的計畫之定義。當然，亦有些學者的定義整合包含了前述四類定義。

二、George Beauchamp 之分析

　　Beauchamp（1981）認為課程一詞包含了三種方式之定義：(1)指一個課程：意指設計來做為教學規劃出發點的一個文件。此一定義近似於黃政傑分類中的課程即計畫之定義；(2)指一個課程系統：意指習慣上所謂的課程之規劃設計、實施與評估，此三者是課程工程的三大事項；(3)即為一個研究領域：課程作為一個研究領域，其探究範疇包括前兩者之課程設計、課程工程及解

釋課程設計與課程工程所需的研究和理論建設。

三、Robert S. Zais 之分析

　　Zais（1981）曾分析課程之概念包括下列類別：(1)課程即學習方案：指學校所提供的各種學科課程所組成的學習方案。(2)課程即科目內容：指各種學習方案中特定學科之內容。(3)課程即規劃的學習經驗：指學校引導規劃下欲提供給學生機會以獲得各種可欲的學習經驗之所有方式。就範圍而言，此已包括了學科以外的一切經驗，但強調的是事先規劃的藍圖、計畫。(4)課程即在學校輔導下所發生的經驗：相較於上一個定義，此一定義將未經計畫或非意圖性的學習經驗結果，即**潛在課程**（hidden curriculum）的結果，亦納為課程的內涵。Beauchamp（1981）對此一寬廣的定義加以評論，認為若我們關心學生的整體經驗，則很難加以拒斥，但是在課程的規劃設計階段，此一定義難以發揮功能，因我們無法完全預知學生實際上所習得的經驗；不過，在課程建構過程的評鑑階段，我們將很難拒斥此一定義的效用性。(5)課程即具結構性的一系列意圖學習結果：按 Mauritz Johnson 之觀點，此種定義將課程與教學之概念做區隔，課程是事先預定、規劃的一系列具結構性的學習結果之意圖，即一系列具結構性的目標組合；而其他有關學習內容、學習活動和評量程序之規劃與實施，被視為是教學（引自 Beauchamp, 1981）。(6)課程即一套書面的行動計畫：此一定義類似於第五種定義，將一個課程視為是一個引導教學行動之計畫藍圖；所不同的是，此計畫的內涵，除了意圖的學習結果外，可能還包括學習內容與學習活動等在內。

四、Allan A. Glatthorn 之分析

　　Glatthorn（1987）曾區分了六種不同的課程概念：(1)**建議的課程**（recommended curriculum）：由個別學者、專業組織和改革團體所建議的課程；(2)**書面的課程**（written curriculum）：指存在於州和學區核定的課程指引或綱要之課程；(3)**支持的課程**（supported curriculum）：在資源（如時間、人員、教科書和其他教材）分配之形塑和反映下而獲得支持或傳送的課程；(4)**教導的課程**（taught curriculum）：乃觀察者在教師教學行動下所見到的課程，是實

際被傳送的課程；(5)**測驗的課程**（tested curriculum）：乃教師課堂中之測驗、學區開發的課程參照測驗及標準化測驗等所評量的學習內涵；(6)**習得的課程**（learned curriculum）：指由於學校之經驗而導致學習者在價值、觀念和行為的所有改變結果。

五、George F. Madaus 和 Thomas Kellaghan 之分析

Madaus 和 Kellaghan（1992）在說明課程評鑑之意義時，主張課程由六個主要內容組成，課程評鑑之對象即包含此六者：(1)背景脈絡：即任何課程所規劃或意圖實施的背景脈絡；(2)寬廣的教育目的：引導整體學校課程的廣泛性、抽象性教育宗旨或教育目的；(3)特定學習課程或學習單元的目標：例如，某年級數學或其中某單元的目標；(4)課程材料：通常以文件形式存在，包括教學大綱、教師指引、教科書、習作、軟體和其他輔材，藉由此，學習之內容、科目內涵和相關技能被加以選擇並予以排序；(5)運作與實施過程：教師在教學現場將期望學生習得的各種知識內容、學習材料、技能和價值加以傳遞之過程；而此過程亦包含了非意圖性的經驗；(6)結果：課程實施與運作之結果，包括意圖性與非意圖性之結果。

六、Mohamed E. Hamdan 之分析

Hamdan（1986）主張課程評鑑應採系統化的方法學和立場，將評鑑與課程發展及實施之過程密切結合，認為評鑑任何課程均應包含該課程的規劃、發展、實施與效果等四個連續階段或層面之評鑑，且這四個層面之評鑑又具彼此回饋的關係，如圖 1-1。

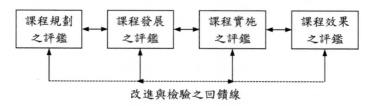

圖 1-1　Hamdan 的四大基本課程評鑑層面之回饋關係圖

資料來源：Hamdan (1986: 7).

Hamdan 進一步說明評鑑此四大層面之內涵為：

1. 課程規劃之評鑑：類似 **CIPP（背景、投入、過程和產出）評鑑模式**（context, input, process and product evaluation model）之背景評鑑或需求評估，旨在協助課程工作者決定課程革新的需求。本層面評鑑之過程有三：首先，是決定現有課程的合理性。其次，當決定發展新課程時，則進入課程發展規劃的評鑑，包括先評鑑主要的課程規劃要素，如課程之目的、知識、學習活動和評量活動，接著評鑑附屬的課程規劃要素，如教學策略、媒體與材料、組織模式、人力和物質支持服務等，然後尋找一個類似性質的成功課程當效標做為所發展之新課程的標竿。最後，評鑑新課程的教育性和實踐性效益。

2. 課程發展之評鑑：即為課程設計之評鑑，主要在於評估課程設計之產品，如課程計畫文件、支持材料和教學策略等是否符合某些內在規準的合適性。

3. 課程實施之評鑑：主要為評估影響課程實施的因素和課程運作與實施的實際過程。

4. 課程效果之評鑑：包括課程的主要效果，即對學生在知識、態度和技能等成就之影響；以及課程的邊際效果，指對教師、行政人員、學校情境和當地社區的影響效果。

以上計說明了六位學者的課程概念內涵分析，雖然未窮列所有學者的課程概念定義，然基本上已能反映課程概念的複雜性及其主要內涵。綜合這些學者的課程概念分析，可獲得下述有關課程此一概念的內涵要點：

第一，就範圍而言，一個課程可能指某個機構或學校的整體課程結構，其內包含廣泛性的教育目的、各種學科、學習領域和學習方案；亦可能指針對某些學習者所提供的整套學習方案，如師資培育機構為修讀教育學程之學生所提供的教育學程課程；也可能指某特定學習領域或學科的延續數年課程或其中的某學期、學年課程；也有可能指某一提供學習者在一較短的期間內習得某種完整知識和技能的**迷你課程**（minicourse）；最後，甚至也有可能是指某一更小的學習單元之課程。

第二，就存在狀態而言，上述各種課程範圍中的任一課程範圍，其存在

的狀態均可能包含下述其中之一：首先，是建議的課程：是個人或團體所建議的課程狀態，它尚未成為正式課程，但未來有此可能。其次，是書面課程，包括了各種課程文件如課程計畫、教學大綱、教學指引、單元教學設計、教科書、習作和其他輔材，而且課程計畫之詳簡情形不一，有些只列出一系列結構性的目標或意圖的學習結果，有些則進一步呈現學習的內容、教學活動、評量設計和實施說明。復次，是教導運作的課程，乃教學者與學習者在教學情境中實際互動的課程。再次，是支持與測驗的課程，乃該課程在運作實施中經由各種資源分配而呈現的支持狀態，以及測驗與評量工具之內容所反映的課程內涵。最後，是習得的課程，是學習者在該課程範圍所習得的一切意圖性及非意圖性學習結果。

第三，就發展之過程而言，上述各種課程範圍中的任一課程範圍，其發展的過程可能包括了規劃課程革新所需的背景與需求評估、課程的設計與修正、課程實施前之安裝與準備、課程的運作實施、課程結果之評估，以及融合於這些過程中的評鑑、回饋與修正等。

課程評鑑的範圍可能包括前述三種課程概念內涵中的一部分或全部，評鑑時應合理地界定所欲評鑑的課程範圍。當然，評鑑範圍之界定受到各種評鑑模式和方法論之影響。若採目標取向評鑑模式，則範圍聚焦於該課程範圍的意圖性結果之評鑑；若採 Stake 之全貌評鑑模式，則範圍擴展至包括該課程之先在要素、運作要素以及結果要素之評鑑；若採 Stufflebeam 之 CIPP 評鑑模式，則可能評鑑該課程的背景脈絡、方案設計（即投入）、實施過程和產出，或者，這四項中的一項；若採 Glatthorn 之觀念，則評鑑之範圍可能包含該課程範圍之建議的、書面的、教導的、支持的、測驗的和習得的課程等各面向或其中部分面向之評鑑。

參、一個整合性的課程評鑑概念分析模式

綜合本節有關「評鑑」與「課程」兩概念之分析，茲研提出具整合性的課程評鑑定義和概念分析模式。

一、定義

　　課程評鑑乃針對某一課程範圍，就其發展、實施與結果等層面之一部分或全部，採系統化探究方法蒐集、解釋、報告和運用其相關資料，判斷其本質價值（內在品質）和效用價值，以增進評鑑委託者和該課程範圍利害關係人之理解與做決定的過程。

二、概念分析模式

　　茲以圖1-2進一步說明本書所提出的具整合性的課程評鑑概念分析模式。

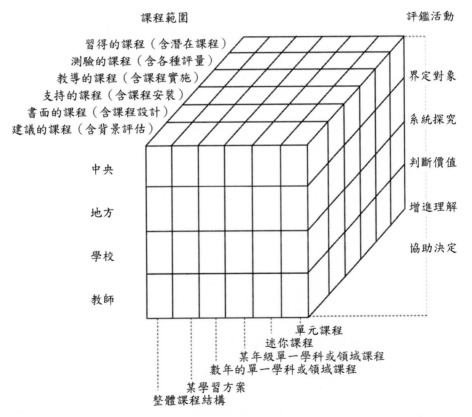

圖1-2　課程評鑑概念分析模式圖

㈠圖 1-2 之右邊虛線表示評鑑過程中之核心活動

評鑑過程中之最核心活動包括：

1. 界定評鑑之對象與功能：就所關注之課程範圍以及其發展、實施與結果等層面課程狀態之一部分或全部，界定評鑑之對象範圍。理想狀態下之評鑑，當然以諸層面課程狀態之全貌評鑑為佳，但若僅評鑑其中部分層面，亦不能說其不屬於課程評鑑。另評鑑對象之界定和評鑑之設計與實施，深受評鑑所欲發揮之功能的影響，所以，在界定評鑑對象範圍之時，亦應與評鑑之委託者討論確定評鑑之功能。

2. 進行系統性探究：實施評鑑即是進行一種系統化探究活動。當界定了評鑑範圍後，即應配合評鑑擬發揮之功能和課程發展過程諸層面課程狀態之性質，規劃其蒐集、解釋、報告和運用相關資料的探究方法，以對評鑑對象之特質做深入和整合性之理解。一般而言，所有社會及人類行為科學所採用之探究方法皆可用於課程評鑑的探究活動，但不同的方法論所主張之探究方法則有所不同。唯實務上，有許多不同的探究方法是可以發揮互補、相互校正之功能。

3. 判斷價值：除以系統性方法探究擬評對象、充分了解所評鑑之課程對象特質外，評鑑過程尚需判斷其本質價值（內在品質）與效用價值。價值判斷常受各種價值觀之影響，評鑑人員或可交代自己的價值判斷立場以獲得評鑑委託者及評鑑報告閱聽者之認同，亦可將各種多元的價值立場回應於評鑑報告中。

4. 增進理解或協助做決定：評鑑之結果應有助於委託者、受評課程對象之決策者、利害關係人甚至社會大眾對評鑑對象之真實理解；以及協助決定者配合課程或方案之發展過程進行合宜的決定。又評鑑不管是為了增進理解或做決定，不同評鑑功能總是會影響評鑑範圍之界定、探究方法之採用和價值判斷之立場，故本項往往成為評鑑過程中的優先活動。因此，前述四項評鑑過程中的核心活動，其實具相互影響、回饋之關係。

㈡圖 1-2 之左邊立方圖表示評鑑課程之可能對象與範圍

　　本圖顯示課程概念之內涵，可用以協助界定課程評鑑之對象與範圍。縱軸表示任一課程範圍的決定來源，可能為中央、地方、學校或教師等課程決定層級。底軸表示所擬評鑑之課程範圍，可能為某課程實施機構或課程決定層級的整體課程結構、提供給特定學習者的某套學習方案、延續數年或一個年級、學期的學科或學習領域課程、較短期間內完成某知識、技能和價值之學習的迷你課程，以及某一更小的學習單元。頂軸係表示配合課程發展與實施過程的各種課程狀態，亦即任一課程範圍，若按其發展與實施之歷程，可能均包含有背景與需求評估、設計與試驗修正、安裝與支持、實施運作和效果評估等歷程。相應於這些歷程之課程狀態，通常是背景評估與設計階段產生書面課程，而此階段常需對各種建議的課程加以評估；課程的安裝是課程實施前之必要準備與推廣工作，這時已開始反映出支持的課程狀態，並延續至運作實施階段；課程實施階段則反映了教導的課程、支持的課程，甚至部分測驗的課程狀態；最後是習得的課程狀態，其中包含了潛在課程的效果。

　　規劃與進行課程評鑑時，可參照圖 1-2 立方體之內涵，界定出擬評鑑之對象與範圍。

第二節　關注重點

　　研究或實施課程評鑑時，最應關注之重點到底有哪些？回答了此問題，就能大體勾勒出課程評鑑此一門學問的輪廓和探究架構，亦可做為設計和實施評鑑的參照架構。Arieh Lewy（1977）曾指出課程評鑑研究之重點有六大面向之議題：評鑑在課程方案發展各階段中之角色與重點、評鑑的實在（即評鑑的範圍和對象）、價值判斷**規準**（criteria）、資料類型、資料總結模式和評鑑之角色功能。David Nevo（1995）亦曾舉述教育評鑑研究的主要議題有十個面向：評鑑定義、評鑑對象（objects）、資料類型、評鑑規準、評鑑功能、**評鑑委託者和閱聽者**（clients and audiences）、評鑑過程、探究方法、評鑑人員類型，以及評鑑標準（乃實施評鑑應信守的一些原則）。綜合此兩

位學者之看法及前節有關課程評鑑意義的概念分析結果，可歸納出研究和實施課程評鑑最需關注之重點議題至少有八項：意義內涵、角色功能、範圍與對象、各課程發展階段之評鑑、探究方法、價值判斷、評鑑人員與相關角色，以及評鑑之利用與檢討。

壹、意義內涵

如前節所述，不同的課程評鑑定義反映出理論家對評鑑性質、對象與範圍、角色功能、過程與方法，以及結果呈現與運用的各種認識論、方法論和價值論立場之變化。因此，課程評鑑意義及其內涵之分析和說明，乃研究者和實務者應關注之重要議題。

貳、角色功能

有關評鑑的角色功能論述中，最廣泛被採用和討論的概念乃 Scriven 首先提出的**形成性評鑑**（formative evaluation）和**總結性評鑑**（summative evaluation）兩種角色。他認為評鑑人員往往混淆了評鑑目的和角色兩觀念，致產生評鑑實施和觀念上的一些問題。他主張無論評鑑的實在或對象為何，其目的只有一種，即價值判斷；而評鑑之角色（role），則可區分為兩類：一為形成性評鑑，其設計、實施和用意是為了支持改進的過程，通常由哪些能做改進的人所委託實施、或自行實施及閱聽評鑑結果。另一是總結性評鑑，就意圖而言，其是為了除方案發展以外其他理由而需要評鑑結論的任何觀察者或決定者（相對於發展者）而實施者；其可能是歷史學者、政治人物或某機構試圖揭示財政或法律上的績效責任，也可能是研究者企圖找尋趨勢或影響，亦或可能是某人欲做有關經費補助或採購決定而實施者（Scriven, 1991a）。所以，就 Scriven 而言，他所區分的形成性和總結性評鑑是依評鑑所扮演之角色及透過其所欲發揮之功能、作用而區分，而非就評鑑之方法和時機而區分為兩類評鑑。進行評鑑設計與實施時，希望達成的不同評鑑功能會影響評鑑的設計與方法。

　　除了 Scriven 外，其他許多學者亦對評鑑功能的議題多所論述。Nevo（1995）歸納學者們之分析，提出評鑑之角色功能有四：包括Scriven所提出的形成性和總結性兩功能；第三，是心理上或社會政治上的功能，其用意在於增進對特定活動之知覺，激勵受評者表現可欲之行為，或者在於促進公共關係；第四個功能，雖不受歡迎，但確實可能存在，即行政上的展現權威功能。Eisner（2002）亦曾說明教育評鑑的主要功能有五：診斷、修正課程、做比較、推估教育需求及決定目標是否達成。此外，**彰權益能評鑑**（empowerment evaluation）則特別強調評鑑對方案現場人員的啟蒙、彰權、增能和自立自助功能（Fetterman, 2000）。

　　探究或實施評鑑時，所希望獲致的角色功能不同，則評鑑之設計、方法、對象和價值判斷基礎亦隨之改變，故評鑑之角色功能亦是評鑑探究需關注者。

參、範圍與對象

　　評鑑課程時所擬評的課程，其範圍為何？在此一課程範圍下應蒐集資料加以了解、判斷之實在或對象又包括哪些？此亦是設計與實施評鑑應關注之重點。

　　有關此一議題，至少涉及兩個層面之考慮：首先，是範圍之界定。而範圍之界定，第一個要考慮的因素是課程決定的層級，從決定的來源觀之，一個學校之課程可能包含了全國、地方、社區、學校和班級層級課程之全部組合或其中之部分。不但不同決定層級所注重的課程目標與內涵不一樣，而且其課程發展的過程與產品亦不一致（Tamir, 1985）。第二個要考慮的因素是學習的範疇，前述不同課程決定權威所發展之課程，就學習範疇而言，也有諸多變化，可能只是一個主題單元之學習，也有可能是某個年級的學科或學習領域，亦有可能是某個延續數年的學科或學習領域，還可能是包括了數個學科或學習領域組成的整體學習方案；課程範疇之變化亦影響評鑑之設計與實施。涉及評鑑範圍與對象議題需考慮的另一個層面是評鑑的實在與對象。若評鑑之課程範圍已確定，則需進一步考慮該課程範圍下的各種課程存在實體，亦即該課程的各種存在狀態，如書面、支持、教導、測驗和習得的課程，

以及其所展現的各種型態，如課程綱要、材料、測驗、施教設施、教學過程、學生行為之改變和更廣泛的影響效果。這些不同種類的課程實在及其所展現的各種存在型態之考慮，影響了評鑑之設計和資料蒐集、解釋之方法與工具。

肆、各課程發展階段之評鑑

　　課程實在及其存在型態的多樣性，其實與課程的發展過程息息相關，不同發展階段所呈現出的課程實體存在狀態不一樣。在背景與需求評估階段通常產生課程的願景或長期性目標，在設計與試驗階段則至少會有具體的課程計畫與材料，在實施階段則會產生各種短、中、長期課程效果與影響。而一般的課程發展階段如何劃分？這些不同發展階段下的課程產品與實體為何？各階段的評鑑重點及其應發揮的角色功能又為何？此乃設計與實施評鑑的另一重點議題。

伍、探究方法

　　評鑑是一種系統性探究活動，在此探究過程中，一般的步驟或流程為何？其與一般的研究有何不同？在探究過程中又需蒐集哪些種類的資料？哪些蒐集方法和工具分別適合哪些種類資料的蒐集？又如何對這些資料加以分析、整合並驗證其信、效度？量化（quantitative）或質化（qualitative）探究模式何者較佳，或可兼採？探究方法傾向於支持自然主義探究（naturalistic inquiry）方法論或理性主義探究（rationalistic inquiry）方法論？這些都是設計與實施評鑑時應關注的探究方法上之重要議題。

陸、價值判斷

　　價值判斷乃評鑑的本質意涵，充分了解評鑑對象後必須進一步判斷其本質價值或效用價值，才算是做了評鑑。問題是所採取的價值判斷立場為何？是採客觀主義、功利主義的立場或多元主義的立場。若採功利主義的立場，

其判斷價值的客觀規準為何？如何形成？若採多元主義的立場，則其考慮與判斷的價值觀受哪些不同角度的價值所影響？又其如何讓評鑑之閱聽者真正了解該受評對象之品質與價值？進一步言之，其如何能發揮評鑑之影響力以協助做決定？所以，價值判斷議題乃研究與實施評鑑的重要議題。

柒、評鑑人員與相關角色

評鑑是由人所設計與實施的活動，其結果亦深深影響該評鑑對象脈絡下各種相關角色人員之利害關係，故評鑑人員之選擇及利害相關角色之釐清與辨明，亦是評鑑研究之重要課題。

在評鑑人員方面，學者經常討論的重點是應由**內部評鑑人員**（internal evaluator）或**外部評鑑人員**（external evaluator）、**專業評鑑人員**（professional evaluator）或**業餘評鑑人員**（amateur evaluator），或者由這些人員混合以管理與實施評鑑。分析討論這些不同評鑑人員在管理與實施評鑑上的利弊得失，亦是評鑑研究的重要議題。

而在評鑑的利害關係人中，除了評鑑人員外，最需辨明和考慮的其他角色還包括：第一，委託者，即發起、贊助和委託評鑑工作的機關、團體或個人；第二，課程或方案的發展者；第三，課程或方案的實施者；第四，課程或方案的消費者，即該課程或方案的服務對象，就學校課程而言，即為學生和家長；第五，評鑑報告的閱聽者，即有權利知悉評鑑結果的人士。

在評鑑設計與實施的初始階段，即應辨明這些評鑑的利害相關角色，了解其需求和觀點，以做為評鑑設計、價值判斷和利用評鑑結果之基礎，故評鑑人員和相關角色之選擇與辨明是評鑑探究的重點之一。

捌、評鑑之利用與檢討

評鑑應能發揮影響力，產生作用，其實施才有意義；若只是為評鑑而做評鑑，則不只浪費評鑑人員的寶貴時間與精力，亦耗費了社會成本，甚至會讓評鑑一詞蒙羞而令社會大眾不再相信評鑑所可發揮的各種功能，因此，如

何讓評鑑產生效用、如何利用評鑑結果，亦是評鑑探究之重點。

　　利用評鑑結果之前提，是該評鑑符合公正、客觀、精確、妥適和合於倫理正義等原則。否則，利用了偏差、失衡或誤導性的評鑑結果，對當事者或社會大眾之危害可能遠甚於未做評鑑。因此，如何建立一些大家所認可的評鑑原則，時時不斷檢討評鑑過程與方法本身，亦即對評鑑做後設評鑑（meta-evaluation），乃評鑑探究的一項重點。

　　本節上述所提探究與實施課程評鑑之八項關注重點，其中第四項「探究方法」涵蓋了 Lewy 所列舉的「資料類型」和「資料總結模式」及 Nevo 所提的「資料類型」、「評鑑過程」和「探究方法」，第七項「評鑑人員與相關角色」包括了 Nevo 所提出的「評鑑委託者和閱聽者」及「評鑑人員類型」，第八項「評鑑之利用與檢討」則包含了 Nevo 提出的「評鑑標準」在內。此八項關注重點雖尚無法窮舉評鑑研究的所有內涵，但至少已能呈現此一學門的整體輪廓。本書之鋪陳即以此八項重點為主軸，第一篇「基本觀念與方法」，主要就此八項重點分七章（含本章）予以說明、討論。第二篇則按各課程發展階段，以四章討論各階段之評鑑重點和設計。第三篇「重要評鑑取向」，則以六章分章討論較適用於評鑑課程的各種評鑑取向或模式。

第二章

角色功能

　　評鑑之設計與實施，深受該評鑑擬發揮之作用與功能之影響，因此，在評鑑規劃之初始階段即應考慮其所欲發揮之功能。本章第一節先分析說明眾家學者對於評鑑角色功能之看法，接著再從中歸納出較具整合性的評鑑主要角色功能；第二節，則從Scriven之觀點進一步討論學界對評鑑的形成性和總結性功能區分所衍生之一些誤解，這些誤解並非Scriven當初區分此兩評鑑功能之本意，但誤解之情形頗嚴重，因此特予專節討論之。

第一節　評鑑的角色功能

壹、眾家學者之看法

一、Tyler

　　本書第一章曾提及 Tyler 在其 1949 年出版的《課程與教學基本原則》一書中，將評鑑界定為：「本質上是決定教育目標在課程與教學方案中實際實現情形的過程」（Tyler, 1969: 106）。此一定義，讓若干學者和眾多實務者誤以為Tyler主張的評鑑功能僅僅限於評估目標之達成情形的總結性功能（黃嘉雄，2004b）。其實，Tyler 的原意並非如此，他在該書中曾總結對評鑑結果

之利用如下：「所有這些說明所表達的意涵是，課程設計是一持續不斷的過程，亦即發展出材料和程序，加以試驗，評估其結果，辨明其不當處和提出改進建議；此乃不斷再設計、再發展且再評估的持續歷程，在此一不斷的循環中，課程與教學方案才能在往後的數年中獲得持續改善」（Tyler, 1969: 123）。

所以，從評估目標之實際實現情形中進一步辨明該課程之優、弱勢，以協助課程改進，才是Tyler心中評鑑的主要功能。除了此一功能外，在這本書中，他亦曾列舉了其他的評鑑功能，包括：第一，認為它是促使課程設計過程中清楚界定教育目標之強而有力的設計，此乃因他主張評鑑的第一個步驟需辨明教育目標，而此一步驟將促使課程設計者和評鑑者試著努力清楚地界定目標；其次，它能對學習產生影響，影響教師和學生對教育目標的掌握，是促使課程計畫落實於教學現場的有效方法；復次，它能辨明個別或特定群體學生的需要、能力基礎，進而對其提供特別的引導與協助；最後，它是對學校所服務之顧客（家長）和社會大眾提供學校成就資訊的重要方法（Tyler, 1969: 124-125）。

因此，Tyler早期主張的評鑑功能主要為：⑴評估目標之實現情形；⑵指出課程優、弱勢以協助改進；⑶促進教育目標之清楚界定；⑷監督課程之落實實施；⑸辨明特殊的教育需求；⑹增進社會和家長對學校之理解。

二、Cronbach

雖然Tyler舉出許多評鑑的可能積極性功能，但這並未實質引導當時的美國評鑑實務，許多評鑑實務人員反而僅將評鑑之重點擺在目標表現情形之評估上。在1950年代以前的美國，許多的評鑑只是以紙筆測驗（test）來評量學生的學習表現，並以其結果做為評估辦學或教學績效之依據，或者用來比較不同課程的優劣。對此，Cronbach極不贊同，乃於1963年發表〈透過評鑑改進課程〉（Course Improvement Through Evaluation）一文，一方面提出檢討批評，另一方面提出評鑑功能和方法學改進的呼籲。

在該文當中，Cronbach（1963）主張，評鑑應蒐集和運用資訊以對教育方案做決定，尤其是下列三種決定：⑴課程改進：決定哪些教材和方法是滿

意的,而何處需改進?(2)有關學習者之決定:辨明學習者之需要以規劃適性教學,判斷學習者之學習成效以選擇和分組,使學生知悉自己的進步和不足;(3)行政規範:判斷整個學校系統或個別教師之績優程度。而這三項決定當中,他認為最重要者是透過評鑑改進課程,經由評鑑確認其對學生產生的各種效果,指出需改進之處及其證據。此外,他不認為比較某一課程與另一課程的評鑑,應支配主要的評鑑計畫。

三、Scriven

儘管Cronbach提出的評鑑功能包括了課程改進、決定學習者需要和績效責任判斷三者。但如前所述,他較看重評鑑的形成性功能,且不支持比較性評鑑,因此,帶有忽視評鑑總結性功能的用意。對於此種看法,Scriven認為有矯枉過正的現象,乃於1967年發表〈評鑑方法論〉一文,提出形成性和總結性評鑑的概念區分,並主張兩者各有其價值,不能認為前者之價值優於後者。他所提出的此兩種概念,純粹是以評鑑所扮演之角色、所欲發揮之功能而區分,而非就評鑑所使用之方法、採用之時機或其價值高低而區分。形成性評鑑之角色功能是為了支持改進的過程,而總結性評鑑則是為了改進以外之理由,如判斷績效責任、做消費之選擇、決定聘僱與否、授予證書資格等需下評鑑結論而實施者。

形成性和總結性評鑑兩概念廣為學界所引用,但常誤解Scriven之原意而誤用,因此 Scriven 曾於1991年發表專文加以澄清和討論。有關此部分,下一節將進一步說明。

四、Eisner

Eisner(2002)主張評鑑在教育中的最重要功能有五:

(一)診斷

透過測驗、評量、教師之觀察與評估,或者對師生互動之觀察等以發現並鎖定學生在特定學習上之困難與問題,並且以此做為課程變革之基礎。

㈡修正課程

Eisner 認為從課程發展的早期階段至最後的成品定案，本身即是不斷評估與修正的歷程。在決定目標與內容階段，某些內容與目標被評估、選擇或捨棄；當開始選擇與組織學習活動和發展教材時，評鑑亦發揮了修正與改進之作用；而在成品定型前之試驗階段，設計者和學校教師亦得以在實際情境中加以評鑑，並據以修正原先之設計。所以，評鑑應與課程的發展歷程建立起緊密的互動回饋關係，這是評鑑的課程修正功能，也是 Eisner 認為的最核心功能。

㈢比較

Eisner 主張評鑑在教育中的第三種功能是比較，包括比較不同的課程方案、教學和其他的學校教育面向。比較雖受各種因素如不同的教育哲學和情境條件以及方法上的限制等因素的影響而顯得困難重重，但是就教育的決定者而言，卻常常需面臨抉擇，所以透過評鑑以做比較亦屬常有之事。

㈣推估與界定教育需要

任何一項教育或課程革新方案之提出，通常需以需要評估做為其目標建立和方案計畫內容的基礎，如此才能說服社會或決策者支持該項革新。而透過評鑑中之意見調查、社會訪問和現況評估等過程與技術，能協助推估與界定革新之需求。

㈤決定目標是否已達成

這是最傳統的評鑑功能，即透過評鑑了解一項教育或課程方案所訂定的目標，經過此方案實施之後，其實際表現結果是否與原訂目標相符。

五、Nevo

Nevo（1995）認為評鑑除能扮演：(1)形成性和(2)總結性兩種角色功能外，尚可發揮難以歸入此兩者之其他功能。這些其他功能包括：(3)心理或社會、政治之功能：用以增加對特定活動之覺知、理解，激勵受評者表現可欲之行為，或者促進公共關係；(4)行政功能：即用以履行行政權威；在正式組

織中上級人員具有評鑑下屬的特權，位居管理階層者通常以評鑑來展現及行使其對下屬人員的權威。

六、Stufflebeam

Stufflebeam所倡導的CIPP評鑑模式廣為人知，亦常成為台灣評鑑實施的重要參考模式。他曾提及此一模式立基的主要觀點為：「評鑑的最重要目的不是去證明，而在於改進」（Stufflebeam, 2000b: 283）。

有些學者或實務者受此句話之影響，誤以為他主張的評鑑功能只有形成性或改進之功能。其實，他固然是強調評鑑的改進功能，但並未忽略其他功能。他曾指出，透過對某方案或其他服務的「背景」（context）、「投入」（input）、「過程」（process）和「產出」（product）等四類相互關聯的評鑑，可協助政策決定者、方案和計畫人員及個別的服務提供者：(1)啟動（來自背景評鑑結果）、發展（來自投入評鑑結果）和安裝（來自過程評鑑結果）妥適的方案、計畫或其他服務；(2)強化現有方案或服務（此類似Tyler所謂的監督功能）；(3)符合監督團體、贊助者和法律所要求的績效責任；(4)傳播具效能的實踐；(5)貢獻於評鑑所服務之領域的知識；以及(6)協助其他外界人員和群體了解和評估受評方案、計畫或其他服務之品質與價值（Stufflebeam, 2000b: 27-280）。

七、David M. Fetterman

近年來彰權益能（empowerment）的觀點逐漸興起，廣泛運用於如行政、教育等領域，有些學者更主張將彰權益能取向評鑑視為評鑑的未來趨勢；其中一位重要倡導者乃David M. Fetterman（陳美如、郭昭佑，2003）。按Fetterman（2000）之觀點，此種取向之評鑑主要由專業評鑑人員與方案人員在參與、平等、合作和開放的氣氛中，由評鑑人員採包括訓練、激勵、支持、解釋和解放促進的角色，協助方案人員建構和實施方案之評鑑。透過此過程協助方案人員自我成長、自立自助、改進方案，進而達成自我和社會之解放。所以，就他而言，評鑑之功能除了改進方案外，尚包括對受評者彰權益能，以致力於方案人員之自立、自主和自助，以及社會之解放；社會之解放，則

意謂促進一個更富公義與平等社會之形成。

貳、課程評鑑之功能

　　從上述眾學者之看法可知，單以增進理解和做決定，或形成性與總結性功能等概括、簡要的概念，實難以完全說明評鑑的複雜角色功能。綜合這些學者之看法，課程評鑑大體上可發揮在課程發展、行政和社會政治等三方面上的諸多功能。

一、課程發展上之功能

㈠了解現象

　　課程是一複雜的系統，任何課程的成效受許多因素之影響，例如，課程設計本身、課程實施之準備、教師的採用與運作、學生之特質、社會的價值觀和政治的環境等，均會影響課程成效。而透過評鑑對這些不同的因素系統性地蒐集資料，加以解釋和判斷，能加深對課程現象的了解，貢獻於課程此一門學問知識的累積。

㈡推估需要

　　需要（needs）通常來自現狀與理想狀態或期望間存有差距。透過評鑑中的許多方法與工具，可以蒐集了解課程現狀與期望間的差距，進而推估需要，做為建立新目標、發展新課程或改進現有課程之依據。新課程之發展或革新方案之啟動，通常源於需要評估結果發現了一些待滿足之需要。而這些待滿足的需要，可能源自於新學科和教育知識之創發、社會經濟之變遷、社會大眾之新期望、學習者之新增需要、學習者目前成就令人不滿意等等，評鑑是協助課程決策者和設計者推估這些需要，進而形成新目標的有效方法；而且，這些需要資料應該在課程發展的早期階段就已獲得，如此，所設計的課程才能符合這些需要。

(三)診斷問題

　　診斷課程問題與推估需要兩者雖然密切相關，但仍有差別。前者主要是針對現有的各種課程實在，如課程之計畫、材料、運作實施和效果等，透過適當的工具，找出其所存在之問題癥結，以做為改進之基礎；後者，則除了探討現存課程之問題外，還包括對未來趨勢和各種期望之評估。

　　以評鑑試著去發掘現存各種課程實在的問題，可於課程發展的每一階段中實施。在設計階段可評估課程目標、課程內容、學習經驗安排等之合適性；在試驗階段，可評估新課程之效果是否如預期；在安裝與準備實施階段，可探討分析影響實施的各種條件因素之滿足情形；在實施階段，則可分析新課程在現場情境中的運作狀態及中介性效果。透過對課程發展階段中各種課程實在及其存在狀態之分析與評鑑，能協助發展者發掘課程可能存在的問題癥結。

(四)修正改進

　　在課程發展各階段中，系統化的評鑑可協助發展者診斷課程所存在的問題，已如前述。當問題診斷出後，則可進一步由發展者就問題之性質與範圍研擬補救、修正之方案，藉以不斷改進現存或發展中之課程。所以，評鑑與課程發展間具有相依相成的關係，評鑑應存在於課程發展的每一階段，它是提升課程品質的批判性益友。

(五)評估成效

　　一項課程方案最能用以說服教育人員和大眾接受、採用的理由，是該方案確能產生教育效果，提升學習成就，帶給學校體系各種正面的影響，而且其成本及負面影響能有效控制。評鑑則是用以了解、評估與揭示一項課程方案的各種效果之最根本途徑。而且，現代評鑑觀念下所評估之效果，包括了許多層面，例如，對學生直接影響的各種預期和非預期性效果之評鑑，對學生以外的其他影響層面如教師成長、學校聲望、社區與家長滿意度等之評估，以及該方案成本效益之分析等。設計良好的評鑑，能評估課程方案的各種直接、間接效果。

㈥比較與選擇

前已述及，Cronbach 並不支持課程的比較性評鑑，主要原因是他認為影響課程效果的變因太多，難以採類似自然科學的嚴謹實驗設計控制相關變因，致難進行完全客觀化的比較。然而，基於下述理由，評鑑的比較與選擇功能亦會發生。第一，課程發展中的各種課程成品，如課程計畫中的目標與內容、課程材料往往不只一套，具可比較與選擇的事實；第二，即使是已定型的課程方案，決策者亦可能須將其與其他類似方案進行比較後，才會做採用與否之決定；第三，某些評鑑者主張採準實驗設計進行課程效果之比較，雖然其無法類如真實驗般嚴格控制實驗情境，但其影響變因已控制在可接受的範圍，應可合理比較課程效果；第四，決策者有從各種課程方案中選擇最具效能與成本效益方案的社會責任，而此種選擇需訴諸比較。

二、行政上之功能

㈠激勵

評鑑不只能對課程發展者提供回饋訊息，其亦可對實施者和學生提供回饋訊息，當學生和實施者從評鑑中獲知自己的學習或實施結果時，通常能激勵其省思學習和教學上的原有策略，進而表現更符合管理者及方案藍圖中的預期行為。

㈡監督實施

評鑑是協助管理者了解課程和方案實施真相，並進而掌握與監督各種實施影響因素的有效工具。當課程與方案之實施者知悉其所實施之課程與方案必須接受評鑑時，實施者將會更用心了解課程與方案之目標、內容與方法，並落實之。因此，對行政管理者而言，評鑑能發揮有效的監督實施之功能。

㈢績效判斷

透過評鑑可有效評估或比較各課程和方案實施機構及其人員之執行績效，進而獎勵與傳播具效能之實踐，或藉以對困難者加以協助。

㈣改進與取捨

在課程發展上評鑑能協助發展人員改進、比較與選擇課程中的各要素；對行政管理人員而言，評鑑亦可協助其改進各種行政管理策略，因課程與方案成敗的重要因素之一，即課程或方案之管理本身。另外，行政管理者亦常面臨有關課程或方案之選擇情境，如變革或不變革、採甲案或乙案、繼續或停止新方案等之抉擇，而評鑑則是提供其做理性選擇之基礎。

㈤安置與認證

透過課程評鑑，可了解不同的課程對不同群體學生的適合性，亦可了解不同群體或個別學生在同一課程下的學習效果；換言之，評鑑結果可協助教師和行政人員為不同學生安排不同課程，對學生提供適當的安置。此外，教育行政體系或認證機構對教育機構之設立、教材和教科書之發行、學生畢業資格或證書之獲得等加以認證，亦常會透過評鑑過程而完成。故評鑑在行政上亦可扮演安置和認證之角色。

㈥展現權威

對行政管理人員而言，實施評鑑是其向所屬機構和從屬人員展現其管理權威之工具。儘管在民主社會中這會對受評者產生心理威脅，但在當前仍帶有諸多科層體制色彩的學校體系中，此種現象仍難完全避免。

三、社會政治上之功能

㈠增進社會對學校和課程之了解

學校是公共機構，其從社會取得資源，成果亦回饋於社會，故學校體系有向社會大眾提供其績效和資訊之義務。透過學校課程評鑑結果之公布，社會得藉以了解學校辦學成果，亦得以了解影響其成敗的條件因素和相關資訊。尤其是日益強調家長選擇權的地區，學校成果和相關資訊之公開化是維護消費者選擇權的必要措施。

(二)彰權益能

透過課程實施人員之參與評鑑，評鑑過程能增進參與評鑑者對課程之自知自覺、自我成長和自我解決問題等能力，並激發學校內部改造之向上動力，進而提升課程和學校教育之品質。當學校之彰權益能現象進一步擴散至社會各層面，則可擴大效果，促使整體社會及其成員發展批判意識與能力而追求建立更富公義理想的新社會。

以上從課程發展、行政和社會政治等三個面向說明了課程評鑑可扮演、發揮的諸多角色功能。這些角色功能有時在同一評鑑中有些是彼此衝突而難以兼顧的。例如，一個強調監督實施、展現權威的評鑑，就很難企求其同時發揮彰權益能的功能，又一個強調比較與選擇功能之評鑑，就較難發揮診斷問題與修正改進之功能。有時則某些功能可同時並存在一個評鑑設計之中，例如，課程發展中的推估需要、診斷問題、修正與改進、評估效果，甚至比較與選擇等功能，可一併列為對某一新課程方案加以評鑑時欲發揮之功能；若其評鑑結果能讓社會大眾知悉，亦可增進社會大眾對該課程之了解；若該課程之發展與評鑑，是由課程方案之教學者在評鑑專家的協助下設計與實施，則亦可產生彰權益能之功能。

另一方面，在課程發展的過程中，評鑑在不同的課程發展階段，所扮演之角色功能亦有重點上的變化。在發展之初始階段，通常藉由評鑑進行需要之評估和問題之診斷；在設計與試驗階段，則一方面持續進行需要之評估，另一方面強調修正、改進和比較；在實施之階段，則除了了解現象、診斷實施之問題、隨時修正與改進外，並應重視成效之評估；當課程已定型後，則需注意相似方案之比較與選擇。

從以上說明可知，評鑑可發生於課程發展過程中的每一階段，亦可扮演諸多功能，設計與實施課程評鑑時，需審慎思考該評鑑擬扮演之角色以及擬發揮之功能、作用。

第二節　釐清形成性和總結性評鑑概念

　　形成性和總結性評鑑概念的區分，廣為研究者和實務者所引用。然其原創者 Scriven 發現，學者和實務者對此兩概念有諸多誤解或謬誤性解讀，產生一些評鑑觀念上的誤導，進而導致不少錯誤的評鑑政策與實際。為釐清此兩概念，導正誤解現象，他乃於 1991 年發表〈超越形成性和總結性評鑑〉（Beyond Formative and Summative Evaluation）專文，分析說明對此兩概念的十項常見誤解。由於國內學者也經常引用此兩概念，且在詮釋和運用上亦常陷於 Scriven 所指出的這些觀念誤解迷霧中，因此，本節乃就 Scriven 提出的十項觀念誤解，逐項說明之。

壹、認為兩者在本質上是不同的評鑑類型

　　這是第一項誤解。其實，如前所述，Scriven 對此兩概念主要是依評鑑之角色功能，而非依評鑑的類型（types of evaluation）而區分。雖然某些評鑑類型對於形成性功能較具實用性，另一些則在總結性功能上較有用，但實則兩者在對有關評鑑實在（對象）之資產、因素與關係之宣稱，以及效能與效益之評估上並無本質之差別。亦即，不能說形成性或總結性評鑑只能分別運用某些評鑑方法、評估方案的某些實在，或採用某些評鑑設計和解釋模式。

　　有關此一誤解，又會進一步引發三種錯誤觀念。第一，不當地將形成性評鑑與內部評鑑，總結性評鑑與外部評鑑畫上等號。雖然形成性者大部分是內部評鑑，總結性者大部分為外部評鑑，但這並非絕對的，有時採相反設計亦能產生很大作用。例如，一個尚未定型而正處於所謂溫室測試階段下的新課程方案，若由發展者以外之人員主持測試，其結果可能對發展人員提供許多修正與改進的寶貴資料，這是外部評鑑下的形成性功能；又該方案在設計完草案而未進入溫室測試階段前，若由設計人員嚴謹評估草案設計的合理性和可行性，以決定是否進一步測試或放棄此草案而改採其他現成方案，此則是內部評鑑下的總結性功能。

　　第二，誤以為形成性與總結性評鑑的發生時機可畫定明確的界線，其實情境脈絡之改變可能導致該分類觀念上的調整。例如，教科書首次出版前，出版者委請專家評審以決定是否出版，這是總結性評鑑；若出版後，再委請專家評審或取得讀者的意見以修訂初版內容而為二版，這是形成性評鑑。所以不能說形成性評鑑只存在於方案尚未定型的發展過程當中，而總結性評鑑總是針對那些已定型的方案而評鑑。

　　第三，誤以為一項已由設計者轉至自然情境下使用者手中之方案的評鑑，一定採總結性評鑑設計。事實上，其亦可能是一種形成性評鑑，因方案在現場自然情境下之運作結果，可能對方案提供許多其在控制情境下難以獲得的寶貴資料，其可做為方案改進之用。因此，不能以為方案已在消費者手上使用，而認為一定僅能做總結性評鑑。

貳、堅信應幾乎總是以形成性態度實施評鑑

　　這是第二個誤解，誤以為形成性評鑑之本質價值應高於總結性者。所以有此種迷思，其與Cronbach提倡評鑑的改進功能且不贊成比較性評鑑有密切關係。不過，Scriven認為儘管總結性評鑑結果會對人員、機構、產品產生重大衝擊，造成相關人員的極大心理負擔，有時會讓人對評鑑產生負面態度；然即使如此，它是強而有力且是保護廣大消費者權益的重要評鑑觀念。例如，學校為聘請最優秀教師而進行人員的甄選、衛生行政單位為保護民眾而對新藥品上市進行嚴格的認證檢驗、研發主管單位為發揮經費效益而對各種擬委託研究案之申請計畫加以評選，這些都是重視消費大眾權益之維護而實施總結性評鑑之例子。即使這些評鑑在設計或實際實施時，容或有未臻公平或未盡理想的案例發生，但這並非總結性評鑑觀念本身之錯誤，不能因噎廢食地貶抑其價值。另外，也不能因形成性評鑑對受評者似較友善、仁慈，較易為其所接受，因而認為其價值較高。基本上，形成性和總結性評鑑均有其運用之價值，兩者間並無本質上的價值差異。

參、主張形成性評鑑可能當然地比總結性者較具非正式過程

　　此一誤解，以為形成性評鑑之實施可以較總結性者不嚴謹，可以不必那麼正式化，此與一般認為形成性評鑑常是由內部人員實施之觀念密切相關。其實，若以不嚴謹的設計或非正式之態度實施形成性評鑑，則容易冒著一種自創錯誤安全感之危機，而難以發揮形成性評鑑做為早期警告系統之功能。所以，無論形成性或總結性評鑑，其設計與實施均應採嚴謹態度。

肆、認為形成性評鑑不能僅由整體評定所組成，且假設若能如此就必能包含或指出改進的建議或有關成就表現的因果解釋

　　為澄清此一誤解，Scriven特別另外提出所謂**整體評鑑**（overall evaluation; holistic evaluation）、**完整分析評鑑**（complete analytic evaluation）和**片斷式評鑑**（fragmentary evaluation）等觀念加以說明。以學生之作文評定為例，當評量者於閱讀完學生作文後，就其整體品質予以評定，此為一般所謂的整體評鑑；若就其組織結構、文句流暢、見解觀點、用字遣詞等項目分項評鑑後，再進一步整合評定其品質，則是一種完整分析評鑑；但若分項評定後，未整合出整體性的品質評定，則是一種片斷式評鑑。Scriven指出，許多形成性評鑑中所謂的分析式評鑑，只是就方案、產品或結果的各部分項目分別予以評定，之後則迴避針對各項目綜合而成的整體品質進一步評定，這是一種片斷式評鑑。此種片斷式評鑑雖有各項目部分之評鑑，但其只是一種準評鑑探究，因它做了分析，卻未進一步做價值判斷。另外，片斷式評鑑雖因有各分項評定之結果，而可協助了解方案或產品在各項目上的優、弱勢，但這並不意謂就能對其做因果解釋或貿然提出改進建議，因方案或產品的各部分並非彼此不相干的獨立部分，真正的病因也許根源於各部分表象背後的底層。因此，

形成性評鑑不能停留於只做片斷式的分項評鑑，不應迴避分項評鑑後之整體性品質評鑑——即完整的分析評鑑。換言之，若形成性評鑑的整體性評定是來自完整的分析評鑑，其值得肯定，這比起片斷式的分項評鑑佳。

伍、以為專業評鑑者之責任是對委託者提供事實而讓其依自己的價值詮釋之，或對他們提供分層評鑑（sub evaluations）而讓其自行整合

此一誤解的前半部分是評鑑者只蒐集事實性資料，但做為評鑑工作最重要部分的評價卻未進一步實施；後半部分是只做片斷式分層、分項評鑑而未進一步提供完整的分析式評鑑。此項誤解可能受到自然科學客觀主義和委託者中心取向評鑑觀之影響，前者主張探究者應設法不涉入價值判斷，後者則主張評鑑之功能主要是協助委託者做決定，而如何做和做何種決定應由委託者就評鑑者提供之各種事實性資料，依其旨趣和價值觀進行價值判斷進而做出決定，真正的利害關係人是委託者而非評鑑者，故評鑑者不宜越俎代庖而進行價值判斷。

Scriven 反對此種看法，認為評價是評鑑過程中的本質部分，缺了評價就是未完成評鑑。他提到，許多專業如醫師、工程師、律師等常常需進行完整的分析式評鑑，而這才是維護委託者利益的關鍵。在這些專業裡，若只提供事實性資料而不提出專業評價判斷，委託者或顧客將無所適從。他另指出，專業評鑑者在評鑑最後階段不但應提出評價，而且應是完整的分析式評鑑，其理由有三：第一，在評鑑的最後階段中，各項資料之種類和數量非常龐大，委託者受困於整合任務之複雜性，其將產生混淆而難以做價值判斷；而一位優秀之評鑑者則可在該受評鑑領域專家的協助下，知悉如何系統性地處理這些複雜資料，以協助委託者從其觀點看出最佳的未來之道。第二，評鑑的最後整合和評價階段遠比之前的階段更困難，更易受各種干擾之影響。委託者此時對於可能的評鑑結論和批評非常焦慮，自我防衛心理正重，這時獨立自主的專業評鑑者最能維持評鑑的客觀性。第三，這最後階段是方法學上最困

難的階段，必須確保最後推論的正當性，而這至少需有三項要件：(1)充分了解受評客體的所有各部分特質；(2)以客觀規準判斷各部分之價值；(3)將各部分之評價整合為整體的評鑑結論。如此複雜的方法學，唯有專業的評鑑者才能具備，委託者較難自行處理而獲致堅實的評鑑結論。

陸、堅持在形成性評鑑中只需指出需改進的部分而不需提出任何整體性結論

本項誤解與前述第四項誤解密切相關。某些形成性評鑑的倡導者只強調在評鑑中就方案或對象的各部分加以描述或判斷，指出某些部分的弱勢，然後針對這些待加強的部分提出改進建議，卻未進一步對方案或對象做出整體性判斷。

Scriven認為光這樣仍是不足的，這只是一種片斷式分項評鑑；它假定方案或對象之各部分是彼此獨立、各自分開的層面。事實上，各部分所呈現者可能只是表象徵狀，背後往往有更深層的根本癥結，若只就各部分分別處理而未進一步探究評估其根本癥結，則各項改進措施將會事倍功半或根本未對症下藥。所以，他主張形成性評鑑亦需如同總結性評鑑般不能僅指出待改善的部分，應採完整的分析式評鑑，將受評對象的各部分評估進一步予以做整合式的分析判斷，提出嚴謹、系統的整體性評鑑結論，如此才能做為改進與補救的根本基礎。

柒、堅信形成性評鑑至少在大部分情境中應採內容評鑑而非層面評鑑

Scriven 所謂之**內容評鑑**（component evaluation），是指將方案或產品內的各部分內容，暫時地採空間區隔的方式區分出單獨的各部分加以評鑑；而**層面評鑑**（dimensional evaluation）則是針對貫串於整個方案或產品的各層面特質加以評鑑。舉例而言，若將學生之作文分前言、本文和結論三部分加以

分項評鑑，這是內容評鑑；而若就貫串於全文之原創性、組織和文法等層面評鑑，則屬層面評鑑。Scriven 主張，層面評鑑之結果對消費者而言，更能協助其掌握方案或產品的品質，對評鑑者而言亦較易於形成整體性判斷，發現問題之根源。因此，一般認為形成性評鑑應採內容而非層面評鑑的觀點是一種謬誤。

捌、認為對一項評鑑的真正檢驗，視其是否能導致方案或產品之改進而定

　　Scriven 認為評鑑系統固然需判斷方案或產品的本質價值和效用價值，指出其健全處和弊病處，揭示其正功能和反功能，但這並不能保證受評者一定會加以改進。受評對象是否改進受諸多因素之影響，故不能以評鑑之建議是否被實施，以及評鑑之結果是否導致方案或產品之改進做為評斷評鑑是否具價值的規準，因這已超出了評鑑之範疇。在這裡 Scriven 似亦在暗示，不能因某些學者認為形成性評鑑較能促進方案之改進，而認為其比總結性評鑑更具價值，因為方案是否產生實際改進，已超越了評鑑工作本身的範圍。

玖、相信稱職的評鑑人員一定是那些在所擬評鑑領域能展現專業技能者

　　此種誤解如同誤以為優秀教練一定是來自該領域的專家一樣，其實許多著名的、有績效的游泳或球隊教練自己並不太會游泳或球技並不傑出；而一位善泳者或球技傑出者並不必然是一位好教練。Scriven 認為最佳的評鑑者，常是來自那些能從方案或產品之消費者角度執行評鑑任務的人士，而非從賣方角度看問題的人員，而形成性評鑑往往是屬賣方立場的評鑑。若將評鑑完全委由擬評鑑領域之專家實施，這些專家可能只從該專業之角度看問題而產生盲點，甚至有時會基於維護該專業而形成偏差，這反而會損及消費者之利益。所以，即使領域專家之參與評鑑能有助於深入了解問題，亦不能將評鑑

視為其專利而將非屬該專長領域之人士排除於評鑑團隊之外。較佳的策略是，評鑑團隊中應包括專業評鑑人員和擬評領域的專家，而前者不必然一定要精通該領域。

拾、要求一位評鑑者或雇主面對一位不稱職之受聘者一定得提供其有效的改進建議

Scriven認為此種觀點就如同堅持要一位橋樑安全檢查人員在未能找出補救方案之前，一定不能封閉一座危橋般之不合理。他主張在解聘一位受雇者之前，要求必須對其做分析性評鑑，這是合理的；但是，若要求所做的評鑑一定得提出該受雇者能力所及的行為補救方案，且保證若其履行此補救案一定就能達到所要求的標準，則此種要求是不合理的。若採取此種觀點，其實是為了保障受雇者而罔顧公眾的權益。

從上述Scriven所說明的十項有關形成性和總結性評鑑概念衍生的評鑑觀念常見誤解可知，這些澄清與說明有些固然是針對此兩概念性質本身加以釐清，但值得注意的是，他是對於學界和實務界一方面過度強調形成性評鑑之優越性和功能性，另一方面卻對形成性評鑑的方法學過於放鬆，致產生對其期望強烈而方法與觀念失當的偏失現象，表達強烈不滿，希能藉此導正之。此外，這些澄清與說明亦反映出Scriven強烈的消費者取向評鑑觀，將消費者利益之維護列為評鑑觀念與設計的最高上綱。

第三章

課程發展與評鑑

　　對課程發展者而言，無論是就現有課程加以改進，或針對教育問題與需求發展新課程方案，均是複雜、艱鉅且耗時的歷程；而且，隨著社會時代的變遷，任何一套課程皆無法永久維持原狀，必須持續改進，才能滿足學生和社會的需要。所以，課程應總是持續發展的，而非臨時短暫間創造的。在課程發展的過程中，評鑑是各課程發展階段或步驟中的益友，隨時對各發展階段的課程成品或實在提供必要的改進回饋資訊，評鑑若能愈早於課程發展的初期階段展開，並持續於整個發展的各歷程中，則各項課程成品和實在的品質將愈佳，將來半途而廢或最終被捨棄的機會，以及因而另起爐灶的成本也將愈低。而一般課程發展的程序與階段為何？評鑑與這些發展階段的關係為何？各發展階段中之評鑑重點為何？又如何界定出各發展階段下的各種不同課程成品或實在而加以評鑑？這是從事課程發展及設計與實施評鑑時應關注之重點，本章乃就此加以說明和討論。而在這之前，先以一節說明課程發展之特性，並藉以提示評鑑在課程發展中的重要性。

第一節　課程發展之特性

壹、課程發展與課程設計

　　課程文獻常見**課程發展**（curriculum development）和**課程設計**（curriculum design; curriculum planning）此兩意義相近而易生混淆的概念，學者對這兩概念之界定不一，有些將之交互混用，有些則認為兩者的概念內涵並不相同。

　　黃政傑（1991）曾參考 M. F. Klein 和 G. Gay 兩位學者之意見，說明此兩概念之區別如下：課程設計即課程各因素的安排，亦即其是基於某種（或某些）課程理論基礎，對課程各因素如目標、內容、活動、時間、空間、材料資源、評量等加以安排的方法與活動。課程發展則是進行前述課程設計活動所依據的過程，此過程包含課程決定的互動和協商，涉及人員的協調分工、權力分配、發展程序和參與決定程度等因素之協商與決定。

　　黃光雄、蔡清田（1999）亦曾區別此兩概念：課程設計指課程要素的選擇、組織與安排的方法過程，其是包含擬訂教學目標，選擇、組織教學活動，執行評鑑（評量）的科學技術，旨在產生一套課程產品系統。課程發展是將教育目標轉化為學生學習的課程方案或教學方案，並強調教育理念的發展演進與實際的教育行動，以彰顯課程並非只是純粹思辨的教育理念產物，而是付諸教育行動的歷程與結果；因此，其重點是強調課程目標、內容、活動、評鑑程序所發展的歷程。

　　Peter F. Oliva（2001）界定課程設計乃課程發展的前置階段，在該階段中課程工作者做決定並採取行動以創建供師生未來採用的課程計畫，故其是課程發展中思考或設計的階段。課程發展則是較具綜合性的用語，其包含了課程的設計、實施與評鑑；換言之，它是促成學習經驗藍圖或課程計畫並使其運作順暢的過程。

　　綜合前述學者之看法，課程設計與課程發展雖是兩密切相關的概念，但仍有區別：前者係課程發展過程中的一環，乃基於某種或某些課程理論之實

踐而對課程各組成要素，如目標、內容、材料、學習經驗、評量、時間與情境等加以慎思安排之專業活動，其成果通常是課程的方案計畫及其材料，可做為未來教師教學運作的主要藍圖。後者則是經由整合資源、組織人力、分配權責和訂定程序等策略以促成課程之改進或新課程之設計，並確保及持續提升所設計課程成品品質之綜合性過程；此過程中涉及權責決定、人員參與、資源分配和發展程序訂定等之協商與決定，故較課程設計更具政治性；發展之程序則因情境而異，可能包括問題診斷與需求評估；目標訂定與課程設計；課程之試用、修正與實施；以及貫串於這些程序以確保及提升品質的評鑑等過程。

貳、課程發展之特性

Oliva（2001）曾提出課程工作者致力於課程改進而面對與看待課程發展觀念的十項基本原則，這十項原則可展現課程發展的諸多特性。

一、變遷的必然性

社會與時俱進，持續變遷，人和學校課程亦需回應和適應其變遷，生命形式才能藉以持續成長與發展，故課程之變遷是必需而無法避免的。

二、課程乃其時代之產物

課程不只反映其所處時代，而且是該時代下之產物。學校課程受該時空背景下各種社會力量、哲學立場、心理學原則、積累的知識及當時教育領導者思維之交織影響，而加以回應與變革，故學校課程即該時代各種影響因素下之產物；易言之，課程工作者從事課程發展時需隨時掌握並回應這些影響，持續課程之更新。

三、變革的共存性

稍早階段所為的某一課程變革，可能與後來的新近課程變革共同存在於學校課程之中。課程的變革與修正很少突然開始和結束，兩種以上的變革及

其影響常會共存並重疊一段頗長的時間。所以，一般而言，課程發展是漸進的，其終止亦然。

四、涉及人的改變

人的改變才會導致課程的變革，若課程文件及其理想未為課程實施者所理解、接受和採行，則它仍只是靜態文件，變革其實並未發生，所以課程發展者在起始階段就需思考如何使那些將最終展現課程變革效果的人們產生改變，如此才能促進課程變革的真正發生。

五、合作的行為

有效的課程變革乃群體合作之結果。課程發展係眾人成長合作之事，而非特定材料之建構與安裝，愈多課程相關人員如課程專家、教師、校長，甚至學生及其家長之參與並認同課程活動，則其愈能準備接受新課程。

六、決定的過程

課程發展基本上是一持續不斷的決定過程，過程中必面臨各種選擇，如各種科目、各種觀點、強調重點、各種方法和組織形式等之選擇與取捨。

七、持續的過程

課程發展是一種永無止盡的過程，所謂完美的課程終究無法獲得，因學習者需要和社會不斷變遷，新知識亦持續創發，課程必須不斷因應而革新與改進之，所以評鑑應持續作用於課程發展的各階段之中。

八、綜合的歷程

課程發展是一種綜合性而非片段式的歷程，綜合性至少表示兩種意義。其一，應以整全觀點看待課程的每一部分及其整體影響，變動課程的任一部分將會影響其他部分，各種變動所產生之結果不只是計畫中的結果，尚會產生一些難以預料的邊際效應。其二，是物質和人力的整合投入，課程發展需投入諸多資源，對於經費、時間、人力和權責等需妥善配置、整合規劃，才

易成功。

九、系統的發展

課程發展應有一套參與者共同認可、願意遵循的系統性程序，而非亂無章法的嘗試錯誤；課程工作者愈能遵循大家認可的系統性程序和步驟，則愈容易成功，發展的工作將愈具生產性。

十、起始於現有課程

如同教師之教學起始於學生之起點行為，課程設計者亦起始於現有課程。課程變革非一夜間即可發生，課程領域很少出現革命式大躍進，此之正面意義大於負面，因緩慢而穩定的邁進才有檢測與反省的時間。所以，課程變革常是以現有課程為基礎，對其診斷、檢測和再調整而來，現有課程乃常成為課程發展的起始點。

Oliva所論述的這十項原則，既可視為是課程發展應掌握的原則，亦可展現課程發展的諸多重要特性，更能凸顯評鑑在課程發展中的重要性。首先，課程發展的必然性、時代性、持續性和常以現有課程為起始點，這表示決策者和發展者必須適時藉助評鑑對現存課程或已設計之各項課程成品加以評估、判斷，以回應時代、社會、學科內容和學生需要的變遷。其次，課程發展涉及人的改變和團隊合作，此一方面表示發展者應藉助評鑑了解課程實施的真實面貌，掌握問題之關鍵；另一方面則表示課程發展的人力組織中應包含評鑑團隊，以協助設計者和決策者發掘課程發展過程及其各方面成品的問題，持續改進之。復次，課程發展是一種不斷選擇與決定之過程，而系統的評鑑則是協助發展者和決策者做理性決定的最可靠設計。最後，課程發展的系統性，表示發展過程中應先建立一套參與發展者共同認可的程序和步驟，而評鑑則應貫串於發展過程中的每一程序，隨時對發展工作提供回饋；缺了評鑑，課程發展程序就不算完整，也就未具系統性。

第二節　課程發展程序與評鑑

　　評鑑係課程發展程序中不可或缺的一環，然常見的課程發展程序為何？評鑑在這些程序中之角色和評鑑重點又為何？各程序通常會產生哪些重要課程成品或實在？對這些問題之了解，有助於課程發展和評鑑之設計與實施，亦有助於界定評鑑之對象及其資料之蒐集與分析。

　　學者對於所謂理想的課程發展程序並無定論，而且不同課程發展架構下之發展程序亦有所不同。Pinchas Tamir（1985）就曾提出六種不同課程發展架構下的不同發展程序，包括：(1)校本課程發展；(2)獨立自主的全國性課程研究組織如全國性各科課程研究學會進行的課程發展；(3)中央教育行政機關資助而做為半獨立性的全國性課程發展中心架構下之課程發展；(4)大學所設立研發中心團隊之課程發展；(5)課程專家指導下而以教師為主力的地方團隊之課程發展；以及(6)商業化出版機構支持而組成團隊的課程發展。這六種不同發展架構下的細部課程發展程序各有若干差異，主要是受所能投入之人力、資源、時間及所關注課程範圍大小等因素之影響所致。然就發展的整體過程和精神而言，其實並無重大差別，尤其後五種架構均可能設有專責團隊或組織，具有較穩定的資源支持，且可針對某種課程範圍規劃較長時間的發展歷程，其發展程序可更具系統化、長期化。至於第一種校本課程發展，在時間、人力和資源上較不穩定，其發展程序可較彈性化。基於此，大體上可就兩種發展架構討論課程發展的程序，一是專責課程研究發展中心式的課程發展，另一是校本課程發展，這也是國內當前課程發展情境下的兩大主軸。另外，誠如 Oliva 之主張，課程發展的程序仍需由發展團隊視時間、人力、經費、課程範圍及性質共同決定之。本節乃就此兩種發展架構，討論其發展之程序、各程序下之課程成品和實在，以及其評鑑之重點。

壹、研發中心的課程發展程序

　　曾有若干學者提出理想的、適用於研發中心的課程發展程序，以下先舉

其中三位之主張說明之，然後再整合出一個本書主張的發展程序，以做為本書第二篇諸章的主要內容架構。

一、黃政傑的觀點

黃政傑（1987）曾參考 D. L. Clark 和 E. G. Guba 之主張，將之稍加修改成圖 3-1 由「研究」、「發展」、「推廣」和「採用」等四大階段組成的課程發展程序，而「評鑑」則分別在此四大階段實施。

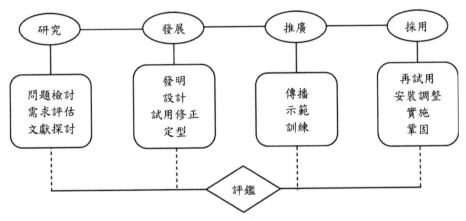

圖 3-1　黃政傑的課程發展程序

資料來源：黃政傑（1987：43）。

㈠研究

此階段的主要工作包括：檢視現行課程、了解其問題所在的「問題檢討」；旨在發現當前社會和學生發展需要以便加以滿足的「需求評估」；以及探究相關研究成果以建立課程設計理論基礎的「文獻探討」。此階段的問題檢討、需求評估，乃至於以相關研究結果驗證現行課程問題與未來需求，並建構革新課程理論基礎的這些工作，其實本質上亦屬評鑑，因這些事項均涉及資料之蒐集分析與價值之判斷。

㈡發展

經過前一階段的問題檢討、需求評估和文獻探討之後，通常會啟迪課程決策者和發展人員進行課程改進與革新的動機與方向；接著便會據以啟動課程革新計畫，發展新課程方案以解決問題、滿足需求。

在發展新課程方案過程中，首先是針對待解決問題和待滿足之需求進行「發明」與「設計」。此時最主要的工作即是設計出革新的課程方案，就課程方案的核心要素如目標、內容、活動、方法、材料資源、情境、學習時間、成就評量方法等加以選擇和組織。待設計出新課程方案各種成品後，則接著進行小規模的「試用」，並依試用結果「修正」原先之設計，如此不斷反覆，直至成品已無重大瑕疵，證明確實有效，方可「定型」。

在此發展階段中，對所設計之成品加以檢視、試用而修正之，亦屬評鑑之一環。

㈢推廣

此階段包括「傳播」以讓社會大眾了解新的課程方案，「示範」與「訓練」以使未來的課程使用者知悉新課程的各種特質、熟練新課程實施的各種方法和工具，並補足實施所需的能力。評鑑亦可在此階段中發揮功能，協助課程決策者和發展者評估「傳播」、「示範」和「訓練」之內容、方法和效果。新課程方案之所以未見預期效果，有時是社會大眾和實施者不了解或不支持此課程所致。

㈣採用

此階段包括「再試用」、「安裝調整」、「實施」及「鞏固」等項目。再試用是再選部分群體試用新課程，比起發展階段之試用，此時之試用規模較大且常是在自然情境下試用。安裝調整則是為了課程實施之順利，將各種支持因素予以備妥、安裝，另為了適合所在情境的特殊條件，則可小幅調校新課程。當再試用和安裝調校後已確定效果，則可對所有對象全面實施新課程；實施過程則需適時提供各種支持，使課程順利運作而鞏固、內化。

在採用階段中，除再試用需採用評鑑設計外，安裝與實施過程亦需藉助

設計良好的評鑑，以評估影響實施的各種條件因素和了解課程在教學現場的實際運作情形，並評估自然情境下的課程效果。所以，此階段的各項目工作亦應融入各種評鑑設計。

二、Arieh Lewy

Lewy（1977）曾提出一個以學科課程為思考主軸，但亦可適度調整運用於其他類課程的研發中心課程發展程序，依序包括決定寬廣目的、設計、試用、實地試用、實施、品質控制等六大階段，每一階段亦均需實施評鑑，如圖 3-2。

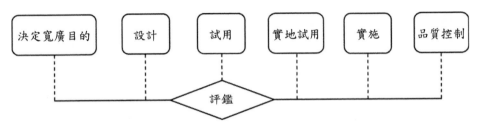

圖 3-2　Lewy 的課程發展程序

資料來源：修自 Lewy (1977: 15)。

㈠決定寬廣目的

此階段通常是由教育行政機關和立法機構的政策人員建立共識性的長期化、抽象化寬廣教育目的，這些目的之政治性高，不必然是課程發展人員所能決定的。然課程發展人員需將這些寬廣的教育目的轉化為各科或學習領域的課程目標，並決定學校內各學科或學習領域之設置與組織，以及決定學生的年級編組方式。

在決定寬廣教育目的階段中，評鑑之主要角色功能在於探究該社會所期待之變遷、重要的文化價值、各種社會勢力、當前學生的成就水準和革新方案的可能性，以協助發展人員將寬廣的教育目的轉化為各學習領域的課程目標及學校的課程組織結構。這時的評鑑，常需蒐集和分析心理學、社會學、

政治學和經濟學等專家之研究成果。

（二）設計

此階段由課程發展人員根據前一階段已決定之教育目的和各科（學習領域）課程目標，進行課程設計，所設計之產品包括各科或學習領域課程綱要和教材，主要的設計活動為：界定和形成教學目標、陳述教學內容之範圍與順序、選擇教學策略和發展教材。此時之評鑑角色主要為檢視課程文件中教學目標、內容和教學策略之適切性，以及判斷教材之合適性。本階段之有效評鑑，可及早發現所設計方案成品中之瑕疵而予以排除或補救，這可大幅節省未來試用與實施階段之投入和花費。

（三）試用

此階段是當發展人員已設計出一部分或全部課程方案及其材料，已準備好在某一小群體或學校中試用時，由發展人員選定小規模樣本進行試教，發展人員藉由與參加試教人員和其他專家之討論、試教現場之深入觀察和學習效果之評估等方式，來評估所設計方案和材料各部分之合適性，並就需修正之部分予以修正改進。此階段可就已發展出之部分材料分批試用，不必待全部材料均設計完成才開始試用，而且試用材料之印製可能較粗糙。在這階段中發展者與試教相關人員和其他專家們之密切互動討論、現場深入觀察結果之分析和學習效果之評估等，乃是最重要的評鑑活動。

（四）實地試用

先前之試用，樣本較小、情境較具控制性、材料也可能較不完備，實地試用則樣本力求隨機選取以充分代表未來課程的真正使用者，且樣本較大，材料應已印製完備，情境則儘量貼近實際使用的自然情境。實地試用常可發現先前試用階段中未遭遇到的一些問題。由於此時試用之樣本較大，發展者已較難與試教相關人員進行密切互動及深入現場觀察活動，故在評鑑設計上可改採問卷調查、抽樣訪問與觀察和實施標準化測驗等方式來獲得回饋資料，以修正課程。此外，此時更需強調評鑑之角色乃在於界定新課程實施時的必要條件，包括學生屬性、教師特質、班級組織、物質設施和師生互動型態等，

以做為課程是否成功實施的判斷規準，並做為未來課程全面實施時品質控制之基準。

　　有時可將實地試用與前一階段之試用，或與後一階段之實施同時辦理，這通常是時間緊迫下不得已的權宜措施。當與前一階段同時辦理時，可同時選取兩群樣本，其一做為試用樣本，另一則做為實地試用樣本，分別同時進行試用。當與後一階段同時實施時，則跳過實地試用階段，直接從全面實施的對象中隨機抽取部分樣本進行實地試用之評鑑，根據其結果適時修正課程。

㈤實施

　　本階段始於當新課程方案試驗修正後之最終版已產生，材料已就緒，已準備推廣普及於課程的所有標的群體之時。本階段之結束，通常指師資培育和再職培訓機構已經或正在培育所需師資，且整個教育系統已備妥了各項實施之必要要素，如材料、設備和評量制度等已就緒之時。是以，Lewy雖將此階段稱為實施階段，實則是正式全面實施前的各項準備工作，而這些準備事項其實應在更早的試驗階段就已開始著手規劃。

　　本階段評鑑之角色主要有三：(1)再次確認新方案之意圖及其效應，並檢視有效使用新方案之各項條件；(2)探究學校或教育系統既有的情況、方法和運作，以知會課程決策者和發展者應做哪些變革以順利實施新方案；(3)評鑑教師在職進修課程以對其提供改進之回饋意見。

㈥品質控制

　　當新課程方案已對標的群體全面實施時，則已進入品質控制階段。課程方案之實施品質與效能不單由方案本身決定，主要視三方面之互動情形而定：(1)方案本身之性質和妥適性；(2)師生如何加以使用；(3)在何種條件下使用。因此，教育及課程方案之持續改進，不僅止於先前的設計和試用階段，而且應持續在大規模實施期間進行。

　　本階段評鑑主要在於持續監測方案在大規模實施下之效能，監測是否有惡化情形；若有，則進一步了解惡化是屬整體性或部分性，辨認出造成惡化之原因或來源，並提出補救之建議方案。

三、Pinchas Tamir

Tamir（1985）曾提出一個課程發展與革新的程序模式，此模式認為課程發展過程是由啟動（initiation）、設計（planning）、發展（development）和實施（implementation）等四階段及伴隨此四階段使之形成交互回饋關係之研究與評鑑所組成，如圖 3-3。

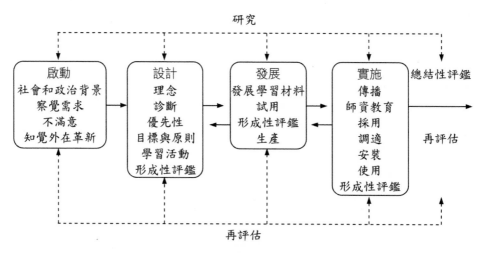

圖 3-3　Tamir 的課程發展與革新模式

資料來源：Tamir (1985: 6).

㈠啟動

課程革新之啟動源自於決策者和發展者感受到待滿足的需求或對現狀之不滿意，此等感受可能來自許多來源，例如教育人員和教師察覺到反映該時空社會政治脈絡的一些批評，教師體會到現有材料對其學生之不適用，不同學科專家對目前課程之不滿意，尤其是來自於研究和評鑑而得的需要評估、全國性成就評量或現行課程之評鑑結果等所促發的革新壓力。所以，評鑑和研究結果常是啟動課程革新的動力來源。

㈡設計

當決定啟動課程革新工作後,即組成專案人員進行問題與需要之診斷與界定,進而以此為基礎從事包括課程理念、課程目標和學習活動等之設計工作。此時,需以形成性評鑑之精神,針對課程設計之成品持續進行評鑑、修正和改進。

㈢發展

此階段主要是依前階段產生之課程計畫發展出課程材料,通常需輔以具備專門知識與技能的團隊對此等材料做形成性評鑑及試用,以不斷精進材料之品質。本階段的最終產品,是已準備好在現場全面實施的整組課程材料,如課程指引、教科書和學習所需輔材。

㈣實施

本階段之工作包括發布、傳播、師資教育、採用、調適、安裝、使用和伴隨於這些事項的形成性評鑑。「發布」指透過既有溝通網路散布有關革新的資訊,「傳播」則是以計畫性策略和行動將革新之理念和材料傳播給使用者知悉,「師資教育」包括擬授課教師之職前教育,以及種子教師、校長、輔導人員和實施相關人員之培訓,「採用」指使用者決定採用此革新方案及其材料,「調適」則是指使用者將革新方案加以修改和調適以符在地學生、教師、學校系統和社區之需要,「安裝」乃創建和形成架構與條件以利革新方案之導入和在學校中使用,「使用」則指革新方案在教室中之實際使用情形,可能是忠實地使用或相互調適性的使用。在此階段中仍需採形成性評鑑之精神,針對前述各種工作加以探究、判斷,以了解各項實施條件之配合情形及革新方案的實際使用情形,並對之前的設計與發展工作提供回饋。

上述四階段完成後,最後仍需進行總結性評鑑,才算完成整個課程發展循環。總結性評鑑最主要是檢驗此革新方案之各種成效,評鑑結果做為再評估之基礎,其可對前述四個發展階段分別提供回饋資料,亦可決定重新啟動整個課程發展循環而朝第二代課程邁進。特別需強調的是,在前述發展程序中,「研究」被認為是產生新觀念、新途徑、更有效程序和更加理解這些程

序與因素的關鍵。所以,在 Tamir 的課程發展與革新模式中,研究與評鑑工作同時緊隨於課程發展的每一程序當中,隨時對課程發展工作提供必要的知識和價值判斷基礎。

四、本書的課程發展程序

以上已說明三位學者提出的適用於研發中心的課程發展程序模式,從這些模式中可發現下述要點:首先,他們均認為課程發展是一種系統且持續精進的歷程,在此歷程中需藉助於評鑑以確保及提升所發展課程之品質。其次,三位學者均主張評鑑應伴隨於課程發展的每一程序中,亦即從課程發展之啟動以至課程全面實施的每一程序中均應實施評鑑,評鑑不應該等待課程已發展出或開始實施後才進行。第三,這些學者對於課程發展整體過程之看法其實並無重大差異,一般而言,先是就當時背景、問題和需要加以評估以啟動革新和形成革新目標,接著是革新課程之設計與材料之發展,再來是新方案與材料之試用,然後是正式實施之前的傳播、準備與安裝,最後是全面實施及其效果評估並判斷是否啟動新一輪革新方案,而評鑑則伴隨這些程序而實施。第四,三位學者對於各階段細部工作之劃分及其命名、定義,有若干程度之差異。黃政傑之研究階段近似Lewy之決定目的與Tamir之啟動階段,然在 Lewy 決定目的階段中各科課程目標之決定工作,其他兩位學者則將之歸入設計階段。Tamir 將課程之設計與修正和材料之發展與試用,分列為「設計」和「發展」兩階段;黃政傑將之併入「發展」階段中;Lewy則將課程之設計與材料之發展全歸為「設計」階段,但他另區分出「試用」和「實地試用」兩程序。Lewy所謂之「實施」階段,實則是全面實施前之各項準備,其包含黃政傑所謂之「推廣」,而 Tamir 所謂之「實施」階段則已包括實施前之準備、推廣和全面實施。黃政傑所謂之「採用」階段,近似於Lewy之「品質控制」階段及 Tamir「實施」階段中之安裝、調適與使用。所以三位學者對於課程發展整體程序之看法並無重大差異,差異主要來自於他們對程序或階段之劃分,以及對各階段中各細項工作之界定有所不同所致。最後,值得重視的是,Tamir 認為「研究」應如同「評鑑」般緊隨著課程發展的每一階段工作,以提供各階段工作所需的知識基礎,此見解極有道理,因各階段發

展工作若能以該階段應關心事項之研究成果為基礎而做決定，則其決定將更
具合理性。

綜合上述討論，本書認為研發中心之課程發展可採下列程序：問題與需
要評估、課程與材料設計、試用、準備與安裝、實施，而這五大程序則均分
別伴隨著有關的研究與評鑑，以做為課程發展各階段工作做決定之知識與價
值判斷基礎，並使課程發展成為一不斷持續精進的歷程，如圖 3-4。

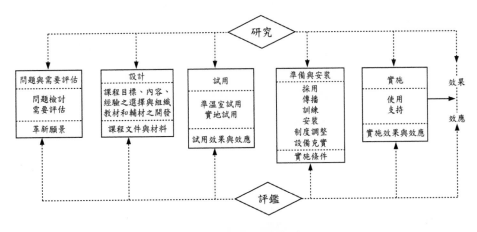

圖 3-4　課程發展程序

資料來源：作者繪製。

在圖 3-4 中每一課程發展程序均需藉助於研究和評鑑。藉助新研究或既
有研究成果可使每一程序的課程發展工作更順利，增進發展中各項決定的合
理性；藉助評鑑則可驗證與判斷每一發展程序所發展出的各項課程成品與實
在之品質與價值，並據以修正，以不斷提升課程品質。茲將這五大程序各階
段之課程發展任務、主要課程成品與實在及評鑑重點，分別說明之，圖 3-4
中方格內之上格指階段名，兩虛線間者係主要發展任務，下格則列示各該階
段之主要課程成品與實在。

(一)問題與需要評估

本階段之主要任務乃是問題檢討與需要評估。問題檢討是對現有課程之

問題加以檢討，此等檢討可能來自社會各界的革新呼籲、學生成就表現之未如預期、學科和教育專家的批評，及教育系統內部的自我檢討。檢討之結果一方面會產生對現行課程的不滿意，另一方面則發現問題的癥結，因而引發革新之動機，提出革新的大方向目標。

需要之評估則除包括對現有課程問題檢討之結果外，另須評估當代及未來社會發展之趨勢、知識和文化之創新脈動，以及學生成長之需要，評估現行課程的結果表現與這些未來需要之間的差距，因而促成革新之動機，形成革新的願景。

問題檢討和需要評估在本質上均屬評鑑活動，因其均涉及系統探究和價值判斷的活動。此階段發展工作的最主要成品，是將待解決問題和待滿足之需要轉化而得的革新願景與目標，然此時的願景和目標可能尚不夠具體化，尚不能成為課程經驗選擇與組織和教材編製的直接依據。

㈡設計

本階段的主要任務為課程方案的設計與教材和輔材的開發，方案設計主要是就前一階段之待解決問題、待滿足需要和因而提出的革新願景，設計出能解決所發現問題、能滿足需要與能實踐願景的課程方案。一般而言，課程方案之內容，主要包括經慎思、選擇與組織的具體課程目標、課程內容要素、教學策略方法和學習情境安排等，其成品乃各種課程文件如課程綱要、課程標準、課程計畫。至於教材和輔材開發，乃是根據已設計的課程方案，進一步開發用以實踐課程目標的教材、學習材料和相關助學器材，主要的成品乃各種教材和輔材，如教科書、教學指引、學生習作和教學器材。

對於課程方案和教材之評鑑，重點在於判斷其符合課程設計原理原則的程度，如理論基礎的堅實性，目標與需要間的配合性，目標、內容、經驗與教材間的邏輯性，目標、內容與經驗的完整性、均衡性、重要性、意義性、可實施性等。若能以評鑑結果適時持續修正、補救原先設計的方案和材料直至滿意為止，則可節省未來試用與實施之投入和花費。有時方案設計和教材開發由同一發展小組負責，有時則分由兩不同單位或團隊辦理，無論採何種方式，方案和教材均應實施評鑑，先評鑑前者達到滿意狀態後，再開發後者，

則可大幅降低後者失敗或瑕疵的機率，而後者之評鑑則可再次檢視原先方案設計的合理性。

㈢試用

方案和材料設計、開發、修正完成後，尚不能直接採用，在採用之前應先試用。理想之試用包括兩階段：先採準溫室情境下的試用，其結果若證明方案和材料確具效能，則可進入實地情境的試用，否則就應再次修正方案和材料。

在準溫室試用階段，選取之樣本較少，試用情境與方案設計之情境極貼近，其運作實施之內容與方法亦應符合方案之設計，發展與評鑑人員在試用過程中應與試用者保持密切互動，採訪談、觀察和效果評量等方法，探究方案與材料的試用效果是否如預期，驗證其效能。

若驗證確具效能，則接著進行實地試用，此時之試用樣本較大，試用情境貼近於日常自然情境，此可進一步測試與發現先前準溫室試用時所未遭遇的一些問題及其補救策略。此時之評鑑，除應如前一階段之試用試著探究方案之預期效果外，更應評估學生學習效果以外的其他邊際效應，尤其是本方案在自然情境下實施時對社區、家長、教師和學校系統的各種衝擊和影響；藉此可判斷與界定本方案在全面實施時應具備的相關條件，如教師素養、適用學生群之特性、學生編組分級的方式、師生互動型態、物質設施和其他制度條件。換言之，除再次驗證方案本身之效能外，此時亦應評估與驗證其在何種實施條件下才會具有效能。

因此，本階段課程發展之課程成品和實在，除修正後之課程文件和材料外，尚包括：課程的直接效果，即對學生學習之影響；課程的邊際效果，即對教師、家長、社區和學校系統的影響；以及指出課程全面實施時必須備妥的各種條件與設施。

㈣準備與安裝

當決定採用前階段試用修正後之課程方案和材料時，則進入準備與安裝階段。此階段之課程決策者應按前階段課程發展者和評鑑者所界定的實施條件，進行課程全面實施前之準備與安裝工作，例如，向家長和教師宣導及傳

播新方案之理念和特色、訓練課程實施相關人員具備使用新方案所需的新知識和技術、調整和創建各種有利於新課程實施之制度、生產和傳輸實施所需之材料、購置和充實各項教學設備等。此階段課程發展的主要成品和實在，乃這些為全面實施新課程方案所備妥和安裝的各種傳播、訓練、制度調整和設備充實之結果，此階段之評鑑重點即在於評鑑此等結果之妥適狀態，以即時回饋給決策者適時補足之。

㈤**實施**

此階段是指新課程方案和材料開始在原先規劃設計之標的群全面實施，此時決策者和發展者應持續了解現場情境之使用情形。有時現場實施者和教學者對新課程並未完全依方案和教材設計之原意而使用，其可能有意地加以調整，或者無意地因誤解或不了解新方案內容而調整使用或未落實實施，因此方案在現場情境到底如何被使用？實施者採取的是忠實的實施觀或相互調適的實施觀？若採後者，到底新課程被如何和為何調整？其效果又是如何？凡此均應持續加以了解，如此才能判斷課程是否確實實施及其真正的實施效果。

另外，課程全面實施時需配合各種相關制度和物質條件之支持，遇有不足應隨即改進或補強，如此才能確信新課程方案的有效實施。這時，亦須了解新課程在大規模實施後效能是否有惡化現象，若有，則需再了解其是屬全部材料或全部標的群的全體性惡化，或是部分材料或部分標的群的局部性惡化，並進一步探究惡化之根源，以謀求補救。

因此，本階段評鑑之重點在於探究課程在現場的使用情形、相關實施條件之配合情形，以及其在大規模實施的效能持續情形。而此時效能評估之範圍，則如同實地試用時般，需包括評估課程對學生學習的直接影響效果，以及其他的邊際效應。課程發展至此階段，其課程成品或實在，除之前的課程文件、材料和調整充實的相關制度和物質條件外，尚包括現場的運作課程和因課程運作而產生的各種效果與效應。

當課程全面實施一段時間後，社會環境又已變遷，新興的知識和文化又產生，社會和學生的發展需求又有所改變，課程乃又面臨問題，這時又需著手另一輪的課程革新，新的課程發展程序乃再次啟動，如此循環不已。

貳、學校本位課程發展程序

學校本位課程發展（school-based curriculum development）乃學校為達成教育目的或解決學校教育問題，以學校為主體，由學校成員如校長、行政人員、教師、學生、家長與社區人士主導所進行的課程發展過程與結果（張嘉育，1999：4）；其進行的課程發展，可以是針對現有課程材料之探究、選用和調整，也可以是創發新課程方案與材料。

針對創發新課程方案及其材料之校本課程發展，其發展程序其實亦可採比較嚴謹之態度，參考前述研發中心的課程發展程序或其精神進行之。然由於人力、時間和經費較缺乏，且關注之課程範圍和實施對象通常較小，故一般校本課程發展之程序可比研發中心者更具彈性，部分發展程序亦可予以省略，各步驟之間的區分亦可較不明顯，甚至各步驟間的順序亦可彈性調整。不過，應如同研發中心之課程發展般，校本課程發展的每一程序或步驟亦均應伴隨著評鑑，藉由評鑑不斷地精進和提升課程品質。

曾有若干學者提出可適用於校本課程發展的系統程序，本書第一章圖1-1所提及 Hamdon 的課程發展與評鑑回饋關係模式，即是其一。將他的發展模式運用於校本課程發展，首先，是進行課程之規劃及其評鑑，旨在於分析學校背景、評估需要，以建立課程革新的合理性基礎和目標；其次，是設計、發展與評鑑課程計畫和材料，以確認課程方案和材料之合適性；復次，是實施新方案及其過程之評鑑，以了解影響課程實施的因素和課程運作的實際過程；最後，是評鑑課程效果，包括其主要效果和邊際效果。此四個程序或步驟均以評鑑回饋於每一程序的課程發展結果，以便及時修正之。

另外，M. Skilbeck（1984）亦曾提出一個校本課程發展模式，此模式由分析情境、界定目標、設計教與學的方案、解釋與實施方案，以及評估（assessment）與評鑑等五大步驟或行動組成。他強調此模式只是提供一個課程發展時思考之行動指引，五步驟或行動之順序可以改變，亦可從任一步驟開始著手或將兩個以上行動同時併行。Skilbeck 的校本課程發展模式如圖3-5。

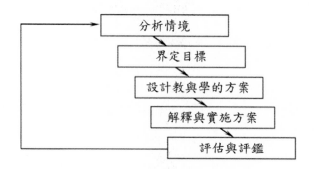

圖 3-5　Skilbeck 的校本課程發展模式

資料來源：Skilbeck (1984: 231).

　　Skilbeck雖強調五大課程發展工作間的彈性和回饋互動，然圖 3-5 將評鑑置於發展工作末端，圖中之評鑑雖可始自初始的情境分析，或以最後階段之評估與評鑑結果做為情境分析之基礎，然這易讓讀者誤以為其他工作步驟無需評鑑，此與本書的基本主張和大部分評鑑學者的觀點不符。若能將 Hamdon 強調評鑑與課程發展每一步驟相結合之觀點，融入於 Skilbeck 之發展模式中，如圖 3-6 所示，則較理想。茲以圖 3-6 為藍本，說明校本課程發展架構下從事創發新課程方案及其材料的發展步驟、各步驟之主要任務及其評鑑重點。

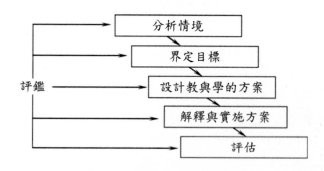

圖 3-6　校本課程發展流程

資料來源：作者參考圖 1-1 與圖 3-5 而繪製。

一、分析情境

　　校本課程應反映學校的文化情境脈絡和學生的發展需要，所以可從分析學校的內外情境因素著手。在校內因素方面，包括分析標的群學生的舊經驗、能力基礎、性向和發展需要；教師的態度、價值觀、行為模式和專長狀態；學校的校風、文化特質；學校可獲得或可投入的時間、經費和物質資源；以及當前現有課程所感受到的問題。在學校的外在環境因素方面，可分析所處社區和社會的變遷趨勢和期望；更大的教育系統如教育局、升學體系的要求；學科知識和教材的革新；教師支持系統如師資培育機構和鄰近機構、組織的可能貢獻。

　　針對上述學校情境的內外因素，加以分析評估，其最主要目的在於了解校內課程的問題及學生與學校的發展需要，以建立課程革新的目標，研謀達成目標的策略。此等分析與評估，其本質上亦是評鑑的工作。

二、界定目標

　　情境分析的結果會促成課程革新的動機，衍生新的革新目標與策略，但其目標與策略也許較不明確，系統性和完整性也可能較不足，因而應進一步將目標明確化、組織化和合理化。此時的目標敘述可不必如嚴苛定義下的行為目標敘述般過於片斷和孤立化，但應力求清楚、易了解，可包括對學生行為、預期學習結果的清楚敘述，並應儘量回應先前的情境分析結果，以及考慮人類社會已發展的有價值經驗和學生與當代文化發展的問題。這時發展與評鑑人員可就前述這些要點，持續討論、檢視和評鑑目標的明確性、合理性、完整性及其與情境分析結果的契合性。

三、設計教與學的方案

　　教與學方案的設計，主要包括五項要素之決定：(1)教學活動：用以達成目標之學習內容和概念架構圖、教學活動與方法、範圍與順序；(2)學習材料和教學工具：如教材、學習作業、工具清單、資源單位等；(3)適合學校的教學情境：如實驗室、工廠、實地工作；(4)人員的部署和角色分配；(5)課表和

教學時間表（王文科，1994；黃光雄、蔡清田，1999）。在此階段，發展人員可針對所設計出之方案和材料，就其與目標之契合性、對學習者之意義性、整體結構的組織性、實施可行性和經濟性等方面加以持續檢視、討論，並及時修正之。

四、解釋與實施方案

新方案和材料之導入往往會面臨諸多問題與阻力，尤其是實施者和受方案影響之利害關係人往往因不了解或誤解而不予支持，或心生疑慮，因此在方案實施前，發展人員應安排時間向實施者和利害關係人說明、解釋新方案之目的、內容與方法。即使方案已開始實施，其在實際情境中亦會遭遇若干始料未及的問題，也需隨時詮釋、解決之。此階段之評鑑，發展與評鑑人員應著重於在實施前評估、判斷方案導入現場時實施者和相關人士可能質疑之問題和困難，以便於實施前及實施過程中隨時加以解釋、說明，且這應持續至開始實施之後。開始實施之後，則需了解實施者如何詮釋和運作方案，以做為修正方案和判斷方案真正成效之參考。

五、評估

對方案結果之評估，不只是有關學生學習新方案之意圖性和非意圖性結果之評估，還應包括更廣泛的結果，如對教師成長與行為、對學校氣氛和文化、對家長和社區影響等之評估。這些評估可成為此階段評鑑之重點，評估結果可做為另一輪校本課程發展的第一階段「情境分析」的重要參考依據，以促發新一輪的課程發展循環。

第四章

探究方法

　　為深入而完整地了解評鑑對象，以利客觀、公允、完整地判斷其價值，評鑑需採嚴謹的精神、系統的方法，針對所界定的評鑑範圍與對象或實在進行探究。亦即，評鑑如同研究一般，是一種系統性探究活動。在探究過程中，至少需界定探究之目的、對象與問題，蒐集、分析與整合擬探究對象與問題之資料，解釋與判斷這些資料的意義，以及溝通與報告評鑑之結果。故規劃與實施評鑑者應充分了解評鑑探究的過程及各種探究方法。本章第一節先說明評鑑探究的一般過程，第二節討論課程評鑑中各種不同的資料類型及其探究方法，第三至第七節分別說明各種探究方法，第八節則討論資料分析的方法與觀點。

第一節　評鑑探究的一般過程

壹、評鑑探究之一般過程

　　做為一種系統的探究活動，評鑑探究的一般過程為何？不少學者曾提出各種看法。

一、Beverly A. Parsons

Beverly A. Parsons（2002）認為評鑑探究主要由五個可能重疊或同時發生且相互回饋互動的步驟所組成，分別是：(1)定位探究：主要活動為界定擬探究之方案，以及該方案發展與評鑑之團隊人員角色；(2)規劃評鑑探究：關鍵任務在於從課程發展者及其他對探究結果有興趣的使用者角度，規劃設計出針對所關注課程問題進行資料蒐集、分析、整合與溝通的方法及其時間表與任務分派；(3)蒐集資料：包括決定資料之來源，發展蒐集工具，進行資料蒐集，並準備初步探究結論；(4)分析與整合資料：將所蒐集的各種資料及其他與所探究議題相關之研究發現進行整合分析，並將其與課程發展和實施人員的現場觀點比對；(5)溝通探究結果：將資料分析與整合結果，向方案決策者和相關人員報告、溝通，供其修改方案之參考。

二、Nevo

另一位學者Nevo（1995）主張不同的評鑑取向或模式會引導不同的評鑑過程，因而難以形成對最佳評鑑過程之共識。不過，他認為若干基本任務是評鑑過程中不可或缺者，這些任務可以做為評鑑設計與實施之引導，亦可視為是進行系統評鑑探究之步驟。這些基本任務包括六項：(1)了解評鑑問題：在評鑑未實施、未發展評鑑工具和蒐集資料之前，應先了解與界定評鑑問題，尤其是了解與界定評鑑之對象、可能的利害關係人或閱聽者、評鑑所扮演與服務之角色功能、應蒐集之資料，以及用以判斷對象品質的規準。(2)規劃評鑑：在規劃學校方案的評鑑時，典型上會包括五種活動之規劃：①將評鑑問題轉化為操作性問題；②選擇評量工具和資料蒐集程序；③抽樣；④選擇資料分析之程序；⑤設定實施時程。(3)資料蒐集：依前一步驟之規劃著手蒐集與組織所需的資料；(4)資料分析：包括技術性和詮釋性兩面向之分析，前者是依質化或量化資料性質進行客觀之系統分析，後者則較具主觀性，涉及對資料意義之解釋。(5)報告評鑑發現：以閱聽者能理解的方式向其報告、展現值得信賴的評鑑發現，包括與評鑑問題直接相關和間接相關的非意圖性發現在內。

三、Deborch G. Bonnet

Deborch G. Bonnet（1981）亦曾指出，每一個具生產性之評鑑皆是獨特的，每一方案亦有其獨特的特質與環境以要求適合它的評鑑取向。即使如此，他認為評鑑可由五個階段組成，而且其歷程中可能全部五階段或其中數個階段循環了數次。這五個階段為：

㈠協議階段（obligation）

此階段之結果是獲得同意以實施評鑑，並洽訂實施評鑑的基本規則；其任務包括：⑴確認氣氛確適於實施合乎倫理且能產生可欲的合理衝擊之評鑑；⑵設定評鑑之目的、功能與範圍；⑶建立評鑑專家和其他參與探究者之角色責任；⑷獲得評鑑委託者同意處理可能影響研究可行性、正確性、適當性和效用性之各種潛在威脅。

㈡探查階段（exploration）

本階段之結果是對評鑑情境及其可能成就能有一定程度之了解；其任務包括：⑴蒐集此方案及其情境脈絡的基本事實資料，如歷史、正式目標、行政結構等；⑵發展對方案特徵及其環境的暫時性理解，如特色、人際互動、操作性目標、可能邊際效果等；⑶試探其他觀察者和參與者的觀點；⑷將方案視為一個系統和做為其他系統的一部分加以分析；⑸列出明顯的特徵、議題和落差；⑹列出所有此評鑑可能探究的問題、閱聽者和評鑑目的；⑺界定那些影響各種資料蒐集與報告選擇可行性的因素。本階段乃是試著對方案特徵及其情境加以了解，此雖尚不是正式嚴謹的探究活動，但其精神應持續至整個評鑑結束為止。

㈢設計階段（design）

此階段之結果乃是各種資料蒐集、分析和結果報告之藍圖與計畫，在整個評鑑歷程中，此階段與下一階段常重複數次，且事實上階段二的探查，常是做為本階段和階段四循環互動的起點；此階段之任務包括：⑴對可能的評鑑目的與閱聽者設定其優先順序；⑵對每一構想的問題提出可能的探究方法；

(3)推估每一方法的成本和可行性；(4)預估從這些方法獲得發現之效度；(5)決定要探究哪些問題及分別需採用哪些方法；(6)將選定之方法統整為一個整合的計畫；(7)將計畫發展為包括詳細的工具與程序，如選定工具、樣本、統計軟體等；(8)發展有關評鑑報告閱聽者、內容和格式之詳細說明。

㈣執行階段（execution）

此階段之結果乃完成評鑑報告，任務包括：(1)蒐集資料；(2)分析資料；(3)撰寫評鑑報告。

㈤應用階段（application）

此階段之結果乃評鑑之衝擊或影響，若情形良好，這些衝擊可能包含產生新觀點、做理性決定、方案改進和激勵成員士氣；此階段評鑑人員之任務為：(1)產生堅實的資訊以回應真正的資訊需求；(2)以可理解和可信賴的方式向閱聽者報告評鑑發現；(3)確使閱聽者能接觸這些發現並鼓勵其善用之；(4)提出一些有關評鑑發現但超越了評鑑發現本身的應為事項之建議，或引導閱聽者自行如此處理。

四、Douglas M. Windham 和 David W. Chapman

Douglas M. Windham 和 David W. Chapman（1990）兩位學者也曾提出一個包括十一步驟的系統評鑑探究歷程，如表4-1。這些步驟中的每一個問題，代表著評鑑者於設計與實施評鑑過程中所需做的決定，其中第一至六步驟主要關注於實施評鑑的背景脈絡，第七至十一步驟雖亦同樣關注評鑑的背景脈絡，但更注意於評鑑設計的技術議題。另外，他們也認為這些步驟不必然是線性的次序，有些決定可以同時被處理或調整各項決定的順序。

綜合前述四組學者對評鑑探究一般過程之看法，可發現下述要點：(1)評鑑的歷程是一種系統化探究歷程，應採系統化順序或步驟設計和實施之；(2)評鑑探究之順序和步驟，會受不同評鑑情境和所採取評鑑觀點和評鑑取向之影響而產生變化；(3)即使因不同評鑑情境和不同評鑑取向主張之評鑑歷程與步驟有所變化，但若干重要步驟及任務是進行任何評鑑所不可或缺者，包括定位評鑑之功能（目的）、對象、範圍和評鑑過程中各角色之旨趣與權責關

表 4-1　Windham 和 Chapman 的實施評鑑十一步驟

步驟	待決定之問題
1. 形成評鑑觀點	在此方案評鑑中，評鑑之意義為何？（亦即，採用何種取向之評鑑觀點？）
2. 界定目的（理念）	為何做此評鑑？有考慮此特定評鑑係更廣大議題的一部分嗎？
3. 界定委託者	誰要求我做此評鑑？需將結果向誰報告？
4. 界定閱聽者與資助者	誰需要此評鑑的資訊？評鑑的閱聽者可能與方案本身服務之對象不同，而不同閱聽者的資訊需求將會不一樣。誰委託並支持評鑑費用？
5. 界定資源與限制	評鑑者有哪些可用的材料、人員和時間等資源？所辨識到的限制有哪些？
6. 具體化評鑑問題	此評鑑應探討哪些問題？探究各閱聽者所關注重要議題之問題是評鑑最根本的，但並非所有的重要議題均能加以探討，評鑑者必須決定將聚焦的議題。
7. 形成評鑑設計	應蒐集哪些種類的證據？應從何處蒐集？
8. 選擇資料蒐集程序	證據應如何蒐集？
9. 蒐集資料	如何確保資料之蒐集無偏差性？如何確保有效的回應率？
10. 分析資料	如何分析資料？最簡單、最清晰和最適當的資料分析程序為何？
11. 解釋和報告結果；完善報告結果	如何報告資料？如何以讀者最容易理解的方式向其報告結果？在協助委託者理解評鑑結果對其情境中的意義上可做哪些協助？

資料來源：Windham & Chapman (1990: 40).

係；設計評鑑過程中待探究之問題及用以了解此等問題的資料蒐集與分析之方法；依評鑑設計進行資料之蒐集、分析、解釋與判斷；最後則報告與溝通評鑑結果；(4)這些評鑑過程的各步驟之間，並非彼此相互孤立、界線分明，

而是可相互重疊並具循環回饋性；(5)這些學者對於評鑑探究歷程中各步驟及其中詳細任務之看法無重大歧見，實際從事教育與課程評鑑時，可參採這些觀點進行評鑑之設計與實施。

貳、評鑑與研究之異同

　　如前所述，評鑑是一種系統性探究活動，研究亦然，故兩者有若干相似之處。首先，兩者均強調嚴謹探究，Worthen 和 Sanders（1973）曾指出一般所謂的嚴謹探究（disciplined inquiry）包括歷史探究、哲學探究和驗證性探究三類，評鑑雖不能完全歸入此三類之一，但其確實是一種嚴謹探究；可以說，評鑑探究與此三類探究均有某一部分的交集，尤其是其與驗證性探究的交集部分最多，但卻非完全交集。其次，在過程上兩者均強調系統性，一般而言，評鑑與研究之過程均會先界定探究之目的與問題，再進而針對問題與對象之性質蒐集與分析資料，最後形成結論提出報告。第三，兩者共享了許多研究的方法，常見的社會科學研究方法與技術大都能用在評鑑探究上。最後，兩者均在課程或方案之發展過程中扮演重要角色，可相輔相成貢獻於方案品質之不斷提升。

　　不過，評鑑與研究仍有某些差異。Worthen 和 Sanders（1987）曾從十二個探究特徵，比較純粹形式的基本研究與評鑑探究間之差異：

1. 探究者動機：研究是為了滿足進一步知識之好奇心，評鑑則是為了透過擬評對象之價值判斷以貢獻於實際問題之解決。研究者是好奇者，評鑑者是關心者。

2. 探究目標：研究追求結論，評鑑引導做決定。

3. 法則與描述：研究係涉及給予法則之活動，希望建立變項間關係陳述之法則；評鑑則涉及個殊的描述活動，其尋求參照一個或一個以上的價值尺度，對某特定事物及其脈絡加以描述。

4. 解釋之角色：研究會試著解釋因果關係，但有些良好的評鑑不必然需解釋產品或方案之所以好或壞的原因。

5. 探究自主性：研究者的獨立自主性高，評鑑者則常需考慮委託者之需求以規劃評鑑任務。

6. 所評估現象之屬性：教育評鑑試圖評估某事象之價值，教育研究則試圖產生科學性知識。而價值常被界定為具社會效用性（social utility），即能用以改進健康、幸福和生命期望，科學性知識則被界定為具經驗實證性和邏輯一致性兩特質。評鑑試著直接評估現象的社會效用性，研究或許會間接展現社會效用性之證據，但不一定如此。換言之，研究所擬探究者或其獲得的科學性知識不見得具社會效用性。

7. 推論程度：探究結果之推論性或概括化程度，可包括三個面向之變化：跨時間的推論性、跨地區的推論性和對具體事例的可應用性。課程方案評鑑、教育物品評鑑（如教科書、影帶或錄音帶）和教育研究三者分別在這三個面向之推論程度上顯現差異：方案評鑑在這三個面向上之推論程度均受到限制；教育物品評鑑則除具較高的跨地區推論性外，其餘兩面向之推論程度均低；教育研究則在這三面向之推論程度皆相對較高。

8. 判斷探究活動之規準：判斷研究活動合適性的規準，最重要者有二：內在效度和外在效度；而判斷評鑑活動合適性的規準，最重要者有五：正確性、可信性、效用性、可行性和適當性。

9. 顧客的可辨識性：研究之實施常僅因判斷某些人可能會對研究結果有興趣，或者會加以運用的模糊觀念；相對地，評鑑常是為可明確辨識的閱聽者或委託者而實施。

10. 時間性：研究常可在經濟條件限制下設定自己的時程表；相對地，評鑑的時程總是受限的，包括其起始和期限均受限制，以便於結果之利用。

11. 學科基礎：雖然整體教育研究社群會鼓勵科際整合研究，但就個別研

究者而言，專注於自己專長學科之研究問題就已極具挑戰性，所以教育研究者常專注於某學科知識之深入研究。此現象與探究自主性有關，因研究之自主性高，研究者乃鮮少去探討自己所精熟之學科以外的知識或問題。而教育評鑑者對於界定探究問題之自主性較受限制，必須採用更寬廣的探究觀點和技術以回答問題，故評鑑更需具跨學科性。

12. 專業準備：教育研究者之專業訓練常需專精於某傳統的學門或學科，以習得該學門的專業知識和探究方法，評鑑者因需評估教育方案之價值，需對更寬廣的教育現象具敏銳性，故其專業訓練應更具多元學科知識之學習，其亦應比研究者熟悉更多的探究方法與技術。在培育研究者和評鑑者的過程中，兩者均需實務經驗之歷練，前者常採師徒制，長期跟隨一位資深研究者歷練研究實務，這也許是合適的，但此對後者則不太適合，因評鑑更需各種情境的歷練經驗。

上述 Worthen 和 Sanders 是採極端對比的方式，比較純粹基本研究和評鑑之差異，但其並未考慮各種不同的研究方法與不同評鑑取向觀點之變化。若拿教育研究中之行動研究、個案研究和質化研究，與某些評鑑取向如 Eisner 的教育鑑賞與批評、Stake 的回應式評鑑取向之支持採個案研究相比較，則上述若干比較項目如法則與描述、推論程度、判斷探究活動之規準、學科基礎和專業準備等的差異將很小，幾無差異可言。此外，上述比較只是程度上的相對性比較，而非全有或全無的絕對性比較。

Worthen 和 Sanders 對基本研究與評鑑探究差異之極端式比較，固然可凸顯兩者間的差異，但也可能過度渲染了其間的差異，或忽略了對各種不同研究種類與評鑑取向變化情形之考慮。相對於此種極端式比較，另外有些學者如 Richard M. Wolf（1990）、Windham 和 Chapman（1990）則以概括性的方式來比較研究與評鑑在某些特徵上的差異情形，而其中最根本的差異來自於兩者的目的，因目的之不同進而導致探究重點、推論程度和價值判斷立場上之差異。要言之，此三位學者大體上認為研究之目的在於產生新知識，因而其引導探究之理論和重點，乃在於試著探究為何事情和現象會如此發生，並

且希望將此等發現概化推論運用於其他事例，以檢證知識的可靠性。在此過程中研究者不對現象做價值判斷，而在於探討現象的系統性關係和發生模式。而評鑑之目的則在於形成對某方案價值之判斷，以對方案在設計、行政、效能和效率上之決定有所貢獻，其探究重點是由那些受評方案利害關係人所關心的問題所引導的，因此探究結果的概括化和推論性並非評鑑所關注的目的或重點，強烈的因果宣稱或將結果推論至其他對象群，皆非評鑑的必要部分，然在評鑑過程中總會對擬探究之方案或現象做價值判斷。這些看法頗能提綱挈領地點出研究和評鑑之主要差異。

第二節　資料類型與探究方法

壹、資料類型

　　評鑑之價值判斷應立基於對評鑑對象之充分了解，而欲充分了解評鑑對象則需藉助各種方法與工具，來蒐集、分析和解釋有關該對象之各種資料。所以，誠如前一節所舉述學者們對評鑑一般過程之看法，評鑑者在界定評鑑功能、對象和問題後，應針對擬評鑑問題進行評鑑設計，設計出能充分了解評鑑對象、回答評鑑問題的資料蒐集與分析方法、程序及其工具，進而據以實施評鑑，提出客觀公允的評鑑報告。

　　資料蒐集與分析之探究方法的決定受許多因素之影響，舉凡評鑑之功能；評鑑問題之性質；資料之類型；資料來源之有效性和可信性；評鑑時間、人力和經費資源之多寡；以及評鑑者的方法論立場等皆會影響探究方法及其工具之決定。其中，各種資料類型的變化，更深深影響探究方法與工具之決定。

　　在課程評鑑中，如第三章第二節所論，隨著課程發展程序之進展，不同的發展階段產生了各種多樣化的課程成品與實在：問題與需要評估階段產生了革新課程的願景與目的；設計階段產生了各種課程文件如課程綱要、課程標準、課程計畫以及各種教材和輔材；試用階段產生了修正之課程文件和材

料，以及其試用效果和各種邊際效應；準備與安裝階段產生了為準備全面實施新課程的各種傳播、訓練、制度調整和設備充實之結果；實施階段則除了產生前述各階段之課程成品與實在外，尚包括現場的運作課程及其效果與效應。這些不同發展階段下產生的各種課程成品與實在，反映出課程評鑑中資料存在類型的多樣化。

這些不同發展階段下的課程成品與實在，就其存在狀態而言，大體上可歸納為五種類型之資料：

一、文件類

即以文件狀態存在的各種課程成品，如課程綱要、課程標準、課程計畫、書面教材、教科書、學生習作、學生作業檔案，以及有關課程發展與實施過程的各種會議紀錄和正式文件等。

二、器材類

即課程實施與運作時的各種器材，如場地設備、環境布置、教學輔具、視聽覺媒材、實驗器材等。

三、情境互動類

即課程決定和運作實施情境中的人際互動過程資料，如教師彼此間、教師和行政人員及家長間、教師和學生間、學生和學生間、親師生間等之互動過程，其中尤以課程實施情境中的師生互動過程資料，最能展現課程實施與課程效果的真相。

四、效果類

這裡所謂的課程效果是指課程對學習者產生的影響，包括正式課程與潛在課程的效果，此等效果反映在學習者於經歷課程後所產生認知、技能和情意等層面上的行為變化。這些層面行為變化資料之蒐集與分析，是了解課程效果的最根本依據，亦是課程評鑑工作的核心。

五、效應類

此乃除課程效果外，一套課程對該課程的利害關係人和學校、社區之廣泛影響與衝擊，例如，對學校之形象和文化、教師之專業成長和工作滿意情形、家長之參與課程決定和管教態度變化、社區之教育投入和文化再造等之廣泛影響和衝擊。這些是課程對學生直接影響效果之外的邊際效應。

貳、探究方法

前述對五種不同存在狀態下的課程成品與實在資料類型之分類與說明，固然可提示評鑑者多樣化的資料蒐集方向與重點，然這些課程成品與實在資料，必須藉助適當的方法和工具加以取得和分析，才能展現與掌握其特質。所以，有些學者直接以資料獲得的方法來區分資料之類型與探究方法。Lewy（1977）就曾將課程評鑑之資料類型，依獲得之方法區分為三大類：⑴判斷類：乃經由了解課程現象之學科專家、教師、學生和社區人士等人員，對課程成品和現象之知覺與判斷而獲得之資料，此等資料可藉由訪問、調查、團體討論和內容分析等方法獲得；⑵過程觀察類：乃經由對課程情境中實際課程運作過程之觀察而得之資料，此則藉由結構化觀察法或自然式觀察法而蒐集；⑶學生產出類：此乃經由各種評量學生學習成就的方法與工具而獲得的資料，其蒐集之方法包括各種測驗、量表、作品評定和其他有關成就線索評估之方法。

另外，Worthen 和 Sanders（1987）兩位學者亦從資料獲得的途徑，詳列教育評鑑的資料蒐集方法，如表 4-2。

在 Worthen 和 Sanders 的資料蒐集方法與工具分類中，第一大類「自我報告」和「人的產品」項下的各種方法與工具，分別類似 Lewy 所謂的「判斷類」和「學生產出類」方法，第二大類「由獨立觀察者蒐集的資料」，則等同於 Lewy 所謂的「過程觀察類」方法，第四大類的無干擾測量則在 Lewy 的「學生產出類」和「判斷類」方法中亦可納入運用，第三和第五類方法則是 Lewy 所未提及者，不過有時「藉由機器蒐集的資料」常是觀察法中的一部

表 4-2　Worthen 和 Sanders 的資料蒐集方法分類

獲得途徑	方法與工具
一、直接從被界定為資料來源的人們身上蒐集的資料	㈠自我報告： 1. 日記或軼事紀錄。 2. 檢核表和清單。 3. 等級量表（自陳量表和評定量表）。 4. 語意區分量表。 5. 問卷。 6. 訪問。 7. 回應資訊請求的書寫反應（如信件）。 8. 社交測量。 9. 投射測驗工具。 ㈡人的產品： 1. 測驗： 　(1)提供答案：申論、填充、簡答和問題解決等題型。 　(2)選擇答案：選擇、是非、配合和排序等題型。 2. 作品樣本
二、由獨立觀察者蒐集的資料	㈠書寫記錄（非結構性觀察）。 ㈡觀察表格（結構性觀察）。 1. 觀察明細表。 2. 等級量表（評定量表）。 3. 檢核表與清單。
三、藉由機器蒐集的資料	㈠錄音。 ㈡錄影。 ㈢顯示事件發生歷程的時間序列照片（time-lapse photographs）。
四、採用無干擾測量（unobtrusive measures）而蒐集的資料	筆者加註：所謂無干擾測量乃是指資料蒐集者在不採用任何工具干擾反應者或不與反應者互動而蒐集資料的技術和過程。例如，蒐集學生的圖書借閱紀錄、體檢紀錄。
五、從已經存在的資料源或資料庫蒐集的資料	㈠探討公開文件（計畫、報告、課程綱要等）。 ㈡探討機構或組織之檔案（學生紀錄檔案、財務資料、會議紀錄）。 ㈢探討個人檔案（在當事人同意下探討個人之相關資料）。 ㈣探討現存之資料庫（全州性測驗結果）。

資料來源：修改自 Worthen & Sanders (1987: 236).

分，其資料亦須經過「判斷」才能展現意義。

另外，Worthen 和 Sanders 之分類法固然非常詳細，可做為評鑑者決定資料蒐集方法與工具的參考清單，但一般在規劃評鑑時更需考慮的是以更系統的探究方法與過程來設計評鑑探究，而非僅以零星或紛雜的技術性資料蒐集工具取得資料，如此方能有效整合分析資料，以利形成解釋和判斷。所以，若以 Worthen 和 Sanders 之分類及其細目為基礎，增補兩位學者未提及的其他常用方法與工具，然後依各種方法與工具之屬性說明或歸類入其相應的系統探究方法，則更能有效協助評鑑人員規劃更整體性的評鑑探究方法和相應的資料蒐集工具。

具體言之，表 4-2 中第一類第㈠項「自我報告」項下的各種資料蒐集方法與工具，除第一和第七小項外，其餘均屬調查法中的工具和技術。而調查法中之技術，除表 4-2 所列者外，尚有**焦點團體座談**（focus group interview）、**提名團體法**（nominal group technique）和**德懷術**（Delphi technique）等常見之工具與技術。所以，在評鑑探究中若採用調查法為探究方法，則至少可採下列資料蒐集技術與工具：訪問、焦點團體座談、提名團體法、德懷術、語意區分量表、投射測驗工具和問卷調查（包括檢核表和評定量表）。至於第一和第七小項之「日記或軼事紀錄」和「書寫反應」應進一步以內容分析法分析之，其可列為內容分析法中的工具與技術。而表 4-2 中第一類第㈡項「人的產品」項下的各種技術與工具，簡言之，即是以各種方法和工具引發學習者的反應或就其作品和行為表現評量其學習成就，所以各種多元化的學習成就評量方法與工具均屬此類的資料蒐集技術與工具。有時評鑑探究會採實驗設計來了解某課程方案的效果，這需藉由適當的學習成就評量工具以蒐集課程效果資料來解釋實驗結果，所以實驗設計需考慮學習成就之評量方法與工具。另外，前述調查法中的技術與工具，亦可做為了解學習成就的方法之一。

在表 4-2 中的第二大類資料蒐集方法，即是觀察法，包括非結構、半結構和結構性觀察法等類別。觀察法除可了解課程的實際運作情形外，亦可用以評量各種意圖性和非意圖性課程效果。至於表 4-2 第三類藉由機器蒐集的各種資料，往往需進一步採內容分析法加以分析和解釋，才能展現其意義，或者其常成為觀察法中的資料蒐集輔助工具；而第五大類的各種既存資料之

蒐集，亦須進一步做質化或量化的內容分析。最後，表 4-2 中第四類經由無干擾測量而獲得的資料，亦常是觀察法或內容分析法的素材或其輔助性資料。

　　基於上述討論，一般課程評鑑常使用之系統化探究方法主要為：內容分析法，含質化和量化內容分析；調查法，含訪問、焦點團體座談、提名團體法、德懷術、語意區分量表、投射測驗工具和問卷調查等技術和工具；觀察法，含非結構、半結構和結構性觀察法；實驗法，含各種實驗設計；以及各種學習成就評量的方法。本章以下各節，乃分別說明這些方法及其資料蒐集與分析各種的各種重要技術與工具。至於另有一些學者曾提及的行動研究法和個案研究法（如曾淑惠，2002；馬信行，1998），屬綜合性的方法論取向，其可綜合運用前述各種工具與技術於同一評鑑探究當中，故不另予討論。

第三節　內容分析法

壹、意義與特性

　　內容分析（content analysis）發展於二十世紀初，早期是用在對大眾傳播媒體，尤其是針對文字形式的報紙或雜誌所傳播訊息內容的分析（李麗卿，1989；馬信行，1998）。其後，逐漸為社會學、歷史學、政治學，乃至於教育及課程研究所採用；所分析之對象，亦從文字形式的傳播訊息，擴展至包括聲音、影像和實際社會互動情境等方式傳播訊息的內容分析。

　　內容分析的方式可以是質化的研究，例如，分析某位總統歷次重要文告或演講內容中關鍵用詞之調整或改變，以解釋國家外交或其他重要政策之發展或轉變；也可以是量化的研究，例如，計算某位總統任內歷次文告或演講內容中政策主題的次數比例，以推論其對各項政策之重視程度。無論是採質化或量化的分析研究，均用以詮釋或推論傳播訊息內容所蘊涵的意義，包括其顯明的和潛藏的意義，而且均應採嚴謹、系統的方式分析之。所以，內容分析乃以客觀、系統的態度，透過量化技術或質化分析或者兼採這兩種方式，對各種傳播訊息之內容進行研究與分析，以詮釋、推論該傳播訊息本身及其

脈絡所蘊涵意義的一種研究方法。

可做為內容分析對象的傳播訊息非常多元和廣泛。R. Sharon 於 1988 年提出主要有四類型的文件：(1)正式文件：如法規、檔案、紀錄、條約、報告書、宣言、判決書、公報、教科書、作業簿、考卷、報紙、雜誌、傳單、印刷文件等；(2)私人文件：如個人的自傳、信函、日記、回憶錄、遺囑、契約、遊記、著述；(3)數量紀錄：如統計調查資料、學校預算、出缺席紀錄、成績、入學率、次數分配等；(4)其他：問卷、照片、視聽媒介如錄影（音）帶、電視節目等（引自歐用生，2000）。此外，若將社會中實際互動情境視為一種社會文本（text），分析其脈絡下之傳播訊息，則社會互動情境亦可作為內容分析之對象。不過，此類的分析亦可歸為觀察法的一環。所以，課程評鑑中可採用內容分析法進行探究的各種傳播訊息非常多樣化，主要有下列類別：(1)正式文件：如課程發展之紀錄、檔案、課程綱要、課程標準、課程計畫、教學指引、教師手冊、教科書、學生習作本、學習評量之工具和測驗，以及有關課程實施配套措施之各種文件和文宣品；(2)個人文件：如課程發展和決定者、教師、學生等之信函、日記、回憶錄、自傳、著述等；(3)數量紀錄：如出缺席和成績紀錄、入學率、輟學率、升學率、生師比、教師合格率、課程實施預算數與成長率等統計資料；(4)視聽媒介：如有關課程發展與實施的照片、錄影（音）帶、電腦動畫、電腦數位光碟等；(5)人際互動情境：如教學實施中的師生互動、學習者在任務情境中的表現行為等。

至於對傳播訊息內容分析的重點，可參考所謂傳播模式的六「W」要素，擬訂分析的目標或形成分析的問題。六 W 即「who says what, to whom, how and with what effect? and why?」（誰？以何種方式？傳遞什麼訊息？給誰？其效果是什麼？為什麼？）（歐用生，2000）。茲以課程評鑑情境為例扼要說明之。

1. 誰——訊息的來源：即分析文件或媒介訊息的發明者或作者，探究作者之價值觀或意識型態，及其與內容間的關係。例如，探究數學課程綱要或課程標準之研擬者是數學家、數學教育家或教育心理學家？不同身分之研擬者對數學課程目標、內容與教學方法是否立基於不同的理論假設或價值觀？

2. 說些什麼？——訊息的內容：分析文件和媒介中訊息的內容特徵、所欲傳達的旨趣、內容特徵與作者特徵間之關係，以及內容之歷時性變化。例如，評鑑探究某學習領域（學科）之課程綱要、課程計畫或教科書中的學習內容反映於認知、情意和技能等三類目標上的分布比重情形，以了解該課程的學習內容特徵及其對此三大領域目標的重視程度。又如，分析某版本小學三至六年級社會教科書所傳遞和探討的基本人權觀念與價值有哪些？比例為何？缺哪些？反映何種人權教育的理論取向？又其與十年前教科書在這些內容上比較所發現之變化情形為何？

3. 說給誰——訊息的接受者：探究訊息內容的傳播對象，探究訊息內容與對象旨趣間之關係。例如，評鑑探究學校發給家長閱讀的課程計畫或宣導手冊中，真正加以閱讀的家長是具何種身分背景？其與子女在學校之成就表現有何關係？

4. 如何傳播——訊息傳播的方法：探究訊息內容以何種技術和方法向閱聽者溝通？單向或雙向溝通？以正例、反例或正反例溝通？呈現訊息之媒介是文字、口語或另增圖片、動畫、影片？採用的說服性修辭法是對比、譬喻或證據展示？規劃與實施課程評鑑時，可針對課程文件、教材和教學實施等所傳播之訊息內容，就前述問題探究、分析其傳播與溝通之方法、技術。

5. 有什麼影響——訊息的效果：分析探究所傳播訊息對接受者的可能影響和實際效果。例如，探究教師採用的不同教學語言形式，對不同群體學生在某領域（學科）課程學習成效或對學生使用的語言型態上的影響效果。

6. 為什麼——傳播的理由：分析訊息傳播者的動機和原因。例如，探究教科書中的政治意識型態，並藉以推論編輯者和倡導者的政治動機。

貳、質化內容分析

早期的內容分析以質化研究為主，慢慢地才轉化為強調客觀、科學化的

計量分析和統計推論，唯量的分析亦是在推論質的變化，所以可採質化、量化或質量兼用的方式進行傳播訊息的內容分析。**質化內容分析**（qualitative content analysis）主要以文字描述訊息的特質，相較於量化分析，其樣本較小，步驟與分析類別較具彈性，更重視材料中推論的、蘊涵的和潛在的意義之探討（李麗卿，1989；歐用生，2000）。

至於質化內容分析的過程，大體上依序為：(1)界定目的：例如，欲評鑑教科書中人權教育論述的合理性；(2)界定問題：將探究目的具體化為更具體的探究問題，例如，教科書中人權教育論述之範圍與內涵為何？其中的基本人權觀念與價值包括哪些？如何呈現這些基本人權觀念與價值之論述？又何謂合理性？是指人權觀念內容的完整性？或指目的、內容與教學方法間的邏輯一致性？抑或包括人權觀念內容、學習進程與學習者心智發展間的契合性？探究者應對此等問題加以界定；(3)決定樣本範圍：所分析的教科書包含哪些年級、科目和教科書版本？若以三至六年級的社會領域教科書為對象，包括所有單元或僅限於直接論述人權觀念的單元？(4)研閱分析：按所確定之問題，逐一深入研閱樣本範圍內之教科書內容；(5)提出結論與報告：將反覆研閱分析之結果，針對問題提出結論，撰寫報告。

從上可知，質化內容分析過程中，探究目的和問題之形成至為重要。茲以 Digby C. Anderson（1981）曾做過的課程方案文件之評鑑為例，進一步說明之。他採**文本批評**（textual criticism）的方法，將課程方案計畫視為一書寫文本，以評鑑者即讀者之立場，從修辭學（rhetoric）之角度，深入分析文本在發展主張、呈現研究證據、引用真確性（borrowing verisimilitude）和實踐性等層面說服設計上的合理性。在評鑑時，他分別提出對方案各層面批評的重點問題：

1. 發展主張：(1)如何組織全文？導論、各章節和結論如何組成？(2)如何提出問題？如何就問題提出研究證據？如何就問題提出具合理性的解決策略、方法與材料？整個方案是否具整合性？(3)問題、研究證據和解決策略三者間是否具邏輯和理論的合理性？
2. 呈現研究證據：(1)如何引用和呈現自己或他人的研究結果？採圖表呈現？(2)簡易的資料為何以圖、表呈現？圖、表強化或簡略哪些內容？

(3)所引用之研究，其研究設計為何？

3. 引用真確性：(1)如何和為何引用他人之研究和觀點？如何剪下或貼上？
(2)哪些原作之觀點和背景脈絡被捨棄？或只挑了哪些內容？

4. 宣稱的實踐性：實踐性所重視的不只是文本對讀者的可讀性、親近性
或易理解性而已，更重要的是應評估文本之宣稱、主張與現場實際情
境間的契合性為何？

Anderson 提出的這些文本批評之重點問題，對於採質化內容分析法評鑑
課程文件和教科書極具參考價值。

參、量化內容分析

量化內容分析（quantitative content analysis）是以客觀、系統的方法，針
對傳播訊息內容之待研究主題，建構分類架構及其計量單位而形成分析工具，
進而據以統計訊息中各類目內容之數量，藉以描述或推論訊息內容特徵與意
義之方法。一般而言，其分析步驟依序為：擬訂研究之目的與問題；建構內
容分類架構；決定計量單位；確定分析之樣本；考驗信、效度而完成分析工
具；統計和分析資料；形成結論提出報告。

一、擬訂研究目的與問題

如同一般的研究，量化內容分析首應研擬並確定研究之目的與問題，此
可參考前述傳播模式中的六W因素，衡酌研究的時間、能力、旨趣及前人研
究成果而確定之。例如，李麗卿（1989）為了研究自民國五十七年九年國教
實施以來，歷次國中課程標準中國文教科書政治社會化內容的結構及其歷時
性變化，擬訂了三個研究目的：(1)分析並比較五十七、六十一、六十九及七
十二年版國中國文教科書，在政治社會化主題內容方面的異同；(2)分析並比
較前述四版次國中國文教科書，在政治社會化內容中主題結構方面的異同；
(3)探討此四版次國中國文教科書對「政治領袖」和「敵意傾向」內容的處理
方式。此三個目的中，前兩目的李麗卿以量化內容分析進行研究，第三個目
的則以質化內容分析研究之。為了確定研究目的，她進一步界定第一個研究

目的中之政治社會化內容，包括直接政治社會化的政治主題，內含政治社群、政治典則、權威當局和政策傾向四大類，以及間接政治社會化的非政治主題，內含倫理道德、智育和體群美育三大類；而第二個研究目的中之政治社會化內容主題結構，則指各主題類目間在課文中同時相互呈現的方向關係及各主題次類目在課文中分別以「中心主題」、「次要主題」和「單獨主題」方式呈現的角色型態。

二、建構內容分類架構

內容分類之類目架構是用以對訊息內容歸類的標準，乃內容分析的骨架，其在內容分析中居於關鍵地位。類目架構中之各類目，可看成是內容分析研究中的變項，其類目的分類必須具完整性，始能完整地將所有訊息納入歸類，各類目間亦應彼此具互斥性，各類目之定義亦須清楚明確，如此才能提升研究信度，讓不同分類者在對同一訊息歸類時具分類的一致性。類目架構之形成，最好能就研究之目的和主題，參酌已發展得相當成熟的理念類型分類架構，進行類目之建構，這樣內容效度才能提升。

以李麗卿之研究為例，她參考 D. Easton 的政治系統分類概念，將政治社會化主題分成政治主題四大類，以及依據國中教育目標另區分非政治主題三大類，合計七大類；而這七類再參考 R. W. Wilson、盤治郎、許秀容等之研究和國中國文課程目標及內容特色，各進一步擬訂若干次類目；最後再加設「其他」一類，以便將無法分類之內容歸入此類。如此形成表 4-3 包括八大類、三十一項次類的分類架構，用以對國中國文教科書之政治社會化內容進行分析。

三、決定計量單位

一份文件、一個傳播節目或一段現場情境中所傳播之訊息內容非常豐富多元，因此，欲對其進行客觀系統的計量分析，必須先決定分析計量的單位。內容分析中可用以計量的單位非常多，就書寫文件而言，常見的分析單位包括章、節、單元、課、頁、段、句、詞、人名、字、圖、照片等。李麗卿之研究是以國中教科書中的課為單位。

表 4-3　李麗卿國中國文教科書政治社會化主題類目表

大類	次類目	大類	次類目
一、政治社群類	1. 國家符號	五、倫理道德類	1. 親情
	2. 愛國情操		2. 師道
	3. 民族文化		3. 友誼
二、政治典則類	1. 政治價值		4. 仁愛
	2. 政治規範		5. 進取
	3. 權威結構		6. 自制
三、權威當局類	1. 政治團體		7. 勤儉
	2. 政治領袖		8. 勇敢
	3. 政府人員		9. 革新
四、政策傾向類	1. 敵意傾向	六、智育類	1. 自然及科學知識
	2. 光復大陸		2. 歷史及人物知識
	3. 精神建設		3. 詩詞寓言傳說
	4. 國家建設		4. 讀書及智慧
	5. 社會問題	七、體群美育類	1. 運動
			2. 團結合群
			3. 景物觀感
			4. 人生觀
		八、其他	

資料來源：李麗卿（1979：72）。

四、確定分析之樣本

　　有時欲分析之材料母群體非常龐大，難以全部逐一分析，這時則應採抽樣之方法，抽取及確定分析之材料樣本，然後就樣本計量分析，以其結果進

行推論。例如，欲分析三年來報紙的教育新聞內容，則其母群範圍包括所有報紙三年來每天每版的教育新聞，數量實在太龐大；這時可抽取發行量最大的報紙，選定其單日文教版為分析之樣本進行分析。

五、考驗信、效度而完成分析工具

當前述第二、三步驟：「內容分類架構」和「計量單位」已建構完成，則未來藉以分析訊息內容的分析工具或表格已具雛形，但尚不能立即進行正式分析，應先考驗其信、效度，待該分析工具之信、效度已達滿意水準，才可進行分析。

內容分析工具之信度，指不同分析者或評定員以該工具對相同訊息內容加以歸類的一致程度，一致程度高則其信度高。考驗信度時，可由研究者邀請數位專業人員擔任評定員，採用初擬的分析工具，以隨機抽樣的方式抽取待分析材料的一部分，加以分析歸類；接著計算這些評定員兩兩間分析結果的相互同意值（P_i），再求出所有相互同意值的平均相互同意值（P），最後求出該工具的信度（R）及研究者自己分析的信度（R_r）。茲將其計算公式列示於下（李麗卿，1989）：

(一)**求評定員兩兩間的相互同意值 P_i**

$$P_i = \frac{2M}{N_1 + N_2}$$

M：兩人同意的項目數
N_1和N_2：每人最大可能的同意數

(二)**求平均相互同意值 P**

$$P = \frac{\sum\limits_{i=1}^{n} P_i}{N}$$

N：相互比較的次數

(三)**求信度 R**

$$R = \frac{nP}{1 + [(n-1)P]}$$

n：評定員人數

(四)**求研究者的分析信度R_r**

$$R_r = \frac{2P}{1 + P}$$

內容分析工具之效度，是指分析工具確能觀察或分析到所欲分析的內容和主題之程度，這有賴於分析工具之分類架構確實需能充分反映研究目的所欲探究之理論構念內涵，而理論構念內涵常源自先前對相關理論和文獻探討之結果。所以，工具中之分類架構初步完成時，應再將其與研究所立基的理論構念相比較，必要時應及時修正之，如此其內容效度才能提升。

六、統計和分析資料

分析工具確定後，即可據以對傳播訊息之內容逐筆分析歸類，待全部歸類劃記完成後，則可進一步進行計量的統計分析，以呈現及解釋結果。內容分析中的計量統計分析，主要有三類：

(一)頻數分析

計算所有訊息內容在分析類目架構中出現於各類目的頻數和百分比，來呈現訊息內容在各類目的出現頻率，藉以了解所分析之材料訊息在各類目主題的忽略或偏重程度。例如，李麗卿之研究發現，民國五十七年版國中國文教科書內容中之政治主題類比率最高，達 37.97%；其他類別所占比率，依次為倫理道德主題類 31.65%，智育主題類 22.28%，體群美育主題類比率最低，只有 7.85%，但民國六十一年版者則情況大不相同，比率最高者為倫理道德主題類，占 35.78%，其他依序為智育主題類 27.27%，政治主題類 19.35%，體群美育類 17.30%。

(二)方向矩陣分析

此乃以統計量來表示所分析內容各類目的方向關係，所謂「方向關係」係指當某種類目之內容以中心主題出現時，最常以何種類目為次要主題同時出現於同一分析單位中，藉此可了解主題類目間的關係。所以，統計時須先界定分析的單位，如一課或一單元；其次，則逐一歸類判定同一單位中各訊息內容分別屬中心主題、次要主題和單獨主題的次數；接著，建立方向矩陣表來累計所有單位在各類目中分別以中心主題、次要主題和單獨主題出現的頻數；然後，將方向矩陣表中各類目次數經過標準化統計換算公式，算出各類主題間的關係百分比，以說明訊息內容中各類主題間的相互關係。李麗卿

之研究即發現，五十七年版國中國文教科書中政治、倫理道德和智育三大類主題的關係十分密切，皆彼此互為中心、次要主題。當課文以政治為中心主題時，分別各有46.6%和47.9%的比率會提到倫理道德和智育；當課文以倫理道德為中心主題時，同時有37.8%的比率會提到政治和智育；當課文以智育為中心主題時，則分別有31.3%和64.6%的比率提到政治和倫理道德。

(三)推論統計

除了以描述統計之量數來分析和呈現內容分析結果外，亦可以採推論統計以樣本之統計量值來推論母群的訊息內容特質。例如，若要檢定某電視台節目是否以娛樂為主，可先確定母群體範圍如一年或若干年，在此時間範圍內隨機抽取若干週進行內容分析，將各類新聞、教育文化、娛樂、服務及其他等四類的出現時間量（以秒為單位）做成統計，然後以X^2統計檢定方法來檢定推論四類節目出現的時間是否不相當（馬信行，1998）。

七、形成結論提出報告

根據量化分析結果，就研究之目的與問題，分別做成結論，提出研究報告。

第四節 調查法

課程現象中除做為傳遞課程內容的物質材料與媒介外，餘均以人的互動為主，故參與課程發展、實施及受其影響的人們如設計者、決策者、學生、家長、雇主和專家等對課程現象特質之知覺、感受、態度、意見和判斷，乃是了解和判斷課程品質和價值的重要來源。**調查法**（survey research methods）即是透過某種程序和工具，以探知人們對現象、事物特質之知覺、感受、態度、意見和判斷等內在意識之方法，其乃課程評鑑中廣泛被運用的資料蒐集與分析方法。廣義的調查法實包括觀察，以及從個人與群體中獲得回饋資料的各種程序在內（王文科，1986；馬信行，1998）。唯一般社會科學研究法之論著，常將觀察法單獨列為另一種研究方法，此乃因觀察法常不提供刺激

以取得行為者之反應,而調查法則會提供某種形式之刺激以探求行為者之知覺與判斷。本書將於下一節討論觀察法,本節所討論之調查法僅限於提供刺激以獲取人的回饋資料之方法。

提供刺激以獲取人的知覺與判斷資料之調查法,包括提供口頭刺激者如**訪問法**(interviews)、電話訪問、焦點團體座談和提名團體法(後兩者亦常會同時提供書面刺激),以及提供書面刺激者如德懷術、問卷調查、語意區分量表、投射測驗和社交測量工具等方法。限於篇幅,本節僅就訪問、焦點團體座談、提名團體法、德懷術和問卷調查等方法說明之。

壹、訪問

訪問就某種意義而言,是一種口頭問卷,受訪者不用填寫答案,而是由受訪者在與訪問者面對面的情境下(電話訪問除外),按自己的方式用口頭回答被問及的問題,以提供所需的資料(王文科,1986);其主要目的是獲得有關人的思想、感受、關注、意圖或旨趣的資料(Guba & Lincoln, 1981)。

在非結構化的訪問中,透過訪問者與受訪者間對問題不斷的提問、回答、澄清與回應等互動過程,可獲得受訪者對問題的完整且深入之寶貴資料,這是一般書面的問卷調查所無法達成的;但這有賴於訪問者的訪問專長與技巧。另訪問的過程是一種耗時的歷程,它無法像問卷調查般能在短期間內獲得眾多的回饋資料,這是其最大的限制。

訪問之類型,依其結構化程度,可分為四種(Gredler, 1996):

一、非正式會談

在**非正式會談**(informal conversational interviews)中,訊息的交換與溝通是自然發生的,並非訪問者的問與受訪者的答之間的交替進行,在許多情形下,受訪者甚至不會感受到是在接受訪問。此種會談的關鍵特徵是訪談者僅事前決定會談的廣泛重點,而非一些特定的具體問題。

二、無結構式訪問

無結構式訪問（unstructured interviews）進行時，訪問者心中有清楚的訪問重點計畫，但其儘量將對受訪者回應之控制程度縮減至最小，目的在於使人們以其語句表達自己的知覺與觀點；訪問者維持對話於某種主題，但由資訊提供者抒發有關主題的內容。

敘說式訪問（narrative interview）可謂是一種無結構式訪問，在此種訪問中，受訪者或資訊提供者被要求以隨興敘說的方式，呈現他們曾經歷、參與而訪問者感興趣的領域或事件之歷史。訪問者之任務，是使受訪者敘說訪問者所感興趣的領域或事件的故事，包括故事開始至結束間的所有相關事件，以勾勒出故事的完整脈絡。此種訪問通常歷經三大階段，第一階段是參照研究主題，採用概括性問題引發受訪者的主要故事主軸；接著，是故事探究階段，持續發問探究故事的片段與細節，直至所有細節均完全被捕抓為止；最後，是平衡對照階段（balancing phase），向受訪者詢問旨在說明事件之所以發生的理論性理由之問題，並與受訪者一起將整個事件或故事之意義簡明化，此階段中受訪者被視為是自己故事的專家或理論家。在整個訪問過程中，訪問者不應以引導性問題或價值判斷來阻斷、妨礙受訪者的敘說，反而應儘量做為一個傾聽者、感同身受者，設法去了解受訪者的觀點，激勵或支持其將故事繼續敘說完畢（Flick, 2002）。

三、半結構式訪問

半結構式訪問（semi-structured interviews）是由事先擬妥的議題或問題大綱所引導，有時除各大綱外，亦可另增加開放性問題由受訪者陳述大綱議題以外的其他想法。問題大綱之目的，是希望訪談者能藉以完整地於訪談中獲得所關心的資料，並能確保所有受訪者均對相同的問題大綱提供回應資訊，以利對眾多受訪者的回應進行分析、比較和綜合。

四、標準化開放式問題組訪問

標準化開放式問題組訪問（standardized open-ended interviews）主要由兩類

問題所引導：第一，一套精心安排其順序的較一般性問題組；第二，緊隨前述各一般性問題之後，用以進一步釐清、精確化和深入探究的追問性問題組（follow-up questions）。訪問時，提問的順序、用語以及追問性問題之選用，均應遵守標準化的程序；追問性問題之提出，則依受訪者對一般性問題之各種可能的不同回答方向，僅能由題組中依事先模擬的可能答案方向中選用之。這裡所謂的開放性問題，是指該種問題並非以是或否的答案型態回答者。

訪談實施之前，應做好準備工作。首先，須依研究目的與問題確定訪問之重點，即使採用無結構式訪問，仍需構思預擬一些訪問之重點，以做為訪問進行之藍圖；若採半結構式訪問，則需擬妥訪問大綱；若是標準化開放式問題組訪問，則不但需備妥標準化之問題組，更需熟練訪問程序。其次，決定訪問的形式是採無結構式、半結構式或標準化開放式問題組訪問。第三，選定受訪者並徵得其同意，受訪者應是那些確能提供研究問題所需資訊的人，並應徵得其同意，同時向其保證信守研究倫理且採必要措施保障其權益。第四，約定訪問時間、地點，安排妥適、無壓力的訪問環境。

訪問過程中，提問應清楚明白，態度需誠懇親切。若採標準化開放式問題組訪問，應遵守標準化的提問程序；若係半結構式訪問，則按大綱提問，並引導和激勵受訪者依大綱抒發觀點；無結構式訪問則儘量傾聽，並適時以問題或激勵性語句引發受訪者抒發其內心世界，且不應對受訪者之觀點做價值判斷。訪問時應將主要問題牢記心中，儘量放慢時間與節奏，偶爾穿插閒聊，並且需隨機確認受訪者之意思；訪問時應將所得關鍵觀點記下，若受訪者同意亦可錄音，但訪問不見得需錄音。

訪問後應迅速整理紀錄，屬半結構和無結構式訪問之紀錄，最好在數小時內即整理，並可將訪談所得書面要點送受訪者親閱確認。Stake（1995）認為一般受訪者不太想看他們受訪的逐字稿，不只因其用語不夠優雅，而且其用語往往並非傳達了他們所意圖傳達的內容。在整理紀錄時，標準化開放式問題組和半結構式訪問者，依其問題組的問題大綱分項歸類，用以分析各受訪者對同一類、項問題之見解。無結構式訪問，則應反覆閱聽紀錄和錄音，從中掌握整體的和細緻的脈絡意義。

貳、焦點團體座談

一、意義與特性

　　焦點團體座談的主要特徵有二：(1)其尋求發現關於較少數量的特定具體議題之深度資訊；(2)以人數不多的團體互動做為獲得資訊之設計（Gredler, 1996; Shaw, 1999）。亦即，**焦點團體座談**是藉由組成受訪團體，透過團體成員之面對面互動，以獲得其對聚焦的、特定的議題之態度與意見等的深度資訊之方法。所以，焦點團體座談並非只是單純的一般性討論或腦力激盪，也不是用以促成群體決定或團隊建立的機制，相對地，其是資訊蒐集的過程，用以尋求發現參與座談者對某特定議題或經驗的知覺與感受；這與德懷術和提名團體法旨在對各種變通方案提供建議或做決定，亦不相同。

　　焦點團體通常由七至十或十二位成員組成，座談時間約 1.5 至 2.5 小時，由一位主持人主持座談，詢以針對某特定議題或經驗之六至十個開放性具體問題，另輔以助理人員進行記錄和錄音（拒絕錄音者除外）。座談順利成功的最重要要件，是維持開放和自由的氣氛，讓每位參與者均能自由地分享其觀點和感受。

　　焦點團體座談在評鑑中具多樣性用途。第一，對問卷之形成和結果提供重要資訊，例如，探究可能的填答者對客體對象和事件之言談和思維方式，指出問卷可能存在之問題如漏掉重要問題或選項，分析大規模量化問卷所得數據資訊之意義。第二，指出一項新方案、服務或產品的可能問題，尤其是新方案在實施過程中所遭遇的問題或潛在威脅。第三，可對方案或課程、材料實施後之效應、優點和限制等提供寶貴意見（Gredler, 1996）。第四，對於方案之開發與發展過程、評鑑設計中問題之設定，以及方案陷入膠著之問題闡明等亦能有重要貢獻（Shaw, 1999）。

二、實施要領

　　一個成功的焦點團體座談，其基本要件有五：小心選擇組成的參與座談

者群體、具體和聚焦的開放性問題、主持技巧良好的主持人及其助理、適當的會場環境，以及可確證的資料分析過程（Gredler, 1996）。

(一)參與座談者

參與者應是對議題有所了解或曾親身體驗者，通常由七至十或十二位成員組成參與群，惟可視議題之性質和不同次級群體之族群量而斟酌增減之。有些學者主張，同一參與群之成員其特質應具同質性，例如，校長、教師和家長不宜在同一座談群中；若有必要，則可按不同背景區分為不同之參與群，分別實施座談（Gredler, 1996）。但亦有學者如 Uwe Flick（2002）認為，剛開始時儘可能採異質性群體，然後再分批分別實施同質群體之座談。惟不管採取何種組成，同一群體內的成員間不宜是彼此已非常熟識或來自同一機構者，亦不應是選擇那些與主持人具有深厚友誼者。

(二)座談問題

同一場座談之問題不宜太多，以六至十題為原則，以便參與者能在 1.5 至 2.5 小時內充分表達其感受和觀點。問題應是針對議題的具體、開放性問題，而非口語型態的問卷。問題應避免能以是或否回答的問題，以及抽象、哲學的問題；也不宜詢問為什麼的問題，因參與者表達感受時就已能提供有關其理由的資訊。

(三)主持人和助理

主持人應對所討論之議題有相當程度的背景知識，才能掌握關鍵點，而且其應具備良好的團體互動技能和態度，應是溫暖的傾聽者，且溝通應清楚、精準。對參與者升遷、績效考核具決定性影響力者不宜擔任主持人，因參與者會傾向於按主持人之期望方向回應答案。

主持人剛開始之任務為創造無威脅之環境氣氛，並應簡介和說明座談之目的與問題，強調每位參與者之重要性。在座談進行中，對於發言盈庭、欲罷不能及羞澀寡言者應予以適當處理，儘量讓每個參與者能有均等的發言機會；對於參與者的非口語、肢體線索，亦應保持關注，必要時回應以探究性或澄清性問題，例如，「你能進一步解釋嗎？」「有其他想法嗎？」主持人

對於發言內容,應避免下評論。

助理之主要角色則是擔任記錄、錄音及整理資料,並協助會場之順暢進行。

㈣會場環境

座談會場應舒適、避免干擾,座位安排應儘量讓參與者均能彼此及與主持人眼光交會,典型上以採 U 形座位安排或大型會議桌為佳。

㈤資料分析

座談後應迅速整理和分析紀錄,紀錄除記載發言內容外,亦可註記現場觀察所得之非口語及溝通情形之訊息。對於紀錄,可依各問題之內容、重要觀念予以分類、編碼,以進行系統化的內容分析。

三、優點和限制

焦點團體座談之主要優點和限制如下(Gredler, 1996; Flick, 2002):

㈠優點

1. 比一對一的訪問更能讓參與者有身處自然情境之感受。
2. 比起個別訪問,能以更快、更節省的方式從一群人身上獲得資料。
3. 此種過程讓主持人和參與者直接互動,可藉以探究未事先料想到的議題。
4. 開放性的反應方式可展現參與者以其日常語言表達的豐富資料。
5. 讓參與者們能對他人之觀點加以回應,或以他人之觀點為基礎引發自己的想法,互動的過程本身即是資料的來源之一。

㈡限制

1. 需具有受過訓練的優秀主持人。
2. 比起一對一的訪問,主持人較難掌握情境。
3. 開放性的回應使總結和詮釋較具難度。
4. 主持人可能會有意或無意地提供其期望答案之線索,致使回應產生偏頗。

5. 若分別以同樣的議題及其具體問題對數個群體進行訪談，對主持人而言，很難對不同群體維持相似的溝通模式，塑造相同的資料蒐集條件。

6. 在座談中，某些參與者的發言可能具支配性，而部分人則可能過於疏離、畏縮。

參、提名團體法

一、意義與特性

提名團體法顧名思義，乃組成提名團體，以團體之名針對人、事、物進行提名或決議之程序；過程中強調團體中的每一成員均有充分而均等的機會和權利，對各種觀點表示其意見。所以，其與焦點團體座談雖同是從群體中獲得資訊的程序，但更強調確保群體成員參與機會和票決權利的均等化，並且需做成提名或議決之決定。在方案評鑑中，其過程可用以界定方案之議題、需求、問題和優缺點。

提名團體通常依議題之性質由七至九名成員組成，組成後先由每一成員個別地在未經討論的情況下，對問題刺激回應自己的觀點（自由提名），接著由每一成員輪流提出觀點並做成所有觀點之清單（列出名單），然後成員們討論或澄清清單中各種觀點，最後對表列之各種觀點進行表決（票決名單）。

在方案或課程評鑑上，提名團體法可發揮諸多用途。在背景評鑑時，可藉以界定機構、系統或課程的發展需求、目標或優先事項。若採 Stake 的回應式評鑑或**司法評鑑模式**（judicial model）規劃評鑑時，則可藉以決定方案之擬評議題；此種程序亦可用以協助界定問卷調查中必須包含的議題或關注點。若由課程或方案的實施者和參與者組成提名團體，則此法對辨識課程的弱點、問題或優點亦極有用（Gredler, 1996）。

二、實施要領

提名團體法之實施主要包括下列步驟（Gredler, 1996）：

㈠確定議題並組成提名團

先由評鑑者發展與確定提名團體欲決定之議題或問題。問題之陳述應具體、明確和易懂,例如,「在 X 課程的安裝過程中,你所發現的障礙有哪些?」「在評鑑 Y 課程時,應探究的議題為何?」反之,過於複雜或抽象的問題就不合適,例如,「我國的教育目的應為何?」

提名團體之成員應是對所擬探討決定之議題有深入了解或有親身體驗者,人數以七至九名為原則。

㈡提出問題由參與者各自思索觀點

提名團體組成後,由評鑑者或主持人向所有參與之成員說明進行之過程和問題,並應強調每人參與的重要性及其意見對貢獻決議的公平性。接著,由所有參與者各自思索及記載其對問題的觀點,此時彼此不應討論或交換意見。

㈢輪流提出觀點產生觀點清單

每位參與者輪流將自己的觀點逐一提出,並由評鑑者或助理人員逐一記錄,列入清單,若有重複之觀點則由參與者集體而非由主持人或評鑑者決定是否刪除。

㈣討論澄清清單中的觀點

就清單中之觀點,逐一由原提出者對所有參與者說明之,說明時參與者可就有疑惑者發言、參與討論以釐清觀點,但此時之討論以澄清觀點為主而非論辯其價值。

㈤對清單每一觀點之重要性進行預備性投票

觀點清單完成後,即可由所有參與者對清單中所有觀點之重要性程度加以投票,惟此時之目的僅是為了提出一份最後的投票清單,尚非最後結果的票決。投票時,可由每一參與者就清單所列之各觀點,選定自己心中認為最重要之五或七項觀點逐一評定其重要性等級,最重要者評以七或五,次重要者評以六或四,以此類推,則重要性最低者評以一。

㈥討論預備性投票結果

　　將前一步驟之投票結果予以統計排序，並由參與者簡要地討論結果是否有矛盾處，或有無待補充之觀點。藉此，亦可進一步澄清觀點，並讓成員們決定出最後的票決清單。但有些學者認為預備性投票及其結果討論可省略之，以免討論過程中形成社會性壓力而影響意見決定的公平性。

㈦最後票決

　　由所有成員就最後票決清單中之觀點，選擇自己認為最重要的五或七項觀點，逐項評以重要性等級，統計其結果做為該提名團體對此議題或問題的最後票決結果。

三、優點與限制

　　提名團體法的主要優點和限制為：

㈠優點

1. 可避免從不成熟的、貿然提出的觀點中做選擇。
2. 可避免成員的社會地位壓力、社會附從壓力和彼此間競爭等之影響。
3. 擴大提出諸多觀點並從中做決定之機會。
4. 此種方法易學易用。

㈡限制

1. 由於容易使用，故可能在不適當的情境中被濫用。例如，為了急著做決定，而在未充分考量各種情境條件因素下採用此法票決之。
2. 各種觀點之品質可能參差不齊，有些可能過於膚淺或不切實際，所以最好將此種方法所得之結果，視為觀點進一步發展之起點。

肆、德懷術

一、意義與特性

Delphi 乃古希臘阿波羅（Apollo）神廟中奉祀具預知未來能力神祇之殿堂，1950 年代美國蘭登公司（Rand Corporation）發展一套預測未來科技的程序，乃以此為名，稱之為**德懷術**（Gredler, 1996）。剛開始時，此種方法主要用於未來科技和國防戰略之預測，後來才廣泛運用於包括教育在內的其他領域。

如同提名團體法般，德懷術也是一種從一群人數不多的參與成員中獲得團體的判斷性資料之方法，其也要求每一參與者皆有均等的意見決定權，然德懷術的歷程中參與者無需集合在一起面對面會議討論，而是保持其匿名性。另外，德懷術亦像一般問卷調查施以問卷之調查，然一般問卷調查是以一份問卷對一群數量較多的填答者做一次調查，而德懷術的過程中則須對數量較少的同一群參與者連續匿名調查三至五輪；而且，若已產生調查結果，則往後各輪之調查均需向參與者提供前一次調查中填答者自己和整個團體在各選項的回應結果統計摘要資訊，以便每一填答者衡酌他人之判斷做為自己下判斷決定之參考。此外，歷輪的問卷內容除可由填答者對各題項敘述做量化、選項之選擇外，亦可同時由其對各題項敘述句提供修改意見及開放性意見。基本上，德懷術是立基在「結構化資訊流通」、「匿名化群體決定」和「專家判斷」三個原理之上（游家政，1994）。

在「結構化資訊流通」上，德懷術是利用連續的結構化問卷（有時第一次問卷採開放式問卷，以形成後續的結構化問卷），對同一群體進行反覆的調查；而且，第二次之後的結構化問卷，會將前次調查結果摘要提供參與者做為其接續回應之參考，此形成參與填答者間的資訊流通，故參與者雖未面對面聚會卻具有會議溝通的作用，然所溝通者是團體的意見判斷訊息而非參與者個別間的溝通。就「匿名化群體決定」而言，德懷術強調須反映每一參與者意見在整個群體意見判斷上的等值重要性，故採匿名方式實施各輪調查，

以避免會議情境中少數人支配發言，部分參與者礙於情面或權威而怯於表達，以及會場中的衝突、尷尬場面等影響意見表達公平性的因素；並且讓參與者能有充裕的時間思考問題，以提供深思熟慮的意見。在「專家判斷」方面，德懷術之名，如前所述源自預測未來的神殿廟堂，故其參與填答者應是對所探究之主題深入了解或具專業知能之專家。

德懷術可運用於廣泛的課程評鑑議題上，可用以協助辨識和確認課程之問題，以及設定課程發展的目標及其優先性；在規劃評鑑時，亦是界定利害關係人的關注事項，以形成評鑑議題或問題的良好方法。另外，亦有些學者採德懷術建構課程或方案評鑑的價值判斷標準和規準，例如，丁福壽（2002）和鄭全成（2002）分別採用此法建構國民小學自然與生活科技、社會學習領域課程計畫評鑑規準，游家政（1994）則用以建構國民小學評鑑之後設評鑑標準。

二、實施要領

德懷術實施之一般步驟及各步驟之要領如下（黃旭鈞，2002；游家政，1994；Gredler, 1996）：

㈠發展與界定擬探究之問題

在未組成德懷術小組（調查對象）和發展問卷之前，先由決定者、政策決策人員和研究者組成小組，依研究目的發展、討論和界定擬探究之議題或問題，問題應該具明確性和聚焦性，此時決定者和研究者應清晰明確地表達其資訊需求。若是單獨的研究者，亦可由研究者自己發展與界定其所擬探究之問題。

㈡選擇與組成德懷小組

德懷術研究結果的有效性，是立基在德懷小組成員的專業判斷效能上，所以參與者的選擇至為重要，所選擇的對象應是對擬探究問題有深入了解或具專業知能的專家，如此研究結果才能具說服力。此外，由於小組成員必須連續填答數輪問卷，所以應確信其具持續參與的動機和意願。德懷術調查主要採小樣本實施，惟人數以不少於十人為原則。

㈢發展結構化問卷

　　德懷術問卷之發展有兩種方式，其一是由研究者就研究問題以開放性問題供德懷小組成員填答，再將回收所得成員們的回應意見歸納編擬成結構化問卷。此類問題，例如，「你所發現本校低年級英語課程教材的主要問題有哪些？」當蒐集了小組成員的回應意見後，研究者應將這些意見予以歸類整合，並轉化為具體明晰的敘述，以形成下一輪的結構化問卷，惟整合時應力求將回應者的所有意見均納入。若採此種方式，則第一次問卷屬開放性問題之問卷，第二次問卷則為結構化問題之問卷，但第二次問卷仍可再提供有關題項敘述修正或補充之欄位，以更能精準、充分地反映小組成員的意見。

　　另一種方式是由研究者根據既有研究成果及文獻探討所得，研擬發展成第一次結構化問卷，若採此種方式，則第一次問卷已是結構化問卷，惟問卷中應另提供題項敘述修正和意見補充之欄位和空間，如此可避免填答者受限於問卷的既有題項敘述。前述丁福壽（2002）和鄭全成（2002）之研究均採此種模式，由兩位研究者先就文獻探討所得發展出第一次結構化問卷，其內列出了諸多評鑑課程計畫的規準敘述草案，由填答者判斷各規準的重要性程度並提供修正及補充意見。

㈣實施第一輪結構化問卷

　　第一輪之結構化問卷研訂發展完成後，即可寄發所有德懷術小組成員填答，問卷回收後即進行資料之統計，並依填答者提供之修正和補充意見修正為第二輪之問卷。

㈤實施第二至四輪結構化問卷

　　第二至四輪之結構化問卷均以前一次問卷之內容為基礎，研酌採納回應者對各題項敘述之意見修正而得，而且每一輪問卷均應提供前一輪問卷之重要統計結果和問卷內容中各題項之修正變化。所提供之前一輪調查結果統計量數若採李克特（Likert）量表，至少包括各題選項選擇之眾數（M_o）和平均數（M），及填答者之選項，有些則另再提供第一四分位數（Q_1）和第三四分位數（Q_3）之區間和歷輪平均數。所提供之眾數和平均數，用以讓填答者

了解其他填答者選填結果之集中情形；第一四分位數和第三四分位數區間之
提供，則用以讓填答者了解自己的填答是否落於此區間中，若未落於此區間，
表示其與 50%以上的填答者不一致，此可提醒填答者是否考慮修改自己的選
項。另填答者若於每一輪問卷提供題項敘述之修正或補充意見，研究者應予
以妥適回應，若據以修改問卷題項敘述，應將修改處以底線或粗體字表示之。
一般而言，德懷術之結構化問卷以實施二至四次為原則，若在第二次時填答
者之意見反應已趨穩定，則可不必再實施第三次問卷。

㈥統計分析並形成結論

當最後一輪問卷發現填答者之反應已趨穩定，則以此為根據進行統計分
析，形成結論。若採量表式的次序量數問卷，下列量數在分析、解釋結果並
形成結論上極為重要。

1. 中數：用以表示填答者在選項上的趨中情形。
2. 平均數：亦在表示填答者在選項上的集中情形。
   在前述丁福壽的研究中，另以兩輪問卷在同一題項上的平均數變化來
   判斷選填者意見表達上的穩定程度，當後一輪的五等量表平均數較前
   一輪差距在－ 0.5 以上時，則意謂填答者對該項規準適用性程度之看
   法反而降低且差距過大，故被判斷該規準需大幅修正或捨棄。
3. 眾數：是大多數填答者選填該項目的量數，亦在表示意見的集中情形。
4. 四分位數和四分差：第一（Q_1）、第二（Q_2）和第三（Q_3）四分位數
   分別代表第 25%、50%和 75%的填答者所評定的等級量數。其中，第
   二四分位數即為中數。四分差（Q）即第三四分位數與第一四分位數
   間差距的一半，Q ＝（Q_3-Q_1）/2，即高低兩四分位數間評定等級的
   差距。四分差可用以判斷填答者對各題意見的離散性，若 Q < 1.00 則
   表示意見頗一致，若 Q≧1.00 則表示意見較分歧。前述游家政（1994）
   之研究，以Q_1和Q_3之間的關係判斷全體填答者對各題項（後設評鑑標
   準）的評定結果，若Q_1＝ 5.00、Q_3＝ 5.00，則表示至少有 75%的評定
   者評定該項評鑑標準的重要程度為「5」（很高）以上；若Q_1＝ 4.00、
   Q_3≧4.00，則表示至少有 75%的評定者評定該項評鑑標準的重要程度

為「4」（高）以上；若$Q_1 = 3.00$、$Q_3 \geq 3.00$，則表示至少有 75% 的填答者評定該項評鑑標準的重要程度為「3」（中等）以上，其餘未符合上述條件者則被歸類為重要性未達「中等」的程度。游家政（1994）研究中的各題項量尺，是以 5、4、3、2、1 分別代表各該後設評鑑標準在「很高」、「高」、「中等」、「低」和「很低」的重要性程度等級。

三、優點和限制

德懷術調查法之主要優點和限制為（黃旭鈞，2002；Gredler, 1996）：

㈠優點

1. 容許參與者有適當的時間思考和反省。
2. 可避免不當的社會和心理因素，如權威性發言、社會附從和怯於溝通等之影響。
3. 參與者採匿名設計且均參與每輪的意見表達，每位參與者的意見可受到同等的重視。
4. 容許參與者在各輪調查中重新思考各議題之意見，此可克服單次性調查無法再次思考的限制。
5. 其比面對面的互動性群體歷程，可容許更多的參與者參與意見反應的歷程。
6. 可得到專家之協助而獲得高品質、較具說服力的意見。
7. 具參與者間的相互激盪性與啟發性，可提供多樣而量化資料。
8. 可對界定未來發展方向、爭議性議題、政策選項等提供有效、合理的決策資料。

㈡限制

1. 對研究者和參與者而言，德懷術均是耗時耗力的工作，故樣本的數量常受到限制。
2. 參與者需投入數輪的調查，所耗心神和時間極大，大大影響了參與者的意願，故很可能發生傑出之專家不願參與而影響樣本的專業代表性

及降低研究結果的效度。另參與者亦可能對過程之反覆數次感到厭煩而未認真填答，此亦會影響效度。

3. 某些參與者可能於歷輪調查中因知覺到其他專家的意見而影響其真正意見之表達。

4. 德懷術參與者在歷輪調查中之填答，往往會有從眾之傾向，其資料分析亦較傾向於凸顯意見的共識面，此易忽略或淡化特殊性、差異性意見之價值。

伍、問卷調查

一、意義與特性

問卷調查（questionnaire survey）乃是藉由問卷（questionnaire）為工具，以獲得填答者提供事實性資料，或其意見、興趣和態度類資料之程序。所以，就問卷所擬蒐集資料之性質而言，主要分兩類，一是事實性資料，如學校學生數、各類教師專長人數、各科課程學分數……；另一是意見或態度類資料，用以了解填答者對於人、事、物、制度和現象等之主觀性意見判斷和態度傾向，並可進而借助統計原理以推論於更大的母群體。

另就問卷內容的結構化狀態而言，大致可分為非結構型和結構型兩類問卷，前者問卷內容之結構比較不嚴謹，常使用於深度訪談情境中，訪談者列出一些重點問題，但訪問之內容會隨著互動過程而調整或變化問題之內容與深度，有關此類者如前所述之無結構式訪問。至於後者的結構式問卷，係指一份問卷有固定的問題，這些問題完全針對研究題目、研究目的與研究架構之性質而設計，它具特定的回答形式。此類問卷若以文字指導回答者回答問卷，又可再細分為三小類：(1)**閉鎖式問卷**（closed form questionnaire）：填答者僅能就問題在研究者所設定的答案中選擇一個或幾個自己認為適當的答案。例如。「你覺得『課程評鑑』這門課對師資培育的重要程度如何？①很重要②重要③尚重要④不重要⑤非常不重要。」另有些問卷採複選題設計，填答者可就選項選擇數項答案回答。(2)**開放式問卷**（open-ended questionnaire）：

此種問卷是希望填答者將自己的想法完全表達出來。例如，「你認為本校低年級英語課程實施過程中所遭遇的問題有哪些？請條列說明之。」(3)**綜合式問卷**（comprehensive form questionnaire）：係問卷中兼含閉瑣式與開放式問題之問卷形式，通常以閉鎖式題目為主，開放式題目為輔（葉重新，2000）。此三種問卷類型中，閉鎖式問卷最易於統計分析，但答案選項之設定則會限制填答者的反應範圍；開放式問卷容許填答者盡情抒發其觀點，但其答案品質易受填答者填答態度和表達能力之影響，有時答非所問或言不及義，而且難以進行統計分析，綜合式問卷則試圖兼採前兩者之優點。

與焦點團體座談、提名團體法和德懷術調查等從群體中獲得資料的技術相比，問卷調查的樣本量可以比這些方法大得多，它可以在較短的時間內獲得大量樣本的回應資料。進行教育方案或課程評鑑時，當探究者試圖從一群數量龐大的樣本中獲取其對方案發展需求、目標和發展優先性，以及了解方案之優、缺點及其效應等的知覺和意見判斷性資料時，問卷調查是一個極有效的方法。例如，匹茲堡大學（University of Pittsburgh）曾於1981年接受匹茲堡市新上任的學區教育局長之委託，以問卷調查法從事該市初級中學發展需求的評估。在該次調查中，1,200位包括學區教育董事、校車司機、學校廚工、輔導人員、保全人員、學校職員、家長、校長、秘書、心理學家、社工人員和教師在內的成人樣本參與填答問卷，問卷重點在於了解這些樣本對於學校辦學現況條件及其改進之道的知覺與意見，問卷調查結果於數次會議中討論並成為該學校系統行動方案的重要部分（Gredler, 1996）。

二、實施要領

問卷調查之實施步驟及其要領，要述如下：

㈠確定議題或問題，擬訂實施計畫

如同其他的探究方法，問卷調查之實施，應先確定所擬了解的議題或問題，並研擬實施計畫；計畫中所需考慮者至少包括：研究目的、待答問題或議題、母群範圍和樣本對象及抽樣方法、工具發展、資料處理方法、實施時程和經費等。若是大規模的高衝擊性研究，則應先組成小組討論確定計畫。

㈡發展問卷工具初稿

問卷調查資料之效度和可信性，繫於問卷工具品質之良窳。所以，研究者必須針對研究目的和待答問題，依一般問卷編製之原則，妥善細心地編製問卷工具，包括問卷中之標題、簡函、填答者基本資料欄、填答說明和題目等之用字遣詞均須處處用心，仔細推敲，並逐字逐句不斷精修。問卷中之題目用語，應考慮填答者之認知能力，應務求簡明、易理解，題意具體明確，一題只表達一個觀念或事件，避免暗示性字眼、陷阱詞、否定句和複雜的條件性語句。若屬意見或態度量表，其選項到底是採四點式（很同意、同意、不同意、很不同意）、五點式、六點式乃至七、八、九點式量表，亦應視需要妥慎決定。另外，意見或態度量表的「無意見」選項，有些學者主張宜避免之，因那些未具強烈意見的填答者常有選填此項之傾向；但亦有學者主張，若無此選項而強迫填答者選邊站，也可能會扭曲結果。對此，研究者應視研究目的和問題之性質而決定之。

㈢預試和修正完成工具

問卷初稿完成後尚不能立即直接使用，應先實施預試，根據預試結果修正達到滿意程度後才能正式實施調查。在未實施預試前，可先請對問卷編製有專門素養和對擬探究問題有深入研究之專家，校閱修改問卷初稿，如此將可使預試之問卷稿更成熟。預試對象最好包括兩類人員：一是以專家為對象，另一是以調查群之樣本為對象但人數少於正式調查之樣本。前者用以從擬探究問題之專家群，獲取其對各題目適用程度和修正意見之判斷資料而提升問卷之專家認同效度；後者則可從樣本群填答者之立場，判斷各題項用字遣詞和題意之合理性、適用程度及其修正意見。若時間、精力許可，且可獲得預試專家對象之同意協助，此兩類對象之預試宜均實施，但若無法如此，則至少應以後者為對象實施預試。預試後，對於被判定適用程度不高和修正意見太大之題項，應予以刪除或大幅度修正。若情況許可，經預試修正後之問卷稿，可再次實施第二次預試而再修正之。

㈣抽取樣本實施調查

問卷經修正定稿後即可付梓，並依調查計畫抽取樣本，發出問卷由填答者填答。樣本之抽取，應依研究問題性質採隨機取樣之精神使之充分代表母群特質。若採郵寄問卷的方式，為了提升回收率，可於回郵信封上編號，對遲未寄回之編號對象以電話或追蹤函敦請填答，惟為維持調查之匿名性，當收到回寄之問卷時，應即將問卷從有編號之信封中取出集中處理。

㈤分析資料報告結果

問卷回收後，應依研究變項之性質，做描述統計和推論統計之分析，解釋其意義。在評鑑上，問卷調查結果常做為決定判斷之重要參考資料，因此應進一步將統計資料和其意義之解釋，以閱聽者易於理解的方式向決策者和利害關係人提出報告，最好包括簡明的書面和口頭簡報在內。

三、優點和限制

問卷調查最大之優點，是其能迅速有效率地從數量龐大的樣本中獲得樣本群，並推論母群對教育和課程現象之意見和態度。然其亦有若干限制，首先，資料的品質大大地受到填答者態度和理解能力之影響，有些填答者對於過度氾濫的問卷，可能採取應付了事之態度隨意作答，亦有些填答者可能受限於自己的教育程度而未能充分理解問卷題意而作答。其次，過於結構化的問卷往往會簡化問題或現象的複雜性。最後，群眾之意見和態度往往受時空環境之變化而改變，所以在評鑑上除**橫貫式調查**（cross-section survey）外，亦應注意實施歷時性**縱貫式調查**（longitudinal survey），以了解群眾對教育和課程現象在意見或態度上的歷時變化。

第五節　觀察法

在各種研究方法中，觀察法是最強調探究者或資料蒐集者直接去感知發生中的事件或現象之特質與意義的方法，其過程中探究者與事件或現象的特質與意義間的關係是直接的，而非間接地從他人對現象的譯解，或從現象發

生後的片斷紀錄、遺跡或記憶而獲得對現象特質的理解。在觀察法中，探究者可藉助系統化觀察工具之幫助而對現象做量化分析以呈現其特質，從事量化取向的觀察研究；亦可藉由置身於現象現場，長期參與現場人員的互動，從現場人員之觀點和自己的解讀，以理解和詮釋事件或現象的特質及其意義，進行質化取向的觀察研究。近年來質化取向研究日益受重視，做為質化取向研究中最重要研究方法與工具的觀察法，乃更受矚目。

壹、意義、特性和使用時機

觀察法（observation）乃以觀察者本身做為主要資料蒐集和解釋工具，以了解現象特質和意義之方法；在過程中觀察者透過視覺、聽覺和嗅覺等外感官，或同時輔以觀察工具如觀察紀錄表格和影音攝錄器材，蒐集研究現象之資料，並進而藉助對觀察紀錄所得的量化資料之統計分析，或經由觀察者內感官經驗之感知和詮釋，來掌握和理解現象之特質與意義。

觀察法具若干特性。首先，觀察者本身即是工具，即使觀察者有時會藉助於其他觀察工具來蒐集資料，但對現象資料之選取、分類、記錄和解釋仍需賴觀察者本身之判斷。其次，觀察者與現象間之關係是直接而非間接的，即使採取非參與觀察或結構化觀察表格進行觀察，觀察者仍需直接觀看、感知現象，觀察者與現象間可以無需藉助於中介性工具。第三，觀察法是觀察者身歷或宛如身歷其境的，即使採非參與觀察或影音紀錄，觀察者雖與現象間有著距離，但亦需透過觀看而歷經現象的發生過程；若採參與觀察，觀察者則直接身歷現象的情境當中，所以，觀察法對於了解現象或事件的發生歷程及其各種影響因素之關係，是極適合的方法。第四，在自然式觀察中，觀察者儘量不干擾或控制情境而從現象的自然發生中了解現象之特質，此種觀察取向較能掌握現象的真實面貌及其整體性。第五，在參與觀察中，觀察者可從現象中各互動者的觀點來詮釋現象，此種觀察法能反映互動者的觀點。第六，與其他的研究方法相比，觀察者投入在現象或其參與者身上的時間，通常是較持久的。

基於上述特性，觀察法可廣泛地運用於教育和課程評鑑的諸多目的和時

機上。Lewy（1977）指出，在課程評鑑中採用觀察法至少可以達成三種目的：⑴辨識出課程方案運作時的非意圖或非計畫性結果；⑵了解方案在教學情境中的實際運作情形，以提供關於方案實施的有效資訊；⑶獲得有關學習表現的直接證據和詳細紀錄，尤其是有關複雜、高層次的認知能力和情意、技能領域方面的學習表現資訊。黃政傑（1987）則歸納出觀察法在課程評鑑上的使用時機共有六項：⑴用來了解教室運作過程：即探討教師如何將課程置於教室中實施；⑵用來了解課程實施程度：了解教師是否依課程方案實施？是否調整？又調整後之實施效果為何？⑶用以確認課程實施的困難：透過對師生互動之觀察，了解課程實施之困難處及其原因；⑷確認課程目標的達成情形：除測驗和實驗之外，觀察法亦是了解學習表現與課程目標契合情形的良好方法，尤其是對表現性目標和情意類目標之了解；⑸確認未預期結果：了解非意圖或非計畫性的結果；⑹確認其他資料蒐集方法的效度：以觀察所得之資料，與其他方法如調查、測驗和訪問獲得的資料相互比對，以確認資料之效度。

貳、分類

觀察法可按不同的分類角度和層面，區分為若干類型。J. Friedrichs（1973）認為可從下述五個層面來對觀察程序做分類（引自 Flick, 2002: 135）：⑴隱密性相對於顯明性觀察：此項觀察向被觀察者表明的程度為何？⑵非參與相對於參與觀察：觀察者涉入觀察場域現象的程度如何？⑶系統性相對於非系統性觀察：觀察時或多或少採用標準化觀察工具，或者觀察之進行保持彈性以回應於現象過程本身之發展？⑷自然情境相對於人工情境觀察：對所感興趣之現象是於其自然發生的情境中觀察，或者將其移植至特定場所或人為化地塑造該現象以利觀察？⑸自我觀察相對於觀察他人：除大部分是對他人觀察外，研究者注意於自我省思（自我觀察）以進一步棻實對現象詮釋的程度為何？

另一位學者 K. D. Bailey（1982）則分從觀察的結構化情形和情境的自然化程度兩軸度，將觀察研究區分為四類：⑴完全非結構的實地研究；⑵非結

構的實驗分析；(3)結構性實地研究；(4)完全結構化實驗觀察（引自王文科，1986；王淑俐，2000）。

另外，David Dooley（1995）則從方法論角度，將質化研究區分為**確認性研究**（confirmatory research）和**探究性研究**（exploratory research）兩類，前者植基於**實徵主義**（positivism）立場，主要用以檢驗先前之假設以建立一般性原則，後者則採**現象學**（phenomenology）觀點，目的在於從情境中互動主體之角度理解情境事件的意義。故做為質化研究中主要研究方法的觀察法，亦可採取此兩種方法論取向之一，即確認性觀察研究或探究性觀察研究。

從上述說明可知，可以從多個層面而對各種觀察法分類，進行評鑑探究時，應視探究之目的、評鑑設計和評鑑對象之性質而採取適當的觀察法。以下分別從方法論取向、觀察的結構化情形和觀察者涉入情境程度三個層面，說明各類別的觀察法。

參、確認性和探究性觀察研究

一、確認性觀察研究

社會科學中實徵主義的方法論傳統，總是試著去理解或建立那些管理任何一組事件、現象或經驗的一般性原則或法則，此種取向假定有一客觀實在獨立於認知者之外，人們可以加以認識。立基於此一傳統的社會研究，通常先提出暫時性的解釋現象的理論法則，然後試圖透過可檢證的假設加以確認或否證。觀察研究有時亦採此種立場，在未實施觀察之前，先探討相關的理論命題，建立可檢證的假設，然後藉由觀察的程序去蒐集和分析現象之資料，以實證性觀察資料來驗證和確認假設之接受或拒絕，此乃確認性觀察研究。

二、探究性觀察研究

有些研究者並不認同實徵主義的假定，不認為社會現象中存有所謂外在於認知者的客觀實在之看法，亦不認為研究者的責任是試著尋找那客觀的實在，相對地他們更想從行動者的主觀觀點理解日常生活和活動之意義，此種

立場主要源自**符號互動論**（symbolic interactionism）和現象學的傳統。此種觀點強調：(1)人之所以朝事項行動，乃那些事項對他們具有意義；(2)各種事項之意義，乃人類社會中社會性互動之產物；(3)這些事項之意義，透過那些遭遇和處理這些事項中的每個人之相互詮釋過程而被修正和掌握。假使不存在所謂的客觀實在，假使我們不能加以直接認識，那麼所謂的實在就是那些行動者所思、所感和所說的實在。此種觀點意指研究者沒有理由去強置某種理論於行動者的主觀觀點之上，認為預擬的假設只會妨礙研究者從行動者之觀點理解行動者及現象中的意義。立基於此種觀點之觀察研究，乃主張不先預設立場，不帶著假設進行觀察，而是從觀察過程的進展中，試著探究、挖掘現象中互動者的觀點，從其觀點理解現象的意義；而且，主張每一社會現象具意義的獨特性，無需試著去建立各現象的普遍性法則，此即探究性觀察研究。一般**俗民誌**（ethnography）的觀察研究大都採取此種立場。

肆、結構性和非結構性觀察

一、結構性觀察

所謂**結構性觀察**，是觀察研究前已有明確的研究目的和擬觀察現象的標的項目，並且採取一定的程序，使用結構化觀察工具來觀察和記錄擬觀察的相關行為項目。惟結構化程度是相對的而非絕對的，有些嚴謹的結構性觀察其觀察項目非常具體詳細，觀察工具及其計分方法採系統化、標準化程序處理；有些結構性觀察則僅列出觀察項目，而未採標準化觀察工具表格。

按觀察工具記錄和分析方法之變化，結構性觀察至少可採下述類型之一或其綜合運用：

1. 查核法：就擬觀察之行為項目，觀察情境中是否出現該行為而註記於觀察表上，並可畫記和累計出現的次數。

2. 量表法：對所觀察之各項目行為，判斷其品質優劣或強弱程度（如優、良、中等、弱、差等），於觀察量表上註記。

3. 評分法：前述量表法中的評定等第紀錄亦可轉化為數量，如優代表 5

分，差代表 1 分；或者，針對所觀察之各項目行為，按其品質之優劣或強弱程度予以 0 至 10 點的評分。茲以張德銳（1988）發展性教學評鑑系統中優良教學行為之一的「運用良好的口語溝通技巧」之教學行為指標為例，以表 4-4 示例此三種觀察工具。

4. 互動路徑和動作分析（proxemics and kinesics）：此種觀察工具主要在於觀察社會現象中人際互動的趨近模式和肢體移動路徑，以理解互動情境中的社會空間性質。以教學互動觀察為例，通常觀察者須先畫出教室空間配置和學童座位詳細圖，然後將觀察過程中教師每次趨近學童的路徑記錄於觀察表上，如此可了解教師趨近各組學童或各角落位置的傾向。

5. 教學語言互動分析：主要用以分析教學中師生互動的語言類型及彼此間的關係。最典型的例子乃 N. A. Flanders 的師生社會互動分析系統，其將教師語言分為直接影響和間接影響兩類，學生語言分為自發性和反應性兩類，觀察者就事先界定的這些類別下之語言行為特徵，以一

表 4-4　三種結構化觀察工具示例

	是 否		表現品質		
			3	2	1
D1.1 音量足夠，使全班每一位學生都聽得清楚。	☐ ☐		☐	☐	☐
D1.2 說話速度適中，不疾不徐。	☐ ☐		☐	☐	☐
D1.3 說到重點時，加強語氣。	☐ ☐		☐	☐	☐
本節次數累計	☐ ☐	品質總分	☐	☐	☐
D1.4 發音正確，咬字清晰。	☐ ☐		☐	☐	☐
D1.5 避免贅詞和口頭禪。	☐ ☐		☐	☐	☐
本節次數累計	☐ ☐	品質總分	☐	☐	☐

說明：是或否欄可採畫記的方式，若觀察到合於指標之行為則畫記一次，整節課觀察完後，則可累計是或否的總次數；若採量表法或評分法，則可將表現品質區分為高、中、低三等或分別以 3、2、1 分登載之，觀察結束後亦可累計和平均本項教學行為指標之總分和平均分數。

定的時間量如五秒為單位，依序判別和記錄所觀察到的師生語言類型，以呈現師生互動中使用的的語言類型及其彼此關係。

6. 投入任務（at task）分析：此觀察工具在教學觀察中主要是觀察學習者在教學歷程中，投入於符合教學目標的任務行為之情形。觀察前先界定投入任務之行為如傾聽、參與討論、回答問題、做作業，以及非投入任務之行為如發呆、趴在桌上、私下聊天、做非關課堂之事，然後畫出全班座位表標以座號、性別或其他特徵做為觀察之工具表格，觀察時可以三或五分鐘為一觀察循環，逐一標記每位同學是否投入於任務中。

以上所列舉者只是常見的結構化觀察工具類型，仍有其他不同種類的工具可設計採用。惟最重要的是應依探究之目的和觀察之重點，妥慎選擇或者自行設計。

王淑俐（2000）指出，結構式觀察實施之步驟主要為：(1)依研究目的和實際情況，選定最佳的觀察研究類型；(2)決定觀察的範圍、對象及需記錄的個別行為、事件；(3)設計安排觀察記錄的方式和工具；(4)訓練觀察員以提升觀察者間的一致性程度；(5)進入觀察情境，並避免引起敏感及防衛；(6)觀察資料的記錄、整理及解釋。

結構性觀察能協助研究者對擬觀察現象之具體事項，進行客觀、系統的分析，但結構化程度愈強，則愈易破壞或忽略現象之完整性和自然性，故如何一方面維持觀察和分析的結構化和系統化，另一方面不失其完整性和自然性，實是一大挑戰。R. W. Shuy（1998）對美國前任教育部長 William Bennett 於 1985 年在華盛頓特區 Banneker 高中的一堂四十五分鐘公開演示教學影帶之觀察分析，是結構性觀察且試圖掌握其整體性的例子之一。Bennett 此堂教學的主題內容，是社會科中有關美國前總統 James Madison 的聯邦論，透過全國性電視轉播，全民均可觀看，希望藉此讓美國人民了解教育部長親身體驗教學實際之用心，並用以向全國教育人員呈現部長心目中的良好教學型態。美國教育研究學會（American Educational Research Association, AERA）則邀請四位教學專家就其教學影帶加以評鑑，作為美國教育研究學會年會討論的議題之一，Shuy 是評鑑者之一。

　　Shuy以語言學家之立場，對此影帶觀察分析下述五項重點：教學情境主軸、提問順序、主題、學生回應和教學者對學生回應之評價；並且分析教學者在這些重點上是否對於不同性別學生有不同的處理傾向。

　　在教學情境主軸方面，Shuy 認為 Bennett 雖然提供一些討論之問題，但其教學模式主要是採講述式教學（recitation teaching）而非回應式教學（response teaching）。而就此種教學模式而言，他認為 Bennett 之教學算是頗良好且具有效能的，因其教學過程相當友善和幽默，對學生之答案常給予正向回應並鼓勵學生再深思自己的答案，且過程中數次（計有六次）總結要點或提醒進行中的重點，以及成功地將 Madison 的聯邦論與當代的美國生活相連結。此外，他認為教學者的管理技巧頗熟練，能掌握教學進行的方向，使不致偏離主題；且能持續引導同學參與討論並同時堅持舉手和輪流發言的程序。Shuy結要地認為，Bennett在管理和引導學生朝他所設定的主題方向參與學習上，是相當成功的；但是，此種講述取向之教學模式是否能引發學生更高層次的思考和理解，則值得探討，因若干學者主張回應式教學模式對此方面較有幫助。

　　在教師提問順序分析方面，Shuy 先將 Bennett 的提問問題分為開放性（open-ended）、為何（why）、事實性（where、when、what）、是或否（yes/no）和寒暄（tag）等五類問題，分別予以統計，結果為：無開放性問題、十四個為何類問題、四十九個事實性問題、二十九個是或否問題、七個寒暄類問題，總計有九十九個問題。亦即，此堂課中計有約三分之二是屬為何和事實性的高層次類型問題。接著 Shuy 亦分析 Bennett 對為何類問題的提問順序，發現他提出問題後會根據學生的答案，再進一步以事實性問題追問或深究，若學生在事實性問題之答案不夠明確或有困難，則再進一步以是或否的問題支持，當學生對事實性問題已了然於胸則又回歸到為何類問題。此種發問模式如下，其對於協助學生推論關係或發展因果連結是有幫助的。

```
為何類問題                        ↑
                                 │
事實性問題            （若成功）
   │                             ↑
   ↓                             │
是或否問題            （若成功）
```

然而，Shuy 亦發現在對 Bennett 為何類問題的回答者中，男性學生的比率明顯較高。他亦發現這堂課中有關問題之討論，女性學生在課堂初期和末期之參與意願較低，回應於為何類問題以形成推論或建立因果關係之意願亦較弱，回答時較男性學生更易受教師阻斷，每輪發言的字數亦較少，不過卻較願意回答是或否和事實性問題。

在教學主題分析方面，Shuy 的觀察分析發現，此堂課由教師提出討論之問題主題計有十個，其中之一「人性是邪惡的」重複討論兩次，故實際上有九個，而在這個主題上所花的時間佔全堂課的四分之一，明顯地過多；此外，由學生提問出的主題計有三個，其中兩個是於課末教師指定的發問時間中提出，另一個是在教學進行中提出。Shuy 發現，雖然 Bennett 所提出的主題，有些固然已超越了美國歷史而連結到當代生活的問題，但仍無法超脫教師心中和教科書既定的主題，故再次被認定這是一種講述式教學而非回應式教學。

在學生的回應分析方面，Shuy 主要分析這堂課中男、女學生對為何類問題回應答案的次數和比例，他發現總計二十七個回應答案中，由男生回應者有二十一個，女生僅回應了六個，很明顯的，男生的回應比例遠高於女生。

在對學生回應答案的評價分析中，Shuy 觀察發現 Bennett 之評價方式有四種：軟性的負面評價，如：「比這還多，不是嗎？」「嗯，我不這麼認為……」「較之目前，它太簡單了，不是嗎？」中性評價，如平淡地說：「Okey」或「All right」；挑戰性評價，以質疑性語調重複學生的回話，如：「民主黨人士和共和黨人士是黨派利益取向分離的嗎？」肯定性評價，如：「對」、「很好」、「非常好」。Shuy 進一步發現，Bennett 並非對學生之所有回答均加以評價，有提供評價者不及半數，更值得注意的是，他雖對男女生之回答均有相當比例的正面和負面評價，然而僅對男生有約 30%的挑戰性

評價但無任何的中性評價出現，對女生則有約 30%的中性評價但無任何挑戰性評價。

從上述 Shuy 的觀察分析實例可發現，他的分析一方面強調教學情境主軸的整體性分析，另一方面亦相當結構化地分析教學過程中的問題性質、提問順序、主題內容，以及教學者對學生回應的評價方式。

二、非結構性觀察

非結構性觀察乃在比較沒有明確的、事先預定的具體觀察項目、程序和工具下所做的一種較有彈性之觀察。惟這只是相對的而非絕對的未具任何結構，即使採非結構性觀察，在觀察前通常已透過相關理論和文獻之探究，而擬訂研究之目的，並在心中形成觀察的重點，而且隨著觀察活動之進展，觀察之項目和重點會逐漸聚焦而愈趨具體化，所以非結構性觀察實質上亦存在著某種的觀察結構。

與結構性觀察相比，非結構性觀察不以事先確定之具體觀察項目、表格和程序來限制和束縛觀察之進行，此可避免忽略了那些被觀察工具所排除的事項，亦可避免將整體性現象簡化為人為的操作性變項，較能掌握現象的整體性和自然性特徵。一般俗民誌研究、實地研究（field study）、個案研究（case study）和參與觀察之研究，大都採取非結構性觀察。因此，J. P. Spradley（1980）所提出的下述三個參與觀察之發展階段，亦可適用於非結構性觀察：(1)描述性觀察（descriptive observation）：剛開始時先觀察了解整體情境的運作脈絡，儘可能掌握研究現場的複雜性，同時發展更具體的研究問題及觀察軸線；(2)聚焦性觀察（focused observation）：隨著觀察之進展，漸漸地將觀察之重點縮小至研究問題中最根本的過程和問題之上；(3)選擇性觀察（selective observation）：在觀察之收尾階段，將更多之觀察聚焦和選定在蒐集有關第二階段已發現的現象過程和實際類型之進一步證據與事例資料。雖然參與觀察較常採用非結構性觀察，但亦有可能於參與觀察之較後期階段使觀察結構化，所以在前述的選擇性觀察階段中，亦可能藉由結構化觀察工具進行觀察，以確認前一階段之觀察所得。

另外，非參與觀察亦可能採取非結構性觀察。茲以 E. W. Eisner（1998）

對前述 Bennett 公開演示教學之評鑑為例說明之。Eisner 是美國教育研究學會邀請對 Bennett 之教學影帶進行評鑑並於年會上發表結果之四位專家之一，因係以教學影帶評鑑，故係非參與觀察。

在 Eisner 的評鑑文中，他以生動豐富的語句，佐以現場對話之直接引述，以及教學者動作、表情及節奏之描繪來描述、解釋和評價教學的情境、教學意圖、教學策略與方法，以及其啟示。首先，他描述了教學現場情景，如講桌前麥克風豎立如小山丘、照射燈光環繞四周使教學者滲出汗珠、攝影鏡頭林立、記者圍繞成群……。另外，亦介紹了教學者如：曾是哲學教授、微胖、四十五來歲、大概是美國第一位於中學公開做教學演示的教育部長。除了於開頭簡要介紹 Bennett 之外，另於文中適時穿插對教學者之描述。

其次，Eisner 描述 Bennett 的教學如何起頭。例如，先調整身上麥克風，然後以故作自我犧牲之語調向學生問候，接著引導學生向媒體記者們打招呼。之後，隨即引入正題：「為何閱讀 Madison 之聯邦論第十頁？」（事先已要求學生閱讀），並且強調本主題之重要性。

接著，Eisner 分析教學者的教學意圖主要有二：一是協助學生理解美國政府體制形成的根本哲學假定，尤其是 Madison 的人性觀；二是發展學生分析和批判的能力。就第一個意圖而言，教學者是希望向學生分享一個有關正義政府特性的不平凡觀念，協助學生試著發現教師早已熟知的觀念。為何 Eisner 知悉 Bennett 早已精熟教材內容？除了知悉 Bennett 曾是哲學系教授之背景外，Eisner 亦發現 Bennett 在教學中曾向學生提到他使用的 Madison 著作，書頁已折角處處，並且在教學過程中常直接熟練地引述 Madison 之說詞來做說明。在引導學生分析和批判能力方面，Eisner 描述了教學者提問過程的特性：首先是提出開放性問題（指要求學生回憶和詮釋所閱讀教材內容意義的問題，前述的 Shuy 並非將此種問題歸類為開放性問題），若學生能從閱讀教材中回答出答案，Bennett 會回應以要求其進一步精緻化或釐清重要觀念；有時若不同意學生之解釋，他很少直接批駁，而常是回應以滑稽的表情、一個幽默式的評論，或者，追問另一問題使學生精緻化其答案；最後，教學者會再對學生的精緻化回答加以詮釋，或者若當沒有學生能將答案精緻化時，他會做進一步詮釋。

　　再來，Eisner 分析 Bennett 採用了兩種常被提及、但教學現場很少被實踐的教學行動。其一是教學過程中數度總結討論所得的要點，尤其是採用了討論議題中的三段論提問法做結要，例如，「給予人們自由，會產生意見歧異。」「有了意見歧異，則會產生暴行。」「我們如何控制暴行？」「在自由社會中，你如何防止多數欺壓少數？」另一是學習遷移之教學，包括將過去的歷史與當前社會事件和問題相連結，以及將抽象的觀念與學生日常所感興趣、易於理解的生活事例相關聯。

　　最後，Eisner 提出兩個從教學過程中所發現而值得進一步深思的課題。第一，當教學者對於教學內容中的主要觀念能徹底精熟時，其往往就能自如地從自己腦海的知識庫中選材，來處理學生各種層次之問題與意見。在 Bennett 的此次教學中已顯現此種特徵，但心理學家在研究教學效能時，往往視其為無關教學內容之過程，Eisner 認為有關教學效能之研究，宜再思考此一角度，對於關心教學改進者亦應思考此一課題。第二，是有關教學者情感熱度的教學價值之課題。Eisner 發現 Bennett 大都以懇切的態度提出各種切中要點之問題，引導學生理解 Bennett 認為至關重要的教材裡的主要理念，過程中顯現出教學者強烈的情感熱度，即使他在教學技術上有若干瑕疵，但此種教學者貫串於教學情境中的情感熱度，才是值得重視的。

　　從上述 Eisner 之觀察分析可知，他強調的是教學整體情境中重要特質之描述、鑑賞與批評，所以所採取的是非結構性的觀察。惟即使其結構化程度低，但亦帶有若干的結構性特質在內。例如，其觀察的重點聚焦於教學意圖、教學策略與方法，以及互動氣氛三者。

　　另外，需特別提出的是，一般觀察研究和教學評鑑之觀察應該延續一段較長的時間，絕少僅觀察一節課四十五分鐘，故如 Eisner 所言，前述對 Bennett 教學觀察之評鑑報告，只是特例。

伍、參與和非參與觀察

一、參與觀察

參與觀察乃觀察者栽入所觀察的情境場域，以某種程度涉入互動過程，試圖從場域成員的觀點設身處地理解現象意義的一種過程。然而，觀察者參與的程度則有很大的變化。R. L. Gold（1958）曾將觀察者的參與角色區分為四種類型（引自陳向明，2002；潘淑滿，2003）：(1)**完全參與者**（complete participant）：觀察者之身分如同情境中的一般成員，可以完全自然地參與互動，被觀察者並不知曉其觀察之目的和真正身分；(2)**做為參與者的觀察者**（participant-as-observer）：觀察者可以完全參與整個研究場域或活動過程，以假扮成員的隱匿方式於自然互動中進行觀察，但是須對研究對象表明身分，徵得其同意。這是基於研究倫理，但可能因身分之表明而多少會影響情境之互動；(3)**做為觀察者的參與者**（observer-as-participant）：觀察者不隱匿做為觀察研究者的身分，參與到群體的日常活動中進行觀察；(4)**完全觀察者**（complete observer）：不參與研究場域的活動，透過旁觀者的身分，以局外人、旁觀者的角度觀察現象或對象。第四種完全觀察者角色是否為參與觀察，學者之看法不一，潘淑滿（2003）將其列為參與觀察之一，但 Flick（2002）則認為應屬非參與觀察，因觀察者雖身在現場但已抽離了被觀察之事件，維持著與事件之距離以避免影響事件和現象之進行。本書採後者之看法，因參與觀察強調的是設身處地從現象互動者之觀點，從局內人之角度來理解現象，若做為局外人、旁觀者，則觀察者幾乎無法發揮此種功能。

參與觀察相較於非參與觀察，具下列特徵：(1)特別對人的意向和互動情境中的意義有興趣，而且強調從特定情境中成員及局內人的觀點來觀看其意義；(2)以置身當地當下的生活情形與情境做為探究的根本方式；(3)其理論化或理論之形成，強調人的詮釋與理解；(4)探究的邏輯與過程是開放的、彈性的、隨機的；而且，力求從具體人類存在情境中所蒐集到的事實資料，持續地再定義論題；(5)乃一種深度的、質化的、個案的研究取向和設計；(6)所展

現觀察的參與角色，涉及到需維持並建立一種與場域情境的自然化關係；(7)採用直接觀察並伴隨著其他方法來蒐集資料（Flick, 2002）。

參與觀察的過程中，研究者和觀察者應先以適合的方式自然地進入場域，趨近互動者，漸漸涉入成為場域的參與者；同時漸進地對焦於研究問題核心之所在的、更具體化的觀察面向。亦即，可採前述 Spradley 所提出的三階段歷程：先描述性觀察，再聚焦觀察，最後做選擇性觀察。但是在參與觀察的投入過程中，研究者應注意避免產生「**自然歸化**」（going native）的現象。此種現象是觀察者逐漸參與融入於場域的例行日常活動中，亦可能漸漸地喪失自己做為外來研究者的批判檢視和自省立場，而毫不保留地採用場域中之觀點為觀點。所以，觀察者一方面要參與融入於場域，做為情境互動者的知音，另一方面須省思自己的研究立場，與對象維持做為專業陌生人之距離。

參與觀察常以某個案場域為對象，伴之以各種資料蒐集方法進行個案研究，課程評鑑亦常需如此，因此以下 Stake（1995）所提出的現場觀察式個案研究歷程摘要，殊值參考借鏡。

(一)預備

1. 檢視或發現決定採個案研究的初始期望為何。
2. 思考已提出的問題、假設或議題。
3. 閱讀一些個案研究文獻，包括其方法論和實例。
4. 尋找其中一個或更多個可採用範例。
5. 界定個案，反思其是被指定的、代表性的選取，或只為了方便。
6. 以宛如出現在眼前的方式界定個案的界限。
7. 預估關鍵的問題、事件、因素、空間、人員和重要象徵。
8. 思考期中和最終報告的可能閱聽者。
9. 形成初步行動計畫，包括界定觀察者在場域中之角色。

(二)第一次拜訪

1. 安排預備性進入，協商行動計畫，安排正式進入。
2. 寫下正式協議並指出觀察者和委託者之義務。
3. 與涉及之相關人士包括教師會、親師協會和行政人員等精修進入現場

之規則。

4. 與委託者討論實質的或潛在的成本，包括機會成本。

5. 討論有關維持資料、報告可信度的安排。

6. 討論另由他人檢視草稿以增進觀察、描述效度的需要性。

7. 討論研究期間和研究後報告之發布事宜。

8. 界定委託者需提供的資料和服務。

9. 視需要修正行動計畫、觀察者角色、個案界限、範圍和議題。

(三)進一步做觀察準備

1. 對活動預為觀察。考慮是否採用其他場域試做觀察。

2. 分配資源給各個空間、人員、方法、議題和階段等。

3. 界定特定資料的來源和資訊提供者。

4. 若有必要的話，選擇或發展工具，或者使過程標準化。

5. 研訂記錄系統如研究檔案或錄音帶，以及編碼系統、資料儲存方法。

6. 再思索優先的因素、問題、事件、閱聽者等。

(四)進一步概念化發展

1. 再思考議題或其他理論架構以引導資料蒐集。

2. 理解閱聽者已知的，以及他們想要進一步了解的為何。

3. 草擬最後報告和發布發現的計畫。

4. 界定人們如何以不同觀點看待事物的可能「多元實在」。

5. 對不同觀點和概念化均予以注意。

(五)蒐集資料，確認資料的正確性

1. 實施觀察、訪問、聽取報導、整理日誌、實施調查等。

2. 保持探究安排及其活動之各種紀錄。

3. 選擇事例、具體證言和例證。

4. 分類素材，開始詮釋。

5. 再界定議題、個案界限，若有需要則再與委託者協商安排。

6. 蒐集額外資料做複檢或三角校正，以確認關鍵的觀察結果。

㈥分析資料

1. 以各種可能的詮釋來檢視素材。

2. 找尋資料中呈現之模型（不管是否為從議題導出者）。

3. 尋求方案安排、活動和結果間之連結。

4. 依議題草擬暫時性結論並組織最後報告。

5. 再檢視資料、蒐集新資料，審慎地找尋研究發現中未確信的部分。

㈦提供閱聽者理解的機會

1. 廣泛地描述活動所發生的情境。

2. 將報告視為一個故事；找尋導致故事未能完整的所在。

3. 擬出報告並複印供閱聽者使用。

4. 試著向閱聽群體中的代表提出報告。

5. 協助讀者識別情境的獨特性和意義性，以此做為從事推論之基礎。

6. 修正和傳播報告與材料，向人們說明。

二、非參與觀察

非參與觀察乃觀察者設法不涉入情境互動，維持與被觀察事件距離以免影響其自然運作的觀察方式，但這並非指觀察者一定不能置身現場。通常可採取兩種方式進行非參與觀察，一種是以單視向玻璃觀察室或錄影帶觀察，另一是在保持受觀察者未察覺的狀態下進行實地現場觀察，所以非參與觀察之觀察者對被觀察者而言是隱匿的。第二種隱匿式的現場觀察可能會引發研究倫理之爭議，然而在某些情境下事實上無法或不必取得同意，例如，在開放性空間如火車站、休閒場所觀察青少年的行為，或在校門口觀察學生的禮節言行等，根本無法或不必取得被觀察者之同意。

現場的非參與觀察可採取下述步驟實施（Flick, 2002）：

1. 考慮符合研究旨趣之互動過程、被觀察者和可觀察的時間與地點，選擇適當觀察場域。

2. 界定每一個觀察個案中所擬探究觀察的項目與內容。

3. 訓練觀察者以使觀察之重點能具某種程度的標準化。

4. 先採描述性觀察，以對場域之一般性特徵有初步掌握。

5. 接著採聚焦式觀察，漸漸將重點聚焦於研究問題相關面向之觀察。

6. 再來採選擇性觀察，將觀察意圖有目的地鎖定在核心面向上。

7. 結束觀察，當理論的飽和度已達成，繼續觀察已不再會提供任何進一步知識時，則可採適當方式離場，結束觀察。

三、無干擾測量

無干擾測量（unobtrusive measures）與非參與觀察之基本立場，均同樣強調資料之蒐集過程應避免干擾行為情境而影響情境行為的自然性，但兩者在觀念上並不一樣。後者是從觀察情境的直接行為表現來獲取資料，而前者則是從行為後的線索間接取得資料來理解行為。常見的無干擾測量線索包括遺跡（trace）、檔案和文件。遺跡如學生下課後在抽屜留下的紙條、廁所牆壁上的塗鴉和文句、教室後面資源回收桶中的物品、圖書館中書籍上之灰塵等；檔案如健康檢查紀錄、圖書和教具借用紀錄、學生的出缺席和輟學率等；文件如學生週記上的心得感想、作業簿本之內容、班刊和校刊中之作品等。這些線索對於了解課程現象亦可發揮輔助功能。然而，無干擾測量所獲得之資訊，只是與行為間接相關之資訊，通常不能做為主要證據，只能算是行為的輔助性次級指標。

第六節　實驗法

一個教育或課程方案之所以能說服大家採用，最重要的理由是該方案確能產生其所宣稱的課程效果，或其相較於其他方案具相似成本但能產生更佳的效果。課程評鑑之設計與實施若能協助評鑑委託者確認或否定此等效果，將會是評鑑者夢寐以求之事。而各種人類社會及行為科學的研究法中，被公認為最能用以檢驗和解釋處理（treatment，如新課程方案）與效果（effect，如學習結果）之間因果關係的探究方法，乃**實驗研究**（experimental research），所以實驗法是教育或課程評鑑探究中的重要方法。

然嚴謹的實驗設計必須能完全或至少在科學上有令人信服的程序下，控

制那些與實驗處理無關的變項，在此等情境下操控實驗處理變項（或稱自變項、實驗變項）而觀察或測量其對結果變項（或稱依變項、觀察變項）之影響效果，才能解釋處理變項和結果變項之關係。而在教育情境中欲安排或獲得此等控制情境非常困難，而且課程方案與教育方案當中的中介變項實在非常複雜，何況欲找出一種客觀精準的測量或觀察學習結果之工具，又顯得困難重重，在此種情形下，實驗設計在教育和課程評鑑中的適用性亦受到諸多質疑與批評。惟若情況許可，且能深切了解實驗法的各種限制，設法予以克服或補救，或者兼採其他探究方法來彌補實驗法之不足，實驗設計仍是課程評鑑中極具說服力的一種系統化探究方法。

　　黃政傑（1987）即指出，實驗法在三種情境下仍極適用：其一，課程發展經過檢討修正已具規模後，可以到實際教學情境中試用，以發現其可行性和大致的效果與優缺點；其二，課程發展方案定型後，為了確定其效果和績效，可實施實驗評鑑，這時的評鑑重點主要在確認目標的獲得程度；第三，是課程方案的比較，有時是為了藉以了解某一課程，從比較的規準中分析該課程在哪些方面表現優於其他課程，有時，比較是為了從各種方案中選取其一。另外，Wolf（1990）亦指出，即使採取最不具嚴謹實驗法精神而缺乏比較組的單組後測（one-shot case study）實驗設計，亦可貢獻於兩種用途：其一，當一個課程方案在早期發展歷程中的小規模溫室試用階段，可採用此種設計以協助發展人員評估方案中各部分的確實效果；其二，若不可能獲得比較組以供比較，而學習者在接受某課程方案前實質上確未具有關此方案所欲教導的知識和技能時（如完全不會游泳的初學者參加一套新設計的游泳課程），亦可採用此種設計來了解此方案之效果。

壹、實驗法的意義與效度

　　實驗法乃設計實驗情境，以探究所實施之實驗處理變項（自變項）與觀察或測量到的結果變項（依變項）間因果關係的科學研究方法。其中自變項至少為一種，依變項亦然，惟變項之數目愈多，其實驗設計愈複雜，愈難掌握自、依變項間之因果關係。為了確實掌握自變項和依變項間之關係，所設

計之實驗情境需設法控制或排除那些與實驗處理無關但可能影響實驗結果之變項，唯有如此才能下結論說依變項之變化確實是因受自變項之處理或操作而來。

當一項實驗設計能確保其依變項的結果變化確實是來自於自變項操作而得之程度，謂之**內在效度**（internal validity）。內在效度是實驗研究的基本要求，缺了內在效度，實驗結果便無意義可言。因此，實驗情境之安排與設計必須設法提升其內在效度，也就是須設法排除或控制影響和干擾內在效度的因素，亦即控制那些無關變項對實驗結果的影響。而當一項實驗所發現之自變項和依變項間的關係，可以概括或類推運用於其他不屬於此一實驗情境的程度，謂之**外在效度**（external validity），其在於發問如下的問題：這種實驗結果，可以概括或類推運用於什麼群體、背景、處理變項與測量變項？（王文科、王智弘，2004）。實驗之外在效度愈高，其結果之類推性價值亦愈高。但在人類社會和教育方案的實驗研究中，欲同時提升內在和外在效度並不容易，此兩者往往彼此衝突，因當實驗情境之控制性愈高，其內在效度固然可提升，但也會因控制性強致使實驗情境過度人工化，其結果欲類推於自然化的社會和教育實際情境中的解釋和運用，則愈困難。Wolf（1990）認為教育和課程方案之評鑑探究所真正關心的，通常是探究某一教育或課程方案在某特定情境下所產生之效果，而非如同一般的學術研究總是試圖建立解釋各種現象之通則化知識，故在課程評鑑中的實驗設計應該要講究的是內在效度。不過，如前所述，課程評鑑探究往往無法在實驗室情境或人為化的實驗情境中進行，因此評鑑者如何在實際上很難進行人為化實驗控制的限制下，設計出能追求內在效度的實驗研究設計，實屬一大挑戰。其中，最重要的、必須考慮的是設法處理與控制那些會影響或干擾實驗內在效度的因素。

綜合學者們之看法，影響實驗內在效度的因素主要有下列（王文科、王智弘，2004；Wolf, 1990）：

1. 歷史事件（history）：指在實驗過程期間，同時發生了與實驗處理無關但卻影響了實驗結果的事件。例如，參與一項閱讀方案實驗研究之實驗組或比較組學生，其中有些學生於課後參加了與此方案材料相關的補習或補教教學方案，而這些學生不是平均分散於兩組。

2. 成熟（maturation）：指參與實驗者於實驗研究期間在身心、知能上所產生與實驗處理效果相關的正常性成長變化，這些成長並非來自於實驗處理的結果，亦非前一因素中歷史事件之影響所致。例如，參與閱讀方案實驗研究的學生，於研究期間的日常生活中亦同時接觸到各種閱讀材料如電視節目、報紙、各科教科書文本等，這些材料可能導致閱讀效果之提升，但其卻非源自新閱讀方案材料。

3. 測驗（testing）：指先前實施之測驗對往後測量結果所產生之干擾或影響。有些實驗研究採實驗處理之前後測設計，其前測之工具內容對參與實驗者之後測而言，可能產生事先提示之作用，或者令其產生對測驗內容較熟練和更充分的預備狀態；甚至，使其在實驗期間更注意與測驗內容相關知識之加強學習，這些均會影響後測之真實結果。換言之，後測之結果有部分可能來自前測之影響，而非完全由於實驗處理所致。有兩種方式可排除前測之干擾，一是不實施前測，但如此則無法知悉實驗處理前，學習者之既有知識狀態，也就無法真正了解實驗處理的實質效果；另一是將所有參與實驗者以隨機分派的方式分成兩半，其中一半參加前測，另一半參加後測，不過此種方式之樣本數需夠大。

4. 工具（instrumentations）：上一因素係指測量行為對實驗處理效果之影響，而工具此一因素則指測量工具之不精確或不穩定造成對實驗結果解釋上之影響。例如，測驗工具內容編製不完全而無法精確地測量出實驗處理效果；或者觀察、測量之項目、程序與評分標準，在前後測間發生變化而形成不穩定狀態，這些均會導致對實驗結果解釋之誤判。

5. 統計回歸（statistical regression）：當實驗研究者只抽取常態分配中的兩極端人員參與實驗或進行實驗結果之統計分析時，這些成員在後測之結果表現往往有趨向平均數方向發展的統計學現象，此即統計回歸。所以，在一般課程方案之實驗研究上，宜避免只選取常態分配中的兩極端人員做為實驗樣本。

6. 選樣（selections）：指在建立實驗組和比較組（控制組）時，發生樣本選擇標準上之偏誤而致使兩組產生內在特質之不相等現象。隨機分

派可解決此種現象，不只是在選取參與實驗之所有樣本程序上，而且對於分派何者為實驗組或比較組亦應採隨機分派之方法決定之。若由參與者依其自願參與為實驗組或比較組，亦會產生選樣之偏誤，因動機因素已實質造成兩組之不相等。

7. **樣本流失**（mortality）：指實驗期間參與者因各種因素而偶爾或永久退出或離開實驗過程，致使實驗組與比較組之內在特質產生不相當。例如，學生之輟學、休學甚至高缺席率。為防範此等因素之影響，最佳的策略是選取之樣本數量宜足夠，如此其影響可減至最低。

8. 兩項以上因素之交互作用（interaction）：各種影響內在效度之單一因素，亦有可能兩種以上之因素在一項實驗設計中彼此結合或相互作用而共同影響實驗結果。

9. 實驗處理之擴散（diffusion or imitation of treatments）：此乃由於實驗組和比較組間之接觸或訊息交換，而使只能由實驗組參與的實驗處理，亦讓比較組也有機會接觸到有關實驗處理的內容或部分內容。當一項課程實驗之比較組和實驗組均在同一所學校或在相鄰社區時，此種現象最容易發生。

10. **強亨利效應**（John Henry effect）和**霍桑效應**（Hawthorne effect）：在教育方案實驗研究中，常是實驗組參與新的課程或教學方案，而比較組若知悉自己並非參與新的方案，往往會產生不甘示弱、想要與實驗組一較長短的求勝心理，而在實驗期間力求表現，此種因不甘被輕視而採取補償性對抗努力的現象，乃強亨利效應。相對地，實驗組亦可能因知悉自己參加實驗或感受到可能獲得特殊處遇與注意，而引發其在實驗期間表現出更勝如常的強烈動機，此則為霍桑效應。這兩種效應所產生之效果，均會模糊實驗處理的真正效果。

11. 實驗者偏見（experimenter bias）：實驗者若對參與實驗之受試者，在未接受實驗處理前已有相當的認識時，此等認識往往會被實驗者有意或無意地導入實驗過程中而影響實驗結果之客觀性。

12. 控制組憤慨性的意志消沉（resentful demoralization）：當比較組覺得實驗組接受了可欲的處理，而自己卻沒有時，亦可能因而感到憤慨不

平、意志消沉，而在後測上有意地採取遜於平常表現的作為。

13. 補償式的同等處理（compensatory equalization of treatment）：若實驗組接受得有財貨或勞務之處理，處於此等條件下，實驗者亦向比較組提供同等的財貨或勞務做補償，其可能影響比較組的後測分數，甚至也會模糊實驗處理效果。

14. 統計的結論（statistical conclusion）：實驗研究常以量的統計來解釋和推論實驗結果，但實驗者對統計的使用可能違背了統計原理，或採用錯誤的統計考驗方式，如此則造成錯誤的實驗結果結論。

上述影響實驗內在效度的因素，有些亦會影響外在效度，例如，強亨利效應和霍桑效應、實驗者偏見、測驗和工具之偏誤、選樣偏差等亦是影響實驗外在效度之重要因素。另外，實驗情境的過於人工化和多重實驗處理的交互作用結果，對外在效度亦是重要的影響因素。惟如前所述，就教育評鑑探究而言，真正應關心的是內在效度，或者應在追求內在效度之前提下設法兼顧外在效度。

貳、實驗設計

為了追求實驗效度，在實施實驗研究時應妥適進行實驗設計。若情況許可，在理想狀態下應建立具相等特質之實驗組和控制組，於實驗期間僅讓實驗組接受實驗處理而控制組不接受任何有關實驗處理的任何影響，並且須設法排除所有會影響內在和外在效度之因素。在自然科學研究中，此種情境可於實驗室中有效建立和控制，而在社會科學研究中則可透過隨機化程序隨機抽取具代表性樣本，並隨機分派參加實驗組和控制組之樣本，來建立幾乎具相等特質之實驗組和控制組，此類設計稱為**真實驗設計**（true experimental designs）。真實驗設計具實驗組和控制組，且其均由隨機分派組成，故其幾乎能控制所有影響內在效度之因素。

在現實教育情境中欲隨機分派實驗組和控制組往往困難重重，常有許多現實條件的限制，在此種情形下則可透過隨機分派以外之其他方法，儘量設法建立接近於相等特質之實驗組和比較組進行實驗設計；此種設計雖具實驗

組和比較組，然兩者並非隨機分派，只能力求接近但實質上兩組未具相等特質，其部分影響內在效度之因素未能受到有效控制，這種設計屬**準實驗設計**（quasi-experimental designs）。Wolf（1990）強調，真實驗設計之對照組稱為控制組是恰當的，但準實驗設計之對照組應稱為比較組才適當，因前者可以而後者無法完全控制影響內在效度之因素。雖然準實驗設計在科學研究上之價值不如真實驗設計，然幾乎所有的教育評鑑探究皆難以建立真實驗設計的情境，故其在評鑑探究上之價值可能比真實驗設計還高。

有時候，教育評鑑探究之情境甚至無法建立比較組，或者，即使有兩組，但無法提供與實驗組近似等質的比較組，此種設計稱之為**前實驗設計**（pre-experimental designs），其對實驗內在效度之控制是粗糙的。儘管如此，有時在不得已的情況下，亦可能採前實驗設計，惟對其結果之解釋必須格外小心。

上述三類實驗設計下各有若干不同型態之實驗設計，以下僅介紹較實用和具代表性者。有關實驗設計的圖示符號，說明如下：

R —→ 表示隨機選取參與者，並隨機分派其為實驗組或比較組，隨機選取之單位可為個人或某個群體。

T —→ 表示實驗處理，例如一種課程方案，若一次實驗包括兩項處理，則分別示以 T_1 和 T_2。

P —→ 表示對參與實驗者表現之測量，若測量不只一次，則按其測量時間序示以 P_1、P_2……。

G —→ 表示參與實驗之小組，兩組以上者則分別示以 G_1、G_2……。

一、真實驗設計

㈠前後測控制組設計（pretest-posttest control group design）

G_1	R	P_1	T_1	P_1
G_2	R	P_2	T_2	P_2

㈡僅後測控制組設計（posttest only control group design）

G_1	R	T_1	P
G_2	R	T_2	P

(三)索羅門四組設計（Solomon four-group design）

G_1	R	P_1	T_1	P_2
G_2	R	P_1	T_2	P_2
G_3	R		T_1	P
G_4	R		T_2	P

在第一種的前後測控制組設計中，實驗組（G_1）和控制組（G_2）均由隨機分派而來，實驗組接受了實驗處理（如某一新課程），以 T_1 表示，控制組則不接受實驗處理或接受另一種處理（如原先的課程方案），均以 T_2 表示，在實驗處理前後，兩組皆接受前測和後測，藉由兩組在前後測表現之變化情形來了解實驗處理之效果。因兩組均由隨機分派而來，故可假定兩組幾乎具等質性，所以若實驗組前後測之表現差距經由適當的統計程序確認其大於控制組者，則應可合理地解釋 T_1 實驗處理效果優於 T_2。然而在教育評鑑中，必須特別考慮兩種課程方案（T_1 和 T_2）之任教教師特質對實驗效果之可能影響，也許兩組差異之來源主要來自於教學者使然，而至目前為止，尚無有效工具來確保任教者特質之等質化或以統計控制兩者之變異量。另外，即使實驗組確實優於控制組而下結論說 T_1 方案優於 T_2 方案，但兩組可能均未達成課程目標，故課程評鑑中對此種情形做價值判斷時，仍需謹慎小心。

第二種僅後測控制組之設計，與第一種設計之不同僅在於兩組均於實驗處理前未施予前測，而直接以後測結果進行兩組之比較，此種設計可排除前測對後測之干擾效果。Wolf（1990）主張，此種設計在實驗設計學者的眼中也許是可接受的，但就教育評鑑而言卻是難以接受的。他認為缺乏前測，評鑑者將難以從中確知實驗方案之真實效果，因兩組之一很可能在未接受實驗方案前已學習了與方案相關之內容。他強調，除非能確認參與實驗方案之兩組學生在實驗實施前，對均未學習過與方案內容類似的內容，例如，均第一次接觸到第二外語課程，否則不宜以此種設計進行課程評鑑。

第三種所羅門四組設計是上述兩種設計之結合，其中 G_1 和 G_2 為第一組實驗組和控制組，兩組接受前後測，而 G_3 和 G_4 為另一組實驗組和控制組，

兩者僅實施後測，G_1 和 G_3 兩實驗組接受相同之實驗方案處理，G_2 和 G_4 則接受另一相同方案。四組均採隨機分派建立，故四組可視為具等質性。這種設計既可經由前後測之變化而了解實驗方案之效果，亦可測量前測對實驗處理之影響效果而對其做統計上之控制處理。不過，此種設計所需的樣本數量較其他設計為多，而且實質上是做了兩次實驗，其所需耗費的精力和經費較大。

　　真實驗設計的內在效度固然較理想，然在實際教育情境中欲真正體現卻是困難重重。首先，做為真實驗設計基礎的隨機分派，往往受社會政治因素和學校現場運作現實諸多因素之限制而無法實現。學校教育人員對學生之分級與編組、所接受課程內容及其實施時程，主要是依專業判斷、行政規章和習常慣例等因素而做決定，隨機分派往往會遭致教師、行政人員和家長之抗拒或強烈反對。其次，課程方案之實驗研究不太可能像新藥上市前之實驗，採實驗者和受試者的雙盲設計，而當參與實驗者知悉自己所參加的是新方案或傳統方案時，就會影響實驗效度。復次，即使採隨機分派實驗組或控制組，但在學校情境中亦難以有效控制影響內在效度之諸多因素，如轉學、請假（樣本流失）、課後補習（歷史）、偶然中閱讀了與實驗課程內容相關之題材（成熟）、教學者特質之不一致等現象。還有，精準的教育效果測量工具亦不容易編製，前後測所得量化分數之差距，不見得能真正代表課程方案之效果。以上任何這些困難之一未能有效解決，其實就不能說已實施了真實驗設計。

二、準實驗設計

㈠不相等比較組設計（nonequivalent contrast group design）

G_1　P_1　T_1　P_2

G_2　P_1　T_2　P_2

㈡控制組時間系列設計（control group time-series design）

G_1　P_1　P_2　P_3　P_4　　T_1　　P_5　P_6　P_7　P_8

G_2　P_1　P_2　P_3　P_4　　T_2　　P_5　P_6　P_7　P_8

　　由於現實教育情境中常無法採隨機分派方式建立等質化的實驗組和控制組，僅能在現實條件的限制下儘量設法控制各項影響因素，以力求兩組特質

之均等化。雖然設法力求兩組特質之相等化，但因其組成不是隨機分派而來，故兩組之特質是有差距的，此類設計乃準實驗設計。在準實驗設計中，即使兩組不是隨機分派而來，但其實驗處理則可隨機分派給實驗組或比較組。準實驗設計之種類變形極多，這裡圖示者僅其二。

在第一種不相等比較組設計中，除未能隨機取樣形成兩組外，其餘之精神均比照等組前後測設計。至於第二種之控制組時間系列設計，是**時間系列設計**（time-series designs）之一種，時間系列設計可採單組、雙組和多組等之不同設計，主要構想是於實驗處理之前和之後進行多次之測量，一方面建立實驗處理前之比較基準，另一方面測量實驗處理效果的延續情形。控制組時間系列設計因具兩組，故可比較實驗處理之效果及其延續性，其與不相等比較組設計之差別在於後者僅實施前後測各一次，而前者則實施前後測多次，不過，兩組在各次施測的時間點上應一致，如此才能合理比較。

就學術研究而言，準實驗設計在控制影響內在效度因素之有效性上雖不如真實驗，但就其在教育情境中之可行性而言，卻遠勝於真實驗設計。在現實教育情境中所能設計之實驗式課程評鑑探究，幾乎僅能採準實驗設計。在採準實驗設計進行課程評鑑時，雖未實施隨機分派以建立實驗組和控制組，但在情況許可下應儘量設法安排與實驗組等質化之比較組，以力求趨近於真實驗情境。Wolf（1990）曾就此提出三種可能之方式。其一，是以同一教育機構先前招收之學生群做為比較組。例如，若已知悉某一新課程方案將於2009學年起在五年級中導入實驗，則可採2008學年之五年級學生群做為比較組。一般而言，同一所學校前後兩年級學生群的內在特質應不會有太大差異。但是此種以先前學生梯隊做為比較組的方式，必須注意兩點，一是實驗前後數年間之歷年學生數具合理的穩定性，另一是應有效蒐集兩組學生的各種屬性和表現資料以利分析比較。

其二，是以鄰近地區另一所教育機構之類似學生群為比較組，就前例而言，可改以2009學年附近另一所小學之五年級學生為比較組，因屬鄰近地區，故可假定此兩校五年級學生之特質和社經背景具頗高程度之同質性。與前一方式相比，此種方式之優點，包括：(1)可減少實驗處理擴散現象之發生機率；(2)較不會引發比較組學生之憤慨性意志消沉現象；(3)可同時蒐集所有

參與者的各種屬性和表現資料。但其與前一方式相比之最大缺點，是兩組之同質性程度較小。

其三，在最不得已的情況下，則可採標準化測驗結果做為比較，亦即以建立標準化測驗之常模群為比較組。例如，一項新的閱讀或數學課程方案，可對參與此新課程實驗之學生，在實驗前後施以閱讀或數學之標準化測驗，以前後測結果推估方案之效果。此種方式之主要缺點包括：(1)標準化測驗之內容往往無法反映新課程方案之目標與內容，何況許多的新課程方案根本找不到相應合適之標準化測驗；(2)實驗組學生與常模群特質的同質性較低，因標準化測驗所選取之常模是更早期的學生。

上述三種方式中，以第一種最佳，再次為第二種，第三種則儘量少用，除非無法採前兩種安排才考慮第三種。

三、前實驗設計

㈠單組後測設計

G　T　P

㈡單組前後測設計

G　P_1　T　P_2

㈢靜態組比較設計

$$\frac{G_1 \quad T \quad P}{G_2 \qquad\quad P}$$

這三種前實驗設計中，單組後測和單組前後測設計均只有實驗組而未另建立比較組，後者比前者多增加前測，前者藉由後測結果來評估實驗處理之效果，後者則藉由前後測結果之變化評估之。由於缺乏可供比較之比較組，所以很難控制影響實驗的內在效度，嚴格而言此種設計尚難真正稱之為實驗，故名為前實驗設計。至於第三種雖有比較組，但中間以實線區隔，表示比較組之設立，並未如準實驗般設法在現實條件限制下力求其與實驗組之等質化，所以兩組間的特質可能存在若干之差異；例如，選取某班為實驗組施以某閱讀課程方案，課程結束後對本班與任一班未採此方案之學生實施閱讀測驗，

據以比較實驗效果，然此兩班學生在人數、性別比例、社經背景和既有學科成就上可能原就存在若干差異。以上三種設計，或只有實驗組一組；或者即使有比較組，然既未隨機分派成立兩組，亦未採取有效方式如配對法力求兩組特質均等化，均屬前實驗設計。

前實驗設計由於無法有效控制影響內在效度之因素，其價值在實驗設計專家眼中也許不屑一顧，然在課程評鑑中亦非毫無價值，尤其是有些情境只容許做此種的實驗設計、別無其他選擇時。前已述及，當可確知參與實驗者對某課程方案屬新手，先前幾無此課程的基礎知能，例如第二外語或汽車修護課程的新生，則單組後測和單組前後測設計均尚可用。另外，在發展一套新課程之早期試用階段，亦可運用此種設計來評估此課程各部分之效果，就課程發展而言，此種作法應愈來愈受到重視。不過，對採前實驗設計所獲得實驗結果之解釋，應更謹慎、更強調採邏輯和判斷之分析方法，來逐一排除那些可能導致實驗結果但與實驗處理無關之其他競爭性解釋因素，不能僅依靠實驗結果之數量分析而遽下結論。亦即，若實驗結果發現實驗處理很可能有對參與者產生影響效果時，尚不宜太早下此結論，應進一步對可能導致此種影響效果之非實驗處理因素，逐一加以檢視分析，若這些其他的競爭性解釋因素能被有效排除，才可較放心地下結論。例如，當一項給初學者學習之新第二外語教材實施後，參與者之前後測成績比較顯示此項材料效果良好，這時可進一步檢視這群新生在此教材實施期間是否有其他機會自然地接觸或學習到相關之材料，如從校內各場所的外語布置中自然學到外語字彙，此乃成熟因素之分析與排除；又亦可再檢視此期間學校可曾辦理過第二外語的競賽活動，此乃歷史因素之分析與排除；另也可再檢視任教教師和學生是否知悉自己正在參加一項新教材之實驗，此乃霍桑效應之分析與排除。以此類推，逐一分析、檢視並能排除那些其他可能的競爭性解釋因素後，則可中肯地下結論說，此第二外語教材確實可獲致高成效。

參、優點與限制

實驗法最主要之優點在於其強調科學客觀性，以實驗結果做為解釋實驗

處理效果之可檢證性證據，故在評鑑探究上深具說服力。其次，實驗法在研究設計上具解釋因果關係之能力，在各種社會科學研究方法中最具因果解釋能力者當屬實驗法，故實驗法在評鑑上除具總結性功能外，亦可發揮有效的形成性功能。

　　然而實驗法在評鑑上亦存在若干限制。第一，在真實教育情境中欲實施真實驗設計幾乎不可能，即使退而求其次欲規劃安排準實驗設計的情境，亦頗困難。第二，實驗法為求其客觀和可測量性，往往將複雜的方案及其結果以人為的方式抽離出許多人工化的孤立變項，然後從這些變項間的關係試圖解釋複雜的人類社會和行為現象，其解釋效果仍令人質疑；另其解釋結論欲有效概括推論至一般教育情境亦尚有問題。第三，實驗法常以量化之統計分析來檢證實驗處理效果，但至目前為止仍難獲得令人滿意的、精確客觀的人類行為特質測量工具。第四，在採用實驗法進行探究時，常常優先思考如何符合實驗設計之精神，然教育和課程方案總是非循此而運作，若為實驗之實施而改變運作，則形同目的與手段之置換。第五，實驗研究之關注重點在於自變項與依變項關係之解釋，對於從自變項發展至依變項間之運作歷程，甚少予以關心和注意，這在了解課程現象上仍是不足的，尤其在深入了解課程運作情境中各種要素，如課程內容、學習者屬性和態度、教師動機與素養、教學技巧和運作方式，以及其與各種不同學習結果等之複雜交互關係和發生歷程上，幾乎未予關注，或者根本無能為力。所以，實驗法在課程評鑑上固然有高價值，但亦需考慮其限制。

第七節　學習成就評量方法

　　課程方案的直接效果，展現於學習者在經驗該課程方案後所獲得學習成就上的成長與變化。因之，學習成就之有效評量（assessment）向來都是課程評鑑學者關心之重點；即使 Tyler 目標模式以外的其他評鑑取向或模式已不再將評鑑之焦點侷限於「目標─成就」之評估，但任何評鑑取向或模式都不會忽略學習成就評量在課程評鑑上的價值。甚至可以說，任何課程方案之評鑑若欠缺了對該方案學生的學習成就評量，皆是不完滿的。是故，如何設計與

實施有效可信的情境、工具和程序，以評量課程方案所產生對學習者在學習
成就上的成長變化，乃課程評鑑者的一大要務。

　　本章第三至六節所論各種探究方法，除實驗法需直接依賴有效的學習成
就評量程序與工具以獲致實驗處理結果之資料，來對實驗結果進行解釋外，
其他的探究方法大都可做為學習成就評量的方法。除此之外，已有諸多學者
和專著對學習成就評量發展與討論了各種評量原理與方法，以下說明常見的
學習成就評量方法。

壹、客觀式測驗

　　客觀式測驗是指提供學習者客觀化的測驗題型，以對學習者的答案反應
進行客觀評分來評量學習成就的方式。因強調客觀化，故其具有一定的答案
和評分標準，甚至實施的時間和程序亦有一定的要求。

　　常見的客觀測驗題型有是非題、選擇題、配合題、填空題、排序題（順
序題）與具明確答案的簡答題和計算題等。因這些題型常被批評為偏重較低
層次認知能力的評量，近年來測驗學者為改善此種現象乃另發展了**解釋性習
題**（interpretive exercise）。解釋性習題通常是給學習者一篇導論性文章，要
求學生閱讀後，就附於文後的題組問題指出該文章或情境所包含的知識、蘊
義或立場等，因要求學生答題的題組主要是以選擇、是非、填空或簡單的題
型呈現，故仍屬客觀式測驗（葉重新，2001）。

　　客觀式測驗之優點主要有：⑴試題選樣較具代表性：因各題作答時間較
短，同一份試卷可容納更多的試題以代表擬測的學習內容；試題具代表性則
能增進測驗的內容效度；⑵評分具客觀公平性：因試題有標準答案，不同的
評分者對答案之評分結果是一樣的，因此信度得以提升；⑶評分之效率與速
度高，甚至可採電腦化閱卷，於短時間內處理大量的考卷；⑷由於評分效率
高且各題作答時間短，故可於較短時間對大量的應試者施測而取得大量樣本
的學習成就資料；⑸雖然部分類型的試題如是非、配合、填空題等易被批評
傾向於只能評量較低層次的認知能力，然而部分題型如選擇題和解釋性習題
若設計良好，亦可評量出複雜高層次的認知能力；⑹測驗結果易進行試題的

難度、鑑別度、信度和效度之科學量化統計分析，也因此而易於建立此種試題的科學化、客觀化地位和印象，其測驗結果對一般社會大眾較具說服力。

客觀式測驗之主要限制則為：(1)由於試題之反應方式是從答案選項中做選擇或做簡短反應，故大部分情況下難以測量出較高層次的認知能力；即使部分設計良好的選擇題和解釋性習題可發揮此等功能，但其命題誠非易事，需投入極多的心力、時間與巧思；(2)對於需了解學習者的推理與解決問題之過程而非只是其答案，以及實際操作表現方面能力者，此種測驗難以達成，或往往予以忽略；(3)有些學習內容不具固定或標準答案而需學習者抒發觀點、組織想法、表現創意和評鑑價值，此種測驗亦無法有效評量。

貳、論文式測驗

論文式測驗的試題情境要求學習者針對試題要求，以較大量的文字組織和表達其觀點、想法和答案，其題型如問答題、申論題和作文等。

依給予學生組織與表達觀念的自由程度，論文題可分為兩大類（郭生玉，1989；葉重新，2001）。一是**延伸式反應題型**（extended responsive type），給予學生相當大的反應自由，學生可以按題目方向自由選擇他認為有關的知識，組織符合他最佳判斷的答案，整合他認為適當的觀念；此種自由使學生可以更充分地表現他對知識的選擇、組織、統整與評鑑的能力。例如，「請申論布魯姆（B. S. Bloom）等人的教學目標分類體系對教育測驗理論與實務之影響」；一般的作文題亦屬此類的題型。此類題型可測量學習者下列能力：提出、組織與表達觀念；統整不同領域的學習結果；創造新穎獨特的方式；評鑑觀念的價值。

另一類是**限制式反應題型**（restricted responsive type），其在題目敘述中對受試者反應之內容與形式給予某種程度的限制。例如，「布魯姆等人將教學目標區分為哪些領域？請說明這些目標領域的意義」。一般而言，限制式反應題可以測量下列能力：解釋因果關係、敘述原理原則的應用、提出適切的立論、陳述可主張的假設、陳述有效的結論、說明必要的假說、敘述資料的限制，以及解釋方法與過程（郭生玉，1989）。此種題型比申論題在評分

上更具客觀性，但相對地在測量學習者對知識之組織、統整和創造等層次的能力上就較弱。

論文式測驗之主要優點為：(1)可測量高層次複雜的學習結果：可測量學習者對新知識之選擇、組織、統整、表達、評鑑與關聯運用的能力；(2)可避免猜測機會：此類題型不提供選項供受試者選擇，可將猜測答案之機率降至最低；(3)題目易於編擬：相對於客觀式測驗題目數量之繁多，此類題型之命題和編擬省時省力得多。

論文式測驗亦有一些限制，主要為：(1)題目代表性較低：因試題少，對學習內容的選樣就無法寬廣而具充分代表性，其內容效度乃較低；(2)信度低：較之客觀式測驗之具正確答案和評分標準，此類題型之評分較主觀，評分者間的信度較弱；(3)易受答題者語文表達能力之影響：此類測驗受試者須以大量文字組織答案、表達觀點，語文表達能力乃成為影響此種測驗結果的一個重要因素，其可能會混淆測驗結果；(4)評分耗時：雖然此種測驗題目易於編擬，然評分時需詳閱答案內容，頗為耗時，而且很難採電腦化閱卷以節省人力和時間（黃元齡，1981；郭生玉，1989）。

參、實作評量

實作評量（performance assessment）之觀念，應源自心理測驗中的非文字測驗。例如，智力測驗中的堆積木題型剛開始在教育上應用時，稱之為表現本位評量（performance-based assessment）。1960 年代，表現評量亦指透過系統觀察的資料蒐集，以對某人之表現做決定的過程；典型的例子是提供事例任務由受聘者或應聘者執行和完成，在執行的過程中觀察和評定其表現情形而做決定。目前，實作評量可界定為係一種要求受試者於應用性、程序性或開放性的任務情境中展現其理解和技能而加以評量的方式（Gredler, 1996）。

呂金燮（1999）認為實作評量具下列基本要素：(1)實作的表現：學生要在任務情境中應用出他們習得的知識和技能，並表現出認知複雜度；(2)真實的情境：任務情境應具真實性，其可為實際的任務情境或模擬的作業情境，惟情境應力求真實性；(3)問題的結構化程度較弱：問題情境不似客觀測驗般

地結構化、明確化，以展現情境的真實性和情境性；實作評量的問題情境對於問題的說明並不全然包括解題所需之所有資訊，問題之結構不清且較複雜，對何時才會有解決之道並無清楚的準則可依循，且讓受試者無法以單一或唯一的方式去發現每一個解決步驟的可能性；(4)可兼及過程和結果的評量：在任務情境中，受試者完成任務之過程以及其結果或產品，皆可納為評量之標的，或兩者取其一，端賴評量之目的而定；(5)彈性的解題時間：通常給予受試者較充分而彈性的時間，以執行和完成任務，其對完成測驗的時間要求不似客觀測驗般之嚴格或標準化；(6)可兼及社會互動之評量：某些實作評量由小組以群體合作的方式完成，此種形式可進一步兼及參與者在社會互動方面的評量；(7)多向度的評分系統：在一個實作評量中可就多層面的評量項目評估受試者的多種行為表現。

從上可知，實作評量不見得需於實際的真實情境中實施。陳英豪和吳裕益（1990）曾按測驗情境真實程度之由低而高，區分出下列四種實作評量情境：(1)紙筆的實作測驗：採紙筆測驗的方式模擬問題或任務情境，由受試者解決或完成之，例如，要求學生編寫某個單元之教案、寫一篇求職自傳履歷表；(2)辨認測驗：要求受試者在真實化的任務情境中進行辨認，例如，在音樂科教學中要求學生辨識出樂曲的音調、節拍及其中的樂器；(3)模擬的實作評量：在模擬、似真的任務情境下進行評量，例如，於電腦動畫情境下模擬駕駛飛機，並於情境中解決或完成各種飛行中所遭遇的問題或任務；(4)樣本任務的實作評量：由受試者實際執行一項工作或任務中具代表性、重要性或者應用機會較高者，評量其執行過程與結果。例如，要求實習教師於指定的國語課文中，就其中的生詞新字部分進行教學，以供評量。

實作評量主要具下列優點：(1)能測量高層次、複雜的學習成就，如同論文式測驗般，設計良好的實作評量能評量出學習者對知識選擇、組織、統合、表達、運用、評鑑和創造之能力，尤其是綜合運用所學以解決實際情境問題的能力；同時，亦可評量和了解受試者完成任務或解決問題的過程，而這是一般論文式測驗所缺少的；(2)評量結果之解釋性高：實作評量在弱式問題結構及接近真實性情境下，引發學習者的表現而加以評量，此等貼近於真實情境所獲得的評量結果，較能解釋受評者的真正實力，也較能預測其在實際情

境中的表現，故實作評量應比客觀測驗的結果更能解釋受評者的能力；(3)更能引導有意義的教與學：實作評量重視評量情境的真實性，此會引導教學者和學習者更注意在教學過程中將所學知識和能力與實際情境相結合，促進教與學的意義化；(4)具情境脈絡性：知識和意義必須與環境、社會的脈絡情境相結合，才能顯示出意義，實作評量是在具整合性、連續性和脈絡性的模擬或真正情境中評量受評者的綜合性成就表現及其表現過程，而非將知識自情境中析離或將其簡化為片斷的知識訊息而測驗之，故此種評量過程能反映知識和能力與情境脈絡相關聯的特性。

實作評量的限制主要有：(1)影響學校日常運作：由於實作評量所需時間較久，且具彈性化，有時需安排特殊的場地與設備，以及動員更多的人參與評量或維持秩序，這些因素都會干擾、影響學校或班級原有的例行運作；(2)時間、人力和經費成本高：實作評量之實施過程和評分均極耗時，參與評量所需之人力亦較多，有時又需添購特殊設備，故其時間、人力和經濟上之成本遠比客觀測驗來得高；(3)概化程度受限：由於實作評量旨在對某一特定技能或知識提供更深入而多元的評量，且其作答時間耗時較久，因而試題任務取樣的內容與範圍就難以兼顧廣度，故對學習者在某一實作評量上之表現結果，欲推論或概化至更廣範圍之觀念或能力仍有問題；(4)信度較低：實作評量通常由評分者依**評分項目表**（scoring rubric）之多元評分項目及其評分量尺，對受試者表現之多元層面進行評分，評定過程中，評分者難免有主觀成分，不同評分者對評分表中各項目及其量尺比率之界定常生差距，即使同一評分者於不同時間對同一評分項目亦有不同的解讀尺度，因此，實作評量之信度較客觀測驗低；(5)公平性問題：有時實作評量被當作對學生進行選擇、評等和認證之程序，此等高衝擊性評量涉及公平性的議題。在實作評量中存在諸多影響公平比較之因素，其一是前述評分者信度低之問題，其二是實作評量情境和程序之難以標準化，其三是實測時間之彈性化而生之差異，其四是受試者對任務情境之投入興趣與態度亦會影響結果，其五是若於不同學校實施，亦可能產生設備不一或缺乏有效設備之現象，其六是不同背景之受試者在學習期間所接觸到有關評量任務情境和設施之機會常是不均等的。所以，實作評量結果之公平比較性易受質疑與挑戰；(6)效度的疑慮：前已述及，實

作評量因是從真實化情境中獲得受試者的表現資料來評量其能力，理念上此等評量結果對於解釋受試者真實能力的效力應較客觀測驗來得高，但這不意味實作評量的效度一定高，或一定比客觀測驗高，其效度證據反而常不如客觀測驗，因效度觀念涉及的是測驗工具確實能測量到其所宣稱能測量到的能力，理論上的解釋力不見得具高效度證據。在實作評量中常面臨一些效度上的疑慮問題。其一，是任務情境複雜度和能力推論上的問題，在複雜或不確定的任務情境中，受試者所表現者可能只是其對某特定內容的回憶，或一時之創見，而非與教學內容直接相關；另外，有些操作性任務情境不必然能激勵受試者複雜心智模式之採用或反映出複雜的認知能力。其二，是能力相混淆的問題，在實作評量中往往同一任務情境涉及多種能力之綜合表現，而這使得如何明確區辨所評量者係何種能力上面臨困難，常見有關解決問題之實作評量摻雜著語言表達或溝通的能力，乃至於各種學科的內容知識。其三，是評分項目未能充分掌握所欲評量的複雜技能之各個面向，或部分項目與所評之能力內涵無直接關係而生評量項目失焦之現象。其四，是內容領域的代表性問題，一般的客觀測驗通常具有明確的知識內容領域，例如，以各學科知識為評量對象，其測驗題目乃能較具內容的代表性，然實作評量有時涉及不同的學科內容和跨學科的心智能力，其任務情境乃較難明確地代表某特定的知識內容領域（呂金燮，1999；Gredler, 1996）。

肆、檔案評量

一、意義

　　檔案評量（portfolio assessment，又譯卷宗評量、卷檔評量、檔案歷程評量等）乃在一段較長時間（如一個月、一學期、一學年甚至更久）中，有目的地系統性蒐集學習者作品及其相關資料，如作者省思紀錄、作品構想、作品草稿及歷次修正等而建立作品檔案，然後經由對此等作品檔案之評量，以評估學習者之成就表現，或者，了解其學習成長歷程之變化與優弱勢，進而提供必要的學習協助，或經由學習者對自我表現之認識與反省而進行自我導

向成長的一種評量方式。

　　由於係以學習者的實際作品檔案為評量標的，故檔案評量在某種程度上可視為是實作評量的另一種形式，不過，其與實作評量具若干差異。首先，前者評量歷程所需之時間遠較後者久；其次，前者係在一般的教學情境中取得作品樣本，而後者則常另需安排特定或較標準化之任務情境；復次，前者之作品可包含完成品及其先前之草案或不成熟作品，而後者則通常只是單次性作品；最後，前者檔案可包含更多樣的作業任務，而後者則較少；以作文檔案為例，其可能包括了詩歌、論文、書信等不同種類的作品，而在實作評量任務情境中通常僅是其中的一種。

二、檔案類型

　　檔案評量之核心工作是建立學習者之作品檔案，而檔案則依建立與評量之目的而有不同類別，主要有下列五類（Gredler, 1996）：(1)**理想型檔案**（ideal portfolio）：之所以稱為理想型檔案，乃是希望此等檔案能充分發揮檔案評量之理想功能，尤其是判斷學習者對重要觀念和程序之理解情形，掌握學習者在教學目標和學習任務上的成長變化和優弱勢以適時提供協助，或透過學習者對自己學習狀態之自我省思，而成為具自我導向成長的學習者；而非只將檔案視為評定學習者學習成就等級之工具。為發揮此等功能，理想型檔案至少包括三種主要內容：①產生和完成作品的工作傳記：描述作品發展與形成之理念、構想、方法和相關事項；②多樣化的作品：將某一重要學習任務在某段時間內之多樣化作品、作品稿及其修正情形納為檔案，以語文科為例，各種多樣化之作品包括整學期之日記、論說文、詩歌、故事、課堂發言錄音等作品及其草稿；③自我省思紀錄：學習者對建立檔案期間各項作品形成、學習過程與品質之自我批評和自我期許的省思紀錄，亦成為檔案之一部分。(2)**櫥窗檔案**（showcase portfolio）：此種檔案由學習者在檔案建立期間，將自己認為最佳之數樣而非所有作品納為檔案，此過程可向教師、家長和其他人顯現學習者的自評觀及其代表性作品之品質。(3)**歷程紀錄檔案**（documentation portfolio）：此種檔案主要在於持續記錄學習者在某項重要學習任務上學習成長歷程的變化，通常包括作品、學習者自我省思紀錄和教師或觀察者的歷次

觀察檢核表，以及其他必要的資訊，如成就測驗結果和軼事紀錄。(4)**評鑑檔案**（evaluation portfolio）：主要目的在於向行政人員、家長或相關人士報告學習者的成就表現，因而對於所欲蒐集的作品內容及其評分項目表均事先決定之，甚至希望獲致某種程度之標準化。(5)**班級檔案**（class portfolio）：此種檔案之建立主體通常為班級教師，以向家長、行政人員和其他人溝通教師對每一學生之判斷，以及教師的課程、教學和班級經營計畫，其內可能包括教師對全班學生在達成課程目標上的總結性摘要說明、對每位學生學習情形之描述，以及教師的課程、教學與班級經營計畫等。

三、優點與限制

　　檔案評量之優點主要為：(1)如同實作評量，其相較於客觀測驗有較高的評量結果解釋性，也可能測量到高層次和複雜的學習成就。(2)透過檔案作品之系統觀察與分析，可藉以了解學習成長的變化；在課程評鑑上，此可提供課程方案在導致學習進展上的有效證據及診斷出方案的優缺點；在教學上，此可診斷出學習者在學習任務上的優、弱勢能力，進而提供必要的協助。(3)良好的檔案評量能以評量發現，協助教學者診斷學習弱點而調整、改善教學內容與方法；甚至能經由學習者的自我省思而導向自我成長學習，故此種評量能增進教學與評量的互動回饋關係。(4)作品檔案可做為向家長和社會展現教育結果的有力證據，並可成為親、師、生及行政人員互動溝通的良好媒介。(5)某些檔案評量容許學生與教師共同商議檔案內涵、評量項目、標準與方法，並且鼓勵學生主動地蒐集、呈現結果、自我監督、自我反省、自我評量，此能展現學生在學習和評量中的主體性地位。

　　檔案評量之限制，主要在於：(1)比客觀測驗甚至於實作評量更為耗時耗力。(2)信度較低：如同實作評量般，其信度比客觀測驗低，而導致信度較低之主要因素為：①評分項目表中之用語不夠明確或解讀不一致，②評分項目過於複雜，③評分者之主觀性和訓練不足，④缺乏標準化的任務和實施情境條件。(3)效度亦有疑慮：與實作評量相比，檔案評量可蒐集同一學習任務下的更多樣作品，其內容效度會比前者高，但仍有疑慮，其中最重要之影響因素有三：①評分項目表之評分項目能否明確指出和界定所擬評之能力，②所

蒐集之作品能否代表評分項目表所欲評量之能力類別，③評分者能否中肯客觀地依評分項目表評量作品檔案；若此三要素愈能滿足，則效度較能提高，反之則受質疑。(4)比較的公平性問題：檔案評量的最核心功能在於了解學習歷程的變化，並增進學習者的自我導向學習，或促進教學與評量的有效結合，然有時基於行政上的需要，仍可能進行教室內或跨班、跨校學生間作品檔案之比較，此等比較之公平性，如實作評量般受諸多因素之影響，其公平性亦常遭質疑。(5)若欲同時以檔案評量達成評定學習成就品質和教學改進，此兩功能常生衝突，造成實施上的難題。

伍、情意評量

按 B. S. Bloom 等人（1956）之目標分類，教育目標包括認知領域（cognitive domain）、情意領域（affective domain）和技能（知動）領域（psychomotor domain）三大領域。儘管有些課程方案較偏向其中某領域目標，但亦會輔以其他兩領域目標之達成，而在大部分情況下，一般課程方案都會兼顧此三大領域目標之習得。因此，對於學習成就之評量，亦須兼及此三大領域。本節前述各種學習成就評量的方法中，雖然某些評量方法如論文式測驗、實作評量和檔案評量亦可兼及情意領域的評量，但畢竟其發展主要是針對認知或技能領域，若欲經由這些方法來評量情意類的學習結果，仍顯不足。測驗與評量學者已另針對情意類目標發展了諸多評量觀念與方法，殊值課程評鑑探究者採用參考。

一、情意之特性與類別

情意乃無法直接觀看或接觸的人的內在特質，其肇發自或包含了某種人的情感成分。由於無法直接觀看或接觸，心理學者乃採用各種心理學的構念（constructs）來描述和定義各種情意特質之內涵，並透過人的外顯行為、行為紀錄和自我陳述來推論這些情意特質構念。主要的情意特質構念包括欣賞（appreciation）、態度（attitude）、適應（adjustment）、興趣（interest）、價值（value）和自我態度（self-attitude，如自我觀念、自尊、自我效能等）（郭

生玉，1989；Gredler, 1996）。

1. 欣賞：對寬廣的才華領域如音樂、藝術、文學、傑出的社會貢獻等表達滿足感和歡愉。
2. 態度：對某標的如學校、科目或其他族群等回應以好惡之習得傾向。
3. 適應：與友伴之關係；對榮耀、批評和權威之反應；情緒的穩定度；社會的調適。
4. 興趣：對投入於特定活動如打球、閱讀、參加樂團等之偏好。
5. 價值：引導行為之抽象信念，包括美學的、經濟的、政治的、社會的或理論的信念。
6. 自我態度：由個人所建構的正向或負向自我評價信念，包括自尊、自我觀念和自我效能感等。

由於這些情意特質屬難以觀察的人的內在特質，而且其各種構念內涵又極為複雜，通常一個構念又由多個更下位的構念或概念所描述；再加上對此等特質之評定，無法像特定知識和技能般評以對或錯，僅能評以程度之高低傾向，因此常被忽略，這在課程評鑑上是不應該的。因為，第一，任何課程方案均會兼有情意目標，不會只達成認知或技能類目標而犧牲情意目標，一個良好的數學方案不會想讓學生學了數學觀念和技能，卻同時讓他對數學產生厭惡的態度；第二，有些課程方案的主要目標在於情意類目標而非知識或技能，例如專注於自我效能提升之課程方案；第三，許多情意特質如對學校教育的正向態度、對某學科或學習活動之投入興趣、情緒的穩定、友善的人際關係等，常是獲得高學習成就的重要因素。

二、評量方法

常見的情意評量方法與技術有：

㈠觀察法

本章第五節所討論的結構性和非結構性、參與和非參與、確認性和探究性觀察的觀念、程序和技術，均可運用於情意特質行為之評量，唯所強調之觀察標的，應是那些代表情意特質之行為和行為紀錄、遺跡。就結構性觀察

而言,可採用查核表(檢核表)、評定(等級)量表、互動路徑分析等觀察
工具或技術,檢核、評定和觀察分析所擬評量的情意特質行為。一般的查核
表和評定量表由兩部分內容組成,一是有關情意特質行為的一組敘述、問題
或形容詞,另一是對此等敘述、問題或形容詞劃記或評等、評分的量尺。至
於非結構性觀察,可採用**軼事紀錄**(anecdotal record)就所發生與擬觀察的情
意特質行為相關事件,以較長的觀察時間,詳細記錄、描述和解釋被觀察者
在該事件中的行為反應,以評量其情意特質。

㈡自陳法

藉由某種刺激情境和工具以引發受評者陳述、表達其內心感受,來了解
其情意特質的方法,均屬自陳法。常見的技術和工具,包括:⑴訪談:包括
結構式或無結構式訪問均可,例如,詢問受訪者對參與科學活動之感受,即
可了解其對科學課程之態度或興趣;⑵作文:例如,請受評者寫一篇遭遇挫
折的處理過程之文章,則可用以了解其自我觀念和適應傾向;⑶自陳量表:
將前述觀察法中的查核表或評定量表中對情意特質的一組敘述、問題或形容
詞,轉化為自陳式量表,由受評者勾選自己符合這些敘述、問題或形容詞的
有無或量尺等級,即是自陳量表的技術,其中最常用的是李克特五點量表;
⑷興趣量表和態度量表:心理測驗學界已發展了若干興趣量表、態度量表,
可以直接利用或參考其內容修正後採用,來評量受評者之興趣和態度;⑸投
射技術:某些人格測量的投射技術(projective technique),如語句完成法、
語意分析技術、聯想技術等亦可參考其技術與工具特徵,用以評量情意特質。

自陳法的假定是:從受評者的自陳反應中能高度有效地推論其情意特質。
這需符合兩要件:⑴所提供有關情意特質之敘述、問題、形容詞、圖片或其
他刺激,能明確有效地代表所擬評量的情意特質;⑵受評量者所做的自陳反
應確實能真實地反映其內心感受和想法,而未受社會期望或附從行為所影響。

當自陳量表中的敘述或問題愈具體明確地描述情意特質,則其接近情意
特質之代表性愈高,比較不需評量者進行高度推論,此是一種**低推論自陳測
量**(law-inference self-report measure)。下述自陳設計即是低推論自陳測量:
⑴以問卷詢問學生個人對課程中感到有興趣的是哪一部分;⑵一系列配對的

科目（如電腦與體育、英語和國語），由學生選擇較喜歡的科目；(3)一組有關對當前社會中政府角色的正向和負向敘述，由學生評選，以測量其政治態度；(4)在訪談中向學生詢問有關他們自尊的一系列具體問題。此類設計的優點，是其結果較能有效代表所擬評量的情緒特質，但最大的缺點是易引發受訪者的自我防衛心，其陳述易於迎合社會期望，或採取社會附從的反應傾向，致可能降低結果的正確性。

W. J. Popham（1993）建議可採下列措施，以改進低推論自陳測量設計的受評者自我防衛或社會附從現象。首先，最重要者是採匿名設計，讓受評者放心作答；其次，設法轉移受評者的焦點，以鬆懈其防衛心，例如，量表工具中的指導語至少部分地隱匿主要目的、改由其他未具利害關係之老師施測、由其他機構（較不敏感者）寄發問卷等；復次，採問題隱藏的設計，在一份問卷或量表中僅其中部分問題敘述係評量者所感興趣的，而其他問題敘述則是模糊焦點之用。

相對地，若自陳設計中所提供受評者加以反應的敘述、問題、圖片或其他刺激物，採較抽象、間接、隱含的方式來代表所擬評量的情意特質，所獲得的反應須評量者進一步高度推論其代表的情意特質意義者，乃是一種**高推論自陳測量**（high-inference self-report measure）。人格測驗中的投射技術即屬此類。此類設計可大幅降低受試者的自我防衛心，所獲得反應之真實性較高，但其是否真能推論所欲評量的情意特質，則較受質疑。

㈢同儕評量

透過與受評者經常互動而熟識之同儕所反應有關受評者情意特質之資料，亦是評量情意特質的方法。其中，最常用的技術有二：一是「猜猜我是誰」技術，其基本程序是向同儕友伴呈現一系列描述情意特質行為之敘述或問題，然後由同儕列出分別符合這些敘述或問題的同儕姓名。敘述句或問題如：「他（她）會（不會）樂於幫助別人」、「他（她）常常（很少）跟同學說話」。透過此種程序，可獲得符合或不符合所欲評量情意特質學生之名單。二是**社會計量技術**（sociometric technique），其是探究團體中友伴相互吸引與排斥關係的測量方法，可藉以測量個體在團體中的社會適應性和團體中的友伴關

係。實施時，可向團體成員詢以如下問題：「你最喜歡與誰在同一組？」「你最喜歡誰？」填答時可填零至數位，根據團體所有成員選填結果，可以繪製團體的社會關係圖（sociogram）或社會計量矩陣（sociometric matrix），以呈現團體中的社會關係狀態，及個別成員在團體中的疏離或受歡迎情形。

㈣無干擾測量

學習者在校內所留下的物理遺跡線索和校內之檔案紀錄等，亦可做為了解學生情意特質的輔助性資料。例如，從學生在廁所牆上所留下的語句、塗鴉，可了解其對學校之態度；從學生選擇校內各類社團或選修各科課程的歷年人數紀錄，可以了解學生的興趣趨向。

第八節　資料分析

評鑑探究的實施過程中，不論採取何種探究方法與技巧，各種資料將逐漸累積，面對可能堆積如山的資料，必須有組織地加以整合和分析，才能使其產生意義，進而展現擬評對象的特質。若評鑑探究只是蒐集和累積資料，而未對其做系統性的整合、分析以形成有意義的詮釋，則是無價值的，或更糟糕的是，會產生誤導。相對於資料蒐集過程之累積增加資訊，資料分析之目的則更著重於減少和整合資訊，以發現資料的意義和形成有意義的推論；即使有時會進一步試著再補充新資料，但其目的通常只是為了確證分析之結果，而非在堆疊資料。

資料分析和詮釋之方法，應該根據評鑑探究之議題或問題，所蒐集資料類別之性質及其蒐集方法，在評鑑設計階段即已決定。一般社會科學研究的資料分析模式有兩類：質化和量化的資料分析。本章前所討論的四種系統化探究方法中，除了實驗法一般僅採用量化的資料分析外，其餘的內容分析法、調查法和觀察法皆可能依其所採取資料蒐集技術和方法之特質，而分別可採用質化或量化的資料蒐集與分析模式。

B. R. Worthen 和 J. R. Sanders（1987）提醒評鑑者，當欲決定採用何種資料分析模式時，應試著回答下列問題：(1)對於我想要回答的問題，我計畫蒐

集的資料類型及我將採用的資料蒐集方法，何種資料分析和解釋方式是適當的？(2)對即將接受評鑑報告的閱聽者而言，何種資料分析和解釋方法是易理解和可信賴的？(3)就量化資料而言，是採用何種性質的量尺變量（measurement scale）來量化所觀察或測量的變項，而何種統計分析方法適合於此類的量尺變量？(4)就質化資料而言，所觀察和獲得的資料如何被記錄？(5)誰將參與資料結果的詮釋？

壹、質化和量化資料分析

一、兩種探究取向的方法論立場

評鑑者應在評鑑設計時即已決定選擇質化或量化的資料分析。而質化或量化探究取向所涉及者，不只是資料分析技術上的問題，更涉及到更深層的兩者在方法論上的立場差異，故評鑑者在做決定或進行資料分析時，應充分了解此兩種探究取向的方法論特質。

有時，有些人會以望文生義的方式來區分質化研究（qualitative research or inquiry）和量化研究（quantitative research or inquiry）兩種不同探究取向，認為後者是以數量及其統計原理來展現和推論研究對象特質與意義的研究取向，而前者則是以自然化語言來展現和理解現象特質與意義的探究取向。此種區分方式固然淺顯易懂，也能相當程度地凸顯兩者的差別，然而這也可能產生某些誤解。例如，誤以為質化探究必排斥統計量數的採用，或量化探究必輕忽有關探究現象質的分析與說明。其實，質化探究並不需排斥統計量數，而所有量化取向驗證性探究亦會涉及對對象的質的推論問題（Eisner, 1998）。要言之，兩種探究取向之差異，主要在於下列方法論立場上的不同（Stake, 1995）：

(一)探究目的

量化研究取向旨在藉由驗證性科學程序，以尋求能對現象提出說明（explanation）其因果關係之通則，從而希望最終能建立概化的鉅型理論來含攝

各種相類似現象。為了建立能說明跨越不同情境現象之因果關係通則,量化研究者乃設法排除特殊的情境脈絡因素,使各情境脈絡因素的影響效應相互抵銷,而其中最有效的方法,則是藉由隨機抽樣程序取得在統計學上具足夠代表性的樣本量,來排除特殊情境脈絡的影響效應。所以,量化研究總是試著去排除或控制情境脈絡因素,以建立說明現象因果關係的概化通則。

相對地,質化研究之目的,則在於理解(understanding)現象中人類行動與經驗的意義;而不同情境脈絡中的人,對相同之現象所採取之行動和所經驗到之意義,則有所差異,故質化研究者視個案及其情境的獨特性脈絡因素,對於理解意義而言是極其重要的。他們不在於追求解釋和說明現象的一般性因果通則,而在於深入理解情境脈絡下人類在現象中行動與經驗的意義,並試圖將其所理解到的經驗性意義,透過厚實的描述,協助閱聽者對該等經驗性意義建立感同式理解(empathetic understanding)。所以,質化研究關心的不在於大量具代表性的現象事例,而在於理解特殊脈絡下現象的整體性複雜關係、現象發生歷程以及其對該情境中做為行動主體者的人所經驗到的意義。

㈡研究者的個人詮釋角色

所有研究皆需賴研究者對現象的詮釋,但量化的研究取向在進行研究設計時,總是致力於限縮研究者的個人詮釋角色空間,尤其限縮從研究設計至資料蒐集與統計分析這段時間的個人角色,希望維持研究者的價值中立性和客觀性。在量化研究中,於開始設計時,常是將探究問題限縮於少量的變項間關係之探討,並將變項以操作型定義使之明確化,然後以人以外之工具測量變項之量,最後藉由測量所得的統計量變化來展現並詮釋變項和現象間之關係。在此種情形下,研究者從研究設計至資料分析與統計歷程間,個人的詮釋角色空間受到有效限制。

而在質化研究取向中,則要求研究者本身發揮對情境現象意義的詮釋者角色,以理解情境中現象的人類經驗意義;其所研究之問題是導向整個個案或現象,而非人為的操作性變項,以試圖找尋現象中預期和未預期的關係模型,情境條件是未事先預知或控制的,研究者並長時間在研究情境中直接觸及發生中的事件,以自己做為資料蒐集和分析解釋的主要工具,而且不斷面

對可能新生的情境現象或議題資料來調校或增補自己的理解。所以,在質的研究中,研究者之個人詮釋角色極重。

㈢知識觀

在量的研究取向中,認為人類社會生活中存在著外在於人類經驗的客觀實在(reality),此等客觀實在,可藉由驗證性工具來予以測量而加以認識。所以,就量化研究取向而言,知識是外在於人類經驗而待人們去發現的知識(discovered knowledge)。然就質化研究者而言,認為即使有外在於人類經驗而存在的實在,但只要其經過人類之經驗,透過人的知覺和解釋,原本的實在已非原先的實在;而且,在社會互動情境中是每個人均以其建構的實在而於彼此互動中、相互影響下建構了社會性實在。所以,質化研究取向將知識視為是人於社會情境中協商建構下的產物,研究者的任務乃在於理解情境中參與互動者所建構的知識及其意義,而情境中的現象及其意義,則受諸多情境因素之交織影響,因此,研究者必須整體和深入地對情境脈絡中的事件、時空、歷史、政治、經濟、文化、社會和個人等的各種因素,加以檢視和連結,才能藉以掌握現象中事件的關係模式,理解其意義。

二、資料分析要領

㈠量化資料分析

量化研究藉由科學客觀的數量統計分析,可以清楚、簡單、可信地總結評鑑的發現,亦可對評鑑人員提供自資料下結論時評估統計信賴度的依據。不過,正確而優秀的統計分析需要有經驗的專家,故評鑑小組中最好能有統計專家參與,或者評鑑人員在評鑑的設計與資料分析階段,應細心地諮詢統計專家之意見(曾淑惠,2002)。

但不管是否有統計專家之參與,評鑑人員在進行量化資料分析時,應注意掌握下列基本要領:首先,需確認用以測量研究變項的量尺類別。在對團體實施研究變項測量時,所採用的測量工具到底是屬何種量尺類別,將決定之後進行描述統計和推論統計的方法,因之在統計分析時,需再次加以確認。而測量工具的量尺(scale)種類,計分四種:**類別變項**(categorical variable)

量尺或稱**名義變項**（nominal variable）量尺、**次序變項**（ordinal variable）量尺、**等距變項**（interval variable）量尺和**等比變項**（ratio variable）量尺（王文科、王智弘，2004；曾淑惠，2002）。

其次，採取適當的資料總結形式。量化的分析主要以圖表和統計量數兩種方式來總結測量而得的資料，以總結描述所測量團體在研究變項上的特質。主要的統計量數包括：用以呈現群體成員量數集中情形的量數，如平均數、中數、眾數、百分比；以及用以了解群體成員量數離散情形的離中量數，如全距、離均差、平均差、四分差、標準差和變異數等。有些評鑑方案只需提供統計圖表和上述這些屬簡單的描述統計的量數，就足以進行價值判斷；而且，就許多評鑑報告閱聽者而言，統計圖表和描述統計量數能讓他們很容易了解方案之各種效果。不過，各種統計圖表和描述統計量數之選用，受到測量的量尺類別之左右，選用時需注意依量尺種類而採用相適之圖表和量數。

復次，妥適計算和評估變項間之相關。除了以簡單描述統計量數了解群體在某變項上之特質外，有時評鑑者可能會對了解該受測群體在各種變項上的相互關係有興趣。這時，則必須採用適當的相關係數統計公式，計算變項間的相關性；有時是兩變項間之相關，也常可能涉及多個變項間之相關。有關計算相關係數之公式，因變項數量和量尺種類之不同而異，採用公式時亦須小心謹慎。

最後，以適切推論統計方法推論至母群體。前述描述統計之量數和相關係數，均用於直接解釋樣本群在研究變項上之特質。然有時評鑑探究者更關心的是，以樣本群之特質來推論和解釋其所代表之母群體在研究變項上之特質。這時則需借用推論統計之原理，進行假設考驗之推論檢定，來確定是否能接受將樣本量數推論至母群體的假設。同樣地，推論統計所採用之公式，亦取決於變項的量尺類別和所採用的描述統計之量數種類。一般社會科學研究方法或統計方面的專書，通常附有各類量尺、量數分別適用於相應的推論統計公式之對照表，進行統計分析時，可再次確認而選用之。另外，電腦套裝統計軟體亦提供量化統計分析時的迅速、有效工具，分析時可善加利用。

㈡質化資料分析

量化的資料分析總是於資料蒐集完成後才進行，而質化資料之分析則常伴隨資料之蒐集而進行，其資料蒐集與分析之交互併行，常直至研究獲得重要發現或研究案即將結束方停止。質化資料之分析方法與程序，因資料之性質、研究之概念架構和探究之理論取向而異，其不像一般量化研究具大家公認的資料分析技術與程序。B. R. Worthen 和 J. R. Sanders（1987）即指出，至少有下列三種有關質化資料分析推論的技術取向：一是關鍵事件（key incident）取向，即從田野札記和各種資料中抽引出關鍵事件，將其與其他事件、現象和理論性構念相連結，從而獲得某種抽象性原則，並且將其寫出以協助他人明白其在特定事件中之發生原型、具體事例裡的普遍性、部分與部分和整體間之關係。二是場域中分析（analysis in the field）取向，即在觀察現場期間每天花一定的時間（例如，每觀察一小時則需相對花一小時做分析，被認為是合理的），用以檢視分析田野札記、反省自己所得及進一步研究的線索，此種持續性的資料分析過程，能協助探究者形成暫時性結論並持續加以檢驗，以利最後獲得堅實可信的結論與支持證據。第三是尋找模型和類別關係（searching for patterns and categories）的取向，即從對所獲得各種資料的分類、編碼和分析詮釋過程中，試著歸納推理出現象的發生模型和事件類別間之關係，而這通常是所有質化分析推理的根本取向。

儘管質化資料分析之方法與技術並無一定之程序規則，不過，Gredler（1996）認為各種質化資料的分析方法，具四項共同特徵：⑴資料被區分成相關聯且有意義的單元（units）以利分析，而分析之同時並維持這些單元與整體之關聯；⑵這些資料單元或片斷，根據探究人員按資料性質所發展出的組織化分類體系而被分類；⑶分析之過程是系統且具整合性的，但並非僵化固定的；⑷分析常與資料之蒐集同時發生，或交互循環。

基於上述看法，Gredler（1996）建議質化資料分析可採下述三大步驟進行：

1.資料紀錄之單元化

剛開始時之重點，是針對素材資料紀錄進行單元化或部分化之工作。此

時之任務有二:一是將資料區分為有利於管理分析的部分,其中最重要者是對資料素材進行編碼。而資料編碼應至少包括兩種:第一是有關區辨資料蒐集的背景脈絡之編碼,如該資料產生之地點、時間、參與者和活動類型之編碼;第二是有關資料內容類別之編碼,例如,可將教室觀察中的事件區分為引起動機、檢討作業、導入新課等不同內容類別而編碼之,此第二類之編碼常可暫按觀察前所列之觀察焦點,或者半結構式訪問中的訪談大綱而編碼,惟這只是暫時性的。

此階段的另一項任務是選定分析之單元。分析單元乃現象中能傳達特定意義而可做為進一步分析焦點之資料單元,例如,一段語句、一個思想單元、一件事例或一次社會互動等。分析單元之決定,端賴研究目的、理論觀點和資料性質而定。

2. 發展分類系統

前一階段是分析單元和編碼系統之建立,本階段則是建立分類系統的動態過程,透過將各種資料按其分析單元逐次納入前一階段分類系統,或進而在修正、調整分類系統的過程中,研究者漸漸地歸納推論並發展出有關各類別資料間關係模型的暫時性結論,並不斷檢證之。此階段發展分類系統的取向有二:

(1)人類學之觀點:研究者透過對選定資料分析單元之歸類,並隨著資料之不斷取得與歸類,試著開始找尋資料中之規則和關係模型。通常研究者這時會問如下的問題:何種事情會規則性地發生?哪些事情彼此類似?此種關係模式之追尋,沿著資料紀錄之歸類、閱讀和再閱讀,以及萃取札記和觀察紀錄之意義而逐漸推理發展出。然所獲得的暫時性分類體系,則需再不斷檢視或補充資料予以檢證或再修正,包括檢測相對性假設、找尋相反事例,以及進行持續比較之過程。在持續比較之過程中,將每一種新生的資料項目拿來與先前已納入歸類體系的舊資料項目做比較;甚至,對已發展出的類別關係做比較。此等比較可能導向修正既有的分類、創造新類別以及發現新的類別關係。

(2)準歸納取向:前一取向之類別關係體系,是於資料蒐集與分析之過程中逐漸推理發展而來,而此一取向則是按資料蒐集之前已決定做的引

導資料蒐集方向的研究問題類別，來做為資料分類和歸納分析的暫時性分類體系。例如，以配合研究問題內容而訂出的觀察和訪問大綱做為資料分類的基礎，而當各類別資料漸漸累積後，就可歸納出同類別資料所呈現的規則性、意義性以及類別間的關係模型。

3. 資料分編與重組

此階段是將各資料依分析單元，按其所屬類別歸入新命名的類別當中，並透過此過程試著逐步尋求歸納發現現象中的發生模型、發生規則和類別間關係的暫時性結論。

4. 資料詮釋

前一階段已將所有資料依新命名的分類體系歸入各類，透過此過程已獲得若干暫時性理解；但這樣仍未完成資料之分析與詮釋。這時研究者應再進一步逐一檢閱所有這些已經被再脈絡化的各類別下之每一筆資料，以推理、歸納現象中的關係、模型和意義原則，回答自己所擬探究之問題或提出新發現；此外，並可將歸納所得與其他實證研究或理論架構做連結或比對。

貳、三角校正

在評鑑探究的資料蒐集與分析過程中，另一重要的觀念是**三角校正**（triangulation，或稱三角測量法）。此乃結合兩種以上的理論觀點、探究方法、研究者和資料來源以處理同一現象及其資料，來提升或確認研究有效性和可信性之策略與程序。亦即，如果對同一種現象或其資料，能採用不同的理論觀點、方法程序、研究人員和資料來源加以交叉比對分析，且能驗證所發現之結果和資料，將可大幅提升研究結果的正確性及其說服力。若交叉比對之結果產生不一致現象，則可再進一步尋求其他證據來確認或推翻先前之發現。

N. K. Denzin 曾區分四種不同類型的三角校正（引自黃政傑，1987；Flick, 2002）：

一、資料的三角校正

此至少包括三種資料來源的三角校正：一是不同時間資料的三角校正，例如，在不同日期或時間點觀察同一現象；二是不同空間的三角校正，如在不同情境觀察同一群學生的言行；三是不同資料提供者的三角校正，例如，以同樣訪問大綱或問題訪問不同的人員。

二、探究者的三角校正

指以不同的資料蒐集者採用相同研究工具或方法，研究同一現象或對象所獲得結果之交叉比對，用以確認探究人員之偏見或主觀性是否影響正確性。例如，交叉比對兩位訪問者採相同訪問大綱訪問同一對象後之紀錄。

三、理論的三角校正

社會科學界常以不同理論觀點或假設來解釋同一現象。若針對同一現象分別以不同理論或假設來蒐集資料，以驗證、比對各該不同理論觀點或假設的解釋效力之程序，即是此種校正。

四、方法論的三角校正

此又分兩類，一是相同方法內之三角校正，另一是不同方法和方法取向間之三角校正。前者，如以不同實驗設計進行相同研究問題之實驗；後者，如分別以訪問法和觀察法探究相同研究問題，或者分別以量化研究取向和質化研究取向之結果比對之。

從上述不同三角校正之類型可知，三角校正之實施，有時是在評鑑設計時即已納入考慮；而在質化的探究中，則常隨著資料之持續蒐集和分析，不斷進行三角校正，三角校正的措施是與資料蒐集和分析之過程同時並行或交替進行的，即使已到了最後要下結論的階段，亦可能因發現未確證之事項而再次蒐集資料以做進一步的三角校正。

第五章

價值判斷

　　當評鑑人員以系統化探究方法蒐集和分析受評對象之各種資料，充分了解其特質時，這是做了評鑑中的基礎工作，即描述的工作。早期有些學者對評鑑之定義，如 Cronbach 和早期的 Stufflebeam，傾向主張評鑑者只做描述，這巧妙地迴避進一步的價值判斷，而將之交由做決定者處理。然 Scriven 則堅持價值判斷才是評鑑的本質工作，認為評鑑者必須做價值判斷，目前絕大部分學者皆接受了此種觀點。這可從 Stufflebeam 自己在不同時期所下的評鑑定義之變化看出此種共識傾向。在 1971 年的著作裡，Stufflebeam 曾將評鑑定義為：「是描繪、獲得、提供有用資訊，以決定變通計畫的過程」（引自曾淑惠，2004）。這時的定義並無判斷之字眼；然到了 1985 年的著作，他已將評鑑修改為：「是一種描繪、獲得、提供描述性與判斷性資訊，以為引導決定、符合績效責任、增進對探究對象了解的過程」（Stufflebeam & Shinkfield, 1985）。此時他已將判斷性資訊的描繪、獲得和提供列為評鑑的工作之一；在他 2000 年出版的著作裡，評鑑之定義則改為：「乃對某方案、計畫、服務或其他關注對象的本質價值或內在品質和效用價值之系統性探究」（Stufflebeam, 2000b: 280）。這定義更凸顯價值判斷在評鑑歷程中的重要性。

　　雖然大部分學者已將價值判斷列為評鑑歷程中的本質核心工作，但對如何形成價值判斷、各種價值如何取捨、判斷價值之規準為何和如何形成等核心問題，則看法相當分歧，不同的評鑑取向對此等問題之看法亦頗不一致，幾乎每一種評鑑取向皆反映其獨特的價值判斷觀點。所以，評鑑學界其實是

面臨一種難題，一方面將價值判斷列為評鑑的本質工作，另一方面卻難以對如何做判斷形成方法論上的共識。這種情形在教育方案和課程評鑑上尤比其他類如醫療、商品等之評鑑更為困難，因社會對於優秀教育或課程方案品質特徵之看法，遠比對其他類評鑑標的品質之看法更為紛歧，而教育或課程對每個人而言又都是那麼地重要。

第一節　課程價值判斷之複雜性

對課程做價值判斷之所以困難和複雜，實導因於諸多因素，茲分述如下。

壹、課程成品與實在的多樣性

本書第三章討論課程發展歷程時，曾指出不同的課程發展階段會產生各類多樣的課程成品和實在。在問題與需要評估階段，主要成品為各項為了解決所發現之問題與擬滿足之需要的革新性願景與目標；在設計階段為各種課程文件、教材和學材；在試用階段除了修正後的課程文件和材料外，尚包括各種學習結果和邊際效應；在準備與安裝階段為各種課程實施準備與安裝之結果；在實施階段則除先前各階段之課程成品與實在外，尚包括現場的運作課程和因運作而生的各種學習效果和衝擊效應。如此多樣化之課程成品與實在，到底應以哪些成品與實在做為判斷課程價值之主要參照對象？或各項成品與實在於判斷價值時，其分別占所評估價值之權重、比例應如何決定？這是價值判斷時所面臨的一項難題。

若評鑑能配合課程發展的歷程，逐階段界定出各該階段之主要成品與實在加以判斷，則在理論上和邏輯上較容易進行。問題是許多的評鑑並不是一開始就緊隨著每一課程發展程序而實施。有時即使如此，但不見得由同一評鑑團隊自始至終實施評鑑，各階段之評鑑立場與角度仍可能有所變化，這時可能會面臨到底是依課程計畫和材料、或依教育過程、或依教育結果與效應判斷課程價值的難題。若真能由同一評鑑團隊自始至終實施評鑑，在做價值判斷時亦會面臨困難，因社會大眾和課程學者對於何謂渴望的教育需要、優

秀的課程計畫和材料內容、良善的教學實施方法、理想的教育結果內涵，以及教育結果中之認知、技能和價值層面何者較重要等問題，仍存在諸多紛歧的答案與看法。

貳、課程理論派典之紛歧

對於何謂良好之教育或課程方案，不只社會大眾之看法不一樣，課程理論者之觀點也非常紛歧。不僅如此，課程理論者甚至對於課程理論所應關注或解釋的課程現象之面向或範疇，亦常持不同觀點。亦即，許多課程理論事實上是對課程現象的不同面向或範疇提出各種不同的系統化觀點，而不同的觀點則反映了理論家對課程現象的某些或某一面向的不同價值觀。茲以A. A. Glatthorn（1987）的課程理論分類架構說明此種現象。

Glatthorn 按各課程理論者所關心和探究領域之不同，將所有課程理論區分為四種類別的課程理論，每一類別內又可基於觀點之不一而再細分為若干立場互異的理論派典。第一種類別是結構取向理論，所關心和分析的不是課程內容之選擇而是彼此的關係結構，包括課程的內涵結構和做決定之結構。就課程內涵的結構關係而言，有些理論者支持的是學科課程組織結構，有些則支持廣域或跨學科的組織結構，有的則支持以學習者需要為內容組織中心而不需考慮學科完整性的統整課程結構。就課程決定的關係結構言之，理論家會關心課程內涵的決定權威係來自中央、地方或學校，以及其彼此之關係，有些學者支持中央化的課程決定，有的則支持學校本位課程之發展，亦有些強調中央、地方和學校在課程決定上的均權化關係。

第二種類別是價值取向理論，所關心的是有關課程的根本價值和目的之議題，對其提供批判分析，以提升教育人員對此等議題之意識與覺知。對此，有些理論家主張課程之根本目的在於促進自主和自我實現個人之發展，有些則主張在於培養具經濟效能的公民，有的則認為應強調激發學習者之批判意識，進而引導其產生批判和實踐行動，以促成社會之自由、解放和重建。

第三種類別是內容取向理論，所關心的是課程內容的選擇與組成。其中主要有三種理論派典：一是兒童中心之理論觀，認為內容應以順應學習者興

趣與動機之滿足為依歸。二是知識中心之理論觀，主張以完整的知識體系及其求知方法為課程內容選擇與組成的主要依據。三是社會中心之理論觀，認為社會的運作和秩序才是課程內容決定的關鍵；此派典下又可再區分為數種學派，順應主義者主張讓學習者學習順應現行社會秩序，此將現行社會秩序合理化；改革主義者則假設現有社會雖有問題存在，但其整體之民主結構尚稱合理，故內容強調應提供學習者探究、解決各種社會問題之議題的機會和方法；未來主義者則強調內容應著重未來社會發展趨勢和議題之探究；激進主義者則認為現行社會秩序之問題重重，課程內容應強調對現行不公平、不合理社會秩序與制度之察覺與批判，以利未來更理想社會秩序之重建。

　　第四種類別是過程取向理論，所關心的是課程如何發展的過程，包括：課程發展參與者的身分應是學科專家、教育學者或實施現場的教師？課程發展與設計過程中應考慮的核心要素為何？以及發展的程序是採目標模式、過程模式或情境分析模式？如同前三類理論取向之情況，各家學者對哪些人應參與課程發展、課程發展過程應考慮的因素，以及發展的理想程序，亦有不同之觀點。

　　從上述 Glatthorn 對課程理論類別的分析可知，課程理論家對課程內涵中的結構關係、課程的核心價值與根本目的、課程的內容選擇與組成，以及課程發展過程中應該投入的參與者、應考慮的要素和發展程序等面向，可能都持著各種不同的主張與觀點。理論關懷面向的多樣性及其觀點的紛歧性，是評鑑者在對課程價值進行判斷時難以建立起共識性價值標準的一大原因。

參、評鑑中角色關係的複雜性與旨趣的多元性

　　在評鑑中有許多不同個人、團體或機關因評鑑之實施而發生相互影響的角色關係，也因評鑑之實施而對其利益產生影響，這些因評鑑而發生角色互動和利害相關者，通稱**評鑑的利害關係人**（stakeholders in valuation），主要有四類：一是在受評客體中工作，或影響受評客體運作，或受到受評客體運作影響的個人或團體，其中最重要的是方案的管理者、發展者、實施者和消費者；二是評鑑團隊中負有各項與評鑑規劃、資料蒐集與分析、結果解釋與

報告撰寫責任相關的人，此即評鑑人員；三是評鑑案的委託、出資或授權者；四是其他關心評鑑的個人、組織或機關，包括有意使用評鑑發現、有權利閱聽評鑑報告、受評鑑影響，以及期望評鑑產生貢獻者等（曾淑惠，2004）。這些不同類別的評鑑利害關係人，往往各有其對評鑑的相同或不同期待、旨趣與價值立場。例如，第一類的方案管理者、發展者與實施者可能最期待評鑑能證明方案之成功，以證明其工作績效，進而確保職位或獲得更多的資源。第二類的評鑑人員則最可能希望堅守評鑑專業倫理，以對受評對象做出恰如其分、不偏不倚的價值判斷；然事實上，評鑑者亦常無可避免地會為維護自己的個人價值和旨趣而採取某些倡導的行動，有時候此等行動甚至是出於潛意識的無意之舉（單文經，2005）。至於第三類之評鑑案委託者或資助者在委辦評鑑時，亦總有其理由、旨趣，甚至是政治意涵，有時此等意涵是隱藏的，連評鑑者事先亦無法察覺；即使在最佳的情況下是為了公共利益而委託評鑑，然此等立場亦可能與方案的管理者、發展者和實施者所持的旨趣不相同。

　　除各不同類別評鑑利害關係人間常對評鑑持不同的期待、旨趣與價值立場外，更有甚者是即使同一類別內的利害關係人之各種不同身分變化與組合，亦深深影響評鑑的價值判斷。就第一類中的課程管理與決策者、發展者、實施者和消費者而言，其彼此對課程應如何評鑑、評鑑之功能為何以及價值判斷所持之立場亦常互有衝突。而第二類的評鑑者方面，評鑑團隊中負責規劃與設計評鑑之專業評鑑人員，其和參與評鑑之業餘評鑑者如課程學者、學科專家、非教育專業人士等之間，對於何謂良善之課程亦常常有紛歧的看法。此外，內部人員組成的內部評鑑團隊，與外來評鑑者的價值判斷觀點亦會不一樣。而第三類的委託評鑑者，有可能是教育行政機關、政府的研究考核或財政單位、課程研發機構、課程與教學專業團體，或代表消費者利益的家長團體或消費者團體，這些不同身分的委託者所期望的評鑑功能、範圍、程序和價值判斷標準也會有所不同。至於第四類的其他關心評鑑者，當然亦可能受其旨趣之影響而選擇性地採用評鑑發現，或者試圖以其旨趣影響評鑑之規劃、實施與價值判斷。

　　總之，因著評鑑之發動，自然牽連產生諸多複雜的利害關係人或角色組

合，這些不同類別之關係人和角色身分對評鑑各有其相同或不同的期待，亦因而會對評鑑之功能、範圍、方法和價值取捨產生不同程度之影響，這是使得價值判斷複雜化、困難化之重要因素。

綜言之，做為評鑑對象的課程現象與實在是多樣的、多層次的，用以探究與表徵這些多樣化實在之方法與資料也是多元的，而評鑑者和受評鑑影響的各利害關係人對評鑑所持之旨趣和價值立場亦是複雜、紛歧甚至是彼此矛盾的，涉入其中的價值觀是多元的，這些都是評鑑時對課程形成價值判斷的複雜與困難因素。

第二節　價值判斷的取向

儘管對課程之價值判斷工作是複雜而困難的，但畢竟這是評鑑的本質工作，評鑑者無法迴避。評鑑專業領域過去數十年的發展，已經對此提出若干策略，評鑑學界中常見的所謂系統化評鑑模式或評鑑取向，也大都思索了此一問題，大體上每一種評鑑取向本質上就反映了某種評鑑時進行價值判斷的取向觀點。有關各種重要評鑑模式或取向的詳細說明和討論，本書將於第三篇再深入探討和分析，以下僅就若干主要評鑑模式或取向所呈現的價值判斷方法和立場簡要說明常見的取向。

壹、目標為中心之取向

Tyler 早期所發展出之評鑑觀念，主要是經由將方案目標與方案所獲得之實際成就結果相比較之過程，做為評鑑規劃與實施之基礎。這隱然以事先預定之方案目標做為價值判斷之標準，而評鑑之主要工作乃是蒐集有關於目標的各種成就表現資料，將之與目標相比較，以形成價值判斷，這是課程評鑑中進行價值判斷的傳統思維。

此種價值判斷取向常見的批評包括：(1)未能考慮目標以外的其他方案結果和影響效應在評估方案價值上的重要性；(2)假設目標本身之合理性，卻隱然以其做為價值判斷之標準；(3)將目標與實際成就相比較之過程，本質上僅

是做了評鑑中的描述工作，而尚未兼及判斷工作；(4)方案的運作過程及方案實施之先在情境條件，常是決定方案成敗之重要因素，也是判斷方案價值的重要參考要素，然此等要素卻被忽略了；(5)這是從方案管理者、決策者和發展者的立場而規劃進行的評鑑，不見得會顧及方案消費者之最大利益。

貳、委託者或方案管理者為中心之取向

　　價值判斷的另一取向，是以評鑑之委託者或方案之管理者（有時會包含方案人員）做為價值判斷標準來源或形成基礎的取向。其中，Malcolm Provus 所倡發的**差距評鑑模式**（discrepancy evaluation model）係典型代表。在差距評鑑模式中，評鑑的核心觀念是在比較方案各主要發展階段中每一階段工作內容的預期標準（standard）與實際表現（performance）間之差距（discrepancy），以決定是否改進、維持或終止該方案之發展與實施。Provus（1973）認為一般方案之發展，主要依序歷經五大階段：定義（definition，可視為是方案之設計）、安裝（installation）、過程（process）、產出（product）和成本效益分析，而前四者又各都包含投入、過程和產出等三種工作內容要素。他主張評鑑的主要工作乃在於就前述方案發展的每一階段工作內容要素界定出各該階段之預期表現標準，並根據這些標準轉化為具體的評鑑問題，再據以採適切方法蒐集與這些標準相呼應的方案實際成就表現資料，從而評估標準與表現間的差距情形，以供方案管理人員決定是否改進、維持或終止方案之發展與實施。換言之，評鑑時用以進行價值判斷之基礎，乃事先所界定的各方案發展階段之預期表現標準，而預期表現標準之最終決定責任落於評鑑委託者或方案管理者身上而非評鑑者；評鑑者於規劃評鑑時，固然應設法協助委託者或管理者釐清和界定明確之預期標準，但因真正做方案決定的是委託者或管理者，故標準的決定責任是他們而非評鑑者（Provus, 1973; Steinmetz, 2000）。這是以評鑑委託者或方案管理者為中心的價值判斷取向。

　　此種取向已將方案之設計、安裝、過程、產出和成本效益等納入價值判斷之範疇而非僅止於結果表現而已；並且，也將評鑑與方案之發展歷程相互結合，把評鑑所得資訊視為做決定的根本知識基礎，這些是其優點。然此種

取向顯然是以委託者或管理者之價值觀做為價值判斷形成的基礎，其所決定之標準恐只反映他們的旨趣，不見得能充分代表整體社會公眾和方案消費者的利益，在 Scriven（2000）眼中這亦是一種偏於管理主義的意識型態。

參、絕對標準與相對標準兼衡的取向

對於方案的價值判斷，Stake 早期所提出教育方案評鑑的全貌觀（countenance of educational evaluation）提供了一個極具整合性之參考架構。當時他主張對任一教育方案進行評鑑時，應設法對方案之理念以及其先在要素、運作要素和結果要素等三部分要素做充分、全貌式的描述與判斷工作。做描述時應描述和分析方案的此三大要素分別在意圖上和實際表現上的一致性，亦需分析此三大要素彼此在意圖層面上的邏輯性關聯，以及分析此三大要素彼此在所觀察到的實際表現上的驗證性關聯。惟這只是描述之工作，按Stake之觀點，若評鑑之角色功能屬於形成性評鑑，則僅做描述也許尚可，但若需做總結性評鑑，則評鑑者尚需進一步做判斷之工作。

至於如何做判斷？Stake當時主張評鑑者應界定出明確的價值判斷標準，可包括絕對標準和相對標準兩類。所謂絕對標準，係指各參照團體人士如社會中的意見領袖、學科專家、教師、家長和學生等對方案卓越程度之標準，亦即他們對方案在先在、運作過程和結果要素上認為可接受和應有的績優水準。由於各參照團體人士心中之標準並不一致，因此當評鑑者描述分析了各種標準後，最後是由評鑑者決定到底要對各種標準賦予多少之關注。Stake（1977: 386）指出：「價值判斷的行動本身是決定何組標準是真正需要的，更精確地說，判斷是對每一組標準分派予權重和重要性之工作。」

相對標準則是指將受評方案之重要特質，與其他類似方案在這些特質上之表現情形相比較時所獲得之相對性比較標準。至於如何選定擬比較之特質，以及賦予各特質之比較權重為何，則亦由評鑑者慎思決定之。此種比較除可分別衡量出方案的整體性價值等級和各特質之分項性價值等級外，亦可提出一些方案品質特徵之描述（Stake, 1977）。

綜合上述，早期的 Stake 主張對任一教育方案做價值判斷時，應先對方

案之理念、先在、過程和結果要素做充分之描述，然後可從各主要參照團體的價值判斷觀點中，界定出明確的絕對性價值判斷標準，或從相類似的其他方案的重要特質中界定出相對標準，再由評鑑者衡量各種標準之權重和重要性而進行判斷。就此觀之，判斷標準之來源雖參照了方案相關參照團體之觀點，但最後標準及其比重之決定責任則由評鑑者承擔之。

兼從絕對標準和相對標準兩種角度對方案做價值判斷，是對方案做價值判斷的一種思維取向之一。但這是早期 Stake 之觀點，後來他於 1974 年發表〈方案評鑑，特別是回應式評鑑〉（Program Evaluation, Particularly Responsive Evaluation）一文則修正此等立場，放棄了方案間相對比較之觀念，也放棄了判斷標準事先明確界定和評鑑標準客觀化之觀點，而改認為評鑑者應儘量參照現場情境中人們不同的價值觀來報告方案之成敗，並主張評鑑者之判斷應只是一種軟架構式的判斷主張而非嚴格的價值判斷。有關 Stake 後來之觀點，容後再詳述。

肆、專業判斷之取向

教育或課程之過程涉及諸多專業的知識體系，包括課程目的之決定；學習內容與經驗之選擇、組織與呈現；學習者學習需求與學習結果之評估等，皆有賴豐富而專門的知識體系與專業經驗。因此，有些評鑑者認為對課程現象判斷其品質和價值的較合理方式，是借助於教育專業者的專業判斷。其中，Elliot W. Eisner 之**教育鑑賞與批評**（educational connoisseurship and criticism）取向即為典型代表。

按 Eisner 之觀點，教育評鑑應包括鑑賞和批評兩個密不可分的過程，前者是一種感知（appreciation）的藝術，亦即是一種注意、感受和洞見到現象中精妙特質之過程。而欲感知到現象之精妙特質，則鑑賞者需運用其豐富的先前知識（antecedent knowledge）和經驗體系；這如同品酒和藝術評論般，一位品酒家或藝術評論者在感知酒或藝術作品的特質之過程中，他藉助於腦海中先前有關酒或藝術上的豐富知識與經驗體系，去經驗並感受、知覺、區辨和洞見所欣賞之酒或藝術作品的微妙特質。所以，鑑賞是一種**知識性洞見**

（epistemic seeing）過程（Eisner, 1998）。同樣的道理，在鑑賞課程現象時，鑑賞者亦需擁有豐富的教育專業素養，才能有效地感知現象中之精妙特質，也才能進一步對現象加以批評，因教育鑑賞是教育批評之基礎。

至於教育批評，是將鑑賞所得加以揭露之過程，包括描述、解釋、評價和推基調四個密不可分的工作。描述所做的是說明現象是什麼，解釋則在說明現象為何及如何發生，評價則是做價值判斷，推基調則在尋求推演各相似現象間的共通主要特徵（Eisner, 1998, 2002）。這過程中涉及評價，即價值判斷之工作，Eisner 強調教育是一種規範性事業，評鑑者對於教育和課程現象之鑑賞與批評過程必須以教育性規準加以評價，而非止於描述，才能引導學校和教育之改進與進步。但是教育性規準（educational criteria）從何而來，他主張不應以特定或固定之教育標準（educational standard）來判斷價值，而是應由批評者提供他在評價時所選擇或拒斥的價值立場，而此等價值立場必須具備教育哲學和教育史知識，以及豐富的學校專業實踐經驗（Eisner, 2002: 232）；尤其應判斷教育或課程現象中何者係非教育、反教育或教育性經驗。他相信每位學生均有獨特的稟性或性向，而學校教育之最重要功能之一是協助學生這些稟性或性向之自我實現（Eisner, 1998: 102）。

從上述 Eisner 之觀點可知，在評鑑者的教育鑑賞與批評過程中，價值判斷一方面發生於鑑賞過程中，因現象中各種特質之選取、感知與洞見受評鑑者知識和價值體系之影響，另一方面也發生於批評的過程中。換言之，教育鑑賞與批評的過程，包括其價值判斷過程，主要是藉助於評鑑者的專業判斷。除教育鑑賞與批評取向外，認證取向的評鑑亦是專業判斷之取向，因認證之標準與程序通常由專業的認證單位決定之。

伍、消費者取向

價值判斷的另一個重要觀點，是以產品或方案的服務對象，即消費者之最大利益為價值判斷的最高指導原則，Scriven是此取向最具代表性的學者。但此種取向並不意謂由消費者自己做價值判斷，而是希望評鑑者扮演消費者知識啟蒙和消費者利益代理人角色，希其從廣大的消費大眾之利益來判斷產

品或方案之價值。

　　按 Scriven 之觀點，若欲從消費者之利益做價值判斷，則評鑑時不能受方案目標之拘束，因目標往往只反映了方案管理者或政策決定者之觀點或利益，而應將方案或產品對消費者所造成的各種影響效果，包括意圖的和非意圖結果、短期結果和長期影響、直接效果和邊際效應（或副作用）、正向效果和負面效果等均納為價值判斷之範疇；所以，他所主張的評鑑是一種**不受目標限制評鑑**（goal-free evaluation）。

　　而如何評估方案的各種影響效果對消費者之價值？Scriven 認為評鑑者應評估方案之各種效果，與消費者的真正需要（needs）間之關係，而所謂的需要，並非指理想與現狀之差距，因理想有時是不切實際的；亦非欲求（want），因欲求也可能是無窮盡的，或者根本上不是必要的；而是指那些使人對生存方式感到滿意的主要事物或條件，缺了它們，則人的生存方式或表現層次將會落於滿意水準之下的基本需要（Pratt, 1980; Scriven, 1974, 2000; Stufflebeam & Shinkfield, 1985）。就教育或課程方案而言，此種消費者（即學生）需要之評估，其實已涉及社會發展哲學、教育哲學和課程理論之範疇。

　　除強調不受目標限制之評鑑和重視各種方案效果與消費者需要間關係之評估外，另一顧及消費者利益之價值判斷思維，是方案或產品的成本效益評估。亦即，除了評估方案或課程結果對消費者（學生）基本需要之效益外，亦需評估方案或課程之成本，包括各種直接或間接之成本。所以，價值判斷時還需考慮與其他類似的競爭性產品或方案在成本與效益關係上之比較，也就是說，如果可能的話，評鑑應協助消費者比較或判斷出具相似效益但較少成本的產品或方案。

　　此外，此種取向會主張按產品或方案的各組成部分，區分出擬評價的層面和項目，列出分析式評價項目及其規準清單，分配予各項目與規準之合適權重比例，以對其做分項目價值和整體價值等級之評鑑。而這也表示，在 Scriven 心中，總結性評鑑之重要性並不遜於形成性評鑑。

陸、多元價值併陳取向

　　從前述各種價值判斷的不同取向可知，各取向大體會從某一特定的評鑑利害關係群之角度、旨趣或價值立場做為該價值判斷形成的基礎，這表示同一方案對各種不同利害關係群而言，往往具不同價值。因此，有些學者主張以多元價值併陳之方式來做價值判斷；其中，後期的 Stake 是主要的代表者。

　　Stake 在 1974 年發表〈方案評鑑，特別是回應式評鑑〉一文，修正、調整他早期全貌式評鑑的諸多重要觀念，提出所謂**回應式評鑑**之主張，認為評鑑應「更直接導向於方案之活動而非意圖」、「回應於評鑑報告閱聽者之需要」、「參照現場情境中人們不同的價值觀來報告方案之成敗」（Stake, 2000）。

　　依 Stake 後期之觀點，他認為方案如同藝術工作，本身並非僅具單一價值，而是具許多價值；而且，不同的人和因不同目的所看到的價值亦有所不同；何況，價值常因時間之流動、時代之變遷而有所變化。因此，他主張評鑑者不應去創造一個根本不存在的價值共識，而應在評鑑中設法去了解、詮釋方案中各不同組成人員、不同利害關係人的各種不同期望、不同價值，將其展現給評鑑報告之閱聽者。但他強調，這並不表示評鑑者完全不做價值判斷，而是自己亦提供一種溫和的、軟性的結論或判斷主張（assertions），讓閱聽者從各方案人員、各利害關係人和評鑑者的各種價值判斷中做最後之判斷。他的基本假設是認為在人類的行動中，決定、判斷和詮釋三者是無法區分開的連續體，而該做決定以產生行動的是閱聽者，而非評鑑者，故他採價值多元併陳的價值判斷策略，由評鑑報告閱聽者做最後的判斷與行動，希藉此以發揮評鑑的服務功能（Abma & Stake, 2001; Stake, 1991, 1997）。

柒、慎思民主的評價取向

　　在回應式評鑑觀中，Stake 傾向於主張每一種價值宣稱似乎都具合法性，這是一種價值的**相對主義**（relativism）立場；因此，他認為評鑑者不應試著

去建立價值判斷的共識。然所有價值宣稱一定是必然相對的嗎？Ernest R. House（2001）持不同看法，他認為某些評鑑中之價值宣稱如同事實性宣稱，可透過某種程序而獲得正當性進而產生無私公平的價值結論，此等程序即是他力主的**慎思民主評鑑**（deliberative democratic evaluation）程序。

House所倡導的慎思民主評鑑程序中，主張評鑑的整個過程，包括發起、設計、實施、分析、整合、撰寫報告、表達以及討論發現、形成評鑑結論等，皆須掌握和強調慎思民主之三個主要特質：參入的（inclusive）、對話的（dialogical）和慎思的（deliberative）。參入的，指所有利害關係人均能充分參與，有公平機會表達其觀點和旨趣，尤其需確保弱勢者之公平參與機會；對話的，指各利害關係人、評鑑者，有時包括閱聽者在內，皆能有公平機會和身分投入於評鑑過程中從調查至面對面會議等所有各種事物之對話；慎思的，指評鑑結論應從慎思過程中（即從小心推理、反省思考和論辯的過程中）獲得，此等慎思包括個別的和群體參與的慎思在內。在他看來，參入、對話和慎思三者在慎思民主的評鑑過程中是缺一不可的三大支柱，只有參入和對話而沒有慎思出結論的評鑑是枉然的，而只有評鑑者或某些特定利害關係人的慎思則是專斷的，這實立基於 John Rawls 的社會民主正義哲學和 Jürgen Habermas 的溝通行動理論（House, 1991, 2001; House & Howe, 2000a）。

從上述可知，House 與 Stake 在價值判斷立場上之主要不同，在於 Stake 採價值相對主義的立場，主張由評鑑者多元併陳包括評鑑者和方案各利害關係人在內的各種多元價值判斷，而由閱聽者做最後判斷；House 則認為經由評鑑者與各利害關係人在整個評鑑過程中充分反映參入、對話和民主慎思的作為，將可獲得一些深層、堅實和正當的價值判斷結論。兩者雖都主張評鑑需回應各利害關係人之旨趣和價值觀，但所採取的價值判斷立場是不一樣的。

捌、綜合取向

有些學者的價值判斷主張，在某種程度上是兼含上述價值判斷取向中兩種以上之觀點，可暫稱為綜合取向之價值判斷觀；Daniel L. Stufflebeam（2000b）之 CIPP 評鑑即為一例。但這裡所謂的綜合，並非指其完全整合或

包含上述所有各種取向之觀點。這是不可能的，因某些價值判斷取向之間實具彼此之內在衝突；也非指其他學者之觀點就未具綜合性，事實上Scriven之評鑑觀亦具某種程度之多元綜合性，只是他的觀點更凸顯了消費者利益維護之觀點，而將之列為消費者取向之價值判斷觀；另此也非表示此綜合取向一定優於其他價值判斷取向，因各種價值判斷取向之優劣在評鑑學界並無定論。

Stufflebeam 主張評鑑者應考慮所有下列七個層次的價值判斷規準（criteria），以確保其評鑑的綜合性。

一、基本社會價值

每一社會均有其維持和促進共同福祉的一些普世性基本價值，任一方案若違背或未能貢獻於這些促進社會共同良善生活的基本價值，應被視為是不具建設性的。評鑑人員在對方案、人員或組織做價值判斷時，應評估其與這些基本社會價值之關係。

以美國社會而言，Stufflebeam認為當前有四組基本價值：一是機會均等，就教育方案而言即應促進教育機會均等；二是效能（effectiveness），指能貢獻於服務對象之需要並保障其安全，這是對任何服務的基本要求；三是保護（conservation），乃謹慎、節約地使用自然和經濟資源，不浪費之，以維未來世代之永續發展；四是追求卓越，所有作為均應設法追求卓越，這是所有專業人員的基本義務。他認為對美國任何方案之價值評估，皆應考慮到這些基本價值。

不過，Stufflebeam 特別強調，每一社會在不同時代往往有其相異之基本核心價值，核心價值之內涵也常因時代環境之變遷而更迭、調整。而且，不同社會裡的基本核心價值也有所不同；何況，社會中各群體或各成員對基本價值之詮釋、理解或認定，亦常難形成共識，這是評鑑人員面臨的一大難題。就此種省思而言，Stufflebeam 實相當程度地回應了 Stake 價值相對主義或價值多元論之觀點，雖然如此，但他還是認為某一時空情境下的社會，應存有其成員所共享的基本核心價值。

二、本質價值和效用價值

目前學者對評鑑的定義，大都強調其是對某對象評估包括其本質價值（或內在品質）與效用價值之過程，因此價值亦可從此兩角度判斷之。本質價值係指受評對象之本質價值或內在品質，其展現於該對象、方案、產品或服務在理念、設計、傳輸、材料和結果上之妥善情形，評鑑者可藉著一些已建立的專業技術規準比較擬評對象在這些面向上之美藝狀態，以及與其他類似重要競爭對象之特質相比較，來判斷對象之本質價值或品質。例如，對教科書本質價值之評鑑，可透過已建立的教科書評鑑指標來評估某教科書之品質，或比較兩種以上教科書在這些指標上之優劣程度。此方面之價值判斷，其實是反映了專業判斷之觀點。

而效用價值則牽涉到受評對象之外在價值，或者說，是其在滿足所評估的特定受益群之需要的有用情形。任何機構均應致力於提供具功效性之服務，有時具高本質價值或內在品質之方案、材料或服務，不見得能滿足其受益對象之需要而未具效用價值。例如，一套本質價值優良之教科書，若其內容不適於當前學習者的學習發展需要，則其效用價值低；又如，一位前來應徵而各方面特質均很優秀之數學專長教師，可能因校內所需者不再是數學專長教師而不被錄取，這亦是效用價值之考慮。所以，效用價值之判斷涉及受益者需要、成本效益及情境特殊因素等面向之評估，因而較具價值的相對主義色彩。

三、CIPP 規準

評鑑者亦可就方案之背景、投入、過程和產出等四大部分評鑑所獲資訊，分別以某些規準做價值判斷。其中最重要的是：背景評鑑應評估受益者需要之滿足性；投入評鑑則為評估方案計畫之品質與可行性，以及其對需要之回應性；過程評鑑則應關心計畫與活動之一致性；產出評鑑則應判斷結果的品質、重要性、安全性及成本效益。

四、機構價值

所有機構之存在皆有其特定的任務、目標和優先事項，這些核心價值應運用於其方案發展和服務之形成，以及其服務對象之組織。評鑑者應知悉這些價值，以評估任一方案計畫或涉入活動是否與機構之任務具一致性，以及藉以檢視所有可能受益者之需要，以了解機構所提供之產品或服務能否回應他們的需要。所以，評鑑者細心地關注於機構之價值，可用以協助或評估機構之涉入方案適於其價值並滿足其服務對象需要之情形。

五、專業與技術標準

許多技術與專業領域之標準已持續被發展和更新當中，包括政府規章、證照標準、專業與技術協會之標準等。當規劃和實施評鑑時，評鑑者應找出並運用已發表的相關標準與規章，進行評鑑及價值判斷。此方面之判斷，亦反映了專業判斷之觀點。

六、人員職責

第六個價值判斷規準在評鑑人員表現上極為重要。這是一些有關機構中每個個人在專業義務與組織責任上應有的職責。組織和機構應釐清每一成員的職責，其為評定和強化組織成員表現提供了最重要的合宜規準，並且能用以確保成員們踐履其最佳的專業狀態。當欲對人員做評鑑時，應特別考慮機構所訂定的人員職責和專業義務，另對機構或方案進行評鑑時，此方面之規準亦可成為價值判斷的重要參考規準。

七、個殊性規準

此乃 Scriven 所謂之**草根層規準**（ground-level criteria），具場域情境之特殊性，評鑑人員無法事先辨識界定，其必須由評鑑者與受評特定方案之相關人員互動磋商，以及在相當了解運作細節的情形下才能辨識界定。在規劃一項評鑑研究時，應概念化和磋商這些個殊性規準。評鑑者可藉由探究相關背景資訊、與委託者討論，以及辦理方案利害關係人參加的焦點團體會議以釐

清關鍵議題等方式；亦可透過研究過去類似方案的評鑑報告來界定此類規準。更有甚者，某些此類規準是無法在評鑑正式實施之前清楚獲得的。所以，在任一評鑑中評鑑者實無法完全事先預定所有所需的價值判斷規準，其必須在整個評鑑過程中努力並具思考性地推引、磋商、解釋和應用妥適的價值判斷規準。最後這第七項規準，其實是反映了 Stake 的回應式評鑑取向，因其主張評鑑需回應於委託者和方案利害關係人所關注之議題及其多元價值觀。

第六章

利用與溝通

　　評鑑若僅產生評鑑報告後即束諸高閣而未對受評對象或方案產生任何衝擊，則評鑑只是一種浪費人力、時間和資源的無意義工作。因此，如何增進評鑑過程與結果發現之利用，以發揮評鑑的效用性，乃評鑑學者關注的重點之一。評鑑效用性之提升，與評鑑發現、評鑑知識之有效溝通與報告有著密切的關係，本章乃分兩節分別討論評鑑之利用與溝通兩議題。

第一節　評鑑之利用

　　1981 年北美教育評鑑標準聯合委員會（The Joint Committee on Standards for Educational Evaluation, JCSEE）在首次公布其方案評鑑標準時，特別思考了效用性（utility）、可行性（feasibility）、妥適性（propriety）和正確性（accuracy）等四類標準在相對重要性上的排序邏輯，而將效用性列為第一序位。當時的委員會主席 D. L. Stufflebeam 於此套評鑑標準發表前夕，接受訪問時指出：「我想委員會對該排序之決定是值得注意的。他們的理念是認為一項評鑑若其未來對閱聽者無用，則根本無需實施。其次，若在政治、實際或成本效益等情況下未具實施評鑑的可行性，則不應去實施。第三，若未把握能實施公平和具倫理的評鑑，他們亦不認為應實施之。最後，假使我們有把握地說一項評鑑將有其效用性、具實施的可行性，且可妥適地辦理，那麼他們認為我們就可轉而去履行評鑑的技術精確性之艱鉅任務」（Stufflebeam,

1980: 90）。

　　換言之，該聯合委員會認為若一項評鑑未能對方案及其利害關係人產生衝擊或影響作用，則根本無實施評鑑的必要。他們認為，評鑑之具效用性，乃評鑑之所以實施的理由。為何聯合委員會如此看重評鑑的效用性標準？有個很重要的原因，那就是美國 1960 年代和 1970 年代的一些早期研究，常發現**評鑑利用**（evaluation use）情形不佳或**評鑑效用性**（evaluation utility）過低。W. Williams 和 J. W. Ean 於 1969 年的研究就指出：「對結果資料效能的檢驗，來自其對已實施政策的衝擊情形，就此標準而言，成功的評鑑研究是缺乏的。」而 C. Weiss 1977 年的研究亦提到：「雖所有類型的應用性社會科學研究皆面臨低度利用之命運，然未利用似尤為評鑑研究之特徵」（引自 Patton, 1997: 7-8）。M. Q. Patton（1997）曾表示，此種許多社會科學和評鑑研究結果少為決定者所採用、或根本未予利用的情形，是一種所謂的評鑑利用危機正在構築當中的現象。

　　然而，相對於 Patton 對早期評鑑利用研究結果的悲觀看法，亦有一些學者引用稍後的若干研究發現，認為情況並非如 Patton 所觀察到的那麼悲觀。P. H. Rossi、M. W. Lipsey 和 H. E. Freeman（2004）及 B. R. Worthen、J. R. Sanders 和 J. L. Fitzpatrick（1997）等人的論著，皆曾引用 1980 年代中和 1990 年代初美國的一些其他研究，而論證評鑑結果的利用及其對方案決策之衝擊確實是存在的。他們認為早期研究之所以指出評鑑利用不佳的現象，主要是其對評鑑利用的定義過於狹隘使然，亦即，過於強調以評鑑結果對方案做決定的立即、直接和具體衝擊之利用觀念，而非以更寬廣的概念內涵來看待和研究評鑑的利用情形。換言之，評鑑利用情形之實證研究結果，深受評鑑利用定義所包含內涵之多寡或寬窄的影響；而這也意謂，過去數十年來評鑑利用概念內涵是不斷調整與發展的。

壹、意義

　　評鑑利用概念的內涵，往往因學者所持定義之不同而有所變化。茲舉下述三例說明之。

所謂評鑑利用，係指將評鑑結果運用於課程方案有關決定之謂，而不是指新聞界或學術界的運用。（黃政傑，1987：325）

評鑑利用指一項評鑑的實施方式和從此評鑑所得資訊，對所被評方案之衝擊。（Alkin & Taut, 2003: 1）

為邁向此目的，本章有目的地轉變詞彙——將「利用」改為「影響」——以發展一整合性理論。影響（人或事物以隱默或間接方式對他者產生效應的能力或權力）一詞比利用更寬廣，這創造出一種架構，用以檢視（評鑑的）多方向、累增、非意圖且非工具性效應，與之併列的是那些單向、插入、意圖和工具性效應（這些能由利用一詞加以表徵）（Kirkhart, 2000: 5）。

在這三個定義中，第一個定義是最嚴格的定義。在此定義中，評鑑的利用僅指利用評鑑之結果發現來對方案做決定：就利用的來源而言，是指對評鑑所獲得的結果發現之利用，不包括評鑑過程本身之利用；就利用的方式言，指對方案做決定之利用，並不包括促進方案人員在觀念改變上的利用。

Alkin 和 Taut 所下的第二個定義，則寬廣得多。在他們的定義中，評鑑利用的來源已包括評鑑所得發現（資訊和知識）之利用，以及評鑑過程本身之利用；而利用的方式方面，其強調凡是評鑑對方案的衝擊皆可謂利用，而評鑑對方案的衝擊可能包括使方案相關人員對方案產生新理解、新觀點和新知能，也包括對方案做有關變革之決定。

至於第三個由 Kirkhart 所下的定義，則是最寬廣的定義。在此定義中，主張應以評鑑影響（evaluation influence）一詞來取代評鑑利用，認為如此才能妥適地表達出評鑑對方案、人員和組織的多層面、多角度影響效應與衝擊之意涵。這個定義除將前述 Alkin 和 Taut 所界定的定義包含在其中之外，也將評鑑的隱含性、間接性、未意圖性影響作用，均納為評鑑的影響概念內涵中。

誠如 L. M. Shulha 和 C. J. Bradley（1997）之觀察，在 1986 年時，學界幾已形成一項對評鑑利用概念的共識；亦即，它已不再是一個單元性概念，而是一種多層面現象，最好以多層面之交互作用描述之。問題是，哪些層面？

哪些角度？學界對此並無共識。何況，如 Kirkhart 般，主張以寬廣的評鑑影響概念來取代評鑑利用概念者，亦大有人在。此已足以說明評鑑利用概念內涵的高度複雜性。以下試著分析一些常見的評鑑利用概念內涵分類架構。

貳、評鑑利用概念內涵分類架構

一、聚焦於評鑑發現之利用及其利用方式的分類

早期的評鑑利用觀念，將焦點置於對評鑑所獲得的評鑑發現（資訊與知識）之利用。其中，R. F. Rich 於 1977 年的著作，將評鑑結果發現之利用區分為**工具性利用**（instrumental use）和**觀念性利用**（conceptual use）兩者；其後，L. C. Leviton 和 E. F. X. Hughes 兩學者於這兩種利用方式外，另增加一種所謂**象徵性利用**（symbolic use）或說服性利用（persuasive use），往後許多學者沿用了此種分類架構，將評鑑發現之利用方式區分為如下三種（黃政傑，1987；Alkin & Taut, 2003; Levine, 2002; Leviton, 2003）：

㈠工具性利用

此乃運用評鑑之發現或知識以對方案採直接行動而產生衝擊的利用方式，如對方案做有關再檢視、修正、終止或持續之決定。

㈡觀念性利用

有時又稱為**啟蒙性利用**（enlightenment use），此種利用並未對方案產生立即、直接之決定行動，但影響了方案人員對方案的某些觀念理解；亦即，使方案人員和利用者在觀念和思維上產生影響或改變。此種影響或改變，在短期上也許不會使方案人員對方案產生立即的決定行動，但是可能在往後的日子中會對方案人員的作為產生實質影響而促成方案之調整。

㈢象徵性利用

指利用評鑑來正當化或合法化先前之決定；或者，為了展現一個方案願意接受評鑑，藉此來提升方案管理者或決定者聲望的利用方式。準此，則評

鑑之實施只被視為是一種象徵性或維護現狀的行動。

　　美國 1970 年代和 1980 年代初期的不少研究，採取比較嚴格的工具性利用觀念來界定評鑑利用，故當時的實證研究結果乃傾向於對評鑑利用狀況持悲觀論看法。惟 1980 年代起迄今，大部分的學者則採比較寬廣的角度，將觀念性利用納為評鑑利用的概念內涵，因而已有較多的研究發現評鑑利用確實是存在的。一些研究顯示，有時評鑑資訊不見得立即為當事者直接採用以對方案的內容做直接性決定，但其可能已改變當事者原先對方案所持的一些觀念和思維，且經由組織內部學習的過程而對方案情境中的組織氣氛造成影響，這些觀念和思維的變化往往會對方案產生漸進性、積累性和長期性衝擊（Shulha & Bradley 1997; Thompson, 1994）。

　　至於象徵性利用之觀念，Alkin 和 Taut 進一步將之區分為兩種：一為合法化的利用（legitimatize use），乃利用者利用評鑑發現來合法化或正當化先前之決定，此種情形發生於評鑑已實施且有了結果發現後，利用者取其中有利於先前決定之部分評鑑發現來合法化先前決定。另一是象徵性利用，此乃利用評鑑以提升方案管理者或決定者聲望的利用方式，這基本上不會去利用評鑑之發現，當決定者一宣布要實施評鑑，未待評鑑之完成，即已產生此種效果。合法化利用或象徵性利用極可能是誤用或未利用評鑑，後來有的學者另列一種分類角度來討論此種利用型態（Christie & Alkin, 1999），如後文第五點。

二、除評鑑發現之利用外，再增加評鑑過程利用的分類

　　評鑑利用概念內涵擴充的一項重要發展，乃**過程利用**（process use）概念的採用。雖然主張應改善評鑑的實施過程以加強評鑑者和方案人員間互動的評鑑模式，早在 1980 年代以前即被提出和探討，然按 Kirkhart（2000）的觀察，過程利用的概念一直要到 1980 年代末才出現在評鑑文獻中，而且主要是為了做為增進評鑑結果（發現）之利用而誕生。

　　所謂評鑑的過程利用，Patton（1997: 90）界定為：「係評鑑過程中參與評鑑者所產生的學習結果而導致個人在思維和作為，以及方案或組織在程序和文化上的改變。」所以，評鑑的過程利用，乃是以評鑑的過程本身而非由

評鑑所獲得之發現來對受評方案及其人員與組織所產生之衝擊。此等衝擊之
發生關鍵，在於評鑑過程中學習之發生，而衝擊的面向包括方案之設計與運
作、組織文化和個人觀念與行為上之改變在內。所以，就 Patton 而言，評鑑
利用的概念內涵已包含兩大類：一是評鑑發現的利用，另一是評鑑過程的利
用；後者他稱之為評鑑邏輯與過程的利用（use of evaluation logic and pro-
cess），用以彰顯評鑑的規劃設計邏輯及評鑑過程所生之利用。

　　Patton 的評鑑利用概念內涵分類，說明如下：

(一)評鑑發現的利用

　　Patton 認為評鑑所得之發現，可利用來判斷本質價值或效用價值、改進
方案和產生知識，故有三種利用方式：

1. 判斷本質價值或效用價值

　　本質價值乃一項方案滿足其服務對象需求的程度，此乃方案之內在價值
（Patton, 1997）；D. L. Stufflebeam（2000b）亦界定其乃受評鑑標的的本質價
值或內在品質。本質價值的評估，旨在說明一項方案、產品或服務，在觀念、
設計、傳送、材料和結果上是否具堅實性，其可經由將受評標的之品質，與
專業上已建立的技術規準或相類的重要競爭者在這些規準上的比較而獲得。
效用價值則是方案或受評者適合所處社會情境條件的程度，乃方案之外在價
值（Patton, 1997）；Stufflebeam（2000b）也指出，其乃受評標的之外在價值
或其對滿足某特定受益群需要的有用程度，故其價值性會因不同的需要和情
境因素而受影響。此兩種價值之判斷，乃對方案之整體價值做總結判斷之基
礎，如利用評鑑發現來對方案做績效責任判斷、稽核成效、品質控制、成本
效益決定、決定方案未來命運和認可、認證等，皆是此方面之利用。亦即，
這是屬評鑑的總結性功能方面的決定。

2. 改進方案

　　若以評鑑發現來達成評鑑的形成性功能，即是改進的利用。此種利用與
前一種判斷本質價值或效用價值之利用，兩種合起來即是前文所謂的工具性
利用。

　　此方面的利用包括方案管理者、實施人員和參與者利用各種蒐集得的資

料來辨識出方案的優缺點，用以改進方案本身和方案的實施過程，以及解決一些始料未及的問題並確保實施人員朝預期的結果邁進。此外，亦可採用資訊管理系統的觀念，以經常性的資訊回饋來監督方案的進展情形，並藉此重新分配資源以增進方案在變遷環境中的實施效能。

3. 產生知識

此即前文所談評鑑發現的觀念性利用，由於主要是藉由評鑑的發現而貢獻於知識的增加，以產生新的觀念和思維，故 Patton 將之稱為產生知識的利用。此方面的利用包括藉由評鑑之發現而獲得或累積知識來釐清一個方案的真實運作模式、檢驗其理論邏輯、指出其測量產出之方法、區別出方案裡的涉入行動類型並從中獲取借鏡與教訓，以及精緻化政策的抉擇範圍；此外，此種發現所得的知識，亦可促使利用者更理解方案、減少不確定性、啟蒙方案贊助者和相關人員理解方案參與者的真實經驗，並促進彼此在知覺上的分享與溝通。

有一些學者認為就大規模的政策方案而言，可針對同一方案在不同場域的實施情形予以評鑑，從中累積評鑑發現而形成知識，以抽引並統整出方案有效運作的原則，進而從中獲取成敗教訓，並增進決策人士對各種政策選項的理解，以便排除一些無用或無效的選項，使政策選項更精緻化。此種從不同場域所累積的評鑑知識，通常能促進大規模方案的上層決策人士採取更理性的決定，並使其對評鑑發現之利用更具信心（Henry, 2003; Preskill & Caracelli, 1997）。

㈡評鑑邏輯和過程之利用

Patton 所謂評鑑邏輯和過程之利用，包括評鑑規劃和評鑑實施過程之利用，他舉出此方面的利用有四種：

1. 利用評鑑促進共享的理解

在評鑑未正式實施前，評鑑者若與方案管理者討論、釐清方案的目標，使之明確化，以及訂定出評鑑的價值判斷規準，並在開始評鑑前將此等目標期望和價值判斷規準與方案實施人員溝通，則此不但使管理人員與方案實施人員皆能釐清和理解方案的具體目標和價值判斷標準，而且此種目標和規準

在評鑑啟動前將自然而然影響方案人員的運作。

另外一種情形則是在訂定方案目標和評鑑的價值判斷規準時，讓管理者、方案人員甚至對方案持不同觀點者一起參與目標和規準的研訂，如此一來，彼此的觀點得以交流，因而能建立起一些對方案的共享性理解。

2. 經由涉入導向的評鑑策略以支持和增強方案

此種評鑑過程的利用是將評鑑的活動規劃設計為方案的各種涉入活動之一，讓評鑑的資料蒐集活動本身即統整為方案的一部分，如此則評鑑活動不但能自然地對方案之實施產生影響作用，在方案實施過程中，亦能從評鑑的資料蒐集活動中獲得回饋資料。例如，一項強調專業省思的教師專業成長研習課程，若於研習期間要求教師每日撰寫有關當日課程活動的省思札記，並且於隔天與另一成員相互分享，則省思札記撰寫本身既是方案的一部分，亦是方案評鑑者評估研習課程效果的重要資料來源。這是將評鑑活動統整為方案涉入活動之一的例子。

3. 透過參與、合作和彰權益能的評鑑而支持方案人員的投入、自我決定和擁有感

某些評鑑取向，如參與式評鑑、合作式評鑑、自我評鑑和彰權益能評鑑，在評鑑規劃、設計與實施的過程中，或經由評鑑知能和方法之習得，或經由方案目標、評鑑規準、評鑑議題和評鑑方法的參與討論而能對當事者產生影響作用。一般而言，這些評鑑取向之評鑑設計，能支持、促進方案人員對方案和評鑑的投入、自我決定和擁有感。

4. 以評鑑過程促進方案和組織之發展

有時評鑑在規劃和設計時即可促進方案和組織之發展，無需等評鑑有了結果發現後才產生衝擊。在促進方案發展方面，所謂**評鑑的可行性評估**（evaluability assessment）觀念，即可能會產生此種利用方式。此即，當評鑑者於接受委託去評鑑一項方案時，可能會先評估該方案接受評鑑之可行性，若評估後發現該方案之目標過於含糊、內涵不明確，難以實施有效評鑑，這時即可轉請委託者先設法改進方案的明晰度後再辦理評鑑，如此即可促進方案之進一步設計與發展。

在促進組織發展方面，係將評鑑的觀念和思維帶入組織中，使組織人員

能將評鑑所強調的檢驗真相、驗證性思考和以堅實資料與證據做決定之精神納入組織的運作中，以促進組織之不斷向上發展。

　　早期學者在討論評鑑的工具性、觀念性和象徵性三種利用方式時，通常是指針對評鑑發現之利用而言，而如今大部分學者已接納的評鑑過程利用是否也同樣包含這三種利用方式？Alkin和Taut（2003）認為評鑑過程之利用如同評鑑發現之利用般，亦可包括工具性和觀念性利用。例如，評鑑者於評鑑過程中對方案性質之提問，可能引導方案人員再思考、再檢視方案，因而修正了方案，此即過程中的工具性利用。另外，評鑑過程中可能由於評鑑者與方案人員的觀念交流，而使方案人員調整原先對方案相關人員角色責任之觀點，此則為過程中的觀念性利用。然就象徵性利用而言，這兩位學者認為，合法化先前決定的象徵性利用（即合法化利用），必須有了評鑑發現後，利用者方能利用發現中的某些結論來向他人確證其決定的合理性、合法性，而評鑑過程中因尚未取得此方面的結論證據，故評鑑過程中的利用無法產生合法化利用。另一種為了提升方案管理人員聲望的象徵性利用，則無需等待評鑑有了結果發現後才會發生作用，只要一發動評鑑即可產生此等效果。因此，評鑑過程中可能產生象徵性利用而無法對評鑑發現做合法性方面的利用。此兩者的區別如圖6-1。

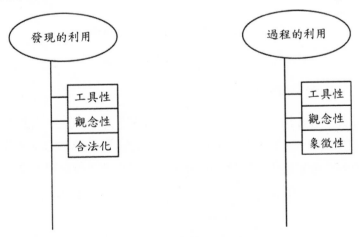

圖 6-1　評鑑利用分類

資料來源： Alkin & Taut (2003: 7).

三、以意圖性來分類

有些學者為增進評鑑的效用性，特別強調在規劃評鑑時應先界定出主要的評鑑之意圖利用者，並使其能參與涉入評鑑的過程中，Patton 的**聚焦效用評鑑**（utilization focused evaluation, UFE）即特別強調此點（Patton, 2002）。主要的評鑑之意圖利用者，通常是對方案決定居主要角色，並因而能利用評鑑結果的人士，對其加以辨明固然能使評鑑目的、問題更能聚焦，亦能增進評鑑的效用性，但評鑑總有一群未意圖的潛在利用者，他們也可能利用了評鑑所得之資訊與知識。另外，無論是評鑑規劃時的意圖或非意圖的利用者，其對評鑑之利用方式可能是原先意圖的利用方式，亦可能是規劃以外的非意圖性利用。因此，從評鑑規劃時的意圖性來對評鑑利用做分類，可區分如圖6-2 象限圖中的四種類別。

圖 6-2　評鑑之利用意圖象限圖

資料來源：Franke, Christie, & Parra (2003: 14).

㈠意圖的利用者之意圖性利用

在象限I中的利用情形，是評鑑規劃時所界定的評鑑之主要意圖利用者，按規劃時的意圖利用方式利用了評鑑而得的資訊與知識。例如，原先規劃評鑑之目的，是希望某校的課程設計教師們利用評鑑所得發現去修正其所設計的課程方案，而評鑑之利用方向與結果確為如此，則屬之。

㈡非意圖的利用者之意圖性利用

在象限Ⅱ中的利用情形，是評鑑規劃時未意圖其會利用的一些潛在的評鑑利用者，按評鑑規劃時希望的評鑑利用方式利用了評鑑資訊和知識。例如，

前例中的他校課程研發教師利用該次課程評鑑所獲得之資訊與知識來修正其
所研發的類似課程方案。

㈢意圖的利用者之非意圖性利用

在象限Ⅲ中的利用，是指評鑑規劃時的主要意圖利用者，未按規劃的利
用方式去利用評鑑所得之資訊和知識。例如，前一例的課程設計者只擇取評
鑑結果發現中的有利部分來證明其先前設計的合理性，卻對不利證據視而不
見。

㈣非意圖的利用者之非意圖性利用

象限Ⅳ中的利用情形，則是評鑑規劃時未界定或未意圖其會利用的潛在
評鑑利用者，未按評鑑設計時的評鑑利用方式利用了評鑑資訊與知識。例如，
前例中，教育局長利用評鑑發現的部分訊息，做為其政績宣傳之用。

四、以評鑑影響的概念涵蓋評鑑利用

有些學者如 K. Z. Kirkhart、G. T. Henry 和 M. M. Mark 等人主張改以「**評
鑑影響**」來取代「評鑑利用」，藉以一方面將傳統的發現利用和過程利用的
概念均內含於「評鑑影響」中，另一方面則使這詞涵蓋其他非意圖、多方向、
間接性的評鑑效應（鄭淑惠，2007；Cummings, 2002; Kirkhart, 2000）。最先
提出此一想法的是Kirkhart，她的理由如下：首先，「利用」一詞對評鑑的那
些非結果本位（即非評鑑發現）運用、非意圖性效應和漸進浮現的衝擊等而
言，是一種笨拙、不適當、不精確的用詞。其次，當從結果本位利用的觀點
來追溯評鑑利用觀念的歷史發展時，其他層面評鑑衝擊之根基將被移除，例
如，過程利用將被視為只是後來者。最後，此一概念會持續將結果本位利用
的派典賦予優先地位，而其他類型的評鑑影響將被視為次要的。

Kirkhart 所謂的評鑑影響，其實包括兩方面的內涵：一是傳統評鑑「利
用」一詞所指涉的那些單向的、插入式的、意圖性和工具性的評鑑效應，另
一是那些多方向的、漸進累增式的、非意圖性和非工具性的評鑑效應。她發
展出一個由影響來源、意圖性和時間等三層面所構成的理論架構來說明評鑑
影響的概念內涵，如圖 6-3。茲分別要述之。

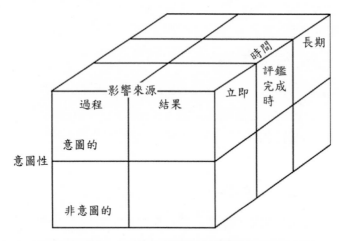

圖 6-3　整合的評鑑影響理論

資料來源：Kirkhart (2000: 8).

㈠影響來源

　　就評鑑對個人、組織或更寬廣的決定社群發揮其力量或影響的來源層面而言，有兩類影響來源：評鑑結果與評鑑過程。評鑑結果，即評鑑所得的資訊和知識，也就是前文所論的評鑑發現。有關評鑑結果或發現之利用和影響，如前所述，包括工具性利用、觀念性利用和象徵性利用（包含合法性利用、說服性利用和政治性利用等）。

　　另一來源，即是評鑑過程本身之利用和影響，如前文 Patton 所論評鑑邏輯與過程之利用內涵。

㈡意圖性

　　意圖性是評鑑影響分析的第二個層面，其指評鑑影響之有意引導、意識性察覺和事先規劃與否的情形。意圖的影響常見諸於評鑑的合約、目的和所採用的評鑑理論模式；非意圖的影響乃評鑑對人、方案或系統所產生的事先未能預見之衝擊，通常透過未預期的途徑產生。有關意圖性層面的分析，至少包括影響方式、受影響者，以及發動影響者及其影響過程和採用發現等不同層次上之意圖性（Cummings, 2002; Kirkhart, 2000）。也就是說，就影響方

式而言，可能是意圖的或非意圖的影響方式；就受影響者而言，也可能是意圖的或非意圖的受影響者；就發動影響者而言，可能是意圖的或非意圖的影響發動者；就影響過程而言，可能是採用意圖的或非意圖的影響過程。由此可見分析層次的複雜性。

㈢時間

時間是分析評鑑影響的第三個層面，乃指評鑑影響之發生、存在或存續的時間或發展期程。主要有三種影響時程：

1. 立即影響（immediate influence）

乃發生於評鑑過程中，或者明顯與評鑑過程之運作同步產生的影響。此方面的影響可能發生於評鑑的預備、設計和實施的過程中。立即性影響雖來得快，但不見得去得也快，立即性影響不必然是短暫的。

2. 評鑑完成時（end-of-cycle influence）

此乃發生於總結性評鑑研究已獲得結論，或者在某形成性評鑑中已完成了一次循環時的影響，通常來自評鑑的各種產品（如報告、總結和其他文件），以及傳播評鑑結果的過程當中。

3. 長期影響（long-term influence）

長期影響用來描繪那些並非一段時間內可感受到的評鑑效應，或其衝擊之發展與延續時間較長者，包括某特定評鑑循環結束後一段時間才明顯發生之延遲性影響，以及影響具長期性者。

Kirkhart此一整合來源、意圖性和時間向度的三層面評鑑影響分析架構，不但兼顧了評鑑發現與過程利用這兩影響來源層面、評鑑影響的意圖性層面和效應發生與持續的時間層面，同時亦指出此三層面內各種影響變項之間的交互變化，此為研究者和評鑑者提供了一個了解與分析評鑑利用和更廣泛的影響意涵之較完整的概念架構。相較於先前 Patton 所論的評鑑發現利用和評鑑邏輯與過程利用兩者兼及之內涵而言，Kirkhart之評鑑影響觀念，新增了評鑑的非意圖性、長期累增和隱默式效應，且此等效應包括對人、方案、組織和更大的社會之影響或效應在內。此新增的內涵，殊值評鑑者關心。然而，是否應以評鑑影響一詞取代評鑑利用？對此，學者有不同看法。Alkin和Taut

（2003）並不贊成，他們認為在概念和研究上納入非意圖性、長期性的評鑑影響成分是合理的，但以影響一詞來取代利用，則無此必要。

　　筆者認同 Alkin 和 Taut 的看法，亦即，若能將「影響」的內涵清楚地界定為評鑑的非意圖性和長期性效應；而「利用」則專指對評鑑發現（結果）和評鑑過程之意圖性利用，則研究者和評鑑者就能妥適地區分出此兩概念。如此的概念區分而非以「影響」取代「利用」，有下列優點：第一，保留利用一詞及其概念成分，可以彰顯評鑑規劃時的意圖性利用；反之，若以影響取代利用，則在評鑑規劃時就應注意的利用意圖性觀念就容易被忽略。其次，就評鑑者而言，較易掌握和更應被課以責任的是促進意圖性「利用」，維持「利用」一詞來代表意圖性利用正可回應此種要求；而若以影響一詞取代，則「利用」的部分會與那些非意圖性、長期的評鑑效應難以區隔。第三，評鑑「利用」和「影響」兩詞併存，能兼顧評鑑的意圖性利用和非意圖性、長期性的評鑑效應概念內涵，能提醒研究者和評鑑者同時顧及評鑑在這兩方面所產生的衝擊。

五、以利用之結果分類

　　即使一項評鑑之設計、實施和發現皆具堅實性，但其利用結果亦可能會產生利用或不利用、誤用或未誤用這兩不同層面的結果狀態。而且，這兩層面的利用結果狀態，皆可能與利用者的意圖性成分有關；亦即，利用者主動的利用或不利用，及誤用或未誤用；或者，利用者被動地利用或不利用，及誤用或未誤用。是以，C. A. Christie 和 M. C. Alkin（1999）曾按利用之結果狀態，將評鑑之利用情形區分為下列四種，如圖 6-4。

1. 誤用：利用者不適當地利用評鑑資訊與知識。
2. 利用：利用者適當地利用評鑑資訊與知識。
3. 未利用：利用者未意圖去利用評鑑資訊與知識。
4. 欺瞞式未利用：乃當評鑑結果可促成方案的決定，但利用者有意地不採取利用行動，這亦是一種誤用。

　　上述第一種和第二種情形將會對方案決定的知性過程產生衝擊，但第三和第四種則未具衝擊性。有關這四種評鑑利用結果的更詳細事例，如表 6-1。

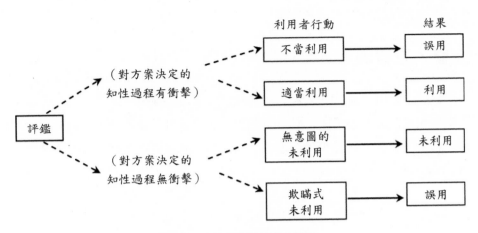

圖 6-4　各種評鑑利用結果

資料來源：Christie & Alkin (1999: 7).

表 6-1　評鑑誤用之類別

評鑑階段	利用者行動	利用結果
1. 委託評鑑階段	△獲取政治利益 △煽惑輿論 △取得經費補助 △營造公共關係 △展現專業威望 △合法化先前決定	誤用
2. 評鑑實施過程階段	△藉評鑑之名以延遲重要決定 △以政治手腕來妨礙評鑑	誤用 不完整的評鑑
3. 評鑑發現階段	△重寫結論 △選擇性報導結果 △過於簡化或誇大結果 △傳布非有效性之結果 △忽視結果 △不精確地傳遞結果 △歸結出偏離實際之結果發現 △發現不完整、未成熟前即傳播 △不切實際的結果溝通與不當呈現	誤用 欺瞞式未利用

資料來源：Christie & Alkin (1999: 3).

參、影響因素

　　評鑑之利用、未利用或誤用受諸多因素之影響，對這些因素之深入了解，有助於增進評鑑的效用性。Alkin認為系統化評鑑知識之利用，乃評鑑利用之核心觀念，而影響評鑑知識之產生，以及其在評鑑過程中利用和評鑑發現後利用之因素，可歸納為評鑑、人和背景脈絡三大類因素，如圖 6-5。

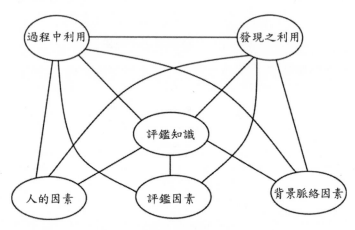

圖 6-5　影響評鑑利用之因素

資料來源：Alkin & Taut (2003: 4).

一、評鑑因素

　　評鑑之設計與實施本身就是影響評鑑知識和評鑑利用的重要因素。首先，評鑑過程所關注的問題及評鑑設計會影響資訊和知識獲得的類別，例如，採觀察法或問卷法所產生之知識類別就不一樣，又是否進行方案間比較之評鑑亦會影響評鑑知識之特質及其利用，另評鑑之關注於方案目標或過程，當然亦影響對方案之了解層面。其次，評鑑資訊和知識在評鑑過程中或評鑑發現後所傳播之相關思考；亦即，評鑑所得資訊和知識本身之性質。第三，評鑑過程中評鑑者與潛在的評鑑利用者或利害關係人間，在有關資訊與知識對話

上的程度。第四，評鑑知識發表、溝通和報告的方式。最後，評鑑者之個人特質與行動，如是否樂於讓利用者涉入評鑑、具可信性、具政治敏銳度、承諾於評鑑之利用性、對利用者提供支持等。這些評鑑本身的因素，都會影響評鑑知識之性質及其利用方式與程度。

二、人的因素

此包括評鑑者和利用者兩方面，評鑑者之因素已如前項所述，至於利用者方面，包括：其在組織或方案中的角色、地位及權責、人格特質、專業素養，而更重要的是利用者對一般評鑑之觀感，尤其是對本次評鑑之態度。

三、背景脈絡因素

此乃先於評鑑之實施而存在的方案的各種情境脈絡因素，例如，組織內部和組織之間的關係特質、方案的財務限制與各種規約、外在的社區因素，以及個別方案本身之特質，如其成熟度、存在之久暫、重要性程度、影響層面等。

當評鑑者的聲望佳、可信性高、願意回應利害關係人之關注事項及參與涉入評鑑；評鑑之問題明確且能回應利害關係人之關注問題；評鑑過程的技術品質佳；評鑑溝通與報告具易理解性和及時性；評鑑利用者居於重要決策權責職位、專業素養佳、對評鑑持正面和看重之態度；組織內部文化支持革新；方案革新之風險低而可行性高等；在這些情況下，一般而言，評鑑之利用程度高。

肆、研究和評鑑規劃與實施上的啟示

茲就上述的概念內涵分析所得，提出在評鑑利用研究和規劃與實施評鑑時的一些重要啟示如下：

一、評鑑利用議題的研究應清楚界定其概念範疇

早期研究中的利用概念極為嚴格，聚焦於評鑑發現之工具性利用，故當

時的研究結果常發現利用情形不佳的現象。其後，利用的概念逐漸擴充為包括評鑑發現之工具性、觀念性和象徵性利用，乃至包括評鑑過程的利用，此種概念範疇擴充下的研究乃常發現較佳的評鑑利用現象。而評鑑影響的觀念，又將概念擴及非意圖性和長期性的評鑑效應，如此一來，評鑑的衝擊和影響作用更易在研究中獲得支持。是故，所界定的利用概念範疇之變化，將影響研究之結果，也將因而影響決策者和社會大眾對評鑑之看法。因此，在進行評鑑利用議題研究時，應明確界定其概念內涵。

二、發現的利用仍是評鑑利用的根本

儘管評鑑利用之概念內涵已由單層面的評鑑發現之利用，逐漸擴展為雙層面的評鑑發現與評鑑過程之利用，甚至三層面的評鑑影響觀念，然發現的利用仍是評鑑利用觀念和評鑑影響觀念中的核心部分，因此規劃評鑑時力求促進評鑑發現的利用，仍係評鑑者所應盡的責任。此方面的利用，至少包括觀念的利用，即以評鑑發現促成人員在思維、態度和認知上的改變；以及工具的利用，乃以評鑑發現對方案或受評對象做形成性和總結性方面的決定。

三、注意和避免評鑑的誤用

在評鑑發現的象徵性利用中，有些情況只是利用者將評鑑當成提升其聲望的工具，有時是管理者只選取評鑑發現中的有利部分來為其先前決定背書、確認其合法性。這些是屬評鑑的誤用。

另外，評鑑資訊與知識之利用固然會發生於評鑑過程中和評鑑有了發現之後，同樣地，誤用亦會發生於評鑑過程中和有了發現後。Christie 和 Alkin（1999）曾列舉在委託評鑑、評鑑實施過程和評鑑發現三大評鑑階段中常見的評鑑誤用行動與結果（見表6-1），在規劃與實施評鑑時，宜設法避免這些誤用行動。

四、妥善規劃與實施評鑑以增進其利用

㈠界定意圖之利用者

　　規劃評鑑時評鑑者若能先界定出主要的意圖利用者，進而考慮其關注事項及資訊需要，乃至於了解其對評鑑之知識、態度和對方案所持有的既有觀念或假設，則所規劃、設計和實施之評鑑，能增進評鑑對這些意圖利用者的效用性。雖然評鑑者不能完全忽略非意圖利用者利用評鑑發現之可能性，但是評鑑者最應關心的是意圖的利用者之需要，故評鑑時宜辨明意圖的利用者，尤其是主要的意圖利用者。

㈡強調利用者在評鑑過程之參與對話

　　除了界定出主要意圖利用者外，評鑑之規劃、實施與報告過程中宜適當合理地安排意圖利用者之參與對話，如此才能釐清評鑑之目的、問題及其資訊需要和對方案之先存觀念，也才能蒐集具效用性的所需資料，以及提供易理解的評鑑報告。而且，利用者在評鑑過程中之參與和對話，亦能增進評鑑在過程中的利用。

㈢界定明確之評鑑功能與範圍

　　前已述及，評鑑者無法完全排除非意圖利用者之利用評鑑資訊與知識，為了引導意圖利用者和潛在利用者正確地利用評鑑發現，評鑑者宜明確地界定該次評鑑之目的與功能、評鑑的對象範圍，以及可能的解釋及利用上之限制。

㈣提升評鑑者的專業性與可信性

　　若評鑑者之聲望佳、專業性足、可信性高，其評鑑發現受重視而被採用的程度則愈高。

㈤增進評鑑的專業技術品質

　　依 Henry（2003）之研究，最能促使社會大眾和利用者信賴和看重評鑑發現而善加利用者，莫過於評鑑本身在專業和技術品質上的提升。高品質的

評鑑專業及報告，才是確保評鑑正確利用、提升其效用性的根本之道。

㈥有效累積證據體系

若評鑑只是一個個別孤立的研究，則其發現或證據可能難以說服利用者改變其觀念或決定，但若經由評鑑而能累積更多各種多樣性探究方法而得到豐富的科學性證據體系，或者在一項評鑑中能善用先前的相關研究或評鑑發現，則其說服性將大幅提升，利用性亦自然能提高。

㈦評鑑發現與報告之及時溝通和易理解性

為了增進評鑑過程中之利用，若干評鑑發現可於評鑑過程中及時溝通，評鑑完成時亦應儘速溝通與報告評鑑之發現。另外，評鑑報告中之評鑑問題、資料分析與解釋方法、採用之圖表和評鑑結論等內容及展現方式，也需考慮利用者之文化和專業背景，使其易於理解，這也是增進評鑑利用性所必需者。

㈧更敏銳地感知方案的脈絡性和相關人員的知識狀態

方案的成敗受許多相關脈絡因素之影響，有時是缺乏有效的訊息和知識以做決定，有時是持了錯誤的假設或觀念。方案人員或評鑑之利用者對這些因素之了解程度不一，評鑑者對於方案人員和利用者本身的此等知覺或知識狀態亦可能不知情。如果是這樣，則評鑑結果之利用性必然大受影響。因此，評鑑者若能敏銳地察覺方案人員或利用者對方案之知覺與知識狀態，以及影響方案的各種情境脈絡要素，則可設計相應合適的評鑑，並善用評鑑發現來協助方案人員或利用者試著挑戰其先前的不當假設或觀念，或減少其做決定的不確定感，此亦可增進評鑑之利用性。

㈨暢通評鑑之溝通管道

評鑑發現與報告之溝通對象通常在評鑑協議內有所載明，但有時受限於行政科層體制之束縛，或傳播工具和方式之限制，使得某些應該有權利知悉評鑑結果的人士未能直接接觸到評鑑發現與報告，致影響評鑑的利用。因此，評鑑者宜設法暢通評鑑之溝通管道，使有權利知悉評鑑結果的人士能知悉評鑑結果。

五、注意非意圖性評鑑影響之了解與評估

一般在規劃和設計評鑑時，會事先設想其意圖的利用者及其意圖、應然的利用方式，並且於評鑑合約或計畫書當中加以描述。這些意圖的利用者及其意圖的利用方式，固然是評鑑者應先行慮及者，然評鑑之規劃、實施和結果利用，往往會產生一些規劃者始料未及的非意圖性效應和影響，包括意圖的利用者採非意圖的影響方式、非意圖的利用者採意圖的影響方式、非意圖的利用者採非意圖的影響方式等不同情形的非意圖性影響。這些非意圖性影響固然已超越評鑑者所能掌握的範圍，但一般而言，若評鑑者能如 Patton 之建議將意圖利用者的意圖利用方式明確界定，且做為評鑑規劃設計的引導，則一方面可減少非意圖性利用，另一方面可增進評鑑的意圖性利用。而不管是否採 Patton 的觀點規劃評鑑，評鑑者和研究者都應對評鑑的非意圖性影響保持敏感度，深入研究，評估其影響的方式、過程、對象與結果。

六、重視評鑑的長期性影響

評鑑的運作過程及其所發現的評鑑結果對人、方案、組織和社會之影響效應，有些不見得會立即出現，而是延後發生的；有些也不會很快消失，而是延續許久的。例如，大學系所評鑑強調以學術性期刊發表量做為評鑑的重要指標，往往會帶來大學教育人員過度重視學術研究發表而輕忽日常教學的長期影響；又如課程和教學的績效評鑑若僅重視部分主要學科，以及僅重視這些學科的部分課程效果，如較低層級認知過程能力的評量，亦會對教師之教學、學生之學習產生廣泛且長期的影響效果。以上這兩種例子已足以說明評鑑對人、方案、組織和社會所帶來長期影響的重要性，評鑑之規劃和研究者應重視之。

第二節　評鑑報告與溝通

前節曾說明評鑑之利用情形與利用者是否因評鑑資訊與知識之獲得而對其產生知性衝擊有密切關係；亦即，評鑑是否有效利用，深受評鑑報告與溝

通效果之影響。本節先要述評鑑報告與溝通的一些基本觀念，其次再討論其
要領。

壹、基本觀念

　　所謂評鑑報告與溝通，係評鑑者將評鑑所獲得的發現、資訊與知識，以
適當有效的方式讓有權利知悉評鑑結果的人士知悉與理解的過程。在此一過
程中，必須考慮一些基本觀念。首先，報告與溝通之目的是多樣的，其可能
為了展現績效責任、說服或教育閱聽者、議題探究、運作歷程之深入探究、
擴大參與、獲得支持、增進理解、促進公共關係等不同目的之一或兩種以上
之目的而進行，其也可能為了評鑑之形成性或總結性功能而實施，不同的報
告與溝通目的影響著評鑑實施的時機、內容組織、溝通方式與工具。其次，
就時機而言，溝通與報告評鑑發現，如同評鑑之利用，可能發生於評鑑過程
中，亦可能發生於評鑑活動之末期，其可能是定期的期中、期末報告，也可
能是契定時間點之外的溝通，其方式除了正式的報告與溝通外，亦有時是非
正式的；不同的時機與方式亦會影響報告與溝通之內容和方法。第三，報告
與溝通之內容格式受不同評鑑方法論之影響，實徵主義取向之學者較強調格
式之嚴謹化、正式化；自然主義取向學者則強調內容與格式之易理解性、自
然化，其不希望因格式而影響實質之溝通效果。第四，報告與溝通之工具可
以是多樣的，書面報告、照片評論、錄影帶、幻燈片、錄音、多媒體、對話
或證人陳述、聽證會、實物展示、模擬現場、戲劇演出、札記描繪、個案研
究、圖表、測驗分數摘要、問與答等都是可能的工具，而且常兼採數種工具
以獲致更佳之效果。第五，閱聽者之資訊需要和其認知狀態是影響報告與溝
通內容、方式和工具選擇的最重要因素，未考慮此一因素之報告與溝通，將
難以展現報告與溝通之效果。

　　綜合上述，在規劃與進行評鑑之報告與溝通時，評鑑者需考慮報告、溝
通與評鑑之目的，以及報告與溝通之時機、方式、格式與工具，尤其特別需
考慮閱聽者之需要與認知狀態等因素。

貳、報告與溝通之要領

　　茲參考 Worthen 和 Sanders（1987）之提議，以及筆者之經驗，說明評鑑報告與溝通之要領如下：

一、界定與分析閱聽者之需要

　　評鑑報告與溝通之目的，是希望對評鑑報告之閱聽者產生知性衝擊，進而使其有效利用評鑑之資訊與知識，以增進其對方案或產品之理解及做決定。因此，在溝通和報告評鑑發現時，必須先界定出未來評鑑報告之閱聽者，而這通常是在與評鑑委託者協商評鑑契約、討論評鑑之規劃與設計時就已進行。在提出報告與溝通之前，最好能再次釐清、辨明。

　　當界定出閱聽者後，則需進一步分析閱聽者之需要，而此等分析最好包括所有的利害關係群在內。不同的閱聽者和利害關係人會有不同的資訊需要、價值觀和先前知識。若一項評鑑報告能包含一個綜合、涵蓋所有細節的技術性評鑑報告，以及依不同閱聽者之需要而增加的一或多個非技術性報告，將會是極佳的安排。

　　在做閱聽者資訊需要分析時，可從下述方向著手：⑴其在方案中之角色是管理者、設計者、實施者或消費者？⑵其關心的評鑑問題或議題焦點為何？⑶其知識背景是否能有效理解或有興趣於評鑑的專業技術問題？⑷其對評鑑之一般態度為何？⑸在未評鑑前，其對方案所持的主要觀點、評價和既有知識為何？⑹何種評鑑報告和溝通之內容、方法、格式和工具，對其最能發揮溝通效果？進行這些分析的最有效方式，則是直接與閱聽者溝通。

二、為閱聽者裁製報告與溝通之內容和格式

　　當了解閱聽者之需要後，即可依其需要裁製合適的報告內容與方式。但這裡的量身訂做，並非意指可因滿足閱聽者之不當需要而提出偏頗、不正確、昧於事實的評鑑報告。在內容方面，最需考慮的是閱聽者對評鑑的關注事項、證據類別及其所持方案成功或失敗之價值判斷規準。例如，對某課程方案之

評鑑，若閱聽者最關心的是學習結果，所希望看到的證據與標準是學習者在實際表現能力上的進步情形，則報告之內容應著重於課程效果，以及學習者於課程實施前後在作品或行為表現上的證據資料，而非強調課程計畫和材料品質之描述。而在報告與溝通之格式方面，最需考慮的應是其對閱聽者的可理解性和說服性，考慮閱聽者是否可理解較技術性的報告，或宜採非技術性、自然性報告；是否宜深入而詳細，或只需結要性內容即可。在報告與溝通之展現工具方面，亦需考慮閱聽者之背景和需要，於書面報告外，另善用各種視聽媒體、圖表，甚至召開聽證會、辦理模擬行動劇及展出實物等多元化之展現方式與工具。

三、及時報告與溝通評鑑之發現

通常評鑑合約或計畫中會定有期中、期末報告之時程，評鑑者自應依約定或計畫時程提出報告，但並非只有約定或計畫上的報告時程才可做報告與溝通。有時某些評鑑發現對決策者之決定非常重要，則應及時報告、溝通之；所以，Worthen 和 Sanders 建議評鑑者應與方案之關鍵管理者或決策者建立溝通熱線，以及時溝通評鑑發現，尤其是形成性評鑑更應如此。但是，此種評鑑過程中之報告與溝通，應注意避免提供不成熟的資料，也宜提醒閱聽者這並非最終的評鑑報告，用以做決定時應小心謹慎。

四、掌握撰寫與呈現書面評鑑報告之要領

雖然評鑑之報告與溝通不見得以書面報告為之，但它仍是最主流的方式，以下說明其撰寫與呈現之要領：

㈠內容要項

不同的評鑑之角色、目標和脈絡是分歧的，故並無能適於所有情境的最佳書面評鑑報告之內容格式，惟下述內容要項頗值參考，報告時可參酌掌握這些要項：

1. 結要

並非所有閱聽者均有充裕的時間閱讀整份評鑑報告，所以提供結要是評

鑑報告中常見之措施。結要短則三頁，多則十五頁，端賴評鑑之範圍大小和複雜度而定，通常包括評鑑目的、問題、程序之簡短敘述，以及要述最重要之發現、判斷甚至建議。結要之呈現，可以列在整份報告之最前面，而成為報告之一部分；亦可單獨編印成另一份摘要本，而摘要本有時可依閱聽群之特質與需要，分別提供簡、繁程度相異的數種摘要版本。

2. 導言

在導言中可先說明評鑑之目的及意圖服務之閱聽者，以避免評鑑之誤用；其次，應交代本次評鑑之理念，包括為何實施、意圖回答之問題、如何及為何採用這些評鑑方法與資料，如此可使閱聽者確信此評鑑的合適性；復次，宜說明有關資料蒐集、分析和解釋上的限制，以及本評鑑無法宣稱或解釋之事項；最後，可再對閱聽者提供本報告之閱讀引導，如各章節重點及其組織之說明。

3. 評鑑焦點

評鑑報告應有一章節說明該次評鑑之焦點範圍，最重要者有三：其一，描述評鑑之標的，以協助閱聽者清楚地了解所評者和未評者各是什麼。以課程方案為例，至少應描述受評課程方案之範圍；該方案之理念、目的和目標；所服務之學生或其他受益者、參與者；主要的學科或材料內容；實施的策略與程序；運作的背景脈絡和所需的人力與其他資源等。其二，列出評鑑之具體問題或議題，並解釋此等問題或議題之所以優先的理由。其三，摘要說明所蒐集、分析和報告的資料及其來源。

4. 評鑑計畫與程序

任何評鑑報告均需詳細清楚地交代其評鑑計畫，以及其進行資料蒐集、分析與解釋之方法、技術和工具。此一方面可協助主要閱聽者理解此評鑑之方法論和技術立場，另一方面亦可供其他專業評鑑人員檢視此評鑑研究過程和結果之合適性、可信性。惟為增進報告之可理解性和閱讀親近性，此部分之交代可採結要說明之方式處理，而將相關的細節如工具、流程、進度、公式等以圖表呈現或納為附錄。

5. 呈現評鑑結果

此部分可謂評鑑報告之主體內容，包括對評鑑資料分析所發現之結果及

其解釋，此乃其後下結論、甚至提出建議的主要來源。結果之解釋，一方面需本於證據與資料，另一方面則需發揮評鑑者在專業上之知覺和詮釋能力，乃評鑑報告之所以產生說服力的根本基礎。在呈現發現與解釋時，應予以組織，例如，以評鑑問題為核心逐一回答問題，或依照評鑑目的之順序組織內容，或以資料蒐集工具之類別逐類呈現組織之，如此則能增進報告之易理解性。

6. 結論與建議

在結論方面，評鑑者應根據前所發現之結果與解釋，敘明所根據的價值判斷規準，針對評鑑標的品質做出價值判斷，包括分析式分項判斷和整體性判斷在內。至於是否提供建議，評鑑學界對此有不同看法，有些力主應進一步提供改進之行動建議，如Worthen和Sanders兩學者；但亦有學者認為這並非評鑑者必須當為之事，如Scriven，他認為評鑑專業常無法、也不必像醫師般既要做診斷又要提出處方。

7. 異見或答辯

有時評鑑團隊中的少數人員或者方案內相關人員對於評鑑之結論、判斷或建議有不同意見或觀點，但評鑑者並不認同此等意見或觀點，對此則可於報告末另列專節加以呈現和說明，由閱聽者參酌和判斷之。

8. 附錄

對閱聽者而言具重要性且應該了解但並不適宜納入報告本文之其他資訊，可收錄為附錄，例如，評鑑時程、細節的資料分析表格、訪問逐字稿、會議紀錄，以及資料蒐集工具如問卷、測驗題目、觀察項目表、抽樣對象分配表等。

㈡呈現內容之原則

1. 正確、平衡和公正

報告內所呈現之資料和內容，應力求正確無誤，對評鑑對象之價值判斷應做完整之判斷，兼顧其正面與負面、優點與缺點判斷之呈現；另評鑑者應信守專業倫理，避免個人主觀好惡影響評鑑之公平性，致產生偏頗的報告。

2. 具溝通性和說服性

一項評鑑也許其方法與過程非常嚴謹，但若其報告未具可理解性和說服性，則效用性將大幅降低。因此，報告之用字遣詞應具易理解性，且應善用各種圖、表、照片、故事、事例和結要，使之具說服性。

3. 考慮合宜的詳細度

不同的閱聽者對評鑑報告之詳細度需求不一，一位忙碌的政策決定者所需者可能只是摘要性結論或建議，一位方案設計者或研究人員所要的則可能是非常詳細深入的方案運作過程或專業技術性報告。在撰寫報告時，應考量閱聽者之需要，提供配合其需要的一份或數份詳細度不一之報告。

4. 注意撰寫風格

為了增進報告之溝通性、可理解性和說服性，撰寫評鑑報告時宜注意：避免艱深的專業術語；採用簡單、直接之語句；多採用例子、軼事、圖表說明；正確使用文法和標點符號；避免於敘說事例時混雜了參考引註（撰寫評鑑報告不同於撰寫教科書或專業論文）；多採用有趣而非平淡之語句。

5. 注意報告之外觀

報告之外觀或物理屬性特徵，諸如印刷品質、圖表呈現、版面與行距、色彩運用和封面樣式等也會影響溝通效果，評鑑者亦應投以關注。

五、在報告評鑑發現時注意人性化考量

評鑑發現中有關方案或受評對象之負面訊息與評價，對當事者都會產生某種程度的心理衝擊，嚴重者甚至會對評鑑或評鑑者採取激烈的敵意反應，此對方案之改進或評鑑本身也許會產生負面效果，故在報告評鑑發現時，亦需儘可能留意報告的人性化層面，但這並非指應偽善式地報喜不報憂，或刻意地隱惡揚善。在處理或報告評鑑對象的負面訊息時，可採取下列措施：第一，儘量先呈現方案之優點，再報告負面訊息；一般而言，沒有任何方案是毫無優點的，即使可能如此，但至少可誇讚方案人員的努力與付出。第二，在正式報告提出前的口頭簡報上，先將主要發現，包括正面和負面發現，以友善、正向之態度提出，供相關人員檢視，以供回饋修正。第三，在最終報告前的報告草案中，儘可能以正向態度描述負面訊息，並請當事者檢視當中

可能之錯誤或誤解，以為修正之用；但是，在提供草案供檢視時，必需提醒當事者，其所提修正意見，評鑑者會慎重考慮、查證，但不見得一定會接受，評鑑者將保留最終決定之權利。若評鑑者決定不採納，最好的處理方式是將相關異見或辯護另列於評鑑報告的專屬章節當中。

六、掌握口頭報告要領

有時評鑑發現需提出口頭報告，若輔以各類視聽媒體，將能發揮極佳的溝通效果。在口頭報告時，前述有關書面報告的許多原則亦是適用的。諸如：在內容要項上應包括評鑑之目的與理念、評鑑之標的與範圍、探究之問題及其程序與工具；在內容和語言技術上，亦需注意內容報告之正確、平衡和公正原則，設法增進可理解性和具說服力，採用簡單、直接、正確和有趣的語句，避免專業術語和不必要的技術性語言，多運用例子、軼事和圖表，也應考量閱聽者之需要而調整報告的詳細度，以及注意報告的人性化層面。除這些之外，進行口頭報告時，可再注意下述要領：第一，使報告形式更有趣、更有變化，尤其是善用各種視聽媒體器材；第二，在能令自己與閱聽者均覺得自然、舒適的情境下進行；第三，儘量使呈現的視覺材料夠大且簡單，不必依靠太多的文字說明；第四，輔以合宜的肢體語言，甚至透過問答之方式引導閱聽者之投入；第五，事先妥善規劃包括休息在內的發表時間流程，並考量閱聽者能保持注意力的時間量。

第七章

後設評鑑

Scriven（2000）指出，評鑑是一門獨特的自我指涉（self-referent）的學科；它就如同科學社會學本身亦包含了科學社會學之「社會學」般，是自我指涉的。亦即，評鑑可運用於所有嚴肅的人類行為之過程與產品上，當然也可以、而且應該要運用於評鑑本身，如此才能透過此種自我指涉運動而不斷自我檢討省思，以提升評鑑本身之品質，這樣才能說服社會大眾相信及利用評鑑之發現。此種將評鑑運用於自身之觀念，乃**後設評鑑**（meta-evaluation），本章第一節先說明其意義和若干基本觀念，第二節則討論可用以實施後設評鑑的一些評鑑的專業標準和評鑑檢核清單。

第一節　意義與觀念

壹、意義

早在 1940 年 P. T. Orata 即已提出「評鑑的評鑑」之觀念，此應為後設評鑑概念的源起。而最早使用「後設評鑑」一詞者，乃 Scriven 於 1969 年首度使用，他曾先後指出：「後設評鑑就是第二層級評鑑（second-order evaluation），意指評鑑的評鑑。就理論而言，後設評鑑涉及評鑑角色的方法論之評估；就實務而言，後設評鑑關注特定評鑑各種表現的評估。」「典型的後設

評鑑，即由另一個評鑑者去評鑑一項已計畫好或已完成的評鑑。換言之，後設評鑑將原來的評鑑者置於受評者的位置，對該評鑑者及其活動表現進行價值判斷」（引自游家政，1994：42）。基本上，Scriven 所定義之後設評鑑是指任何對一項評鑑、評鑑系統（evaluation system）或評鑑機制（evaluation device）之評鑑（Stufflebeam, 2001: 185）。

Stufflebeam（2001: 183）亦曾界定後設評鑑為：「針對某一評鑑之效用性、可行性、妥適性和正確性，以及其系統性、能力性、公平性、可敬重性和社會責任等，加以描述、獲得和運用其相關描述性和判斷性資料，以引導評鑑之實施並公開報告其優缺點之過程。」

綜言之，**後設評鑑**乃針對某評鑑，採系統方法蒐集、分析和運用此評鑑的描述性和判斷性資料，以了解和判斷該評鑑之優劣程度，進而提升評鑑品質之過程。在此一過程中，受評對象是某一項評鑑，包括其方法論和評鑑運作機制。後設評鑑之過程，事實上亦是辦理另一次評鑑，亦即一般評鑑過程中所進行的界定目的、範圍與問題、蒐集與解釋資料、判斷和報告品質與價值等活動皆需納入其中。在判斷評鑑之品質與價值方面，則受到後設評鑑者所選用的專業評鑑標準、專業評鑑原則或專業評鑑檢核項目清單內容之影響。

貳、基本觀念

除前述後設評鑑之意義外，在討論此概念時，亦需考慮到若干觀念。首先，就角色功能而言，一般常論評鑑有形成性和總結性兩種角色功能，此種觀念亦適用於後設評鑑。亦即，後設評鑑可能是為了協助評鑑者在規劃、執行、解釋和報告其評鑑探究之進行和改進而實施之形成性後設評鑑；也可能是為了對某項評鑑判斷其優劣或績效而實施之總結性後設評鑑。

其次，就時機而言，後設評鑑不見得需等到一項評鑑已完全辦理完畢後才實施，從開始接受委託而進行評鑑之規劃設計起，以至整個評鑑實際進行中的各階段，其實均應實施後設評鑑。若是由評鑑團隊內部人員實施，自評鑑活動開始發起乃至評鑑活動結束止，均可運用適當的專業評鑑標準對評鑑的各階段活動做自我檢核與評鑑，以提升評鑑之品質；若由外部人員實施後

設評鑑，若其能從評鑑發動時就參與投入後設評鑑，則此種後設評鑑品質將遠比評鑑結束後才投入者更佳。

復次，就評鑑者而言，後設評鑑之人員可以是原辦理評鑑之團隊人士，此乃內部評鑑，亦可以是原評鑑團隊以外的其他專業評鑑人士，此則為外部評鑑。

再次，就歷程而言，後設評鑑本身就是做一次評鑑探究，所以，本書前幾章所論的評鑑過程與步驟、探究方法、資料分析和解釋方法、發現之報告與溝通等觀念，大都能用於後設評鑑。所以，Stufflebeam（2001）所建議之下述後設評鑑方法與過程，其實與一般評鑑之歷程與步驟大體上是相類似的：(1)界定並安排與後設評鑑之利害關係人互動；(2)組成包含一或多位專業評鑑者之後設評鑑團隊；(3)界定後設評鑑之問題；(4)磋商協議出判斷評鑑系統或某特定評鑑價值之標準、原則和（或）規準；(5)發展引導和管理後設評鑑實施之協議備忘錄或合約；(6)蒐集並檢視適切有效的資料；(7)必要時蒐集新資訊，包括現場訪問、觀察和調查等；(8)分析質化和量化資料；(9)依適當之標準、原則和（或）規準判斷評鑑之合適性；(10)藉由報告、回應和口頭說明等方式溝通和報告後設評鑑之發現；(11)若必要且可行的話，協助委託者和其他利害關係人解釋和運用後設評鑑之發現。

最後，就價值判斷而言，後設評鑑需對某評鑑系統或評鑑之品質和價值做判斷，然各種不同的評鑑取向或模式對於何謂良好、優秀、高價值之評鑑，並未形成完全共識。因此，當在決定用來判斷一項評鑑之品質的評鑑標準、原則和（或）規準時，需特別考慮不同評鑑取向或模式的方法論和價值論立場。某些評鑑的專業標準、原則和（或）規準也許是各評鑑取向所共同認可者，但亦有些是評鑑學界仍未形成共識者，在決定標準、原則和（或）規準時，應妥慎思考並清楚地闡釋自己的立場和理由。

第二節　評鑑之專業標準與檢核清單

按前節所述，妥慎議定或選定一套用以判斷評鑑之品質的專業評鑑標準、原則和（或）規準，乃後設評鑑的最重要工作之一，其乃說服閱聽者認可後

設評鑑結果，指引後設評鑑的實施與價值判斷工作進行的極有用工作；也是提升專業評鑑品質的有效措施。過去數十年來，已有諸多評鑑專業團體、學者開發若干名稱略異但性質相似的評鑑專業標準、原則和（或）規準，或者謂之重要評鑑事項檢核清單，並且持續地不斷更新。其中，有些是針對人、機構和產品之評鑑，有些則是針對方案之評鑑；若能熟知並妥慎選用之，則對後設評鑑之規劃與實施極有幫助。本節先說明評鑑之專業標準與檢核清單之意義與功能，接著再選定若干不同評鑑方法論取向學者所開發的整套評鑑專業標準與檢核清單，加以介評。

壹、意義與功能

按 Scriven 之觀點，不管是一套用來判斷受評標的品質與價值之規準，或是一套用來判斷一項評鑑的品質與價值之專業標準、原則和（或）規準，或者一套用來規劃與管理評鑑之實施的檢核清單，均是一種**檢核清單**（checklist）。他所謂的檢核清單，乃一套列出要素、屬性、面向、內容、規準、任務或層面等之具體細目清單，這些列出的細目或其數量是彼此分開考量的，用以完成某特定任務（Scriven, 2005: 1）。需特別注意的是，Scriven 所謂之檢核清單的運用，並非僅限於一般常見檢核表只勾選表列項目之有無而已，而是既可檢核清單所列項目之有無，亦可針對各項目進行質和量的描述與判斷。

Scriven 將檢核清單依其性質區分為下列種類：一是**洗衣式清單**（laundrylist），幾乎僅做為備忘錄之用，其使用效果幾乎不受清單所列項目順序之影響，但如何將清單中各項目依性質分門別類，則至關重要。二是**順序性檢核清單**（sequential checklist），清單中所列項目具順序性，使用時若未按其排列順序實施，則會影響清單效能。其中，有些是強烈的順序性清單，如工作流程；另有些則是弱式順序清單，其順序性是基於心理學或效率上而非邏輯或物理上之必要性理由，如北美教育評鑑標準聯合委員會採 Cronbach 之建議，以效用性標準取代正確性標準做為其所發布方案評鑑標準之第一類標準，主要是基於評鑑利用者心理層次上之考慮。三是**反覆式檢核清單**（iterative checklist），其檢核項目常具順序性，而且會要求或可能會要求其中之部分或全部項目多次反覆檢核。四是**診斷式檢核清單**（diagnostic checklist），其有時但並非總是具順序性，常立基於一套工作流程，重點在於其目的是為了診斷出問題，如技工、分類學者和毒物學家所為者。五是**品質規準檢核清單**（criteria of merit checklist），乃判斷、比較或決定受評標的品質狀態之具體項目、規準或指標，這些項目、規準或指標可被分派予配分權重以進行品質等級之量化處理或質化的品質評述。一般用之於評鑑或後設評鑑之檢核清單，均可能採前述各種類的清單設計，但屬第一種者較少，不過，每一種類之清單至少均可發揮備忘錄之功能，可避免遺漏應辦理的重要事項。

另外，就實際用途而言，運用於評鑑領域的檢核清單至少有三大類：(1)評鑑規劃與管理檢核清單（evaluation planning and management checklist），主要用以協助一項評鑑之規劃、設計、實施與管理；(2)品質規準檢核清單，主要用以判斷受評客體品質之優劣情形；(3)後設評鑑檢核清單（metaevaluation checklist），主要是對一項評鑑、評鑑系統或評鑑機制進行後設評鑑，判斷其品質和價值之用。運用已開發之檢核清單於評鑑或後設評鑑時，應辨明其是屬哪一種類；但這並不表示此三者的內涵間彼此全無交集，在某種程度上，三者間的某些觀念和內涵常是可互通、相互跨越的，尤其是前兩者的內涵，與後設評鑑檢核清單內涵間常具相當程度的適用性，因為一項評鑑是否妥善規劃與管理，以及是否能對受評對象做出合理價值判斷，皆應是後設評鑑所關心者（Wingate, 2002）。

有關可用於後設評鑑之檢核清單，過去數十年來已有若干專業團體、學者陸續發展與發表，有些並持續修訂。其中，有些是針對人、產品或機構之評鑑而發展者，有的則是針對綜合性之方案評鑑而開發者；而且，其名稱不一，JCSEE 於 1981 年所發表者謂之《教育方案、計畫和材料的評鑑標準》（*Standards for Evaluation of Educational Programs, Projects and Materials*），1994 年修定後名為《方案評鑑標準》（*The Program Evaluation Standards*）；而美國評鑑學會（American Evaluation Association, AEA）於 1995 年出版者稱為《美國評鑑學會之方案評鑑原則》（*AEA Principles for Program Evaluation*）；另 Scirven 所發表並認為可同時適用於一般評鑑實施和後設評鑑檢核之用者，

則稱為「**重要評鑑事項檢核清單**」（Key Evaluation Checklist）。其中，最易遭誤解者是 JCSEE 之方案評鑑標準，其所定義之**評鑑標準**（evaluation standards），指的是投入評鑑專業實務者所相互同意的一些原則，用以增進評鑑的品質與公平（JCSEE, 1994）。所以，其是一種用於後設評鑑之專業標準、原則或檢核清單，而非是判斷某標的（除評鑑外）品質與價值的標準或規準。

運用檢核清單於評鑑或後設評鑑，可發揮諸多功能與價值，包括：(1)做為備忘錄之設計，以避免遺漏重要應辦和應注意事項；(2)其遠比理論或統計分析更易於讓一般非專業者理解和確信效果；(3)因評鑑人員分別考慮清單中之各層面、各項目，故一般而言可減低各項目評鑑之相互干擾影響；(4)可減少評鑑者從一大堆資料中，只看到自己所想看到的部分之所謂**羅莎效應**（Rorschach effect）；(5)可排除當採用非正式檢核清單時，常發生的對某些項目或部分給予加倍權重之問題；(6)檢核清單之內容通常融入了有關受評對象的已發展出的知識，故其常是反映了某領域的重要知識以促成特定任務之完成；(7)一般而言，評鑑檢核清單比起受評對象領域之理論更容易發展；所以，即使那些評鑑者無法或無需解釋的現象及其相互關係，評鑑者亦常可加以評鑑（Scriven, 2005）。

評鑑者需研修或開發有關評鑑之檢核清單時，Scriven（2005）曾提示應掌握下述要領與要求：(1)檢核之關鍵重點應是指應然性規準而非象徵性指標；(2)檢核清單之內容應是完整的，應包含了應行慮及的各層面和項目；(3)清單上之各項目應是彼此不相跨越、具互斥性的；(4)分配予各項目規準之權重，應與其重要程度相稱；(5)規準應是清晰的；(6)規準應是簡潔的；(7)規準應是具可確證的，亦即可測量，或是可以有效地獲致可信的推論。這些要領與要求，亦可做為選擇或修訂評鑑相關檢核清單之用，頗值參考。

貳、可適用於後設評鑑之專業評鑑標準或檢核清單

以下要述若干已發展出的、可適用於評鑑或其後設評鑑的專業評鑑標準或檢核清單。從這些標準或清單亦可看出，不同的評鑑取向或模式會影響標準或清單之內容，採用時宜謹慎考量之。

一、JCSEE 之方案評鑑標準

　　JCSEE 是 1975 年由美國十餘個教育專業團體所委派委員所組成的聯合委員會，於 1981 年出版《教育方案、計畫及材料的評鑑標準》一書，其後於 1994 年修訂並更名為《方案評鑑標準》，內含四大類計三十項標準。此四類及三十項標準要義為（Gredler, 1996; JCSEE, 1994）：

㈠效用性標準（utility standards）

　　用以確信一項評鑑能對其意圖之利用者，服務其資訊需要，內含下列七項細目標準：

　　U1. 辨明利害關係人，以滿足其資訊需要。

　　U2. 評鑑者須是有能力、可信賴者。

　　U3. 資料的選擇和範圍應充分而適當，並回應委託者或其他利害關係人的需要。

　　U4. 明確的價值判斷觀點和理由。

　　U5. 評鑑報告清楚而完整的描述，包括方案背景、目的、程序及其評鑑結果等之描述。

　　U6. 評鑑報告及時傳播。

　　U7. 評鑑須產生影響，增進利害關係人對評鑑資訊的運用。

㈡可行性標準（feasibility standards）

　　用以確信評鑑是實際可行的、審慎的、有策略的、節約的，內含三項細目標準：

　　F1. 資料的獲得及進行程序須考慮實際情境。

　　F2. 考慮政治上的存活力（political viability），評鑑計畫與實施須考慮各種利益團體的不同觀點，以獲得其合作，並預防或反制任何團體之簡化評鑑過程、扭曲或誤用評鑑結果等的不當意圖。

　　F3. 資源的使用須注重成本效益，以確證評鑑所耗資源是適當的。

㈢妥適性標準（propriety standards）

用以確信評鑑之實施合於法律、倫理，並對評鑑所涉及的，以及受其結果所影響者之福祉善盡責任，包含八項細目標準：

P1. 服務取向，協助受評機構及其人員之有效滿足其服務對象的需要。

P2. 獲得委託者正式書面同意。

P3. 尊重並保護基本人權。

P4. 評鑑過程中的人際關係互動，須尊重人的尊嚴與價值。

P5. 價值的評估須完整且公平，優點和問題皆被完整、公正地評估。

P6. 完整的評鑑發現及其運用的合理限制應向依法應知悉結果者及受此研究影響者公開。

P7. 以公開和誠實的態度面對利害衝突。

P8. 信守節約、道德和法定的有關評鑑之財務責任。

㈣正確性標準（accuracy standards）

用以確信評鑑能在技術上展現和採用適當、有效的資料來決定受評方案之品質或價值，包含十二項細目標準：

A1. 對方案的探究和描述須清楚且正確。

A2. 應對方案之背景深入了解。

A3. 應充分描述評鑑的目的與程序。

A4. 資料來源應具說服性和可靠性。

A5. 資料須具有效性。

A6. 資料須具可信性。

A7. 資料須具系統性。

A8. 量化資料須適當且有系統地分析。

A9. 質化資料亦須適當和系統化地分析。

A10. 評鑑結果須具可檢證性。

A11. 評鑑報告須公正無私，避免個人感情或其他偏見之扭曲。

A12. 重視後設評鑑，評鑑本身須經得起各項評鑑標準的持續檢驗。

JCSEE 的這四大類三十項標準（或原則），係聯合十餘專業團體共同發

展而得，經過嚴謹的討論、審議和檢視修正之發展歷程，並經美國國家標準局（American National Standards Institute）認可，故深受評鑑學界信賴與推崇。

二、建構主義評鑑檢核清單與指引

Egon G. Guba 和 Yvonna S. Lincoln 兩位**第四代評鑑**（the fourth generation evaluation）或**建構主義評鑑**（constructivist evaluation）取向的倡導者，認為 JCSEE 的方案評鑑標準並不能直接、精準地適用於建構主義評鑑，他們乃應西密西根大學評鑑中心（The Evaluation Center, Western Michigan University）之邀，於 2001 年 11 月發表《建構主義評鑑檢核清單與指引》（Guidelines and Checklist for Constructivist Evaluation），做為評鑑者採用建構主義評鑑模式實施評鑑之綱領式引導，其亦可做為此種評鑑取向實施後設評鑑之檢核原則，其內容要述如下（Guba & Lincoln, 2001）：

㈠定義與基本命題

Guba 和 Lincoln 界定評鑑為：聚焦於某些受評標的（方案、過程、組織、人等）的一種嚴謹探究形式，其結果是對受評者本質價值和（或）效用價值的建構。因此，他們主張對受評對象本質價值和效用價值之判斷是建構性的。

建構主義評鑑是立基於建構主義基本命題的評鑑方式，主要基本命題為：首先，是**相對主義**本體論，認為人類的意義形成是一種建構性行動，且不受任何根本性實在之束縛，人類會以他們的經驗將事物組織為表面上具整合性、可理解和可解釋的形式，所以，在建構主義眼中並無所謂客觀的真實存在。其次，其認識論假定是一種**交涉的主觀主義**（transactional subjectivism），認為有關實在和真實之主張，主要依靠人們和閱聽者在參與投入形成這些主張時的意義設定過程，以及他們到底有哪些有效可用的資訊及其複雜程度。最後，其方法論是**詮釋—辯證主義**（hermeneutic-dialecticism），主張探究的過程是一種先將一些個人和群體所參與獲得的構念予以揭露並檢視其意義，接著再於面對面情境中加以對證、比較和對照之過程；其中，前者是詮釋上的發現過程，後者則是辯證上的同化過程。

因此，Guba 和 Lincoln 主張建構主義評鑑探究，主要包括發現和同化兩

個彼此循環交替的階段。前者指評鑑者致力於描述此時此地發生何事，描述
受評者及其背景脈絡於此時此地所建構之意義；後者則致力於將新發現融入
情境中的既存構念或建構，使新的更知性、更複雜的構念適當地融合進舊觀
念與產生新意義，以解釋所發生之現象，說明其意義關聯，始能用以解決、
改良或更佳地界定核心問題，並且進而展現出修正能力。

㈡建構主義評鑑之過程：建構主義評鑑人員的責任

建構主義評鑑過程需滿足兩個要件：其一，是以利害關係閱聽者之主張、
關注和議題為評鑑的組織核心，其二，運用了建構主義方法學派典。評鑑者
的主要職責有九：

1. 界定所有的利害關係人：凡於受評標的中持有相關利害關係者，皆是
   利害關係人，此等利害包括了金錢、地位、權力、面子、機會等等在
   內。因之，利害之界定不只由評鑑者和評鑑委託者決定，還應由利害
   關係人從他們的觀點來界定。評鑑者應向利害關係人保證其在評鑑中
   所可獲得的資訊均會被完全提供。

2. 從利害關係群中抽引出他們對受評標的方式和過程之構念，以及他們
   從中希望加以探討的主張、關注和議題。在評鑑進行中，起初列出的
   議題清單可能會被重新安排、刪減或增加。

3. 提供一種情境脈絡和方法過程（詮釋與辯證法），使有關受評標的之
   不同構念以及不同主張、關注和議題能被理解、批評和深入思考：此
   過程，首先在特定利害關係群之內部實施，接著將各不同團體的協商
   結果進一步在跨團體的詮釋圈中磋商，必要時，於對話、抗詰或質問
   的情境中進行。

4. 試著形成對構念及其相關主張、關注和議題之共識：共識先於小團體
   內形成，然後是跨團體間的。若某一項目已形成共識，則可將之從進
   一步討論之清單中排除，若能形成未來行動共識者則留供未來行動，
   並應將之納入評鑑報告中。

5. 對無法或未完全形成共識之項目列入磋商議程：未能獲致共識者，意
   謂著競爭性構念之持續存在，唯有透過導入新資訊或增加分析的精細

度方能改進此種紛歧，評鑑者此時的任務之一是界定所需的新資訊。受時間和資源的限制，且由於所需的資訊可能比現已獲得者還多，故評鑑者必須設計某些方法來決定那些未解決或未具共識項目之優先次序，其中，尤以透過詮釋和辯證法之過程為佳。各利害關係人之投入，在此方面的決定上是最基本的，故需避免某些特定利害關係人權能被剝削之機會。

6. 蒐集並提供在磋商議程中所需的資訊：也許評鑑者無法保證提供所有所需資訊，但應盡力達成；另外，若利害關係人缺乏處理所獲得資訊的精細能力，則評鑑者應安排、提供此方面之訓練。

7. 協調成立一種利害關係人之代表們能產生磋商之論壇：在其中，那些仍具歧見、尚未解決的構念、主張、關注和議題，能在新資訊的導入或對資訊更精細的分析下被再次探討，以減少其數量。即使如此，仍有可能發現某些項目未被解決，則可列為另一輪磋商與評鑑活動之議程。此論壇之結果必須包含未來行動在內，否則磋商不能算是成功。

8. 發展一份或數份針對不同需要的評鑑報告，以對每一利害關係群溝通他們所形成的任何構念共識和任何關於主張、關注和議題之解決策略：最有效用性的報告形式乃個案研究式的報告，其可提供影響利害關係人構念所需的**替代性經驗**（vicarious experience）。

9. 再循環上述評鑑活動以處理仍未解決的構念和受矚目的主張、關注和議題：新的評鑑面向往往以第一輪評鑑所得為基礎，建構主義評鑑總是未完全完成的。

㈢建構主義評鑑之實施：詮釋／辯證方法學之運用

可參考下述步驟實施評鑑活動，然這些步驟可隨著構念之演化及特定主張、關注和議題之處理而反覆、再反覆：

1. 組織評鑑：選擇初始的評鑑小組，做進場安排、邏輯安排，以及評估政治與文化因素。

2. 界定利害關係人：界定小組人員之任務及受評標的，界定、辨識受評者、行動之受益者與犧牲者，採持續追尋策略找出其他利害關係人，

評估與協商評鑑活動與運作之實施方式，與利害關係人們形成協議。

3. 發展各利害關係群內部構念：形成十至十二人組成的多元詮釋圈，每圈代表一個利害關係閱聽者群；接著，在每圈中抽引出有關受評對象之構念描述，且界定與探測其內部逐漸產生之主張、關注與議題，以及儘可能累積磋商出大家所同意的構念項目。

4. 運用評鑑者的先前構念、現存文件資料、交互運用群體訪談與觀察資料、文獻語錄以及其他所發現的有意義資源，來擴大、關聯利害關係群的內部構念。

5. 找出具協商共識的構念、主張、關注和議題，儘可能將之留作個案報告的內容。

6. 透過利害關係群內成員參與的磋商過程，決定未解決、未獲致共識之構念項目的優先順序。

7. 經由訓練磋商者、尋求新資訊、必要時做特定研究等方式，以蒐集新資訊並增加資訊運用的精細層次。

8. 透過定義和闡明競爭性構念之方式，以準備進一步磋商之議程：分別定義與討論那些具闡釋性、支持性或拒絕性的構念項目；並且檢視所發展出之磋商議程。

9. 發展跨群的構念：上一步驟應已獲致數個每一利害關係群所形成的磋商議程，而本步驟則是前述第 3 至 8 步驟的重複實施，惟其詮釋圈成員則是來自每一利害關係群之代表。本步驟之結果應是包括有關受評標的之所有構念、相關主張、關注和議題之總組合。當然，仍會有某些項目無法獲得所有利害關係群的磋商共識，則可列為後續循環之再考慮。

10. 報告步驟 9 的結果：這時可就特定利害關係群之主張、關注和議題，提出因應其需要之某些報告，報告中已獲致協議之共識要素，則可用以引導未來行動步驟的擬議。

11. 重複整個過程，以進一步探究步驟 9 當時所未解決之項目。

㈣評估建構主義評鑑及其報告品質之規準

建構主義評鑑偏好的報告形式是個案研究報告，在某種意義上，其總是未完全完成的，只是預定性的；可依不同利害關係人之需要而提出多個報告，其形式也可是多樣的，惟那些利害關係人能力無法處理的所謂技術性報告不包括在內。除非是利害關係人已具共識者，否則報告中不提出最終之判斷、結論或建議。報告中應協助閱聽者理解的，不只是利害關係人心中所相信其存在的事物狀態，也應包括那些促使形成信念的根本動機、感受和理念，所以個案研究報告之重要特徵，是以厚實描述來釐清受評標的之各種重要脈絡因素，以增進閱聽者形成替代性經驗。下述是評估建構主義評鑑及其報告品質之重要規準（Guba & Lincoln, 2000; 2001）：

1. 相類於**實徵主義**之規準：此類規準近似於實徵主義所謂之內在、外在效度、信度和客觀性等觀念，但意義並不相同，故稱之類比規準（parallel criteria），有時稱為**信實性規準**（trustworthiness criteria）。

    (1)**可信性**（credibility）：近似於內在效度，其可透過拉長現場投入時間；持續性觀察；同儕報告；負例分析；漸進發展主軸構念；成員交互檢核；持續檢測假設、資訊、預備性分類及利害關係人之詮釋等方式而獲得。

    (2)**轉換性**（transferability）：約略近於外在效度，其並非經由評鑑者，而是透過報告之閱聽者判斷評鑑發現之相似於自己情境的程度，來檢測其於在地現場的應用性而得。

    (3)**可靠性**（dependability）：約略於信度，可透過類如外來財政稽核人員之制度，由外來評鑑稽核員稽核各種資料，以判斷方法的決定及其理由之合適性而得。

    (4)**可證性**（confirmability）：約略似於客觀性，乃構念、主張、行動和資料能被追溯其本源的程度，可由外在稽核人員檢視素材與將其壓縮推理的過程兩者間的關係來判斷確證程度。

2. **真實性規準**（authenticity criteria）：此類規準主要立基於建構主義派典和其相應的詮釋／辯證方法學。

⑴**公平性**（fairness）：在評鑑的漸進磋商構念過程中，所有競爭性構念均有公平機會被趨近、探討，並被考慮列入評鑑報告中。

⑵**本體論的真實性**（ontological authenticity）：評鑑使個人（包括評鑑者）的構念能更具知性和更具精細性的程度。

⑶**教育的真實性**（educative authenticity）：評鑑使個人（包括評鑑者）更能理解他人構念的程度。

⑷**促動的真實性**（catalytic authenticity）：評鑑之能刺激和促進行動（排除或改良問題、形塑核心價值等）的程度。

⑸**策略的真實性**（tactical authenticity）：評鑑所意謂或用以真正增進人們彰權益能行動之程度。

3. 相關品質控制：在詮釋／辯證過程中，另兩個品質控制問題至關重要。其一，是構念回饋之及時性和構念再建構過程的持續性；其二，是評鑑者妥適扮演好支持者和教育者的雙重角色，而且需避免此兩角色之彼此矛盾或相互妨礙。

綜上所述，當評鑑者採取建構主義評鑑取向而實施評鑑時，可依前述 Guba 和 Lincoln 所論的建構主義評鑑之理論命題、方法論、評鑑者角色責任及實施方法與步驟，檢視自己的評鑑設計與實施作為是否符合此種評鑑取向主張的精神與方法；而評鑑完成後，亦可就評鑑的實際運作過程及評鑑報告的內容，評估其符合程度，尤其是評鑑過程及其結果報告之符合可信性、轉換性、可靠性、可證性、公平性、本體論的真實性、教育的真實性、促動的真實性和策略的真實性等規準之程度。這是一種自我後設評鑑。當然，亦可以這些建構主義評鑑之理論命題、方法論和評鑑實施方法之主張，以及品質之規準，對建構主義的評鑑實施其外部的後設評鑑。

三、慎思民主評鑑檢核清單

House 和 Howe（2000b）曾發展一份針對其所倡導的慎思民主評鑑所需的簡要檢核清單。此種評鑑取向主張將民主過程融入評鑑中，以獲取較佳的評鑑結論，尤其是從衝突性觀點中獲致有效結論。亦即，認為在評鑑中若能公正地將相關旨趣、價值和觀點納入對話、批評和慎思，則可因而獲得包括

價值和事實面向在內的非偏差性結論。而即使強調以民主原則含納各種旨趣和觀點於評鑑過程中，此種取向仍主張評鑑人員應負有無私、公正地蒐集、分析資料，並據以獲致堅實性結論之責任。

㈠基本原則

慎思民主評鑑之核心理念，是認為評鑑應於其設計與實施過程中充分掌握**參入**（inclusion）、**對話**（dialogue）和**慎思**（deliberation）三大原則來獲得堅實且具效用性的評鑑結論。

1. 參入：評鑑探究應將其所探究方案或政策中的主要利害關係人之旨趣、價值和觀點納入考量，但這並不代表對每一旨趣、價值和觀點皆賦予相同的重要性，而是在評鑑設計與實施當中，它們皆應被適當地考量。

2. 對話：評鑑探究應鼓勵利害關係群內有時是跨群間人員之充分對話，以避免旨趣、價值和觀點之誤解。然而，評鑑者並無接受表象價值之義務，理解也不意謂是同意，評鑑者的責任是建構對話。

3. 慎思：評鑑探究應提供充分的慎思歷程，以獲致深思熟慮後的結論，利害關係人可參與慎思以發現其真正旨趣，評鑑者則有責任建構慎思歷程並從中獲致有效結論。

㈡檢核清單

上述三大原則可分別透過某些具體問題加以檢核和探討，而且各類問題間彼此是可相互跨越的。這些問題如下（House & Howe, 2000a; 2000b）：

1. 參入

⑴評鑑中誰的旨趣被展現？有關此問題，最重要的是檢視有否清楚地界定方案和評鑑中所涉入的各旨趣，而旨趣可從方案的發展史中加以辨識，亦可思考方案實施場域的文化脈絡中浮現的旨趣。

⑵所有主要利害關係人之旨趣皆被展現？在此問題上，應檢視有哪些旨趣未被展現，並試著尋求展現那些被遺漏觀點之方法，以及尋找出方案情境中的隱默性作為。

⑶某些利害關係人可被排除？有時基於特殊理由而未納入某些利害關係人，此時應檢視其排除理由的正當性。此外，應思考利害關係人之代

表，是否能精確地代表其所屬群體的問題。

2. 對話

　　(1)有權力不平衡而扭曲或妨礙對話與慎思之現象？此問題應從評鑑過程中參與者之觀點檢視對話與慎思之情境，思考參與者在此環境中是否會趨近之，以及思考是否某些人在過程中有了過多的影響力。

　　(2)有控制權力失衡之程序？評鑑者不可陷入利害關係人的黨派陣營中，而對過度喧囂的黨派，必要時應設法加以拆解，另應設法平衡極端的自我利益者。

　　(3)利害關係人以何種方式參與？評鑑者應設法使參與者確實履行事前訂妥之對話規則與程序，並小心地建構有關特定議題意見交流的情境，所建構的交流論壇形式亦應適於參與者的特質。

　　(4)參與有多真實？所組織的對話與慎思互動不能只是一種象徵性互動，而應深化對關注事項之持續探討，並試著尋求所有利害關係人之觀點。

　　(5)參與者如何投入互動？在互動過程中，應力求廣度和深度的平衡，促進參與者接納他人觀點，並堅持公民性對話的開展。

3. 慎思

　　(1)有反省性慎思？評鑑者應設法組織慎思所需之各種資源，並釐清參與者應有之慎思角色，另宜適時善用專家在關鍵處所可扮演之角色。

　　(2)慎思如何擴展？在慎思過程中，參與者應以主要規準就所評方案之品質和價值加以評估、檢視，而且此過程中應將所有資訊納入考量；而對於利害關係人所忽略的重要議題，評鑑者應導入之。

　　(3)慎思中深思熟慮的程度如何？在慎思過程中，應將所有資料妥適地整合在一起，把所有的可能性納入考量後，選取那些最佳者予以保留，最後依目前情境歸結出最佳的結論。

　　從上述 House 和 Howe 所提示的三大原則和檢核問題可知，兩位學者所強調的是在整個評鑑設計與實施的過程中，包括從剛開始的利害關係人界定、評鑑議題設定，以至資料蒐集來源與方法之設計，乃至最後資料結果的詮釋及評鑑結論的形成等，皆應兼含參入、對話和慎思三大原則。兩位學者關心和強調的是此三大原則在整個評鑑設計、實施和結果發現上的充分落實。若

所實施者係採慎思民主評鑑取向，自當落實此三大原則，亦可以此三大原則和其下各檢核問題進行形成性或總結性的後設評鑑。

然而，兩位學者較少論及的是，有關具體技術層次的評鑑設計問題之討論。亦即，對於如何以系統、客觀的方法進行評鑑資料的蒐集、分析與解釋，以獲得堅實性結論，並同時兼顧上述三大原則，兩位學者著墨不多。此方面的問題可能並非他們所關心的重點，他們所關心的應是藉由參入、對話和慎思的民主原則在評鑑過程的實踐，以進而促成社會正義的實現。

四、Scriven 之重要評鑑事項檢核清單

做為消費者取向評鑑的主要代表人物，Scriven 的評鑑觀非常重視方案產出或產品品質對消費者所產生實質衝擊效果與效應的評估，因此早在數十年前他就發展出產品評鑑檢核清單來對產品之各層面品質加以評估，其後並不斷精修檢核清單之項目與內容，將其擴展為可適用於產品、組織和方案評鑑之重要評鑑事項檢核清單。自他第一次提出產品評鑑檢核清單，至今調整修正為重要評鑑事項檢核清單，期間已歷經至少四十次以上之修正或重寫，此清單不但可做為對產品、組織、人員和方案評鑑之引導，亦可做為對該等評鑑實施後設評鑑之指引清單。該清單在性質上屬反覆式檢核清單，亦即在評鑑時可就檢核項目反覆來回檢核數次。

Scriven（2006）發表之重要評鑑事項檢核清單，內含四大部分：第一部分稱為預備（preliminaries）部分，乃希望評鑑者在未開始評鑑時，先假設自己已處於撰寫評鑑報告階段，先採角色扮演的方式思考評鑑報告之應有內涵；其好處是使自己體會到描述方案背景，並設定所需專技用語層級，以及自始即開始撰寫計畫日誌之重要性。第二部分稱為基礎（foundations）部分，乃對方案之背景脈絡和性質等加以探究，以做為第三部分更具體的各層面評鑑工作所需之基礎。第三部分稱為分層評鑑部分，列出了五個層面的方案評鑑內涵，以做為評鑑者發現各該層面之事實狀態及其相應的價值判斷之引導，其中前兩層面主要用以決定方案之本質價值或內在品質，後三層面則關注於效用價值和**意義性**（significance）之評價。第四部分稱為結論與應用（con-clusions & implications）部分，包括整個評鑑結果之整合、建議、解釋、績效

判斷、報告和後設評鑑等。以下要述之：

(一)預備部分

先角色扮演式地思考下列評鑑報告之內容要項：

1. 結要

結要通常是第四部分編號 11 至 15 檢核重點之結果擇要。在整個評鑑過程中，評鑑者應以目前所得理解，以及此等理解與委託者、利害關係人和閱聽者之先前知識和資訊需要間之關聯為基礎，持續反問自己到底將要提出的整體性結要內涵項目為何，如此，可幫助自己聚焦於為了理解最重要事項而仍需處理的還有哪些事項。

2. 導言

按一般評鑑報告中導言部分的內容要項，評鑑者首先應注意辨識和界定：(1)評鑑之委託者或資助者；(2)報告之預期閱聽者；(3)利害關係人；(4)其他有權利知悉評鑑結果或其素材者；同時也需清楚地理解自己之實際角色是內部評鑑者、外部評鑑者，或兩者之綜合，或是評鑑訓練者。

其次，評鑑者也需辨識和界定評鑑任務的性質和細節，並鼓勵委託者釐清他們的立場。例如，試著回答下列問題：能辨識和決定那些引導評鑑的要求、需要或旨趣之來源與性質嗎？此評鑑要求的是有關效用價值之評鑑，或本質價值、意義性之評鑑，或兩者以上？所要評鑑之標的對象為何？多少背景脈絡因素需納入考慮？單純地評鑑方案之整體效果，或需評鑑各層面之成敗，或各層面每一內容要項的品質及對整體效果的貢獻，或者需評鑑委託者所持有關方案內容運作之理論的正確性？評鑑是形成性、總結性、歸因性的，或為了績效責任，或者為了兩種以上之目的？需要評等、排序、評分、剖繪分析或分組？要求或希望提出建議、指出錯誤或做預測，而其具可行性嗎？委託者真的渴望從錯誤中獲得學習，或只是一種慣例上的修辭而已？委託者有考慮對有關報告之詮釋和利用嗎？

3. 方法

在評鑑方法方面，評鑑者需直接回問自己將如何發現所需答案的相關問題。例如，有適合的該領域專家嗎？能採用控制或比較組來決定所假設的因

果關係嗎？若有控制組，能做隨機分派嗎？如何控制影響內在效度之各種因素？能使研究具受試者的雙盲或單盲效果嗎？若需抽取樣本，如何抽取、如何分層抽樣？若缺了前述這些，又將如何決定效果之因果關係？有時必須決定受評對象的個別內容要項對效果之影響或貢獻，如何做？如何發現邊際效應？評鑑是目標本位的，或不受目標限制的？評鑑中的哪些部分將會有方案相關人員之參與，這些夥伴或協助人員之選擇標準為何？若他們亦涉入了價值判斷，要做哪些偏差和可信性之控制？做為幾乎所有評鑑中基本要素的邊際效應或邊際衝擊，將如何研究？

在評鑑方法上需儘可能界定：(1)探究之程序及所需之專家、時間和人員；(2)資料分析之程序；(3)報告與溝通技術；(4)前述這些事項之正當性。另，尤為重要的是，評鑑者亦需思考如何界定、具體化、納入所有重要的相關價值與判斷標準，以做為獲得堅實評鑑結論之根本基礎。

以下㈡至㈣的部分，乃 Scriven 所主張更實質的評鑑檢核之要項，而非如第㈠部分的預備檢核，因此其各部分之檢核要項序號乃重新從頭至尾逐項編碼。

㈡基礎部分

1. 背景與脈絡

辨識與界定出受評方案的歷史性、新近性、共生性情境因素，所需界定的方案重要背景脈絡事項包括：(1)本方案的任何上游利害關係人（例如，促成方案之形成、實施與評鑑的單位或人士）及其利害關係；(2)使方案合法化的立法、作為和相關措施，以及合法化之後的任何變革；(3)其根本理念，亦即，正式的方案理論和政治邏輯；(4)類似涉入方案之相關文獻探討的一般結果；(5)先前的評鑑發現（若有的話）；(6)該評鑑之衝擊（若有的話）。

2. 描述與定義

記錄任何有關方案、其內容與背景之官方描述，以及評鑑委託者對方案邏輯之描述；尤其是前三者的正確和完整描述非常重要，這些描述可能與委託者之觀點不一樣。另外，不能假設或認為前述官方或委託者之描述一定是正確的，應小心檢證。另需注意描述下列事項：若不是採不受目標限制的評

鑑，應詳細描述方案之目標；解釋那些並非未來閱聽者所使用語彙的任何專技性用語之意義；註記方案參與者所信賴而採用的重要模式、推論和隱喻，包括和他們進行討論，以了解其是否具正當性；區別那些鼓動者於試著啟動方案時之努力與方案本身之不同，兩者雖皆屬涉入，但僅後者才是評鑑標的。

3. 消費者（受衝擊者）

　　消費者包括：(1)服務或產品之接受者、採用者（方案下游的直接受衝擊者）；(2)方案下游的間接受衝擊者（例如，方案接受者之家庭）。方案人員也是受衝擊者，但其與消費者是不同的，其可稱之為中游受衝擊者；方案之資助機構、納稅者和政治支持者，在某層意義上亦是受衝擊者，但其亦不同於消費者（除非其本身是方案的接受者），可稱之為上游受衝擊者。此外，有些並非方案服務之接受者或資助者，但與方案實際實施前的規劃或公布有所互動，亦是屬上游的受衝擊者。在辨識與界定消費者時，需留意消費者常甚至不知道方案之名稱或目標，也許也不知道自己受到衝擊或成為方案之服務標的。

4. 資源（又可稱優勢評估）

　　此檢核重點指評估方案（不是評鑑）的財務、物質、智識和社會關係資產面向，包括方案人員、志工、社區成員和其他支持者的能力、知識和敬業心。所評估者應該包括目前所可能或應已採用的資源，而不只是實際採用者，此種應可利用或做到的可能資源範圍，常是一項評鑑在考量成就、做比較和提供改進方向的重要因素，所以其在下文第 9、11、12 和 13 項檢核要項中是非常重要的基礎。此外，為了交叉檢核，亦可思索所有有關方案資源之束縛、限制，包括法令上和財務上之限制在內。

5. 價值

　　此處所謂的價值，乃判斷擬評方案本質價值、效用價值和意義性的價值形成基礎，其大部分並非是受衝擊者的個人偏好，除非該偏好與社區、社會和受衝擊者的需要相重疊。Scriven 認為，儘管在評鑑方案時跨文化和跨國度的價值差異是存在的，但下列十七項檢核價值的一般性基礎，可高度地適用於所有文化；不過，他們的精細詮釋、明確標準和權衡比重，則會有跨文化上的差異，對此等差異之考量是被充分允許的。下列十七項價值基礎，以及

本檢核清單後續的第 8（成本）、9（比較）和 10（類推性）項檢核要項，乃判斷方案價值的一般性基礎。

(1)從方案所界定的標準使用和從一種理想、傑出的受評對象之脈絡意義中所獲得的品質績優規準。

(2)透過需要評估而評估方案之受衝擊者的需要滿足情形（須區別成就之需要與處方之需要，已滿足之需要和未滿足之需要，可滿足的需要與理想但不切實際、不可能達成之需要等之不同。）。

(3)邏輯要求（例如，方案設計或測量工具本身之堅實推理與一致性）。

(4)法律要求。

(5)倫理要求（與法律要求會有所重疊），通常包括讓所有受衝擊者具合理的安全性與信任性。

(6)個人、群體和組織的目標／渴望（除非採不受目標限制之評鑑取向），但其不能與倫理／法律／實際的考量相衝突。此等目標通常較受衝擊者需要之滿足來得不重要，因其可能缺乏倫理或法律上的具體支持。

(7)對所宣稱具體事項的忠實性（此等宣稱通常經由一組實施指標來表達）；以及與此相關但並不等同的：方案模式應與其所立基的假定間具有一致性。

(8)低於法律層級但仍很重要的法規優先事項。

(9)可適用於受評對象品質之專業標準。

(10)專家對任何缺乏正式陳述之標準的精緻補充（例如，專家對前項標準的精闢說明）。

(11)歷史的／傳統的／文化的標準。

(12)科學上的優秀性（或價值、意義）。

(13)技術上的優秀性（或價值、意義）。

(14)市場性。

(15)政治上的品質，即意謂跨黨派的同意。

(16)風險，即失敗或損失之可能性。

(17)資源經濟性，此乃關心方案如何在可用的金錢、空間、時間、勞力、人際、專技知識和生態系統上產生較低衝擊。

雖然所列出之價值基礎這麼多，但並非每項價值在每一評鑑當中都一定要納入，也不是每一項均同等重要，有些在某評鑑中是重要的，但在另一項評鑑中則是次要或不重要的。在決定價值判斷基礎及其具體規準、標準的過程中，常需來自專家、方案受衝擊者和利害關係人的參與諮詢。此過程可包括下列步驟：首先，決定各類價值之權重；其次，進一步設定所選定各價值層面下可接受之最低表現標準；最後，有時需進一步定出所選定各價值層面下衡量品質狀態之階梯式等級。

㈢分層評鑑部分

下述第 6 和 7 兩項分層評鑑主要用以決定本質價值／品質；第 8 和 9 項對決定效用價值，第 9 和 10 項對決定意義性，則尤為合適。

1. 過程

過程評鑑乃真正結果產生之前，對所發生或運用的一切事項的本質價值／效用價值／意義性之評估，尤其是方案的願景、設計、規劃和運作之評估。所思考的範圍從目標之正當性（若未採不受目標限制之評鑑取向的話，且需注意目標可能在過程中已經或正在改變），到在環境、政治或財政壓力下所再形塑之設計與提供之合理性、方案邏輯之正當性、實施之可行性；也有可能檢核正式方案名稱、次標題或描述之正確性，以及方案之管理、活動、運作程序、人員的學習過程、人員的態度／價值和士氣等。此外，方案原始邏輯與當前邏輯品質、運作的真實情形，以及運作過程中的中介產出（常是導向方案真正結果的發展性、中介性產出）等亦可能是評估之重點。

2. 結果

此乃指方案對其接受者及他人產生的效果與效應之評鑑，包括直接和間接的；意圖和非意圖的；中介、短期和長期的；以及正面和負面的效果在內。結果之發現可能無法以假設—考驗之方法獲得，因最重要的效果常無法事先推估；而且，決定效果之本質價值／效用價值／意義性常是最困難的，因這並非只決定是否產生那些效果而已。此外，亦需注意那些在個人和社會資本上產生之效應，尤其此等效應可能是隱默的，它們不必然是可觀察的成就或財物。有時，試著對方案內容／脈絡／決定之成敗提供解釋也許是有用和可

行的，但不見得總需如此。亦即，評鑑不見得需界定出方案運作的真正邏輯
／理論。

3. 成本

較之單純地決定本質價值（品質），成本評鑑對決定效用價值尤為重要，
這必須注意於：(1)金錢和非金錢成本；(2)直接和間接成本；(3)實際和機會成
本等之評估。成本項目可以從方案的發展過程，如啟動、維持、升級和停止
等階段分別列舉，以及從內容項目如租金、設備、材料和人員薪津等列計之。
最常見之非金錢成本乃空間、時間、專技知識和勞力，以及很難衡量的如壓
力、政治與身價成本，還有對環境之衝擊。這些各種成本也許不必逐一計算，
但若能對其加以注意，對於決定方案之效用價值是極有助益的。

4. 比較

比較應隨著對有關評鑑、受評對象及其背景脈絡之更多發現與思索而持
續更新。為了比較之進行，通常試著去找尋受評對象之所謂當前關鍵競爭者，
其是能以相同資源獲得相似效益的另類方案或對象。此等另類方案，可能是
具類似效果但成本較低者，可能是效果高得多而其成本也較高但卻是在目前
可用資源範圍內可承擔者，或者是被廣泛稱許採用而目前未列入選項者，這
些可能的關鍵競爭者均值得加以找尋以進行比較。

5. 類推性（generalizability）（或謂外輸性、轉移性、轉換性）

此乃試圖決定受評對象之意義性（除決定本質價值與效用價值之外的另
一價值判斷重點）的最重要檢核要項，其通常需回答如下問題：若我們將此
方案轉用於其他氣氛或情境、其他場所、由其他人員實施、用在其他接受者
身上，或者用於更大或更小的範圍中，則其能產生相似結果嗎？若答案是肯
定的，則其類推性高，若能發現具高類推性之方案，則評鑑能對世界產生更
大之貢獻。在檢核類推性時，除了考慮方案之實用性外，另需注意其在新情
境實施時效應之持久性與存活性，尤其注意當啟動時的直接補助結束後，仍
能持續運作存活、產生效果的可能性有多大。

㈣結論與應用部分

1. 整合

此指將前述第㈡、第㈢部分檢核項目下之評鑑所得結果，連同其他相關實證結果與價值成分做有意義的整合，以形成評鑑結論，包括可能是多層面的分層剖析結論或不分層的總結論（例如，給予評等）在內。整合之思考重點應是在考量倫理、法律和可行性等之約束下，依消費者、委託者和利害關係人之資訊需要，提供一簡明的評鑑結果資訊。所以，評鑑者在整合時的主要義務，是兼衡評鑑結果發現和受衝擊者需要兩大面向之關係。

2. 建議和解釋（也許可能）

一般評鑑委託者會渴望評鑑者能提供方案之建議及其成敗原因之解釋，果真能如此，則當然他們會覺得所做的評鑑是非常值得的。然評鑑是否提出建議與解釋，仍需視評鑑之功能、建議之性質和評鑑之設計而定。

在建議方面，若是屬有關方案管理與設施選用等內部運作之微觀建議（micro-recommendation），評鑑者在不另增評鑑成本的情況下，若已能對此方面之運作了然於胸，且其是屬形成性評鑑的重要部分，則提出此類建議應是非常有助益的。但若屬有關對方案之再提供經費、廢止、改變或推廣運用的整體性質方面之巨觀建議，則需慎重深思評鑑者能否提供適切建議。因為此等建議之提供，評鑑者必須：⑴廣泛了解方案外的決定者做決定時的背景脈絡；⑵具可觀的額外支持，例如，再評鑑每一種巨觀選項；⑶具備有關方案若依建議而實施或採用的所有可能結果，及其在某一情境下實施的可能內部管理選項之廣泛知識，而方案管理者的各種選項及其效果通常不是任何人所能知悉者。所以，有關改進之微觀建議也許是可能的，但巨觀建議最好能避免，而宜由委託者或做決定者自己做抉擇。

在方案成敗之因果解釋上，若是採方案理論／邏輯的評鑑設計，也許可行，因這是其本質功能，但評鑑不見得需如此，就如同汽車修理技工之知識通常只能診斷引擎之問題而加以修復，但往往無法也不必解釋問題產生的因果連結關係，這唯有引擎工程人員才能做到。

3. 責任與正當性（也許可能）

假使能，而且可適當地決定出受評方案之責任歸屬及相關決定的正當性，則評鑑者可為之。但是，欲做有關責任、責難或榮耀之歸屬決定，則評鑑者需廣泛地知悉：(1)做重要決定時主要決定者之知識狀態；(2)他們的資源和職責；(3)有關他們做選擇的倫理分析及其可能提出的辯護或正當化理由。究責戲碼與大部分的評鑑案例是不相同的，不應輕易做，然而有時錯誤的決定是明顯易證的，而且會產生重要結果，此則應於評鑑中加以指出；有時可證明其為正當性的抉擇，亦應於評鑑中加以推崇和辯護。

4. 報告和支持

此乃於適當時機和場合以適當的方式傳達評鑑結論，並對委託者和閱聽者提供必要的協助與支持。在一項評鑑中，可能需於不同時間對不同閱聽者採不同呈現方式來報告評鑑發現；而且，此等報告與支持任務應包括報告之後的相關協助在內，例如，報告後所接到的回饋問題之即時處理，以及向不同閱聽群解釋報告中的意義。

5. 後設評鑑

此乃對一項評鑑之評鑑，以辨識出該項評鑑之優點、限制或其他運用。後設評鑑應總是以與原先評鑑相區分的品質控制步驟來做，其可由評鑑者本身做，亦可聘外部的後設評鑑者實施。主要的後設評鑑規準包括：效度、效用性、可信性、成本效益和倫理性等，至少可採下列五種方式來做：(1)運用前述重要評鑑事項檢核清單做後設評鑑（即受評鑑之對象改為評鑑本身而非方案）；(2)採用某一特定的後設評鑑檢核清單；(3)複製此次評鑑，做相同的評鑑來比較結果；(4)運用不同的方法來做此評鑑以比較結果；(5)採用 JCSEE 之方案評鑑標準實施之。

上述 Scriven 的重要評鑑事項檢核清單，提供評鑑者一個規劃與實施評鑑的良好檢核工具。所列出的十五項檢核要項涵蓋了一般評鑑所應關注的重要事項，在規劃與實施評鑑時，評鑑者若能就這些檢核要項逐項反覆檢核自己的評鑑規劃與設計、實施過程與方法、價值判斷基礎與價值規準選擇立場、結果報告之撰寫與溝通利用方式，相信能有效確保評鑑的效用性、可信性、正確性、倫理性和可行性等品質標準。從後設評鑑的角度言之，如此做即是

評鑑者的自我後設評鑑。當然，亦可由評鑑者以外的專業人士，就這些檢核要項於評鑑設計與實施過程中，或於評鑑完成後逐項檢核之，這是一種外部的後設評鑑。因之，Scriven 的重要評鑑事項檢核清單既是一種進行評鑑規劃、設計與實施的檢核工具，亦可是對一項評鑑施以後設評鑑的檢核工具。

另外，值得重視的是，如同前舉的建構主義評鑑檢核清單和慎思民主評鑑檢核清單一般，Scriven 的重要評鑑事項檢核清單亦反映了他自己所強調的消費者取向評鑑觀和不受目標限制評鑑的方法論立場。這至少可從其檢核要項第 3、4、5、7、8 和 9 項論述內容之重視消費者及其需要之界定與滿足，強調方案各種實質效果和效應之評估（不限於方案目標之是否達成），支持進行方案之比較及成本的評估等觀點而獲得證明。即使如此，相較於建構主義評鑑和慎思民主評鑑兩種檢核清單之過度偏重特定的評鑑方法論，Scriven 的檢核清單更具方法論上的綜合性及運用上的多元性。也就是說，即使採用了目標為中心的評鑑取向或消費者評鑑觀以外的其他評鑑取向或模式，Scriven 的檢核清單仍為相當有用的檢核工具。

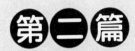

各課程發展階段之評鑑

　　本書第一篇第三章第二節曾以圖 3-4 提出一套課程發展程序，主張嚴謹的課程發展應歷經「問題與需要評估」、「設計」、「試用」、「準備與安裝」和「實施」等過程或步驟，而且每一過程或步驟均應藉助於研究和評鑑以提升每一階段課程發展成品之品質；亦即，強調研究和評鑑應貫串於課程發展的每一過程當中。另外，第三章第二節也要述了各課程發展階段之主要課程發展任務、課程成品與實在，以及其評鑑重點。本篇將以此為基礎，分四章進一步詳細說明各課程發展階段之評鑑內涵與方法，其中第八章說明「問題與需要評估」階段之評鑑，第九章合併處理「設計」和「試用」階段之評鑑，第十章討論課程「準備與安裝」與「實施」階段之評鑑，第十一章則探討「課程效果和效應」與「成本」之評鑑。另再次提醒，雖然學校本位課程發展不見得會歷經如此嚴謹之過程，但若能力求參採之，則其更能確保品質。

第八章

評估學習者需要

　　一項課程或教育方案之所以存在，是因其能適合學習者的需要，否則該課程即無存在的理由，因之課程發展過程中的最優先工作是評估學習者的需要，以之做為終止或修正現行課程，或者另行開發一套新課程的基礎。然何謂需要和學習者需要？其性質與種類為何？由誰來界定與評估？如何評估？這些問題均相當複雜、難解，因其所涉及的並非只是單純的技術性或驗證性問題，而是牽涉到更深層的評鑑方法論、課程理論、教育哲學，乃至於社會和政治哲學的問題。本章主要從技術性層面來討論課程發展歷程中的需要評估之方法，對於更深層的課程與教育哲理則僅做必要之提醒，其最終仍需由課程發展者和決定者思考決定。

第一節　需要的意義與種類

壹、需要的意義與性質

一、需要的意義

(一)需要指應然與實然間之差距或某種所缺乏的根本事物或要件

　　對需要的不同定義，影響著需要評估的內涵與方法，也進而影響評估之結果。大體上，有兩種定義需要的方向。其一，將「需要」界定為是現狀與被期望狀態間之差距，課程學者 David Pratt（1994）和 W. James Popham（1988）均採此種定義。Pratt 指出，就課程而言，學習者目前所處位置，與我們（或學習者本身，或其他人）希望其該處位置之間的落差，即構成需要。而 Popham 更直接地以數學公式界定：「以所期望的學習者狀態減去學習者目前的狀態就等於教育需要」（Popham, 1988: 66）。換言之，此種定義，是將需要界定為期望的應然狀態與目前的實然狀態間的差距。

　　另一種定義方向，是以基本需要的角度來界定需要。Scriven 是此種定義方式的主要代表人物，他主張「需要」乃指那些使人對生存方式感到滿意狀態的根本事物或條件，缺了它們，則人的生存方式或表現層次將會落於滿意水準之下。E. Jane Davidson（2005）延續 Scriven 之觀點，亦將「需要」定義為是指缺了它將會令人無法滿意地發揮功能或作用的事物。

　　雖然此兩種定義方向皆採用了差距或缺乏的觀念來說明需要之意義，但兩者在立論上有所差別。第二種定義是指現狀與功能運作所需根本事物或要件間之差距，或所缺乏者，即為需要；但所企求之功能運作若是一種極為卓越的運作狀態，則因之而生之差距或缺乏，則不被視為需要。而第一種定義方向，則是將現有實然狀態與被期望的應然狀態間之差距均視為需要，其中某些期望狀態可能是一種相當卓越的功能運作狀態。舉例而言，假若在現代

華人社會中欲滿意地參與公民生活需熟識中文常用字六千字，而某位學生目前僅熟識其中四千字，其他二千字在第二種定義下就是需要，但此六千字以外者就不見得是需要，除非此位學生所學中文不只是做為一般公民參與之功能而已；若教育者期望此學生所學者不只是六千字而是一萬字，就第一種定義而言，則其尚有學習六千字之需要，但此六千字已遠超過第二種定義中之二千字。因此，此兩種定義之所以產生差別的主要關鍵，在於「令人滿意的功能運作」和「被期望的應然狀態」間之定義，若所謂令人滿意的功能運作與所被期望的應然狀態是一致的，則兩者的定義亦將一致化。在課程發展中，對於一般學生所提供之基本教育，可採第二種定義，以使大部分學生均具備擁有參與社會生活的基本知能；但為因材施教、適性發展、實踐教育機會均等，以及社會分工之所需，則仍需進一步採第一種定義。

㈡需要不同於興趣或欲求

在需要評估當中，有若干概念與需要一詞雖具相關性，但意義卻不相同，容易彼此產生混淆，應加以區辨，方能確信所為者確是「需要」之評估而非含混了其他相關概念。其中之一是「興趣」，興趣乃人們對某些事物的態度傾向（Oliva, 2001），一個人所興趣者可能是其需要，但亦可能不是。例如，一位小學六年級學生可能對荷蘭據台時期之貿易活動有興趣，然國家課程綱要期待他熟知的或許只是三百年前台灣開發之簡史，後者才是他所需要學習者而非前者。若此位學生確實一直對前者持有長期投入之興趣，則荷蘭據台相關史料之深入了解就成為他的教育需要，相對地，若這位學生對前者只是短暫性或隨興的興趣，則荷蘭據台史料之熟知就不會是他的教育性需要。

另一相關概念是「欲求」，欲求乃人們對某些事物的渴望、慾望，但這些事物不見得是其所真正需要者（Oliva, 2001; Pratt, 1994）。例如，一位困在沙漠數天的旅行者可能渴望能喝到一罐啤酒，這是他的欲求，但他真正需要的其實應是一壺清水。又如一位初學游泳者渴望自己能以捷泳游一百公尺，這是他的欲求，但目前他真正需要的也許只是能順利換氣和以正確姿勢划水。

在課程發展中進行學習者需要之評估時，固然需了解學生的興趣和欲求，但更根本而重要的是了解和評估其目前真正的教育需要。

二、需要的性質

由於人們所被期望的應然表現或所謂滿意的功能運作水準,會因不同的時空背景、文化脈絡和不同期待者之要求而變化,故需要具情境脈絡特性。這些情境脈絡因素,包括了時代變遷、地域空間、社會族群和文化特徵在內。舉例而言,五十年前的學生根本不需要學習電腦,但當前電腦素養已是現代國民必備的基本素養;又美國的一般小學生不見得需學習中文,但就台灣社會而言,中文表達能力是學習者必備的語文能力;再如,台灣的原住民學童確需習得原住民語以傳承其族群文化,但其他學童則可能無此需要。因此,需要的評估並非是一種單純的技術性、驗證性過程,其牽涉到深層的理論、哲學和政治性議題。

其次,雖然需要具情境脈絡性,但這並非意謂每個人的需要是完全不一樣的,有些需要對同一時空脈絡下的每個人而言皆是必要的,但某些需要則因人而異。例如,每人皆須均衡的營養素,但有些人目前需減肥而應減少肉食或蛋白質,但仍有些人則是營養不良而需增加補充。因此,需要之評估,亦需考慮到所評估者係哪一群體,是屬整個群體的共通性需要或是群體內不同組成分子的個殊性需要。

另外,需要的當事者不見得知覺、意識到自己的需要,有時當事者所欲求的並非其需要,而未欲求者反倒是其需要。當然,有時當事者能知悉自己的真正需要,但往往並非如此,所以在進行需要評估時,評鑑者固然可從當事者的知覺性、判斷性意見獲得若干需要的線索,但此類資訊仍非充分的資訊。

貳、需要的類別

需要可依不同角度加以分類,需要的分類有助於評鑑者合理、完整地評估當事者的各種需要;換個角度說,評鑑者於進行需要評估時,應清楚地思考自己所評估者係何種類別之需要,或者,進一步思考有哪些重要類別的需要被忽略了。

一、E. Jane Davidson 的分類

Davidson（2005）從三個角度區分不同種類的需要：

㈠意識性需要與未意識性需要

這是從需要的當事者是否意識到自己的需要而區分的。前已述及，需要的當事者有時對自己所真正需要的事物並未知覺到、意識到，此即未意識性需要，尤其是年齡較小的學生或各種專業的初學者較常未能知覺到自己的學習需要，有賴於他人的協助與評估；當然也有很多情況是當事者已能察覺到自己的真正需要，只是可能目前尚未有效滿足而已，此即意識性需要。愈成熟的學習者往往愈能意識到自己的學習需要，此種察覺乃學習者後設認知能力的一部分，其能導向有效的自我學習，往往也成為教育者努力追求的標的之一。

㈡已滿足的需要和未滿足的需要

有些需要當事者目前已滿足，有些則尚未（unmet），需要評估時固然需設法找出那些當事者尚未滿足的需要，以便進一步提供服務方案或事物以滿足之；但是，亦需留意評估出哪些已滿足的需要，以便維持之，或者，避免因新方案或事物之導入而阻斷或流失原先已滿足的需要。例如，當某群學生的國語文能力已達滿意的表現水準，但英語能力低於預期水準時，這並不表示其已不需再持續學習國語文，也不能因導入新的英語課程方案而降低其原先的國語文能力。

㈢成就性需要和工具性需要

成就性需要（performance needs）乃被期待、要求的滿意表現水準或成就狀態，即能做什麼或需具備什麼事物、能力的需要；而**工具性需要**（instrumental needs）則是用以達成成就性需要的方法、方案或材料。例如，一群學生有提升語文閱讀能力的需要，這是其成就性需要；但欲達成此種能力則可採用不同的閱讀能力提升方案或閱讀材料，這些就是工具性需要。在需要評估時，所評之重心固然應先針對成就性需要，但若能進一步評估工具性需要，

則對方案和材料設計能發揮相當大的作用。

二、Peter F. Oliva 的分類

Oliva（2001）認為課程發展過程中根本而優先的工作是評估學習者需要，但學習者的需要並非只是做為一個個體的個人需要，個人亦需參與社會生活，故亦需同時兼顧社會運作的需要，因此個人需要與社會需要兩者不能偏廢。雖然個人需要與社會需要難免偶有衝突，但更一般的情況是兩者間常可處於和諧狀態。因此，他認為可從學生和社會兩角度來區分學習者需要。又每個學生固然有其個殊性需要，但彼此做為同是某學校、某社區、某州和某國家的一份子，故亦有些彼此共通的一般性需要，因此無論從學生或社會角度言之，均可依不同的社群層級來區分學習需要。另外，個人和社會的不同社群層級需要，又可再依需要的內容而做需要類型的分類。基於此，Oliva 對學習者學習需要的分類，採下述的四種分類軸度：

㈠依社群層級而區分的學生需要

每個學生皆屬不同層級社群的一份子，他或她是人類一族的一員、國家的一個國民、省（州）和縣（市）的一位住民、社區的一份子、學校裡的一員以及自己單一的個體，欲培養學生同時成為這些不同層級社群裡健全的一份子，課程發展者乃可就這些層級區分學生在不同層級上的需要，逐層級評估之，逐層分析學生在參與這些不同社群層級生活所需的知能。而較佳的評估策略是由最寬廣的人類社群層級先著手，然後逐層縮小至國家、社區、學校和個體層級的需要，如此分層逐次加以評估而累積成學生的需要。

㈡依內涵類型而區分的學生需要

學生的需要亦可從需要的內涵類型而分類，其中最主要的需要類型可區分為身體／生物的需要（physical/biological needs）、社會心理的需要（sociopsychological needs）、教育的需要和發展任務（developmental tasks）的需要等四種類型。亦即，學生發展需要的評估，應至少思及學生在這四種不同類型上的需要。

(三)依社群層級而區分的社會需要

從社會健全運作發展的角度而言，不同的社群層級會對該社群成員的素養有一定的期許，故學習者在社會需要上的分類亦可按人類社會、國際社會、國家社會、州（省）和縣（市）社會、社區社會、鄰里社會等層級而區分。此種區分角度，與前述第一種「依社群層級而區分的學生需要」之間，彼此具相輔相成關係，惟第一種強調的是學生做為各層級社群中各健全份子的需要，而此第三種區分角度，則強調各社群的群體性社會需要。

(四)依內涵類型而區分的社會需要

各不同層級社會的需要，亦可就需要內涵的不同類型而做分類，例如，區分為政治、社會、經濟、教育、環境、防衛、健康、道德與心靈等不同類型的社會需要，按這些不同的需要類型而進行評估。

上述 Oliva 分層級分類型的需要分類觀念，對課程發展者和需要評估者進一步提供一個課程發展與設計的重要觀念，那就是需針對各類型需要區分出共同性和個殊性兩種需要。亦即，就做為整體人類社會、某個國家社會、某社區社會的健全運作而言，每一社群層級均對每位學生在政治、社會、經濟、教育、環境、防衛、健康以及道德與心靈素養上，皆有些共通性的素養期許，形成學生的共通性基本需要；另一方面，任一國家、社區均有其獨特的政治、社會、經濟和文化發展特徵，每位學生亦均有其在身體、心理、人際互動、教育成就和發展任務上的個別性發展需要，故任一國家、社會和個人亦應有其相對於其他國家、社會和學習者在前述各類型需要上的個殊性發展需要。

第二節　評估學習者需要的方法

壹、需要評估的一般過程

承前所述，需要乃當事者在應然期待與實然表現間之差距，或其發揮滿

意功能所缺乏之基本要件，故**需要評估**（needs assessments）乃評鑑者採系統化程序與方法，協助當事者和決策者尋求辨識與判斷這些差距或缺乏事項的歷程。此一歷程雖然不完全是技術性或驗證性的，而會涉及到哲理和政治層面的抉擇，但其過程應如一般的評鑑程序般具系統性、邏輯性，所用以蒐集、分析現狀和應然資料的方法、工具，亦應具有效性、客觀性和可信性。

在分析與評估需要的一般過程方面，Jack McKillip 認為可按下列步驟進行：(1)界定利用者及其利用：所謂的利用者，指未來將利用需要分析和評估結果的那些人及可能會受其影響的閱聽者。知悉與界定利用者及其可能的利用方式，有助於評估者聚焦所關心之問題範圍及後續的問題解決策略；(2)描述標的群及其目前所接受的服務情境：界定所欲評估的方案、服務及所服務的對象，並進一步描述方案和其服務對象（標的群）本身之各種特質，以及目前方案與服務所運作實施的各種情境背景特徵，此可做為下一步驟辨識需要之基礎；(3)辨識需要：採用各種資料，通常包括期望成果（應然成就）、目前成果（實然成就），以及可能解決方案之效率性、可行性和效用性等資料來辨識標的群的需要；(4)評估出需要：當辨識出問題與解決策略後，則將相關資料加以整合而提出行動建議；(5)溝通：最後，將需要分析與評估之結果向決定者、利用者和其他相關閱聽者溝通（引自 Rossi, Lipsey, & Freeman, 2004: 106）。

貳、評估學習者需要的過程與方法

前述 Jack McKillip 的需要評估一般程序，可做為課程發展過程中學習者需要評估的參考流程，惟進行評估時尚需進一步考慮在各評估步驟中評鑑者應蒐集與分析哪些資料，採用何種方法和工具。圖 8-1 提供一個評估學習者需要的概念架構圖，其中最重要的觀念，是運用各種資料蒐集與分析方法，蒐集和分析各類有關對學習者期望的應然表現資料以及各類有關學習者目前實際成就表現的資料，然後分析比較兩者間的差距以界定出學習需要，形成課程目標，並進而將此等學習需要和課程目標與現行課程做比較，來決定是否終止、修正現行課程，或者開發另一套新課程方案。

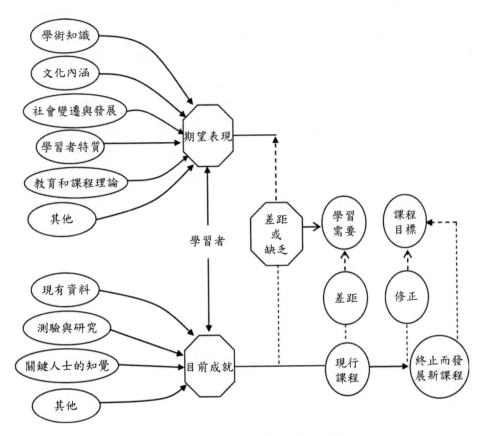

圖 8-1 評估學習者需要的概念架構

資料來源：作者自繪。

　　以下綜合 McKillip 之需要評估程序和圖 8-1 之概念架構，說明學習者需要評估的方法。

一、辨識評估的利用者及其目的

　　課程的決定機關主要包括中央、地方和學校，這些機關之決策者有時基於自己所感受到的問題而產生課程革新意圖，有時可能源自政治壓力或社會特定群體的要求而試圖發動課程革新，他們皆可能委請評鑑者實施學習者需要的再評估，以便修正、終止某一課程或發展新課程。評鑑者在接受委託進

行需要評估時，應先辨識與界定委託者及評估結果之利用者到底是上述決定層級中的哪一層級，以及該層級中有關此次委託評鑑之發動者及未來的利用者，究係屬機關首長或其專業幕僚，或係代表學生利益的家長團體、民意代表，甚或是教師專業團體。

有時委託者或未來的利用者包括了課程方案的不同利害關係人，而且彼此對於所欲評估之課程範圍、所持之課程觀、對學生應然表現之期待、評估之目的以及評估後之利用方式等可能分持不同立場，評鑑者唯有先辨識出這些相關人士，才能進一步了解和釐清這些議題。

有時委託者的目的也許不是真正要做學習者需要之評估，其可能只是為了應付政治和行政責任上之要求，或為了贏得自己的社會聲望，或者，其真正的目的是為了評估現行課程實施者的績效和責任而委託評鑑。若是此類的委託，恐無法確實進行有效、可信的需要評估。若評鑑者能於了解委託者的此類意圖後，設法與之磋商來調整其委託之意圖而改為確實回歸真正的需要評估，則可接受委託進行後續工作，否則應以不接受委託為宜。

二、界定與描述擬評估課程之範圍及服務對象

學校的課程內涵非常寬廣，就課程的決定來源而言，可能包括中央教育行政機關決定之課程、地方教育行政機關倡導與實施之地方層級課程、學校層級的學校本位課程，以及教室層級中教師自主發展與實施的課程；就課程的主要類別而言，有各科、各學習領域及活動課程，甚至包含各式各樣的非正式課程；就學習的層級性而言，有各年級、各學習階段課程，或者基礎和進階課程，以及必選和選修課程；就課程持續的時間而言，有些短如數節課之單元課程，有的則長達延續數年之課程。在進行學習者需要之評估時，應與委託者討論確定所欲評估的課程範圍究竟係哪一部分的課程。

當擬評估之課程範圍確定後，則需再界定該課程之服務對象——即學習者，因該課程之所以存在，主要係為了滿足學習者的需要。所以，學習者之界定乃課程發展中進行需要評估的必要工作。界定了學習者和課程範圍後，此時可再進一步描述和了解學習者之特質，諸如學習者之年齡、身心發展狀態、社經背景、最近的成就表現，這些可從一些既有的統計資料、學術研究

結果、教師教學檔案、教師訪問中獲得基本的訊息資料。此外，這時亦應初步了解擬評估之現行課程在設計上的一般特徵，如課程理念與目標、課程內容組成、採用之教材、教學方法和教學時間量，必要時亦可先進入現場觀察教學者的實際運作情形。此時對學生和現行課程特徵之描述與了解，仍屬概括性了解，更精細的分析可待下述第三和第四步驟再進行。

三、辨識學習者需要

前述辨識評估的利用者及其目的，以及界定與描述擬評估課程之範圍及對象，只是學習者需要評估之預備性基礎工作，而更實質的學習需要評估工作，需再採系統的方法，以可信有效的資料來找出該擬評課程之服務對象的被期望應然表現與其目前實然表現間之差距，或其目前所缺乏的知能。其中，對學習者應然表現期望資料之蒐集與分析，乃極其複雜而艱難的工作，尤其當所辦理之評估若係針對全國性或大範圍地區的整體學習課程之評估時，尤為複雜、艱鉅；若只針對單科或單領域課程，或某一小範圍的學校本位課程評估時，則較為簡單而容易。另外，學習者被期望的應然表現，往往涉及深層而複雜的政治、哲理議題，期望的來源本身亦常彼此矛盾而難以調和，其不單只是科學和技術性問題，而是牽涉到政治和教育哲理判斷、選擇之問題。

過往若干課程學者曾建議一些用以發展和形成有關期待學習者的應然表現之有效取徑。例如，Tyler（1969）主張課程發展者可先兼從下列三種來源來發展與形成暫時性教育目標：學習者本身之研究、校外當代生活之研究和學科專家之建議；接著，再以哲學和學習心理學兩道關卡對這些暫時性目標加以篩選而形成教育目標，並進而將教育目標敘述明確化、具體化。由這些過程所形成的教育目標，乃對學習者應然表現之期望。又如，Denis Lawton（1986a）認為課程理論者常指出學校系統往往與變遷社會中的文化體系之間存在著落差，因而主張課程發展者應採**文化分析**（cultural analysis）的途徑，來找出現行學校課程內涵與社會中各文化系統資產間的落差，使之成為期望學生學習的課程內涵，此亦是分析學習者應然表現期望的一種取徑。此外，David Pratt（1994）則認為二十世紀初 Franklin Bobbitt 於課程設計時所率先採用的**職務分析**（task analysis）法，亦是分析學習者應然表現和目前實際表現

的一種值得參考的方法。從這些學者的建議中可知,在進行較完整的學習者需要評估之時,評估者最好能綜合蒐集與分析學術知識、文化內涵、學習者特質、社會變遷與發展趨勢、職務分析、教育和課程理論派典,以及其他必要的資訊如相關社會科學研究成果等各種面向之資料。愈能如此,則愈能對學習者的應然表現期望有通盤的理解與掌握;這些期望性資料之來源面向,如圖 8-1 左側上方所示。

　　至於學習者實然表現資料之蒐集與分析,相較於應然的期望資料,則較為簡單。這可從那些與學生較密切互動的關鍵人士,如教師、家長和雇主的知覺與判斷,亦可從現存有關學生特質的統計和發展指標,以及進一步採取客觀有效的各種測驗、評量和職務表現分析方法來蒐集和分析當前學習者的成就表現資料;如圖 8-1 左側下方所示。

　　以下茲就期望表現和目前成就兩面向,進一步說明其蒐集與分析之方法。

㈠期望表現

1. 學術知識之分析

　　人類數千年來智慧累積之主要成果乃各種系統化學術知識,通常這些學術知識已被各學科領域的學科及學科教育專家編撰成各種學科,而於學校提供給各教育階段的學生學習。做為傳承和發展人類智慧精華的主要機構,學校將各類反映人類知識結晶的各種學科納為課程,期待學生逐次漸進地習得這些學科化的學術知識,已成為當前各國各級學校教育的共通做法。但是如何將眾多的人類學術知識體系轉化為適合各不同年齡階段的學生學習?形成對學生在有關學術知識體系學習上的適當期待?Jerome S. Bruner 和 Joseph J. Schwab 兩位學者曾倡導的**學科結構**(structure of a discipline)觀念,對此提供良好的理論性引導。這兩位學者均認為學習者對學術化知識之學習,不在於去習得各該學科領域中諸多巨細靡遺的零碎而龐雜的事實、事件和現象,而在於使學生掌握學科中的結構。所謂的結構,乃人類心靈所創造用來理解、解釋和組織各具體事實、事例和現象間的彼此關係網絡。就任一學科而言,Schwab 指出其主要的結構有二:一是**概念結構**(conceptual structure),乃學科專家用以理解、解釋和組織各該學科中各事例要素和現象的一些概念、原

則和理論模式;另一是**語法結構**(syntactical structure),乃各該學科用以探究和驗證各學科的概念結構之程序和方法模式(Giroux, Penna, & Pinar, 1981; Schwab, 1981)。Bruner認為只要經過妥適設計與安排,我們可將這些學科中的主結構,亦即其主要概念、原理原則和驗證方法用某種形式交給任何年齡的任何人學習(黃嘉雄,2000)。評鑑者在評估學習者需要時,可採用學科結構之觀念,用來分析各該學科期待學習者學習的核心概念、原則、理論和驗證知識的程序與方法有哪些,是否包含各該學科的主要結構,以及這些結構內涵是否適合此階段學生學習,以便形成對學生的合理期待。

有關學術知識分析與考慮的另一重點是新興知識的議題。隨著時代的進展和科學研究創發,若干新興學術知識不斷被創造,其中有些逐漸累積而形成新的學科及其學科結構,有些則補充和更新了既有的學科結構內涵。有時,此種創造與更新在現代社會中進展非常迅速,例如,電腦學科中各類的應用軟體系統,常每隔三、五年,甚至更短時間就會被開發出來。這些不斷被創新的新學科和新生的學科結構內涵,亦應被評估是否宜納為學生學習內涵的一部分。

無論是對學科結構內涵之評估,或是對新興知識是否納入課程之考慮,均非評鑑者所能獨自判斷,必須借助於專業人士的智識與判斷。Tyler(1969)主張應聽取學科專家的建議,Pratt(1994)則認為應拓展專家的內涵而包括學科專家、學科教育專家、教師、課程專家和其他專家如教育心理學者等之意見。而意見的蒐集則可採用現有研究結果之探討,以及問卷、訪問、德懷術、焦點團體座談等各種意見判斷類資料蒐集的方法進行。

2. 文化分析

強調學科結構之課程,有可能導致因學科地位日趨穩固化而生鈍化的現象,亦招致只反映學術社群利益,且將教育窄化為學術及學科教育而忽略更寬廣的全人教育之批評;何況,學科結構和學術知識只是人類眾多文化遺產的一部分而非全部,學校提供的若只是學科結構化課程,則亦是一種不均衡的課程,許多具教育意義和價值的文化內涵乃易被忽視或排除。基於此等考慮,Lawton乃認為課程設計者不應以學科知識結構做為課程發展和設計的基礎,而應以文化分析之結果為基礎,以文化分析結果做為對學生學習期待的

來源。

Lawton（1986a）認為任何社會皆具有八大類文化體系（cultural system），這些文化體系的內涵在各不同社會中，有些是跨越社會鴻溝而具共通性的，但更通常的情況是，各社會的八種文化體系各有其獨特內涵。他主張，課程發展者在發展與設計課程時，應首先分析學習者所處社會的這八種文化體系內涵，依分析結果決定哪些文化內涵應納為課程，成為學習之目標與內容。不過，這並不表示完全拋棄學校既有的學科課程，而是可採取新增學門或學科，或者，修訂學科內涵的方式來反映文化分析之結果。文化分析模式用於學校課程之調整與更新時，可以採八大文化體系全部分析而對學校整體課程進行調整與更新的方式辦理，亦可更簡單地只就某一文化體系分析之結果，來調整與更新學校中某一或某些相應於該文化體系的學科或領域之課程內涵。

Lawton指出任何社會均具有八種文化體系，分別是：(1)社會政治體系：乃該社會將內部分子整合為一整體的內部關係體系，親屬關係、地位、角色、職位和義務等乃其中某些重要的社會政治概念；(2)經濟體系：乃社會處理資源之分配和交換等相關問題的方法；(3)溝通體系：乃社會中人們相互溝通的文化資產，其中最主要的乃各種語言和書寫系統；(4)理性（rationality）體系：乃社會中用以合理解釋物理現象和人類行為的各種系統化觀點，其與溝通體系密切相關，因這些合理性解釋和觀點需藉助特定的語言符號來表徵，惟兩者的本質並不一樣，前者乃解釋的內涵，後者則為表徵之工具；(5)科技體系：乃社會中人們創發用以改善生活的各種工具和技術，如食物生產與加工、房子建造、交通運輸等之工具和技術；(6)道德體系：乃社會中的行為規範，用以區辨正確或錯誤行為的規則；(7)信念體系：乃社會中人們重要的信念、信仰系統，其中最具代表性的是宗教信仰系統；(8)美學體系：乃社會中人們用以表徵美的藝術觀念及其技術和器物等文化資產。

Lawton認為以上述文化分析做為課程發展與設計基礎的模式，可用於國家、地區和學校等任一層級的課程發展與革新，也可針對學校裡的通盤整體課程或某一領域、學科課程之發展與革新。無論運用之層級和範圍為何，他認為可使用簡易的雙向矩陣（細目）表將文化分析結果與現行課程做比較，

來發現現行課程的問題，指出新的學習需要，以改進或革新現行課程，如表
8-1 和表 8-2。

表 8-1 文化分析與整體課程關係矩陣

現有科目 / 文化體系分析結果	英文	數學	科學	宗教教育	歷史	地理	外語	藝術	音樂	體育	工藝、設計與科技	宗教
社會政治												
經濟												
溝通												
理性												
科技												
道德												
信念												
美學												

資料來源：修改自 Lawton (1986b: 115).

表 8-2 社會政治文化體系與相關學科關係矩陣

相關學科 / 社會政治文化分析結果	歷史	地理	英文	宗教教育
權力				
權威				
福祉				
自由				
平等				
其他				

資料來源：修改自 Lawton (1986b: 116).

當進行以學校總體課程為範圍之學習者需要評估時,可採用表8-1,將八大文化體系分析之結果於矩陣之橫列逐項列出學校應選入的文化內容要素,再邀請現有各學科之學科教育專家(若係校本課程發展,則可由校內各科課程小組之教師辦理)逐科分別檢視各該科課程目前所懸缺者,以及各科應可貢獻於學生對這些應習得的各體系文化內容之學習內涵,將之填入表中。這時,最好也能成立一個綜合性的課程委員會來協調分配各科應納入的各體系文化內容,或者必要時設置新的學科或學習領域來容納。當所評估之範圍係單一學科或領域課程時,則可採表 8-2 的矩陣,參照前述過程辦理之。當各科或領域已分配好應行納入之文化內容要素後,各科則可進一步將這些內容要素,按學習者的發展進階程度,分別規劃於各年級課程中。

上述文化分析之工作,若係全國性或大範圍社會者,往往不是評鑑者自己所能克盡其功,通常需藉助於現有的研究結果,以及各該文化體系領域學者專家之專業意見,評鑑者宜廣泛蒐集和汲取相關的研究成果和各文化領域專家之意見,方能進行有效、合理的需要評估。

3. 社會變遷與發展之分析

人是一種社會性動物,難以脫離社會而單獨生活,人之接受教育,一方面對個人而言在於使其能營造更理想的未來社會生活,另一方面對社會而言在於使整體社會生活運作更健全。因此,如何使學校課程與當代和未來社會生活之需要相結合,乃成為課程學者關心的重要面向,也是學習需要評估的另一重點。Tyler(1969)即曾主張以當代校外社會生活分析之結果,做為教育目標形成來源的基礎之一。他認為可採某種分類架構,將當代的校外社會生活區分為如健康、家庭、休閒、職業、宗教、消費和公民等數個生活領域面向加以分析,以提出學習者在各該生活領域的需要,進而評估轉化而成為教育目標。

至於對各特定生活領域資料蒐集與分析之重點,可以有諸多不同角度之思維。其一,蒐集與分析從事該領域生活的人們之主要活動,將這些活動慎思選擇而成為教育目標,以協助學生未來能順利參與此領域之生活。其二,分析與探究該領域生活目前所發現的重大偏差、失調或問題,希以學校課程之結果來改進此等問題。其三,蒐集與分析參與該領域生活的人們之希望、

主張和旨趣，以做為學習者需要之參考。其四，蒐集與分析參與各該領域生活人們的正確觀念、誤解觀念或迷思觀念等資訊，以做為教育學生正確資訊與觀念之基礎。其五，蒐集和分析參與各該領域生活中所需必備的良好與更佳習慣和技能，以做為教育目標之來源。這些都是對各社會生活領域分析的可能重點，分析之範圍亦可以是兼含每一領域，亦可針對某特定領域，端賴擬評估之課程範圍而定。

在分析時，另一個必須考慮的角度是有關社會變遷和發展的觀念。因學習者所將遭遇的生活是未來的社會生活，而非課程實施時的當時社會，課程發展者和需要評估者必須時時提醒自己，學習者將是以目前所學來參與其未來生活，所以此方面之評估應具有前瞻性和未來性，也因此而總帶有某種程度的推估性和預測性。

在資料蒐集方法上，除常見的分析現有的研究成果和實施普查及意見調查外，評鑑者亦可利用既有統計資料或社會發展指標（social indicator）和職務分析來做推估。以既有統計和社會發展指標為例，例如，若統計顯示台灣社會之四代同堂的大家庭比例僅剩 5%，而且統計顯示有逐年降低之趨勢，則有關家庭生活之課程內涵就不宜再強調大家庭的生活型態；又如，若有關某年齡層學童的體適能發展指標，已大幅落後於其他相類似國家或地區之時，則學校課程就必須強化健康與體育領域的課程內容和時間。

另外，職務分析也是值得採用的資料蒐集與分析方法，此種方法在二十世紀初期即被 Franklin Bobbitt 用以做為系統性形成課程目標和編製課程的方法，目前仍常被職業教育者採用來發展課程；但職務分析其實並不只限於職業教育領域，它仍可廣泛地運用於學校裡許多學習內涵的需要評估上，尤其是技能類的學習內涵。Pratt（1994）指出一般的職務分析常採兩種方式，其一是由受過訓練的觀察者觀察、記錄和分析某領域或技能的典型專業者，在展現其專業或技能的具體工作態度、技術、範圍和順序，以做為課程目標之基礎；另一是職務內容之評鑑，由各領域或技能的專家就事先列出的各該領域或技能所需之具體工作內容、範圍和技術項目清單，評估每一項目的重要程度，如此亦能了解學習各該領域或技能所需的重要具體技術內容，進而形成目標和學習需要。惟此種職務分析之方法，可能被批評比較不具前瞻性和

未來性，因其是以當前的典型專業表現者做為分析之楷模，反映的是當前的理想工作表現，而其可能不見得適用於未來。另外，其也可能被誤導為只重視外顯性技能和行為之觀察，而忽略態度和情意類內涵的分析。評鑑者在採用此種方法時，應注意彌補或避免此兩種現象。

4. 學習者特質之分析

在確定對學習者的各項期望前，評鑑者另必須考慮學習者特質，其基本原則是讓學習者在具一定程度的挑戰性下，能有效習得各種知能並回應其個殊性發展需要；亦即，這些期待對學習者而言，應具有可學習的挑戰性，以及對同類學習者們共通之外的個殊性。換言之，兩方面的學習者特質之分析最為重要。其一，乃學習者的身心發展程度之分析，此方面的分析內涵，另需特別考慮所評估之課程性質，若係肢體技能方面的學習內涵和期待，則應分析學習者的生理和知覺動作發展狀態，若係認知類的學習內涵則應分析學習者的認知發展層級，若屬道德認知方面的學習，則應分析學習者的道德認知發展層次。

另一，乃學習者個殊性向之分析。有關多元智能的研究已指出，每一學習者雖然可能兼具數種知能傾向，但不同學習者的專長智能和性向及其發展程度是不一致的。良好的課程應有效回應學習者的個殊性發展需要，所以，對學習者個殊性向之分析，亦是決定適當的學習期望之重要工作。在當前學校教育主要採群體教學的情況下，對學習者個殊性需要之滿足上，常面臨許多現實條件的限制。然不應將現實條件的限制當成常態或既定事實，其實仍有諸多策略可以兼顧群體性學習和個殊性學習。例如，以共通性基本需要和個殊性發展需要區分之觀念，將課程區分為團體的共同性課程和個別化的適性或進階課程；又如，學校中共同必修課程和選修課程之同時提供；再如，學校挪出特定時間實施個別化課程或教學。這些皆是調適學習者個別發展需要的良例。

5. 教育和課程理論之考慮

在決定對學習者的期待表現時，另一個必須考慮的角度乃各種教育及課程理論。教育者和課程決策者所持之教育及課程理論立場，將會大大影響教育及課程目的與目標之選擇。

　　儘管課程研究領域之歷史不長，然內部卻有諸多的課程理論分類方式，Glatthorn（1987）即曾就各課程理論所關心和探究領域重點之不同來區分不同類別之課程理論，而且每一類別內又因學者觀點之不一而又可再細分若干種課程理論。他將課程理論類別區分為四類：第一類乃結構取向理論，關心和探究的不是課程內容的選擇，而是彼此的關係結構，包括課程內涵的結構和做決定的結構兩者在內；第二類乃價值取向理論，關心的是有關課程的根本價值和目的之議題；第三類乃內容取向理論，關心的是課程內容的選擇與組成；第四類是過程取向理論，關心的是課程發展的過程，而非教育的過程，包括發展的程序、階段，以及各階段發展歷程中應考慮的要素（黃嘉雄，2006）。在這些不同類別課程理論中，對課程決策者決定學習表現的應然期望或學習目標較有直接影響的是價值取向理論和內容取向理論。

　　價值取向課程理論內分數種派典，有的理論家主張課程之根本目的在於促進自主和自我實現個人之發展，有些則主張在於培養具經濟效能之公民，有些則認為應培養學習者的批判意識和能力以引導其產生批判實踐行動，進而促進社會之自由、解放和重建。另內容取向課程理論亦分數種理論觀點，其一，是兒童中心之理論，認為課程內容之選擇與組織，應以順應學習者興趣與動機之滿足為依歸；其二，是知識中心之理論，則主張以完備的知識體系及其求知方法，尤其是學科的結構及其知識探究方法做為內容選擇和組織的主要依據；其三，是社會中心之理論，認為社會的運作和秩序才是課程內容的決定關鍵，其內又可再細分為數個學派，順應主義者主張讓學習者學習和順應現行的社會秩序和制度，改革主義者則強調內容應提供學習者練習、探究解決各種社會問題或議題的機會和方法，未來主義者則主張內容應著重未來社會發展趨勢和議題之探究，激進主義者則認為內容應強調對現行不公平、不合理社會秩序與運作制度之察覺與批判。從這些不同的理論派典可知，課程決策者和設計者所持之課程理論立場，將直接而實質地影響對學習者的期望表現方向和課程目標之決定。

　　除了分析學術知識、文化內涵、社會變遷與發展、學習者特質和教育與課程理論等面向外，另有一些其他面向要素之分析亦可列入考慮。例如，上一級教育系統對學生素養的基本要求、教育行政機關的政策承諾，以及社會

中各專業對其專業資格認證的規準等,這些亦皆可成為對學習者學習表現期待的重要思考來源,值得納入分析。

　　綜合上述說明可知,有關對學習者期望表現之決定,實在是極為複雜而艱鉅的任務。基本上,評鑑者可協助委託者分就學術知識體系、文化內涵和社會變遷與發展、上一級教育系統的要求、各專業的資格認證規準和教育行政機關的政策承諾等面向之分析,獲得一系列期待學習者應習得的暫時性知能,然後再經學習者特質和課程理論之慎思、抉擇而形成更確定的應然表現期待,惟這些預期的應然表現仍需考慮若干條件因素再做最後之決定,此方面的條件因素於下文四再說明。

㈡目前成就

　　相較於期望學習者應然表現之決定歷程的高度複雜性,有關學習者目前成就資料之蒐集與分析就相對單純,但亦非易事。基本上,本書第四章第七節所論有關學習成就評量的各種方法,均可做為了解與評估目前學習者學習表現的方法。惟在進行了解評估時,應考慮下述事項:第一,有時所評估課程範圍的某些關鍵人士,如教學者、家長、學校行政人員、相關學術社群和民意代表對學習者日常表現的初步知覺和判斷,常可做為進一步實施更客觀的學習成就評量的線索。第二,許多現成的資料和研究可做為評估學習者目前學習表現的重要參考;例如,定期實施並公布結果的國際性、全國性和地區性學習成就測驗與評量資料,常可做為評估、比較標的群學生當前成就情況之重要資料;又如各校平常所實施的定期成就評量結果資料,亦可做為參考性資料。第三,一般學校、地區或全國性的成就測驗若係以現行課程內容做為測驗編製之基礎,尚不能以其測驗結果做為需要評估中評定學習者實然表現的依據,因那只反映了學習者在接受現行課程後所獲得的成就,按Popham(1988)之看法,在需要評估時,應以應然的期望表現為內涵,做為測驗和評量學習者成就狀態的依據,如此才能發現應然與實然間之差距。

　　若期望表現和目前成就表現兩方面之資料均已蒐集和分析完成,則應可從中發現兩者間之差距,此時學習者的各種學習需要已浮現,惟其仍需考慮各種條件要素後才能據以做最後決定。

四、評估出需要並建議行動方案

　　分析比較學習者的應然期望和其目前實際成就表現資料後所發現之差距，固然已獲得學習需要上的詳細內涵清單，然此等需要清單只是理想上的應然需要，其是否列為機構和學校的課程目標，仍應再考慮一些情境條件因素，評估其實踐上的可行性。其中，最重要的是評估機構或學校的各種現有及可能資源。而所謂的資源，至少包括下列資源之評估：(1)時間資源：現有學校課表或學生的學習時間表中能再挪出多餘時間來達成這些需要嗎？若需另增額外時間，可行嗎？或者需將現行各科、領域課程的學習時間重新分配？(2)人力資源：目前各教師之專長和人力能有效協助學習者達成這些需要嗎？需新增專長教師或可採現職教師在職進修的方式解決嗎？現職教師對因所發現的這些學習需要而改變課程內涵的態度傾向為何？其願意投入心力於在職進修及從事課程變革所需的各種努力嗎？(3)物質和經費資源：機構或學校現有設施、設備和材料需做哪些調整和補充，才能有效滿足這些學習需要？更新補充設施和材料，以及持續維持這些學習需要所需的經費，能順利籌措？(4)政治和社會性資源：在當前情境中，外在的主要權力結構會支持因此等學習需要之滿足而調整或改變課程？此等變革能獲得社區及社會上主要利益團體之支持或不致招來強烈反對？這些當前情境資源條件之分析，對於決定出適切可行的學習需要並進而形成行動方案，極為重要。

　　另一方面，亦需同時分析和檢討現行課程。因為前述差距之產生，也許問題的癥結不在於現有課程本身，教學者實際教學未掌握現有課程之理念、課程實施條件的限制與束縛，以及學習成就評量工具之偏差等亦皆可能是造成差距的原因。因此，評估者須就現行課程加以分析，評估問題之癥結是否確源於現行課程的瑕疵、缺陷或不足。若確為現行課程之問題，則需進一步評估問題之所在及其範圍大小，以決定建議採小幅修正現行課程，或終止現行課程而另行設計新課程的行動策略。

五、溝通評估結果

　　最後，將需要評估之結果和相關之行動建議，於適當時機採有效溝通之

方式,向委託者及依法有權利知悉結果的人士溝通與報告,溝通過程中若委託者有所疑惑,評鑑者應有責任做必要的回應與說明。

上述學習者需要評估之過程,看起來非常繁複、耗時而令人生畏,然實際上不見得如此,端賴所評估之課程範圍而定。若係全國性和全面性的課程範圍,當然極其複雜而耗時、耗人力,但若係校內較小範圍的課程,如學校層級課程發展委員會或教室層級的某位教師針對學校的某一特色課程或教室內的某種課程進行需要評估,則其所需蒐集和分析的資料範圍就小得多,若能善加利用現有的資料和研究成果,也許投入數週的課餘時間就能完成極具實用價值的需要評估工作。

第九章

評鑑課程計畫與材料

　　當已評估出學習者需要，並決定尋求一套新課程以解決所發現之問題，滿足學生之學習需要時，按 Stufflebeam（2000b）之看法可採兩種行動策略，一是尋找已被開發出且在其他情境被證明能滿足當前所發現學習需要的課程方案和材料，加以評鑑、修正後採用之。若此不可得，則另一策略即是開發和設計一套新課程方案和相關材料來滿足學習者的需要。此兩種行動策略所獲得之課程方案和材料之評鑑，即是他所謂投入評鑑（input evaluation）之範圍。無論是對現有方案之評估採用，或開發、設計一套新方案，均應對其主要組成要素，如課程的理念、目標、知識內容、教學策略和相關材料加以評鑑，以確定其確實能解決問題、滿足學習者需要。此方面之評鑑至少可兼採兩種途徑，一是將既有或所設計出的新方案與材料當作是一種文件或文本加以評鑑；另一是採現場試用的方式評鑑之，尤其當採取開發新課程及其材料的行動策略時更需試用，而大規模的新課程方案與材料往往需經準溫室情境和實地情境兩階段的試用、評鑑。所以 Hamdan（1986）認為對所開發或擬採用之課程計畫文件和其附隨材料，可採用文件檢視分析、鑑賞與批評、小規模試用、行動研究、臨床實驗、實地測試等方法進行評鑑。本章第一節說明課程計畫及材料評鑑之規準，第二節則示例若干此方面評鑑之方法。

第一節　評鑑規準

壹、課程方案之組成要素

　　課程方案之組成內涵，通常隨著開發和設計工作的推展而逐步具體化、精細化和完整化。Hamdan（1986）認為剛開始時，是規劃與發展出課程方案的四大主要要素：目的與目標、知識、學習活動和評量活動，接著再進一步發展與設計出教學策略、教學媒體與材料。Lewy（1977）認為課程設計階段之主要課程發展活動包括：⑴界定和形成教學目標；⑵陳述教學內容之範圍和順序；⑶選擇教學策略；⑷接著據以發展教材，例如，教科書、習作、作業單、補充讀物、自學材料、影帶、幻燈片和教具箱等。

　　另外，Glatthorn（1987）則認為課程方案之內涵詳簡不一，且受不同課程設計模式之影響。就**工學模式**（technological model）而言，他認為大部分的課程綱要（計畫）包含五項內容：⑴課程理論基礎與基本理念，或是引導課程設計者之哲學陳述；⑵一系列精心排序的目標；⑶建議的學習活動，且以圖表方式呈現，使這些活動與目標間的關係非常清楚；⑷有時活動是在每一目標之下描述，有時目標與活動按彼此平行的欄位並列之；⑸一系列建議的教學材料，以及測驗習題和其他評量活動之建議。而就**自然主義模式**（naturalistic model）而言，他認為課程綱要（計畫）通常由一些學習情境描述（learning scenario）組成，其是一種較彈性的、開放性指引，以協助教師實施此課程。一個學習情境描述通常包含四項內容：⑴對該單元目標清楚而詳細之說明；⑵教學節數之建議，一個學習情境可能是四到六節，一學期包括數個學習情境；⑶一組高品質學習經驗的建議，其由相互整合的目標、活動和材料組成；⑷複印一些教師可用以形成其教學計畫的文章、地圖和圖片等材料。換言之，簡要型的課程方案可能只是一套描述反映學習需要的課程理念與目標、課程內容要素、教學策略與活動之文件，而較詳細的課程文件則可能再增加有關教學材料、評量內涵與方法、教學媒體、教學單元及其時間

分配之建議，這些均可為課程方案計畫之內涵要素。更具體而微的課程方案，則也許另外再增加發展出學習者進行學習所需之學習材料，如教科書、習作、作業單、操作器材、電腦軟體、影音媒材等。為方便討論，本書將這些供學習者學習的材料稱為教材，而其餘的課程文件稱為課程計畫。

課程計畫和教材之開發與設計，不見得由同一機構或單位所獨立完成，有時中央層級的課程發展機構僅開發簡要型課程計畫，而將較詳細的課程計畫授權由地方、社區或學校層級的課程決定單位設計；有時中央層級的課程方案是一種詳細型課程計畫，甚至已包括了所需的教材，但亦可能將教材轉由其他機構、團體或學校開發。以台灣為例，國民中小學課程綱要中有些學習領域是簡要型課程計畫文件，有些領域則是較詳細的課程文件，均由中央的研發團隊發展與設計；至於更詳細的課程計畫，依課程綱要之規定，應由學校層級的課程發展委員會和各領域課程小組設計；而教科書和習作、相關輔材則有些領域由教育部委託課程綱要研修小組以外的團隊編輯、發展，或完全由民間的出版者研編，學校亦可自行選編教材。

貳、課程計畫評鑑之規準

儘管課程方案計畫之內涵要素，因不同課程發展階段、不同發展模式和不同課程性質等之影響而產生繁簡不一現象，且不同課程理論和課程發展模式所主張的高品質課程計畫特徵，並不完全一致。然不少課程研究者已試著歸結出一些判斷課程計畫品質的規準或指標，可做為評鑑的引導方向，茲舉兩例說明之。

一、M. Z. Hamdan 之看法

Hamdan（1986）認為，當設計者對課程目的與目標、知識、學習活動和評量活動等四大主要課程規劃要素已研擬出計畫藍圖草案，而尚未進一步做更詳細的課程計畫要素之設計前，應先評鑑這些主要要素的教育性和實踐性效能，此時評鑑之規準主要為：

1. 符合學生需要：此課程能符合所期望的學生學習與成長的需要。

2. 內容完整性：此課程包含了學生學習與成長所需的所有各種基本知識和經驗。

3. 具實踐的可行性：所規劃的課程形式運用於學校情境不致發生明顯的困難或抗拒。

4. 具共益性：整體而言，此課程符合學校和社會中各相關部門或群體的期望。

5. 具效益性：從此課程所期望獲得的教育產出結果，確能值乎對該課程所投入的努力和花費。

6. 具重要性：在當前的特定時間裡，於學校實施此課程，對學生學習和成長而言確實是重要的。

當評鑑這主要的四大課程規劃要素，且確信已能符合前述教育性和實踐性效能規準後，課程發展和設計者則可進入更詳細的課程設計工作，設計更詳細的課程文件及教學策略和支持性材料。完成後，Hamdan 認為可就此課程計畫的**構造效度**（constitutional validity）、**教育效度**（educational validity）、**構念效度**（construct validity）、**心理學效度**（psychological validity）和**工具性效度**（technical validity）等五方面之規準，予以進一步評鑑。

1. 具構造效度：課程的構造效度，指組成課程方案的各要素間彼此形成有機、邏輯、實踐和相互支撐、關聯的關係，包括：一般性課程目標與具體行為目標、行為目標與課程知識、行為目標與評量活動、行為目標與教學活動、課程知識與教學活動、課程知識與評量活動、教學活動與評量活動等要素彼此間的相互關聯性、邏輯性和支撐性。

2. 具教育效度：課程內容的教育性效度，指此課程可貢獻於學生獲致教育成就的可能範圍，其可透過將此課程期望學生習得的目標，與當前學生在評量活動上所獲得實際成就表現之比較而獲得。

3. 具構念效度：如同心理測驗的構念效度，指一項測驗實際可測得所擬測量的行為特質之程度，課程的構念效度指此課程實際上可貢獻於學生學習的程度，此方面的評鑑往往需藉助於準溫室情境的課程試用或實驗過程。

4. 具心理學效度：指此課程需適合學習者身心發展的程度，並符合一般

的學習心理學原則。一般而言，需依課程的性質，分別或綜合考慮下
列學習者的心理因素：學習理論、普通和特殊智力因素、認知發展階
段、道德能力和道德認知發展階段、社會背景、語言類型和層次、人
格特質、學習遷移和轉化、動機和激勵。

5. 具工具性效度：此乃有關課程文件和相關媒材的物理屬性特質，如其
封面、尺寸、顏色、字體、行距、插圖、標題和內容展示等應具備的
品質指標。有關此方面之評鑑規準，可參考後文的教科書評鑑指標。

二、黃嘉雄的觀點

筆者曾參考黃政傑於 1991 年、黃光雄和蔡清田於 1999 年、E. E. Ames、
L. A. Trucano、J. C. Wan 和 M. H. Harris 於 1995 年、A. A. Glatthorn 於 1987 年
和 UNESCO 於 1968 年等發表之論著，採較詳細的課程計畫內涵觀點，針對
台灣實施九年一貫課程而學校必須設計校內各學習領域課程計畫的情境，建
構了適用於學校層級的學習領域課程計畫評鑑規準。所提出的規準，指出一
般學校的各領域課程計畫可包括理念與目標、學習內容、教與學的活動、教
學資源與媒材、時間分配和評量活動等六大內涵，並詳列了這六大內涵要素
的評鑑規準（引自黃嘉雄，2002）。茲以此為基礎，稍加修正以適於一般情
境的課程計畫評鑑所需，其內容如下：

㈠理念與目標

1. 基礎（指理念與目標形成的根本基礎）

⑴符合學習者學習與發展的需要：亦即，理念與目標之形成，能立基於
社會的理想與哲學或源自對理想社會的願景、能回應當代社會的持續
性重要議題與需要及當前本領域課程與教學的重要學理、能納入學校
所處社會情境的重要文化內容，並且依據或反映了本學習領域專家的
意見。

⑵契合於更高課程決定層級正式課程文件的理念與目標（若係地方性、
校本或教師本位課程適用之）。

⑶考慮家長與教師的意見，獲得其支持。

2. 內涵

　　(1)具完整性：包含了學生在本領域或學科課程所應獲得的認知、技能和情意等各類重要目標。

　　(2)能與其他領域或學科課程的相關目標形成相互支持的關聯與整合。

3. 呈現

　　(1)將概括化目標進一步轉化為一系列具層次性的分期性、年級性或單元具體目標。

　　(2)以圖表清楚地呈現各年級、階段、單元的層次性目標，並能增進理解與運用。

　　(3)目標的陳述或敘寫具體而清楚，易於理解。

　　(4)各層級性目標的出現年級、階段或單元，回應了當前有關學生發展的知識。

　　(5)年級、各階段或各單元層級性目標，適當地加深加廣延續性，有助於學習增強，但不致造成無謂的重複。

　　(6)各層級目標適當地分配於各年級、階段或單元，使各年級、階段或單元的目標契合於該年級、階段或單元的份量與難易度。

(二)學習內容

　　指為達成課程目標而安排給學習者學習的本領域或學科之重要概念、原則、事實、原理、價值與技能等。它與目標息息相關，但不見得是目標本身；又某些領域或學科的學習內容，可能包含了許多外顯性活動，此類活動性的學習內容與課程實施時所安排的學習活動，雖亦息息相關，但兩者間亦有所區別。例如，「會觀察現象的改變，察覺現象的改變必有其原因」，這是目標；而安排有關天氣變化的溫度、溼度等之概念及相關原理原則之學習，使學生獲得前述目標，則是學習內容；又教學過程中所進行的觀察、記錄、計算、討論和歸納等活動，則是教與學的活動。

1. 內容

　　(1)能達成目標：所選擇內容能有效達成目標。

　　(2)具重要性：是本領域或學科中最基本、最重要的概念、原則、事實、

原理、價值、方法與技能，能獲致最大的學習遷移效果。

(3)具正確性：內容具科學上的正確性。

(4)具可學習性：難度適中，適合學習者的先備經驗與目前的發展狀態。

(5)能引發學習者的興趣、動機。

(6)具實用性：與實際生活、社會現實相結合。

(7)合時宜性：採用新近發展的知識與原理原則，或反映當前社會的重要議題。

(8)適度彈性：可依個別學生需要，或因應地方和教師之需要而彈性調整；或區分了須精熟的基本內容、相關性內容與進階性內容。

(9)份量適當：與教學時間相稱，不致太多或太少。

(10)資源方便：與內容相關之資源，方便取得，合乎經濟原則。

(11)內容無種族、性別、宗教、政黨和階級等之歧視、偏見。

(12)內容反映了本學習領域或學科專家的建議。

2. 組織

(1)合乎課程目標：配合課程目標而組織之。

(2)具延續性：重要內容在不同學習階段適度加深加廣地持續出現，但不致形成浪費學習時間的無謂重複學習。

(3)合順序性：依學習領域或學習內容之性質，並考量學習者的身心發展狀態，採取下列方式組織學習內容的順序：

①由簡單而複雜（內容深淺）。

②由具體而抽象（抽象程度）。

③由近而遠（與學習者生活經驗之關係）。

④依事件發生時序。

⑤由整體而部分或由部分而整體，或兩者之整合（技能類學習須特別考慮）。

⑥依學習領域知識的探究活動順序。

(4)具統整性：從下述方向組織學習內容，促使學習經驗在前後、左右和內外之間，形成有意義的連結與關聯：

①先後內容間之良好銜接。

　　②與其他學習領域內容間之關聯與銜接。

　　③本領域內容要素之整合。

　　④內容與生活經驗形成有意義的連結。

　　⑤內容與社會現實相互關聯。

3. 呈現

　　(1)易於理解：內容的陳述用語淺顯，易於理解，對行政人員、教師和家長皆具可理解性。

　　(2)提供必要的圖表，以協助使用者對目標與內容之關係及整體內容有完整的了解。

　　(3)易於修訂和補充：提供適度的空間，提醒使用者因時因地或因知識之發展而做必要之修訂和補充。

㈢教與學的活動

　　指為達成課程目標，針對學習內容之性質而建議教師安排的教學與學習活動。

1. 能有效達成目標：所建議的教與學的活動，能有效達成課程目標，協助學習者精熟學習內容。

2. 能達成多種目標：所建議的活動最好能同時達成多種目標，或兼顧認知、技能和情意等類目標之學習。

3. 採用各種活動：配合學習內容的性質，建議了各種不同的教與學的活動，使活動多變化或設計了變通性替選活動。

4. 符合學習原理：適合學生的能力、興趣和動機，提供學生參與、練習、思考、探究和整合的充分機會。

5. 考慮學生的個別差異：建議的活動能考慮學習者的個別差異。

6. 易於彈性運用：可因地區特性和個別教師之需要而彈性運用。

7. 採用適當的媒材：配合學習內容與活動的性質，為協助學習效果的提升，建議了適當的媒材。

8. 符合經濟原則：所建議的活動考慮經濟上的可行性，易於實施。

9. 提供指導：對於學習新行為或新事物，有提供適切的指導性活動。

10. 活動之陳述易於教師和家長理解。

㈣教學資源與媒材

指用以協助教學者進行教學活動的各種教學資源，以及呈現學習內容與活動的媒體器材，包括圖片、書籍、模型、儀器、實物和電化器物等。在書面課程計畫中，一般不包括教科書，但可能建議了學習的材料和教學的資源與媒材，因計畫之詳簡而定。

1. 能達成目標：建議的資源與媒材，能有效協助達成課程目標。
2. 符合溝通原則：能協助教學者與學生進行有效的溝通。
3. 符合學習原理：能引發學習者的興趣與動機。
4. 考慮採用現代化視聽媒材：因學習內容之性質，在經費許可情形下，建議採用適當的現代化視聽器材，以提升學習效果。
5. 具方便性：所建議的資源與媒材容易取得，且操作簡易。
6. 具經濟性：所建議的資源與媒材考慮經濟上的可行性，或者能建議可行的選替材料。

㈤時間分配

乃指對本領域或學科課程學習時間及其內部各單元教學時間之分配。

1. 能達成目標：本領域或學科教學時間的分配，能有效達成所規劃的本領域或學科課程目標。
2. 符合規定：本領域或學科教學時間的分配，符合教育行政機關的規定。
3. 單元時間分配適當：領域或學科內各單元教學活動的時間分配，能達成各該單元目標，並考慮了學習內容的難易度，以及能有效實施所安排的教與學活動。

㈥評量活動

此專指建議評量學生學習成就的方法與活動，但不包括教學評鑑和教材評鑑等其他更廣義的課程評鑑活動。

1. 切合目標：根據課程目標與學習內容而建議適切的評量方法與活動。
2. 具有效性：評量方法與活動能有效地評量出學習者的真正學習成效。

3. 具完整性：評量安排能完整地評量課程所欲達成的各種目標，而非偏重某些目標。

4. 具適切性：根據課程目標與學習內容之性質，採用相應合適的評量方法與活動。

5. 具可行性：評量方法與活動易於實施，具可行性。

6. 具回饋性：將評量納為教與學過程中不可分割的一部分，不但能回饋教師的教、學生的學，亦能用以回饋課程計畫之改進。

參、教材評鑑之規準

　　教材之內涵、種類和呈現方式相當多樣，惟其中最重要者莫過於教科書，尤其是台灣中小學課程的實際運作仍極依賴教科書。因此，以下即針對做為教材重要來源的教科書，列舉其評鑑規準。這些規準主要參考教育部委託黃嘉雄等（黃嘉雄等，2003）所發展的國民中小學九年一貫課程教科書評鑑指標，加以小幅修正而來。所列舉者有兩種，一是可廣泛通用於各領域或學科教科書的所謂一般性規準（指標），另一則是以一般性規準為基礎，再依學習領域或學科特殊性質之需而進一步開發之特定學習領域或學科（下例為自然與生活科技領域）教科書評鑑規準。換言之，實際進行教科書評鑑時，宜以一般性指標為基礎，進一步開發能反映所擬評鑑學習領域或學科特殊屬性的評鑑規準。

一、教科書評鑑一般指標

㈠出版特性

　　指做為出版品的教科書之物理屬性，如教科書的版面設計、圖文搭配、文句組織、紙張品質、字體大小、色彩視覺和堅固程度等。本項目一般指標為：

1. 文字流暢易懂。

2. 圖畫與文字搭配合宜。

3. 紙質良好。

4. 印製美觀。

5. 堅固耐用。

㈡課程目標

指教科書及相關附屬材料所呈現用以實踐課程目標的程度或特性。本項目一般指標包括：

1. 能實踐課程計畫所列之所有目標。

2. 目標形成具備合理性。

3. 目標敘述具體、明確。

4. 兼顧認知、情意和技能等層面的各類目標之達成。

5. 目標合乎學習者身心發展層次。

㈢學習內容

指教科書及其相關附屬材料所選擇供學生學習，用以實踐課程目標的題材、事實、概念、原理原則、方法、技能和價值。本項目的一般指標有：

1. 能有效達成目標。

2. 含本學習領域或學科的重要事實、概念、原理原則、方法、技能和價值。

3. 內容正確。

4. 合時宜。

5. 生活化。

6. 份量適中。

7. 難易適切。

㈣內容組織

指教科書及相關附屬材料所呈現將各種學習內容進行水平和垂直組織的方式和特性。本項目之一般指標如下：

1. 章節結構良好。

2. 學習內容前後順序合乎學習原理。

3. 重要學習內容能適度延續出現並具擴展性。

4. 內容各部分和各要素銜接整合良好。

㈤教學實施

指教科書及其相關附屬材料所呈現的進行教與學之各種活動設計及實施方式的特性。本項目之一般指標有七：

1. 提供學生參與探索之機會。

2. 配合內容提供合適的教學策略。

3. 評量建議或安排能反映課程目標。

4. 激發學生學習動機和興趣。

5. 學生有表達和應用習得知識的機會。

6. 激勵學生主動解決問題、思考和進一步學習的動力。

7. 提供適應個別差異的活動和機會。

㈥輔助措施

指教科書出版者所建議或提供用以增進和發揮教科書功能的輔助性措施或材料。本項目的一般指標包括：

1. 建議了增進教科書功能的輔助性材料。

2. 持續研究並及時更新內容。

3. 提供學生及教師使用的諮詢和其他協助的資源。

二、特定學習領域或學科教科書評鑑指標（以自然與生活科技領域為例）

㈠出版特性

1. 用語清晰，字義明確，文句流暢，表達通順，符合學生認知發展階段，適合學生學習。

2. 圖片呈現該單元的概念重點與學習活動，文字敘述簡單明確。

3. 紙質優良，不會反光，字體清晰，適合閱讀。

4. 印刷清晰，紙張利於書寫、做記號，且不易破損；紙質、磅數、厚度

等符合操作活動之需求。

5. 跨頁裝訂穩固安全，便於閱讀、翻閱與使用。

㈡課程目標

1. 教科書能實踐課程綱要總綱之「課程目標」及自然與生活科技學習領域的「分段能力指標」，並能使分段能力指標於各年級（學期）中逐步完整達成。

2. 教科書所彰顯之課程目標及其來源能清楚呈現，並符合「自然、科學、技術關聯」之科學教育理念。

3. 教科書所彰顯之單元教學目標具體明確，且能有效達成相應之能力指標。

4. 能達成培養學生科學認知內涵，增進運用及操作各項科學儀器的能力，及涵養學生具有理性批判思考的科學態度。

5. 教科書所彰顯之課程及單元教學目標，符合各學習階段學生身心發展層次。

㈢學習內容

1. 學習內容與課程綱要所列十項基本能力相契合，並能達成本學習領域六項課程目標及分段能力指標。

2. 學習內容包括自然科學和生活科技的重要事實、概念、原理原則、方法和價值。

3. 學習內容符合自然科學及生活科技概念發展順序與科學方法的實證，且不違背事實。

4. 學習內容與時代潮流相契合，並適時融入課程綱要之「重大議題」及鄉土題材。

5. 學習內容與學生實際日常生活經驗相結合，題材為生活中常見的自然現象及活動，結合科學發現過程史實，並兼顧本土科學、科技發展題材。

6. 每個學習階段的單元數目和份量，與實驗活動和實做所需時間適當。

7. 學習內容符合學生認知能力和身心發展成熟度，並且兼顧學生個別差

異。

㈣內容組織

1. 學習內容或實驗操作等之安排，由淺入深，由簡至繁，合乎邏輯性、順序性。
2. 重要學習內容在不同學習階段，有適度延續、連貫與加深、加廣。
3. 學習內容具有整體性與結構性安排，在不同學習階段應適度銜接整合，傳達的概念組織完整。

㈤教學實施

1. 教學活動可以引導學生主動探究學習，參與各項學習活動。
2. 配合能力指標、單元教學目標和教材內容，提供合適的教學與實驗之策略及活動。
3. 兼顧科學概念、方法及態度之學習成就，採行多元評量方式，評量設計能強調引導教師的教學改進及引發學生的自我了解與省思。
4. 教學設計與實施可以激發學生學習動機和興趣，提升科學探究的能力。
5. 教學活動的設計與實施，可以提供學生於日常生活中表達和應用習得知識的機會。
6. 符合學生中心和活動導向的原則，以問題為核心，善用科技與資訊的技能，並進一步激勵學生學習動力。
7. 提供適應學生個別差異並促進主動思考、認知理解、科學情意及科技操作的學習機會。

㈥輔助措施

1. 出版者研發出版可公播之教學媒體、教具、實驗器材、參考書籍等之教學資源，或提供教學網站，協助學生學習和教師教學。
2. 教科書的設計與發展能持續精進，並適時更新內容；發展、研究與更新的內容等資料，能於教科書或教學網站中說明敘述。
3. 對於教學疑難問題和使用說明，提供專業完整的諮詢服務，破損之更新、增購等售後服務方便迅速。

第二節 評鑑方法示例

對課程計畫與相關材料之評鑑，誠如前文 Hamdan 所述，可採用文件分析（主要為內容分析）、鑑賞與批評、小規模試用、行動研究、臨床實驗、實地測試等多種方法，而且，方法之採用應依各評鑑規準或指標之性質而定。例如，Hamdan所提「符合學生需要」、「實踐可行性」、「共益性」、「效益性」和「重要性」等規準，往往涉及相關群體和專業人員的意見判斷，故評鑑者可採用意見判斷類的資料蒐集方法進行評鑑；而「內容完整性」、「構造效度」、「教育效度」和「工具性效度」則適合採內容分析法評鑑；至於「構念效度」則恐需採準溫室情境試用、實地測試方能獲得答案。另外，有些規準如「實踐可行性」、「心理學效度」、「教育效度」和「構念效度」，若能綜採內容分析、意見判斷和實地試用等方法蒐集資料而綜合判斷之，則更佳。本節茲舉三個示例，具體說明課程計畫與材料評鑑之方法。

壹、運用內容分析法評鑑

從前述課程計畫和材料的評鑑規準可知，課程目標和內容要素之完整性是評鑑課程計畫和教材品質的重要規準之一。有關此方面之評鑑，可將課程計畫和教材當作文件或文本，運用已發展出的目標分類架構體系，對其實施系統化的內容分析。學界最常採用的教育或課程目標分類架構，則是Benjamin S. Bloom（1956）等人所開發的分類架構，尤其是其中的認知領域目標分類，以及後來L. W. Anderson和D. R. Krathwohl（2001）主編出版的修訂分類架構。

B. S. Bloom（1956）等人的目標分類，將所有教育目標分成三大領域之目標：**認知領域**（cognitive domain），包括有關知識的認識、再認及各種心智能力與技巧發展的目標；**情意領域**（affective domain），包括描述興趣、態度和價值之改變，以及欣賞和妥適判斷之發展的目標；最後，是**技能領域**（psychomotor domain），乃操作或知動技能領域（manipulative or motor-skill area）類目標。其中的認知領域目標，當時的分類小組認為知識是認知的基

礎，而認知過程中的各種心智能力與技巧是對知識加以組織、處理與運用以解決問題和面對新情境的能力與技巧，包括理解、應用、分析、綜合及評鑑等心智能力，故乃將認知領域目標依行為由簡而繁的複雜程度，區分為知識、理解、應用、分析、綜合和評鑑等六大層級目標，且每一層級目標內再依行為之由簡而繁的複雜程度進一步分為若干細類。

L.W. Anderson 和 D. R. Krathwohl 兩人主編，而於 2001 年出版的《為學習、教學和評量而分類：布魯姆教育目標分類之修訂》（*A Taxonomy for Learning, Teaching, and Assessing: A Revision of Bloom's Taxonomy of Educational Objectives*）一書，則對先前 Bloom 等人的認知領域目標分類提出修正（以下簡稱新版）。

新版的認知領域目標分類將知識和認知過程兩向度分開，知識向度依知識由具體而抽象之程度，區分為事實知識、概念知識、程序知識和後設認知知識等四類，每一類又再細分為若干細類目。認知過程向度依認知過程複雜度之由低而高，區分為記憶、了解、應用、分析、評鑑和創造六大類，每一類亦再細分為若干細類目。此兩向度內各大類和細類目標之名稱、定義和特徵如下：

㈠知識向度（knowledge dimension）

A. **事實知識**（factual knowledge）：學習及認識某學科或在該學科中解決問題時必須通曉的基本要素。

　　Aa. 術語的知識（knowledge of terminology）：包括語詞類和非語詞類的特定術語知識，如專門用語、數字、符號、圖表。

　　Ab. 特定細節和要素的知識（knowledge of specific details and elements）：有關事件、位置、日期、訊息來源等的特定細節和要素之知識。

B. **概念知識**（conceptual knowledge）：將各種基本要素在更大的結構下建立彼此關係，使其功能緊密結合之知識。

　　Ba. 分類和類別的知識（knowledge of classification and categories）：學科中用以結構化和系統化現象的分類、分階或分期系統。例如，

區分不同文章類別的知識、區分不同地質時期的知識。

Bb. 原則和通則的知識（knowledge of principles and generalizations）：
抽引自眾多特定事實和事件間關係及其過程、甚至各分類概念間
關係及其過程而得的通例性敘述。例如，畢氏定理、供需法則。

Bc. 理論、模式和結構的知識（knowledge of theories, models and struc-
tures）：整合諸多原則和通則之關係而對某種複雜現象、問題或
學科提出一種清晰、堅實和系統觀點之知識。例如，進化論、國
會結構論。

C. **程序知識**（procedural knowledge）：乃如何做事的知識，包括探究的
方法和以規準判斷技能、運算技術、方法之使用的知識；這些事包括
非常例行性的經驗，乃至解決全新情境問題的事。

Ca. 特定學科技能和演算的知識（knowledge of subject-specific skills and
algorithms）：由一序列具順序性步驟組成之方法程序，且通常其
答案或結果是固定的。此類程序之知識，例如，知道水彩畫技能、
知道加法運算過程。

Cb. 特定學科技術和方法的知識（knowledge of subject-specific technique
and methods）：與 Ca 比較，此種程序並非導向既定答案或固定結
果之程序。例如，知悉某種科學研究中具順序性的科學方法，其
方法與過程具系列性但研究之結果則屬未知。

Cc. 決定適用程序的規準知識（knowledge of criteria for determining when
to use appropriate procedures）：知悉某些規準，用以決定何時和何
種情境下使用各種不同的特定學科程序知識，此乃一種情境條件
知識。例如，知悉一些規準，來決定在一特定實驗中用何種統計
程序處理資料。

D. **後設認知知識**（meta-cognitive knowledge）：對一般認知策略、自己認
知之察覺和自己認知加以認識的知識。

Da. 認知策略的知識（strategic knowledge）：乃用以學習、思考和解
決問題的一般策略知識。包括：

Daa. 用以記憶材料、從文本抽引意義和理解教室中所聽、書中所

　　讀材料意義等跨學科的學習策略之知識。這些學習策略如背
　　誦、萃取（記憶術，摘取、選取主要觀點）和組織（畫認知
　　圖或概念圖）。

Dab. 用以規劃、監督和調介自己認知的各種後設認知策略之知識：
　　規劃自己的認知，如設定學習的次目標；監督認知，如以教
　　科書檢核自己在數學測驗上的作答；調介認知，如對不理解
　　處能經再閱讀而加以體會理解。

Dac. 問題解決和思考的一般策略知識。例如，以「手段—目的」
　　分析方法解決情境不明的問題，另如歸納、演繹和推理之思
　　考策略。

Db. 有關認知任務之知識，包括其情境脈絡和條件之知識（knowledge
about cognitive tasks, including contextual and conditional knowledge）：
不同的認知任務要求不同的認知系統和認知策略，若學生能發展
有關何時和為何採用不同認知策略的知識，就能具有對認知之任
務、情境和條件熟知之知識。

Dc. 自我知識（self-knowledge）：包括知道自己在學習和認知上的優
弱勢、對自己知識廣度和深度之察覺、對自己慣於在不同情境中
採用的認知策略之察覺、對自己動機信念之察覺等等的自我知識。

㈡認知過程向度（cognitive process dimension）

1. 記憶（remember）：自長期記憶檢索（想起）相關知識。

　　1.1 再認（recognizing）（≒identifying）：自長期記憶的知識庫中比對出
　　　目前呈現之材料。例如，辨認國慶日的日期。

　　1.2 回憶（recalling）（≒retrieving）：當面對某提示或線索時（通常是
　　　問題情境）能自長期記憶檢索得到相關知識。例如，回想出國慶日
　　　的日期。

2. 了解（understand）：從口語、書寫和圖表等教學溝通訊息中建構其意義。

　　2.1 說明（interpreting）（≒clarifying, paraphrasing, representing, translta-
　　　ing）：將某種表述形式（如，圖表）改以另一種方式表述（如，口

語）。例如，以口語說明圖表之意義。

2.2 舉例（exemplifying）（≒illustrating, instantiating）：對某概念或原則舉出、提供特定事例。例如，舉出不同藝術畫作風格的實例。

2.3 分類（classifying）（≒categorizing, subsuming）：決定某事務歸屬於某類別、範疇（如概念或原則）。例如，將所觀察或描述的身心障礙事例適當歸類。

2.4 結要（summarizing）（≒abstracting, generalizing）：摘取主旨或主要觀點。例如，自影帶中的情節撰寫簡短摘要。

2.5 推 論（inferring）（≒concluding, extrapolating, interpolating, predicting）：從展現的訊息中推得邏輯性結論。例如，學習外語時，能從各種語言事例中推得文法原則。

2.6 比較（comparing）（≒contrasting, mapping, matching）：檢核諸如兩個觀念、事物間之相關性。例如，將某歷史事件與現代情境相比較。

2.7 解釋（explaining）（≒constructing models）：對某一系統（或現象）建構因果解釋模式。例如，解釋二次世界大戰日軍之所以攻擊珍珠港的原因。

3. 運用（apply）：在某特定情境中執行或採用某程序。

3.1 執行（executing）（≒carrying out）：運用某種程序於熟悉的任務情境。例如，對任兩個三的倍數，能進行整數的除法計算。

3.2 採用（implementing）（≒using）：運用某種程序於不熟悉的任務情境。例如，運用牛頓第二定律於適用的情境。

4. 分析（analyze）：將材料析分為有組織的各部分，並決定各部分彼此及其與整體結構或目的間之關係。

4.1 分辨（differentiating）（≒discriminating, distinguishing, focusing, selecting）：對情境中展現的材料，將其中重要與不重要、有意義與無意義的部分區分出來。例如，辨明數學情境應用問題中有關和無關的數字與陳述。

4.2 組織（organizing）（≒finding coherence, integrating, outlining, parsing, structuring）：決定出結構中各要素如何相適應或發揮功能。例如，

對某歷史事件能組織和建構解釋該事件的有效證據並排除無效的證
據。

　　4.3 歸因（attributing）（≒deconstructing）：決定出情境中所展現材料之
觀點、偏見、價值觀或意圖立場。例如，論斷作者在其評論中帶有
的政治觀點。

5. 評鑑（evaluate）：以某種規準或標準為基礎進行價值判斷。

　　5.1 檢核（checking）（≒coordinating, detecting, monitoring, testing）：檢
查某一過程或產品的謬誤或矛盾，決定某一過程或產品是否有內在
一致性，檢核某一程序運用時的效能。例如，判斷某科學家之結論
是否依據其所觀測到的資料而推得。

　　5.2 批評（critiquing）（≒judging）：檢核某產品與外在規準的不一致，
決定某產品是否有外在的一致性，檢核某程序運用於某問題情境中
的合適性。例如，判斷兩種方法中，何者是解決所面臨問題的較佳
方法。

6. 創造（create）：將各要素加以組織，以形成具整合性或功能性的整體；
重組各要素為新的模型或結構。

　　6.1 建立通則（generating）（≒hypothesizing）：以符合某些規準為基礎
而形成新假設或建立新通則。例如，形成假設，用以解釋所觀察到
的現象。

　　6.2 設計（planning）（≒designing）：設計某種程序以達成某種任務。
例如，對某歷史主題或問題能研提出合宜的研究計畫。

　　6.3 創作（producing）（≒constructing）：發明某產品。例如，建造出具
特殊新創目的和功能的住所。

　　上述新版各類目的認知領域目標分類，可整合為表 9-1 之分析表。

　　當評鑑課程計畫時，可將計畫所列課程目標逐項填載於表 9-1 中，並註
明各該目標擬達成的學期、學月或單元序，此可清晰地呈顯現行課程目標的
完整性、均衡性以及其組織順序的合理性。藉此，亦可指出應行修正、補充、
整併、刪除或調整順序之目標。

表 9-1　認知領域目標類目分析表

認知過程向度　　　　　知識向度	1.記憶　1.1 再認　1.2 回憶	2.了解　2.1 說明　2.2 舉例　2.3 分類　2.4 結要　2.5 推論　2.6 比較　2.7 解釋	3.運用　3.1 執行　3.2 採用	4.分析　4.1 分辨　4.2 組織　4.3 歸因	5.評鑑　5.1 檢核　5.2 批評	6.創造　6.1 建立通則　6.2 設計　6.3 創作
A.事實知識　Aa.術語的知識　Ab.特定細節和要素　　的知識						
B.概念知識　Ba.分類和類別的　　知識　Bb.原則和通則的　　知識　Bc.理論、模式和結　　構的知識						
C.程序知識　Ca.特定學科技能和　　演算的知識　Cb.特定學科技術與　　方法的知識　Cc.決定適用程序的　　規準知識						
D.後設認知知識　Da.認知策略的知識　Db.有關認知任務的　　知識，包括其情　　境脈絡和條件之　　知識　Dc.自我知識						

資料來源：黃嘉雄（2004a：68-69）。

　　另按新版認知領域目標分類編者之界定，其所分類之教育目標係供學習
數個月的知識與認知過程能力，按此界定則該層級的各類目標應已標明了課

程的認知內容要素。若如此，則依前述程序對課程目標之分析結果亦可反映課程內容之完整性、均衡性和順序合理性。

如前所述，不同課程文件，詳簡程度不一。有些只定出概括性目標，有些則詳列了更具體的學年、學期目標和課程內容要素，甚至提出教材、教法和評量等方面之建議。若面對的是敘寫詳盡的課程文件，自可依表 9-1 架構將文件中的各課程內容要素逐一填入表中適當空格，並標明學習時間順序，這不但可分析該文件在課程內容上的完整性、均衡性和組織合理性，亦可分析這些內容要素與目標間的邏輯關聯度。同樣地，亦可採用此等程序和方法運用表 9-1 來分析教材和教科書內容，以做為評鑑、選擇、編寫和補充教材之分析工具。

但必須注意的是，表 9-1 係認知領域的目標類目分析表，尚未兼顧技能和情意領域目標，進行目標、內容和教材分析時，不能忽略此兩領域的目標，應另參採適當的情意和技能領域目標類目分析表併同配合分析。

貳、採意見判斷資料評鑑

有些評鑑課程計畫和教材之規準，適合分別或綜合地蒐集課程學者、學科專家、教育心理學者、任教教師等專業人員，以及決策者、各行業雇主與經理人，甚至家長與學生等利害關係人之意見判斷資料而進行評鑑。

評鑑時，可由評鑑者參考表 9-2 之意見判斷資料蒐集雙向細目表，逐一就所擬評鑑之規準，依其性質決定各該規準應蒐集哪些類別人士之意見判斷資料。其中，有些規準宜蒐集數類人員的意見，有些則僅適合蒐集其中一或兩類人員的意見，惟其前提是需確定意見蒐集的對象本身確實已熟悉、了解所擬評鑑之方案計畫和材料，如此才可避免所獲得之意見只是意見回應者的粗淺印象或誤解性見解。

一般意見判斷資料之蒐集，通常以某種等級量尺來表徵各類人員對所評計畫或材料符合各規準或指標之程度，其結果常以 1 至 4 或 5 等之量尺分數呈現，尤其當對兩種以上課程計畫或材料實施比較性評鑑時尤然。若進行此類比較性評鑑時，應就各類別或項目中評鑑規準的重要性，訂定其權重比例，

表 9-2　課程計畫與材料評鑑之意見判斷資料蒐集雙向細目表

	課程學者	教育心理學者	學科專家	任教教師	課程決策者	該行業雇主與經理人	家長	學生
1. 符合學習者需要：目標與內容符合學習者學習和發展需要。	✓	✓	✓	✓	✓	✓	✓	✓
2. 具實踐的可行性：目標、內容和材料在教學現場具實踐上的可行性。	✓			✓	✓			
3. 具共益性：課程計畫和材料符合社會各部門和群體的共同期望和利益。	✓		✓		✓	✓	✓	
4. 具效益性：課程計畫和材料所獲得之結果效益值乎所投入之成本。	✓				✓		✓	
5. 具重要性：課程計畫和材料及其內容對學習者之學習和成長確實是重要的。	✓		✓	✓	✓	✓	✓	
6. 具構造效度：目標、內容、材料和活動間具相互關聯性、邏輯一致性。	✓	✓	✓	✓				
7. 具心理學效度：課程計畫和材料內容符合學習心理及學習者身心發展層次。	✓	✓		✓				✓
8.⋯⋯ 9.⋯⋯ 10.⋯⋯ ⋯ ⋯								

資料來源：作者自繪。

亦需決定各類意見反應者意見資料之權重比例。有時，意見判斷資料亦可採質化的文字描述資料呈現，如此除可判斷所評課程計畫和材料在各項規準上

之優劣程度外，亦可指出其判斷為優或劣之原因、理由，甚至改進建議。此
種方式之意見判斷，亦屬內容分析之一種。

參、實施方案理論評鑑

　　若僅將所設計或待評鑑之課程計畫和材料視為一種靜態文件或文本，採
用某些合適的評鑑規準，分別採用前述內容分析法或意見判斷方法實施評鑑，
其實這仍然只是部分性而非完整性評鑑。欲對方案和材料實施更完整、堅實
的評鑑，仍需採用更系統性的評鑑模式，其中極具參考價值的一種模式乃**方
案理論評鑑**（program theory evaluation, or program theory-based evaluation）模
式，尤其對新開發、正測試中但尚未全面實施之課程或其他方案，極適合採
此種模式來驗證其效能，或進行修正、改進。但這並不是說方案理論評鑑僅
適於試驗中的方案，或其功能僅限於形成性評鑑，其亦可適用於實施中的成
熟方案之評鑑，亦可發揮包括形成性、總結性和持續監控方案運作等的多樣
化評鑑功能（Rogers, 2000）。

一、方案理論評鑑之意義

　　方案或課程的設計者總會有一套明顯或隱含的有關其設計之方案或課程
為何能與如何能解決所發現問題，或滿足學習者需要的一連串假設，這些假
設就構成方案或課程的理論。

　　方案或課程所植基之假設或理論，可能是一種嚴謹的科學理論，其假設
已獲得嚴謹的科學方法和程序之驗證；但亦可能是一種較寬鬆的內隱性理論，
其假設主要來自實踐者工作經驗中和推斷下的合理性。在方案理論評鑑中，
此兩類方案理論皆可納為評鑑之範疇，端賴方案之性質而定，若方案或課程
內容已具堅實之科學實證理論，則當然宜分析、驗證此等科學理論；而現實
上是，學界對許多人類社會和教育現象尚未能累積足夠的科學性理論來加以
說明和解釋，故尚無法完全以嚴謹的科學理論定義來從事方案或課程理論之
評鑑，這時內隱性或寬鬆的方案理論及其假設之評鑑，更顯重要。

　　方案或課程的理論假設有些較簡單，有的則極為複雜，有的是內隱於設

計者心中，有的則明示於方案文件，不管如何，進行方案理論評鑑時，需將理論中的各種假設有效釐清、表明。而方案之理論內涵為何？Huey-Tsyh Chen（2005）認為方案之理論主要由兩類假設組成：一是**描述性假設**（descriptive assumptions），乃方案設計者關於方案的介入或處理之所以能解決其所認定問題的因果過程之假設，通常包括方案中待滿足的需要、目的與預期結果、關鍵機制（determinants）和涉入或處理等之間彼此一連串的因果、邏輯關係假設，這些假設有時被統稱為因果理論、描述理論，或 Chen 所稱之變革模式（change model）；另一是**規約性假設**（prescriptive assumptions），乃設計者認為為確保前述描述性理論或變革模式之導入實施能獲致成功的必要相關要件之假設，通常包括：涉入及服務在傳送上之妥為安排、實施及相關組織與資源的配合、實施者的能力與承諾、現場生態情境的支持、方案標的對象的適切界定等，這些被統稱為規約性理論，或 Chen 稱之為行動模式（action model）。規約性理論類似於 C. H. Weiss（1998）所稱之實施理論，亦即將描述性理論如期、如質有效實施的相關配套措施（引自王麗雲、侯崇博，2005）。在方案理論評鑑中，描述理論指出方案之效能運作機制，這是方案的根本，因若方案未能實際有效達成其宣稱之目標，則無存在價值；而規約性理論或實施理論也相當重要，因其為方案之實施成功，指出必備的要件和相關措施。

另外，Rossi、Lipsey 和 Freeman（2004）則認為方案之理論（假設）由三大部分組成：一是**衝擊理論**（impact theory），由方案活動和涉入，與其所能導致結果效益間之一系列因果機制的假設所組成，此即 Chen 所謂之描述理論；二是**服務利用計畫**（service utilization plan），乃有關說明意圖的服務接受者為何及如何實質有效地涉入，或接受到衝擊理論所規劃的方案活動或處理過程之一系列假設；三是**方案的組織計畫**（program's organizational plan），此乃從管理之觀點而言，有關對方案發揮其功能和落實其活動所需之人力、財政、物質資源和相關支持措施之系列假設。前述第二和第三部分，其實相當於 Chen 所謂的規約性理論或 Weiss 的實施理論。

方案理論評鑑就是對前述方案所認為其為何及如何能解決問題、滿足服務對象需要之內隱或顯明的描述性和規約性理論假設，辨明、分析、評估和

驗證其合理性、堅實性和效能性的系統化歷程。以下以課程評鑑為例，舉例說明其實施之過程與方法。

二、實施過程與方法

㈠辨明或協助釐清課程計畫與材料之理論假設

有時課程設計者所設計的課程計畫與材料，已在相關的課程文件中清楚呈現該課程之理念、目標、學習內容、學習活動、學習材料和實施相關要件等要素，以及這些要素間的邏輯性、因果關係假設，但更通常的情況並非如此，尤以學校現場之教師自行開發的校本課程為然。無論如何，方案理論評鑑歷程的優先工作，應先逐一辨明課程設計者的各種理論假設；或者，協助設計者清楚釐清之，並且最好以圖示的方式清楚地展現。此過程可由評鑑者分析課程文件，並在設計者的協助下逐步完成，尤其是根據文件內容持續訪問設計者諸如：為何希望學生學習此等知識、內容？基於何種原因採用此類教學活動？期待獲致的學習結果為何？學習者參與此課程的必要先備經驗為何？等之類的問題。透過不斷與設計者互動、回饋的過程，釐清其理論假設，最後以圖表呈現，如圖 9-1 之示例，並經設計者確認之。

在圖 9-1 的示例中，圖示了一個目的在促進學生關心社區，並培養其批判思考知能的課程方案的描述性和規約性理論，由四個單元組成，每一單元的材料與活動、預期結果與目標，以及使材料與活動跟預期結果間產生因果邏輯關係的關鍵機制，被詳細地釐清和呈現；而且，有關實施此四單元課程的相關實施要件，亦在規約性理論欄下逐項列舉。此種將課程方案的理論假設有效釐清並加以呈現的過程，乃方案理論評鑑的首要工作。有關方案理論假設的類型極為多樣，因果關係之描述亦非僅是單一、直接的關係，圖 9-1 只是一種簡化的示例。

在協助釐清課程計畫與材料之理論假設過程中，必須掌握一個很重要的觀念，就是評鑑者必須注意自己的角色是辨明和協助釐清者，而非越俎代庖而變成方案的設計者，否則可能由於自己在課程設計角色上的不當投入，而使得其後產生難以履行客觀評鑑責任之困境。此點，Stufflebeam（2000a）曾特別提醒評鑑者需避免之。

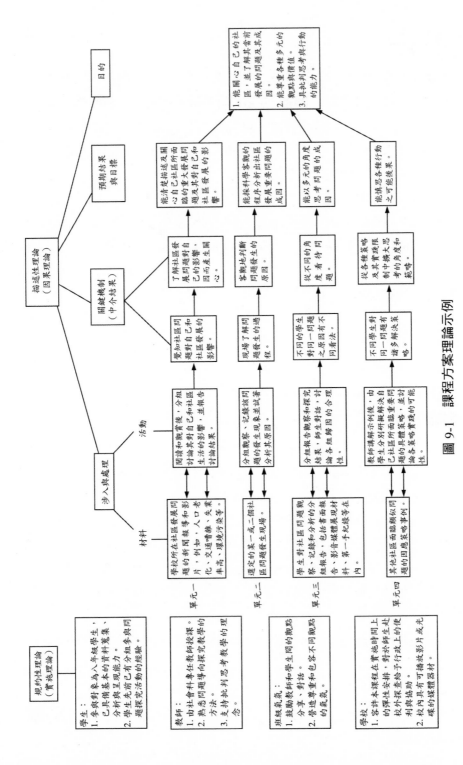

圖 9-1 課程方案理論示例

資料來源：作者自繪。

㈡評析方案理論

　　若課程方案內的各種理論假設均已釐清、明示，則可對這些假設加以評估、分析。這時，可選取本章第一節所舉課程計畫與材料評鑑的若干規準加以分析、評估，尤其是試著回答如下的問題：此課程能符合先前所評估的學習者需要？此課程的規約性理論假設，亦即課程實施的相關要件，在當前學校情境下被滿足的可能性如何？此課程在目前學校情境下實踐的可行性有多高？此課程所投入的時間、人力和資源，與所期望獲得的學習結果相比，是否具效益性？課程的目標、預期結果、學習者和實施要件是否被充分界定？各相互對應的目標、預期結果、活動與材料，其彼此間的因果關係假設具邏輯上的相互支撐關係？各「活動與材料」和其宣稱所欲達成的「預期結果與目標」間所假設的因果關係「關鍵機制」具合理性嗎？此課程所列明的描述性和規約性理論假設，可獲得一些學術研究結果或現場實踐經驗的證據支持嗎？又所擬分配的時間、人力和其他資源，足以充分支持本課程活動之順利實施，以達成所宣稱的預期效果？對於這些問題之回答，可採用分析課程文件、比較學術文獻和蒐集意見判斷資料等方式進行。

㈢現場試用評估

　　方案理論是由一連串假設所組成，這些假設是否能獲得證明，最終仍需於現場情境中，蒐集其實施過程與實施結果的實證性資料方能加以驗證。前一階段的方案理論評析，仍只是一種似真性的評估，而非堅實可靠的驗證性評鑑。因此，於評析課程的各種理論假設後，仍應進一步經由該課程的實地現場試用過程，蒐集實證性資料來檢驗各項假設的有效性。在課程的現場試用過程中，評鑑者可經由觀察課程運作過程中的師生互動、學生反應，訪問教學者和學生的知覺、感受和意見判斷，最重要的是應採各種合宜的學習結果評量方法，以評量所獲致之學習效果來驗證各項假設。所蒐集的學習結果資料，並應包括原訂目標以外的非預期性學習結果在內。這時，若干難以從文件分析和意見判斷資料加以評估的評鑑規準，如構念效度、心理學效度，就可獲得足夠的證據資料而進行更堅實的評鑑。

第十章

評鑑課程安裝與實施

　　一個經試用而證實有效之成熟課程方案，並不保證其在未來的現場實施情境中亦有同樣的效果，尤其是大規模、大範圍的課程革新方案更易受到各種實施因素之影響。經妥善設計、試驗而修正的成熟方案，在未於現場實施前仍只是一種靜態的文件和材料，它必須採取一些相關措施或政策使之順利導入現場，使用者才會加以確實實施。是以，一項成熟的新課程方案在現場實施情境中未獲致原先的預期成效或被認為失效，不見得是方案設計本身之問題，也許是其導入措施不佳所致，也可能是受到各種影響實施之因素所妨礙，而使其在現場未被充分實施或錯誤地實施，或者，因抗拒而根本未予實施。因此，課程決策和評鑑者對於一項經設計且試驗完成而準備於現場採用實施之方案，應關注於該方案導入過程及其相關措施、影響實施之因素和實際的使用情形等之評鑑，以及時回饋於決策者和設計者做必要的調整，此等調整可能包括方案設計本身之再調校、導入措施之補充或改變，以及實施情境條件之調整等。本章分兩節分別探討課程導入、安裝、實施影響因素和實際使用等面向之評鑑。

第一節 實施準備與安裝之評鑑

壹、課程實施準備與安裝之意義

　　所謂的**安裝**（installation），又稱裝置或置入，P. Tamir（1985）界定其為建造架構和形成條件以導入一項革新方案，並使之在學校使用的過程和工作。通常一項新課程方案在早期的設計和先前的試用階段中，就已指出其在正式實施時所需具備的相關條件，例如，學生的先備經驗、教師的專業要求、學習的時間量、學生的選取和組織方式、教學的策略與活動型態、必備的材料和場地設備、所需的經費預算和各種協助使用者順利使用的應有支持系統等。當教育行政機關或學校決定採用一項新方案時，應一方面了解該方案所界定的應有實施條件要求，另一方面則需詳細檢視學校系統和情境本身既有的條件基礎，然後設法去滿足這些條件要求，這是課程安裝或實施準備的主要工作。但這並非意謂安裝的工作一定需等新方案試用後才開始進行，有些工作在更早的階段即可著手及早籌畫；這亦並非指教育行政機關和學校於採用一項新方案時，一定得完全忠實地採用，有時使用者會基於在地情境條件因素之考慮而調整、修正方案的內容或其實施條件，以滿足在地現場的需要。不管係忠實地採用或調適性採用，課程決策者和設計者應設法了解一項新方案如何被安裝、導入，以及原先要求的實施條件中到底哪些已滿足或哪些未被處理，如此才能進一步正確評估該方案在現場實施的真正效果；或者以之回饋於決策者做為其調整、補充安裝措施之參考。

貳、評鑑項目與方法

　　教育行政機關或學校在採用一套新課程方案時，為了實踐其課程革新意圖，通常應發布實施一些課程相關政策並採取有效策略來落實這些政策，此即所謂的**課程管理**（curriculum governance）（高新建，2000；黃嘉雄，

2003）。這些課程相關政策，包括新課程的導入和安裝政策在內。因此，在評鑑一個教育系統的新課程準備實施與安裝措施時，可參考課程管理觀念中的課程相關政策類別項目，一方面逐項地分析新方案所要求的應有實施條件項目及其內容，另一方面探究教育系統所發布和實際實施的課程相關政策，以之了解、評鑑課程安裝與準備實施之情形。

　　一般來說，教育系統在面對一項新課程方案時所發布與實施的課程相關政策通常會包括下列事項：

一、組織調整與建立的政策

　　在管理單位本身方面，常基於課程革新之推動而調整或新設組織及人員，例如，成立課程革新的策略規劃小組、協助課程實施人員的專業諮詢小組、從事課程研發與評鑑的工作小組等。在實施現場方面，新課程方案亦可能要求學校層級重新調整校內行政和教學組織及人員，例如，成立校內新課程的推動和協調小組或單位、校內教師教學分工之重新調配、新專長教師和教學助理人員之增聘等。在學生組織方面，新的課程方案亦可能要求改變原先學校裡的學生組織型態，例如由常態編班改為能力分組教學、由班級教學改為分組合作學習、由年級組織改為跨年級的混齡組織、由必修改為選修、由大班教學改為小班教學等。

二、制度改革與更新的政策

　　新的課程方案亦可能會要求建構或採取新的教育制度。常見者包括：學生入學、選習和資格認證制度；學習成就評量制度；資源分配制度；師資培育、在職進修和資格檢定制度；教材及教科書編輯、審查、選用和供給制度；教學視導和評鑑制度等。

三、資源再分配的政策

　　新課程方案之順利實施，亦常會涉及各種教育資源的重新調配或投入。這些資源包括：時間資源，如調整學生學習節數、時間量及教師之授課量；人力資源，如新增科目教師的補充，或減少時數科目教師人力之另為安排，

以及教學支援人員的重新配置；物質資源，如教材教具的更新充實，教學設
施、設備和場所的置備與調整；經費資源，如新增學科之課程和教學實施經
費的編列、教師專業成長經費的提供、學習所需資源之購置經費等。

四、資訊傳播與專業成長協助的政策

　　新的課程常帶有新的觀念、新的知識，其實踐也需新的專業技術，因而
配合新課程方案的實施，需採用各種合適的方法將新的觀念、知識和技術加
以傳播，讓教育現場人員，甚至社會大眾了解與支持。因而應擬訂並實施新
課程資訊傳播的政策，透過各種傳播管道，如書面文件發布、電視和平面媒
體傳播、電腦網路公告，以及辦理研習會、工作坊和論壇等方式加以傳播。

　　至於實施新課程所需的專業知識和技術，亦須規劃、辦理妥適的專業成
長策略，以協助課程實施人員有效習得。故建立諮詢網絡、提供專業技術之
協助，和辦理在職人員的專業進修等，亦是不可或缺的相關政策。

五、激勵與評鑑的政策

　　課程革新過程若能提供各種激勵措施，例如，領導人員的鼓勵、支持，
績優人員的獎賞，成功案例的提供與分享；以及適時實施評鑑，藉以改進和
引導課程實施，並建立績效責任評估的程序，亦是落實課程革新方案的有效
政策。

　　上述乃常見的新方案導入和準備實施之相關政策措施，但並非一項新方
案之導入或準備實施均會涉及所有這些政策，此視該擬導入方案之性質、範
圍和複雜度而定。評鑑時可採課程文件分析和訪問設計者的資料蒐集與分析
方法，先了解該方案在設計上所要求的有效實施之所需相關物質、制度、專
業和情境條件；此等了解之程序，亦可做為教育系統決定是否採用該方案的
過程之一。接著，則可依探究所得的、方案要求的實施條件項目，逐項依其
性質，採合適的方法蒐集、分析教育系統在實際進行安裝導入或實施準備上
的各項政策，分析這些政策的內容、實施程序和效果，以評估課程實施準備
和安裝之實際情形，找出所要求條件和實然措施間之差距。

第二節　實施影響因素之評估

　　對課程決策、設計和評鑑者而言，除了關心課程安裝與實施準備各項措施之品質外，亦會想要了解哪些因素影響了一個經試用為有效的成熟方案之實施效果，此即對課程實施影響因素之評估。此種評估與前節所論課程安裝與準備實施之評鑑密切相關，若干評鑑項目與範圍亦可能有所重複。但兩者重點不同，前節所論者是想要了解、評鑑安裝與準備實施措施和過程的品質狀態，而以下所論者則試著去探究何種影響因素促成或妨礙方案的實施結果。本節先分析影響課程實施的主要因素，再說明其評估項目和方法。

壹、影響課程實施的因素

　　影響課程實施的因素極多，不少學者曾為文說明，茲舉一些學者的觀點說明之。

一、黃政傑的觀點

　　黃政傑（1991）曾綜合一些學者的分析，將影響課程實施的因素歸納為五大類：

㈠使用者本身的因素

　　指課程的使用者，即教師本身的因素。教師對新課程方案或課程改革之知覺理解、態度、動機和安全感，以及教師是否有足夠意願、能力和時間面對和處理新的課程材料、方法等，皆是此類的重要影響因素。

㈡課程因素

　　新課程方案的設計理念、內涵的明確性，以及其變革範圍與深度不一所產生的複雜性程度等，即是課程本身的影響因素。一般來說，新課程方案的設計理念若與實施現場的觀點一致，其目標、內容和活動之說明愈明確，相較於原先課程的變革範圍與深度愈小，則其愈容易實施，新課程落實的程度

愈高。

㈢實施策略的因素

實施策略乃指教育系統導入新課程並支持其實施的各種政策、策略，類如前節所述的各種課程相關政策及其實施策略，至少包括在職進修、資源支持、參與決定和給予回饋四方面。一般來說，教師在職訓練愈充分，其內容與新課程方案愈相關，則新課程實施程度愈高；若實施所需之時間、空間、材料與設備等資源能適時充分提供，實施程度則愈顯著；另若課程研發和實施初期能讓實施者有較多的機會參與決定，以及對實施者於實施過程中所發現之問題和修正意見能加以充分回應，並提供諮詢和回饋管道，則其實施程度愈高。

㈣實施機構的因素

實施機構指的是採用新方案的學校，其採用的理由、校內氣氛、領導者的觀念與作為、校內的物質和精神環境條件，以及學校屬性特質等因素，亦會影響課程之實施。

㈤大的社會政治單位之因素

大的社會政治單位指學校外的機構，尤其是各級政府單位和教育行政機關。這些單位所推動之課程革新也許未獲學校認同，其推動策略可能過於強調速成或配套措施不完善，其革新也可能過於受政治氛圍影響而形成不穩定狀態。凡此亦皆是影響課程實施的重要因素。

二、M. E. Gredler 之觀點

一套新課程方案在實施現場可能以各種不同的方式實施，包括如計畫般地忠實實施、相互調適地實施、表象性而非實質地實施，或根本尚未實施，關鍵在於實施現場的許多在地情境條件與革新方案間之互動關係；Gredler（1996）曾歸納其主要影響因素為：

㈠革新方案對教育系統的關係

一套革新方案對擬加以採用的教育系統而言，有兩項重要特質影響實施，

其一，是革新方案試圖去改變系統原有運作的範圍程度；其二，是新方案本身內涵界定的明確程度。這兩項特質之程度各有大小、高低，彼此交錯，可形成如表 10-1 的四種關係。

表 10-1 方案本身界定明確度與其試圖改變系統程度間之關係

附隨於系統	
第四種 方案內涵充分明白地界定；基本的角色改變被清楚界定；並不直接挑戰系統日常的運作信念與實際。	**第一種** 方案內涵界定鬆散；並不直接挑戰系統日常的運作信念與實際——附隨於系統。
界定明確	界定不明
第三種 方案內涵充分明白地界定；基本的角色改變被清楚界定；試圖導致系統運作的改變。	**第二種** 缺乏明確的實施運作說明，於是導致各種不同的詮釋；試圖導致系統的改變——可能面臨抗拒。
系統的變革	

註：水平軸乃方案界定明確度，垂直軸乃要求系統變革的程度。
資料來源：修改自 Gredler (1996: 272).

在表 10-1 的四種關係情形中，第一種革新方案並不試圖帶來系統的改變，其附隨於原系統的運作模式中，但由於方案內涵要素之界定是鬆散不明的，故方案內涵要素之實施情形將會因校、因教師而異。第二和第三種方案均試圖改變系統內部的運作，其為教師發展新的方法、途徑、材料，甚至新的觀念，希望改變教師舊有的觀念和運作方式；所不同的是，前者對方案內涵要素之界定模糊，故其實施亦會如第一種般因場所情境而異；後者則對方案活動、程序和實施之角色描述有明確界定，故其較會被以相當一致的方式實施，並獲得機構較充分的支持而經驗到實質的革新。但因這兩者皆試圖改變系統的原有運作，故皆較可能引發方案之外的非預期性反應而影響實施。至於第四種方案，其方案內涵要素被清楚界定，也不試圖改變系統持續運作

中之信念或其他優先性政策，人員的角色責任亦於方案中明確描述，故在其他情境條件類似的情形下，此種方案最可能被充分地成功實施。要言之，當方案之內涵要素界定愈明確，且其要求系統改變的幅度愈小，則其實施程度將愈高，愈容易成功。

㈡機構的支持

決定採用新方案的機構如教育行政機關和學校，在實施準備和實施過程中之支持措施，是影響方案實施的重要因素。這些支持措施中，經費和材料設備等資源是基本的，但並非是充要的，機構領導者的承諾、態度和背書保證至關重要，而且，支持措施不能只在新方案的初始階段提供，其應是持續性的。另外，一些導入方案的實施策略亦須顧及，如師資培育和在職訓練、對教學者的諮詢協助、現場實際問題的定期會議討論與回饋、校長的參與訓練等，這些亦是展現領導者承諾支持新方案的重要觀察指標。機構對方案的支持措施愈充分，領導者的承諾與實踐愈明確，則方案之實施程度將愈高。

㈢在地問題與實際之影響

每一實施現場的不同在地問題與既有運作實際，亦會導致對新方案和政策的不同反應。這些問題和實際，諸如，學校所在社區家長的態度和參與程度、學校舊有課程與新課程之間理念和哲學上的相容情形、學校對新政策觀念的詮釋差異等。

㈣角色改變程度

新課程方案是否實際實施，最終掌握在教師之手，唯有教師願意，新方案才會真正被實施。影響教師使用革新內容之因素很多，其中最重要的因素之一，乃新方案要求教師改變其角色的範圍程度，改變的幅度愈大，其所需的時間和資源需愈多，招致教師抗拒或修正方案內容的可能性則愈高；相對的，若要求的角色改變愈小，教師愈易直接實施新方案。

㈤教師信念系統

教師之所以未充分或正確實施新的課程方案，不見得是源自他們對新方案的抗拒或懶於革新，反而常常來自教師以其既有的課程與教學信念去解讀、

詮釋新方案，因而於實施現場修正、補充或改變了方案內容。這些教師無心的、善意的修飾、補充或改變，常常使得方案變了樣。不過，必須提醒的是，教師對方案的調整結果，不見得一定是負向的，只能說其結果並非完全來自於方案的原本構想。

㈥教師對革新的經驗過程

新課程被轉化為實際的範圍及其準確性，依不同教師對該新方案的採用經驗而變化。而且，教師對某新方案之實施與採用，乃是一種發展性現象，他們會隨著方案的發展歷程而調整改變其關注重點和採用層次。換言之，教師會在變革過程的不同時間點建構和詮釋出不同的革新意義，也因此產生對革新的不同使用層次。此種教師對革新的不同經驗歷程，亦是影響實施的因素之一。

三、M. E. Hamdan 之觀點

Hamdan（1986）認為課程之實施結果受到該課程準備與導入之過程，和過程中一些重要因素相互交錯結合之影響。所以，他從影響的重要因素和實施之過程兩角度，分析影響課程實施之因素。

㈠重要因素

1. 人的因素：包括教育行政機關和學校行政人員、教師、技術與其他支持服務者、社區領導者、家長和學生等。這些人員對課程之態度、理解和素養乃人的因素。

2. 心理因素：乃學校和教室中的行政組織、社會和教育氣氛之因素。此構成前述黃政傑所論實施機構因素中的重要成分。

3. 教育因素：指課程及其媒材，即黃政傑所謂的課程本身之因素。

4. 物質因素：包括經費預算、學校和教室設施、設備器材和時間分配。

5. 社區因素：如當地文化、社區優先政策、政治和經濟條件、家庭互動型態、休閒和資訊的系統與媒體、人們和社會的日常關注事項與期望等。

(二)實施之過程

準備、導入和實施之過程主要有五類：

1. 準備過程：包括與地方教育行政機關和學校之溝通與協調、為課程變革及克服抗拒而採取的心理建設措施、了解學校和當地的氣氛，以及選擇該課程在學校中的實施程序。

2. 行政運作過程：包括將課程導入學校，課程實施相關人員、實施活動和時程表之組織與管理等過程。

3. 認可過程：指對具條件之參與者如教師、學生和學校加以選擇、組織和認可其參與新課程資格之過程，包括認可參與者、支持服務，以及學校與當地的實施氣氛。

4. 心理的行政過程（psychoadministrative process）：包括對學生的形成性評量、課程運作的追蹤活動、課程實施的持續增強活動。

5. 教育過程：指按照方案所述教學策略而進行教與學的過程。

上述重要因素及各種實施過程彼此交織結合而影響課程之實施效果。

貳、評估項目與方法

如前所述，影響課程實施之因素錯綜複雜，欲確實評估出影響課程實施效果之關鍵因素，誠屬不易。在評鑑策略上，可先參考前述學者們所提出的各項影響因素，規劃一個綜合性的評鑑資料蒐集與分析架構，將所有可能的重要影響因素和過程逐項列出；接著針對這些影響因素和過程項目，分別就課程方案在設計上的意圖性資料及其實際實施時的實際表現資料兩軸度，進一步逐項設計更具體的資料蒐集與分析方法和工具；然後實際進行資料之蒐集、分析與比較，藉由分析與比較此兩軸度所呈現各因素和項目的差距情形來找出關鍵的影響因素，以便回饋於課程決策、管理、設計和實施者。

一、規劃綜合性評鑑資料蒐集與分析架構

為了通盤、綜合地了解各項課程實施影響因素及實施過程中到底何者才

是真正的關鍵因素，評鑑時可先就各項影響因素與實施過程項目，規劃出一個綜合性資料蒐集與分析架構，如表 10-2。

表 10-2　課程實施影響因素與過程之綜合性評鑑分析架構

實施因素與過程	意圖的實施資料	觀測到的實際資料	差異	判斷
A. 人的因素				
B. 心理因素				
C. 教育因素				
D. 社會因素				
E. 物質因素				
F. 準備過程				
G. 認可過程				
H. 行政運作過程				
I. 心理的行政過程				
J. 教育過程				
K. …（其他）				

資料來源：修改自 Hamdan (1986: 25).

　　表 10-2 中的「實施因素與過程」係參照 Hamdan 之觀點而列舉，除此之外，評鑑者亦可參考黃政傑、Gredler 或其他學者所歸納有關影響課程實施之因素，加以列舉或增補。「意圖的實施資料」則指該課程方案計畫的、希望的實施過程和相關條件要素，此方面的資料可透過分析課程文件和訪問設計者而獲得。至於「觀測到的實際資料」，乃該新課程在準備實施、導入現場和於現場運作時的實際表現資料，這些資料之蒐集來源和方法依因素和過程項目之性質而定，其中常見的是以問卷和訪問法調查管理人員、實施現場人員、學生和社區人士之知覺和意見判斷，觀察現場的實際運作過程，分析實施機構的檔案文件、器材、材料和設施等；有時亦須以適當的評量工具評量學生的學習成就，以了解課程實施的中介性效果。當各項資料中之意圖性資料與觀察到的實際表現資料間呈現明顯的差異時，即可相當有效地判斷出影響實施效果的關鍵性因素。若能從多個具備不同條件因素之實施機構和現場

樣本，分析比較其實施條件與實施效果之關係，亦可有效判斷出關鍵影響因素。

二、分項因素或過程項目之評鑑分析示例

前述綜合性評鑑資料蒐集與分析架構，僅提供一個蒐集與分析影響實施因素之整體性參考藍圖而已，在實際進行評鑑探究時，其實每一項實施影響因素之分析探究皆非易事，茲舉兩例具體說明表 10-2 中 J 項教育過程因素之評鑑探究方法。

㈠方案中先在、過程和結果要素之評鑑

一些設計較詳細、明確的課程方案，會指出該方案所擬服務的學生對象之應有特質，如參與此課程學生之年級、先修課程和先備經驗；也會對方案之構成要素詳加設計，諸如本課程各單元的學習內容、學習材料、教學活動和各單元的具體學習目標；此外，亦會列舉此課程的所有預期學習目標。此三者即 Stake（1977）所謂方案的意圖的先在要素、運作要素和結果要素。在實際的課程與教學運作過程中，實施者是否如原先的課程設計般，也就是如方案的意圖般確實展現了此三大要素，則屬未知數，必須於教育現場蒐集和分析此三者的實際表現資料，方能確知該課程的實際運作過程中有關此方面的表現，即 Stake 所謂觀察到的實際表現資料。透過此三大要素的意圖性資料和觀察到的表現資料之蒐集、分析與比較，則可判斷出課程方案受實際的教育過程因素之影響情形。表 10-3 提供一個採用此取向以評鑑分析教育過程因素的資料蒐集與分析架構。

㈡教師對方案的使用層次與創新成分之分析

前文曾引 Gredler 之觀點，指出教師在經驗革新方案的過程中，會隨著時間的進展而對革新建構、詮釋出不同的意義，其使用革新的層次亦會有所變化；另外，教師也常基於自己對革新的知覺、詮釋，而於實施過程中調整、改變方案內容。此兩方面深深影響課程之實施結果，亦是評鑑探究應關注的重點。

表 10-3　課程實施的教育過程因素資料蒐集與分析架構

問題	資料來源與方法	
	意圖的	觀察到的
1.(1)此方案接受者確為所規劃的標的群學生	方案計畫	學校招生、註冊、選課和入學紀錄，教室觀察，計畫的實施紀錄。
(2)為何是或不是？		非正式訪談行政人員、教師、方案設計者和其他人士，分析實施紀錄。
2.(1)方案的各項重要內涵要素（學習內容、教材、活動和教學策略等）如實運作？	方案計畫	教室觀察。
(2)若否，為何？		方案實施紀錄，教室觀察，非正式訪談利害關係人。
3.(1)所假設的各單元的中介性學習效果正在發生？	方案計畫和設計者	教室觀察，分析學生作業成品，訪談學生。
(2)若否，為何？		教室觀察，採半結構式訪談訪問行政人員、教師和學生。
(3)有發生其他中介性效果？	分析方案設計之缺失	教室觀察，分析學生作品，訪問學生。

資料來源：修改自 Gredler (1996: 283).

　　有關教師對革新方案之使用層次，G. E. Hall、S. F. Loucks 和 D. W. Newlove（1975）等人曾發展出一套分類系統，如表 10-4（引自黃光雄、蔡清田，1999）。

表 10-4　教師對課程實施方案的使用層次

使用層次	使用的範圍
1. 未使用	教師對於課程改革缺乏了解，或了解甚少，未參與課程改革工作，也未準備參與。 （決斷點：採取行動以獲取課程改革的資料。）
2. 定向	教師已經或正在獲取課程改革資料，且已經或正在探討課程改革的價值取向及其對使用者的需求。 （決斷點：決定採用改革課程，建立實施時間表。）
3. 準備	教師正為第一次使用改革的課程而準備。 （決斷點：依使用者的需求使用課程，必要時加以改變。）
4. 機械地使用	教師致力於革新的短期使用或日常使用，缺乏反省的時間。其改變旨在符合使用的教師而非學生的需求。基本上，教師試圖熟練的工作，雖是使用改革的課程所要求的，但結果常是膚淺且不連貫的使用。 （決斷點：建立例行化的使用形式。）
5. 例行化	在使用過程中使用已經成為習慣，如有改變也是少數。很少考慮到改變課程革新方案的修訂和革新的效果。 （決斷點：依正式或非正式評鑑改進課程，以增進效果。）
6. 精緻化	教師依短期或長期的實施效果，考慮學生利益，修訂課程革新的方案，以增進課程的即時效果。 （決斷點：與同事協調合作，開始合作進行改變。）
7. 統整	教師結合自己和同事在課程革新上的努力，在共同影響的範圍內，給予學生集體的影響。 （決斷點：開始探討該新方案的替代性方案或對其進行主要修正。）
8. 更新	評鑑革新方案的品質，尋找目前革新的另類變通方案或修正方案，以增進其對學生的影響，檢視領域內的新發展，探索自己及整個學校系統的新目標。

資料來源：修改自黃光雄、蔡清田（1999：235）；黃政傑（1991：407）。

　　表10-4中的決斷點是用以判斷教師使用層次的重要判斷基礎，在資料蒐集的技術方面，則可兼採問卷調查、焦點問題訪談和教室觀察的方法蒐集資料而做判斷。以焦點問題訪談為例，G. E. Hall 和 S. M. Hord（1987）曾發展出如圖10-1的問題序列，做為資料蒐集和判斷之引導。

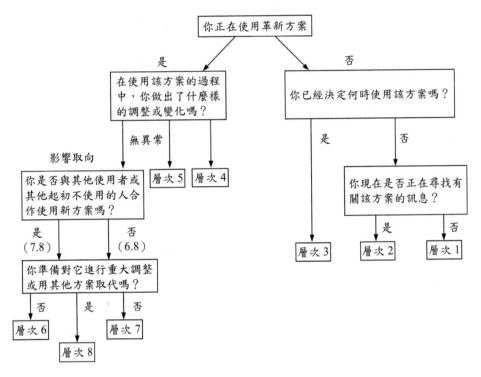

圖 10-1　使用層次之聚焦訪談問題序列

資料來源：Hall & Hord (1987: 95).

　　使用層次之分析僅能判斷教師對革新方案的使用層次，卻無法充分說明教師到底對方案做了哪些改變；另外，一般的情形是教師很少以照單全收的方式運作一套新方案。所以，若能了解、分析教師對革新方案的改變或創新情形，將有助於解釋影響實施的因素，亦可做為討論調整方案內容的基礎。Hord 和 HuLing-Austin 曾發展一套用以了解教師對新方案的創新內涵成分檢核表（引自張善培，1998：163）。在運用時，評鑑探究者首先需確定新方案

的內涵成分（components），其內分為「必須執行」和「建議使用但未強制執行」兩類；接著據以設計一份更聚焦於此方案的創新內涵成分檢核表，如表 10-5 示例，用以蒐集資料來清楚呈現所有可被接納及不被接納的革新方案之執行和創新情形。訪問教師及觀察教學，是較有效的資料蒐集方法。

表 10-5　方案使用之創新成分檢核表

(1)	(2)	(3)	(4)	(5)
◄────────── 可接納的變異 ──────────►			不可接納的變異 ──────────►	
成分一：教材的使用				
使用所有建議的教材，包括課本及補充的活動套件。	使用課本及其他教師自行編製或坊間出售的教材（但不使用補充的活動套件）。	只使用課本。	使用補充活動套件、教師自行編製及／或坊間出售的教材（但不使用課本）。	
成分二：課程目標的教授				
依照次序教授所有課程目標。	教授所有課程目標，但不依照建議的次序。	依照書本編排的次序教授目標。	不依照書本編排的次序教授目標。	教授其他目標。
成分三：測驗				
依照建議的時間使用通達測驗。	使用通達測驗，但不依照建議的時間舉行。	使用課本裡的測驗。	使用教師自編的測驗。	
成分四：利用測驗成績進行編組和檢討				
依照測驗成績進行個別化。	更改組別及學生時常互換組別。	每組學生不變，若有需要，個別學生可獲額外支援。	學生不被編成小組，若個別學生有需要，可獲得額外支援。	學生不被編成小組，任何檢討是以整班為單位。
成分五：紀錄存檔				
紀錄圖表被張貼在牆上，資料合時。	紀錄資料合時，但並沒有張貼在牆上。	紀錄圖表被張貼在牆上，但資料已過時。	不按照課程提供的紀錄系統去保存檔案。	

資料來源：修改自張善培（1998：163）。

對教師的新方案使用層次及其創新成分之分析，可協助評鑑者了解到底教師是如何使用新方案，以及他們做了哪些改變和為何如此改變，這樣評鑑者即可判斷此方案受教育過程此一因素的影響情形。另本節所示例者，只是眾多影響因素或過程項目中的教育過程因素，其他的因素亦宜參考 10-2 之綜合性分析架構，視各項因素或過程項目之性質蒐集適當的資料分析之，如此才能評估出主要的關鍵性影響因素。

第十一章

評鑑課程結果與分析成本

　　一套課程之所以具存在價值，以及其所以能說服大家採用，理由在於其能對學習者的學習產生實質正面效果。無論先前的需要評估，以及其後設計和導入安裝階段做了多少品質評鑑的功夫，提供了多少有關課程發展過程品質的證據，但在未對課程之實施結果加以評鑑前，均難以確認其效能。因此，課程結果之評鑑，雖非課程評鑑的充分內涵，卻是必要的根本內涵。另外，一套具高效能的課程，不見得是社會、學校或消費者負擔得起的課程，尤其當社會和民眾的資源常處於有限的情形下，評鑑者除需設法了解課程之效能外，亦常會被決策者或委託者要求分析其成本，以及成本與效能之關係，以便從各種備選方案中選擇具同樣效能但成本更低，或具同樣成本而有著更高效能的方案或材料。因此，對於課程的成本分析及其與效能之關係，亦是評鑑課程結果時另一需思考的重點。本章乃分兩節，分別探討課程結果之評鑑和成本分析的議題。

第一節　結果監測與效能評鑑

壹、結果的相關觀念

一、直接結果與邊際效應

　　課程實施後所產生的結果是多面向的，其中最令人關注的是該課程對其標的群學生在知能上所能產生的改變，此種課程實施對象在課程實施前後所產生的知能變化，即是課程的直接結果。但此等結果變化，有一些是來自課程以外其他因素所導致，不全然是課程本身貢獻而來。

　　除了學習者知能上的變化外，課程的實施亦會對實施場域的情境條件發生影響，這是課程於標的群學生之外所產生的其他結果變化，此可稱之為課程的**邊際效應**（side effects）。常見的邊際效應諸如校內人員在知識、觀念和技能上的變化；校內組織和文化氛圍的改變；社區和家長對學校教育態度和參與情形之調整；學校聲望的起伏等。

　　在課程結果評鑑時，最應關心的是直接結果，亦即學習者在知能改變情形上的評量才是最重要的，其他邊際效應的了解不能取代直接結果的評量。但是亦不能輕忽邊際效應，有時對學生學習具高效能的課程方案，可能產生某些嚴重的負向邊際效應，此等負向邊際效應也許會讓此課程在實施現場難以持續生存，或難以被採用。不過，必須澄清的是，邊際效應不必然是負向的，其亦可能是正向的。在策略上，若評鑑的時間和其他資源有限時，應以直接結果之評鑑優先，而若評鑑的資源充足時，則宜將重要的邊際效應納入評鑑範圍。

二、意圖性和非意圖性結果

　　一套課程於設計上期望學習者在參與此課程後所產生的知能進展變化，即是意圖性結果，通常詳載於課程文件中的課程目標。除了意圖性結果外，

課程之實施亦會產生一些設計者始料未及的非預期性結果，此即非意圖性結果。非意圖性結果有些是教育上正向、可欲的，亦可能有些是負向的。非意圖性課程結果構成所謂**潛在課程**的重要內涵，但並非所有潛在課程均是非意圖性的，有些潛在課程是被有意塑造的，其之所以潛在，乃是其意圖被巧妙地隱藏起來，讓實施者和學生難以察覺其存在，然卻實質產生了效果。

在設計評鑑時，Scriven主張不受目標之限制，認為應設法去了解一個方案對其接受者所產生的所有結果，包括意圖性和非意圖性結果。意圖性結果之評鑑，可先分析課程方案在設計上所植基的理論邏輯及其所界定的目標，再依各課程目標和課程內容之性質選擇或發展相應合適的學習評量工具，來蒐集學習者表現資料，接著據以分析、解釋和判斷之。

至於非意圖性結果，雖因其界定較困難而較難有效評鑑，但亦可透過某些策略來聚焦評鑑問題。P. H. Rossi、M. W. Lipsey 和 H. E. Freeman（2004）曾建議兩種策略：第一種，是從先前的研究獲取關注重點，亦即從與擬評課程性質相類似的其他已實施方案的研究結果，來預先推估本方案可能產生的非意圖性結果，再據以設計適當的此類結果的資料蒐集程序和工具；第二種是經由與方案直接接觸的重要資訊報導者，如方案實施者和參與者，請其提供他們參與此方案過程所知覺和經驗之第一手資料，評鑑者透過對此等資料之敏銳分析，常可發現一些重要的可能非意圖性結果面向，如此可進一步據以設計適當的程序和方法，藉以觀測和驗證這些報導者之知覺所提示的可能非意圖性結果。

三、方案結果與方案效能

前已述及，課程方案所產生之結果包含了直接結果和邊際效應，而就對學習者所產生的直接結果而言，也再包括了方案本身所導致的結果和其他因素影響下的結果。也就是說，學習者在參與某項課程後，其知能變化中某些部分是課程方案所造成的，此係排除其他因素而可完全歸因於方案本身對學習者所產生之衝擊（impact），此稱為**方案效能**（program impact）。評鑑時，光憑對方案結果之評量也許能指出其是否達成意圖性結果，但尚無法獲得充分證據以證明其結果確可歸因於方案，因為足以促成學生知能變化的其他因

素實在相當多，如學習者本身的自然成熟發展，或其他管道而來的學習成長，皆是明例。由於課程方案的效能證據才是說服決策者和社會大眾相信其價值的根本，因此課程結果的評鑑應設法進一步提升至效能評鑑，而這一般需採實驗設計才有辦法做到。茲以圖 11-1 來說明方案結果與方案效能之關係。

在圖 11-1 中，垂直軸代表方案的結果變項，在方案實施前所評量到的結果狀態是方案實施前的結果水準，實施後所評量到的結果狀態則是實施後的結果水準，此兩者間的結果變化乃方案的結果。但這些結果變化，一部分是即使未實施此方案，但方案的接受者仍會隨著時間的進展和其他因素影響而產生，如圖中之虛曲線。圖中的水平軸表示方案的涉入和實施進展，其中長方形圈起部分代表方案的涉入，其涉入後所產生的結果狀態變化如實線所示，方案的真正效能在於實線所示有了方案下的結果狀態與虛線所示無方案時的結果狀態間之差距。針對此兩者差距證據的蒐集、分析和解釋，才能真正做到方案效能的評鑑。

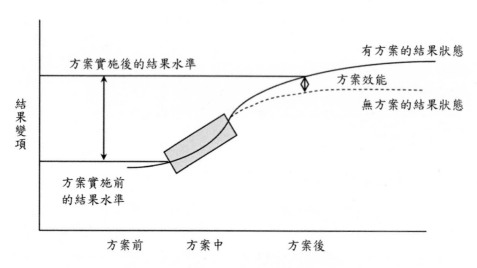

圖 11-1　結果水準、結果改變與方案效能

資料來源: Rossi, Lipsey & Freeman (2004: 207).

　　上述有關課程結果的相關觀念之釐清，對課程結果評鑑之規劃具若干啟示。其一，課程實施之結果包含對學生所產生的直接結果和其他的邊際效應，前者之評量乃課程結果評鑑中最重要者，而後者之了解和探究亦不可忽視。其次，課程對學習者所產生的結果，包含意圖性和非意圖性結果，非意圖性結果可能包括教育上的正向和負向結果，這些意圖和非意圖性結果資料之蒐集與分析，乃結果評鑑過程中均應聚焦投入者，不宜只將重點置於意圖性結果。最後，學習者在課程實施前後間所產生結果狀態變化之評量和了解，乃結果評鑑之根本基礎，但此等結果變化之證據資料，尚不能證明此課程之效能；有關課程效能之評鑑，通常有賴於規劃更嚴謹的實驗設計，方能評鑑其效能。因此，有些學者如 Rossi、Lipsey 和 Freeman（2004）以及 Chen（2005），對於純粹的結果變化之評量和了解，將之稱為**結果監測**（outcome monitoring）而非結果評鑑或效能評鑑，因為此部分的了解，只能告訴評鑑者和利害關係人某課程是否達成意圖性目標和是否導致某些非意圖性結果，但並不能明確告訴他們到底這些結果是否確為此課程所造成。基於此等觀點，以下分別說明結果監測和效能評鑑的方法。

貳、結果監測

　　對於課程結果之監測，通常需先思考、規劃並選定一些可能產生的重要意圖性和非意圖性結果面向及其具體指標，然後依這些結果面向和具體指標之性質，採用適當的評量方法來蒐集和分析結果表現資料，且至少蒐集和評量結果資料兩次以上，其中一次是在課程實施前，另一次是在實施後。有時，甚至應於課程實施中及實施後較長的一段時間再增加監測的時間點，如此，就可了解重要的課程結果在課程實施前、中、後的變化及其保留情形。

　　結果監測雖不能證明課程之真正效能，但其在課程評鑑上仍具重要價值。首先，它可對利害關係人所高度關心的學習者的學習進展，提供即時的資料，而不必如效能評鑑般需投入更長的時間且須等待總結出效能後，才取得做決定的資料。換言之，設計者可參考此等資料及時修正其設計，決策者亦可據以承諾是否繼續實施此課程或調整實施條件，消費者則可早一點了解其需要

的滿足情形。其次，相較於效能評鑑常需採實驗設計的高花費，結果監測在
經濟負擔上較具可能性，有些課程發展組織，尤其是學校的校本課程發展，
根本無足夠的經費辦理昂貴的實驗設計，此時較經濟的結果監測可能是其唯
一能選擇者。第三，在教育情境中欲設計出真實驗或準實驗設計相當困難，
相較之下，結果監測則具極高的可行性。第四，有時某些課程決策來自高度
的政治性決定，已無評鑑效能的餘地，這時亦僅能實施結果監測。最後，結
果監測所得的資料乃是進一步實施效能評鑑的基礎，若機構和學校能先建立
結果監測的能力，則將愈容易且更願意升級至實施效能評鑑；而且，結果監
測所得的資料是進一步實施效能評鑑不可或缺者。

監測課程結果之過程與方法說明如下：

一、界定結果面向與指標

課程結果之面向是多元的，有些屬認知領域，有些則為情意和技能領域
的結果，為有效評量，評鑑者宜先識別、分類和界定出課程方案中的重要結
果面向，並儘可能予以具體化或指標化。此等過程的最直接參考來源是課程
文件中所記載的意圖性目標，故可先從分析課程的計畫文件著手。有時文件
中之目標敘述也許不夠明晰，在此種情況下則需進一步訪談設計者，以充分
了解其設計理念與意圖；目標、內容與活動之邏輯關係；目標敘述之涵義；
以及衡量結果狀態之更具體表現指標。如果課程文件中之目標敘述確實過於
模糊不清，以致無法界定出明確的目標時，則將根本無法實施有效的結果監
測和進一步的效能評鑑，在此種情形下宜停止本評鑑，待方案設計者確實釐
清目標後再辦理評鑑。故 Chen（2005）曾稱此階段之工作是一種**評鑑的可行
性評估**，亦即評估該方案接受有效評鑑的可能性。Tyler（1969）亦認為此過
程將可迫使課程設計者進一步明確地釐清其目標；換言之，這亦是可回饋於
課程設計之修正的一個過程。

除了課程文件中目標與內容之分析與界定外，另一重要資料是對課程發
展過程中需要評估資料之分析。此方面的分析，一方面可將結果監測之焦點
不侷限於文件所敘述之目標而拓展至學習者的發展需要上，亦即可直接從學
習者在本課程中應有的發展需要來界定結果監測的面向和具體指標；另一方

面，此方面的資料分析亦可做為未來與評量所得結果資料相比較，而據以從學習者需要之角度判斷課程價值的重要基礎。

至於可能的非意圖性結果方面，則可如前所述，試著尋找一些先前所做與本課程類似的課程方案之研究結果，從中預估本課程實施過程中最可能發生的非意圖性結果面向和其具體指標，連同前述意圖性目標和需要評估資料之分析結果，列出待評量的結果面向和其具體表現指標清單，以做為發展評量工具之引導。

二、設計結果面向與指標之評量程序與工具

當擬評量的結果面向及其具體表現指標已確定及明確化後，接著即可依照這些結果面向和指標之性質，規劃、設計相應合適的評量程序與工具。首先，宜規劃一合適的評量時程，如前所述，至少應包括課程實施前和實施後之評量各一次，並視需要增加評量的時間點。其次，是選擇或發展評量工具，若已有現成且已被驗證具高信、效度，並且相適於擬評量行為性質之工具可供使用時，可加以選用或修改後採用；否則就需另行開發評量工具，自行開發工具時，應檢驗其信、效度。在選擇或發展評量工具時，應依擬評量的學習結果面向之性質選擇或發展適合的工具，本書第四章第七節所討論的各種學習成就評量方法與工具，可做為參考。換言之，常見的學習成就評量方法，如客觀測驗法、論文式測驗、實作評量、檔案評量、觀察法、自陳法、同儕評量、無干擾評量、訪問法等均可列為設計評量方法與工具之參考，做選擇時應依擬評的表現結果之性質而定。為增加評量之可信度，甚至可對同一結果指標設計兩種以上的評量方法與工具，以利資料之三角驗證。

三、結果資料之蒐集、分析與解釋

評量之程序和工具若已安排妥當，即可依時程和程序選定樣本進行學習表現結果資料之蒐集與分析。在選擇樣本時，至少需考慮三種樣本觀念，其一是對象樣本，亦即以哪些學生做為代表母群體的樣本，如果課程之對象係包含各種身分背景變項之學生，則所選擇之樣本就應包含這些不同身分別之學生代表；其二是情境樣本，亦即評量的實施情境應能反映擬評行為之自然

表現情境；其三是任務樣本，也就是指評量工具所要求學習者完成的工作任務或試題應確能反映本課程的主要學習內容，此方面的考慮，其實應在更早的評量工具發展階段就充分納入思考。

在分析與解釋結果表現資料時，至少可從下述角度分析、解釋：其一，樣本在課程實施之前的前測和實施後之後測間之結果表現變化情形，此可了解結果表現的進展情形；其二，不同身分樣本在前後測結果表現變化上的變異情形，此可用以說明本課程對何種身分群學生之學習最有助益或較無助益；其三，將前後測之結果變化情形，與意圖目標和先前所評估之學習需要做比對，此可用以了解預定目標之實現程度，以及學習者需要之滿足程度。

參、效能評鑑

結果監測所得之學習者學習結果表現資料，或學習者學習此方案的前後測所得之學習結果變化資料，固然對課程發展者、決策者之做決定有不可忽視的價值，但由於此等資料未將各種可能影響結果的因素排除，故尚無法充分解釋結果之變化係完全來自於此課程，所以，尚不能稱為效能評鑑。除非評鑑者能如本書第四章第六節所言，採排除法逐一排除那些受評課程以外的所有其他影響因素對結果變化之影響；或者，提升結果監測之程序為採中斷時間系列的單組前後測設計（Chen, 2005），如此也許尚能某種程度地解釋結果之變化係來自於此課程。但是，此種方式所推論的課程效能，總是有方法論上的不足。

欲有效而確信地證明課程之效能，在方法論上，必須將結果監測之程序提升為實驗設計，包括真實驗和準實驗設計，也就是採取將參加新課程的實驗組之學習結果變化，與未參加此課程的控制組或比較組之學習結果變化做比較的方式，來驗證此課程的效能。有關實驗設計的說明及其優缺點，詳本書第四章第六節，於此不再贅述。

第二節　成本分析

　　若一個課程方案合於教育專業原理及課程設計的基本原則，且經前節所述效能評鑑方法證明其具高課程效能，則可宣稱此課程之本質價值高。但是，它值得採用或被推薦採用嗎？答案未必是肯定的。在本書第一章討論評鑑的定義時，特別強調評鑑中的價值判斷包括了本質價值和效用價值兩者在內，因此在判斷一個課程方案之價值時，除判斷其本質價值外，尚應判斷其效用價值，而對該課程成本及其成本與效能間關係之分析，即為效用價值評估與判斷的重要層面。

　　一個具高效能的課程方案經成本分析後，也許發現其根本是機構、學校或個人所負擔不起的，則其就無被採用的可能；或者，當此課程之成本與其產出效能間之關係經分析後，發現資源與產出間之效率不高，或相對低於其他類似課程方案之效率，則此課程亦可能被捨棄，除非，有取之不盡的資源，問題是我們的社會和教育資源總是有限的，因此，成本分析及成本與效能間關係之分析乃課程評鑑的重要議題。有關成本與效能間關係之分析，有些學者又將之稱為**效率評鑑**（efficiency evaluation）或**效率分析**（efficiency analysis）（Chen, 2005; Windham & Chapman, 1990）。

壹、重要觀念

一、成本的意義與估算

　　成本乃採取某一選擇或決定所需捨棄的利益（cost as benefits forsaken）（黃政傑，1987；Popham, 1988）。所以，成本的觀念與取捨選擇的觀念脫離不了關係，更確切地說，真正的成本乃等於**機會成本**（opportunity cost）（蓋浙生，1982）。亦即，當我們進行某項選擇或決定時所捨棄的利益，其實就是我們犧牲原持有的這些利益來換取其他利益的機會，因此成本其實乃利益──被捨棄的利益。

　　若以資源一詞來代表利益，則更容易體會此成本的觀念。例如，當學校決定實施甲課程時，學校必須投入以人力、時間、設備和經費等資源，這些資源是實施此課程所被捨棄的利益，即為成本。換言之，為了實施此課程，學校就犧牲了以這些資源來實施其他課程以獲取利益的機會。

　　在估算成本時，常見的是以金錢來衡量，亦即將所需捨棄的利益或資源，無論是人力、時間、設備或經費，均逐項換算以貨幣值，再將其加總來代表成本值。不過，成本之估算亦可以其他方式處理，例如，以某種價值單位來換算各項所需捨棄的資源價值量。例如，實施甲課程時，估算所需捨棄的價值單位之量，分別為人力需二十個、時間需十個、設施需五個、材料需五個、其他經費需二十個的價值單位，則總計需六十個價值單位；若以同樣的價值單位來估算乙課程實施所需各項資源的價值單位量為一百；如此則甲、乙兩課程之成本估算就能獲得可比較之基礎。同理，課程效益之計算可用金錢為估算單位，亦可以其他單位如成就測驗分數、畢業率、升學率等來換算。在進行成本和效益分析時，必須先確定成本和效益的換算基準，如此各項方案之比較才有意義。

　　在估算成本和效益時，另一需考慮的重點是計算的角度或觀點。亦即所計算的成本或效益是從誰的角度或觀點來估算，一般而言，有三種不同的角度（Rossi, Lipsey, & Freeman, 2004）：(1)參與者：即以參加方案的當事者之角度來估算其成本和效益。以課程而言，學生參加某課程時，就當事學生而言，其本身必須繳學費、購買教材和付出學習時間等，這些是其成本；而參加課程後，學生自己獲得知能成長、更高一級的受教機會、更高的社會聲望、更高的薪資報酬等，這些是其效益。如果估算時，均以學生之立場和觀點來計算其成本和效益，乃此種角度；(2)機構：即以實施之機構為估算之角度。就課程而言，即學校或某教育行政機關；當學校實施某課程時，估算其所需人力、時間、設備和經費等成本，以及估算學校所獲得的效益，如學校學生在該課程的校外測驗分數平均值、整體學生升學率、學校聲望等之提高程度；(3)整體社會：亦即以整個社會，如以一個國家、州、省和市的整體觀點來估算成本和效益。以課程而言，如估算全國實施某課程所投入的所有教育資源成本，以及估算其所獲得的整體效益。全國性的課程成本，可從中央和地方

各級政府為實施此課程所編列之經費預算做為成本估算的重要來源；至於全國性課程效益之估算，則遠比機構和參與者兩角度來得複雜、困難，因課程效果之測量會受更多因素之影響，且許多課程實施的邊際效益或外溢效益如犯罪率降低、人民生產力提升、選舉行為更成熟等之評估，將會變得更間接或立基於更多難以檢證之假設。無論如何，在估算課程成本和效益時，必須選擇和界定所採取之角度或觀點。

再就估算的時機而言，成本和效益之分析可於課程方案的規劃和設計階段實施，此稱為**事前效率分析**（ex ante efficiency analysis）。此種分析可採推估的方式，估算課程方案正式實施時所需之可能成本，至於其效益，則可依試用階段所測量與觀察到的課程效能加以估算。另一種，乃課程正式實施後所為的成本與效益之估算，此稱為**事後效率分析**（ex post efficiency analysis），其乃針對實際投入的資源成本和實際獲得的效益加以估算分析，故在估算上較具實證性；即使如此，某些事後成本和效益之估算，事實上仍然可能會帶有推估的成分。事前效率分析對於那些一經實施就難以放棄，或必須投入相當長時間和大量金錢才能展現其成果之方案極為重要；事後的效率分析則較具說服力。

在估算課程方案成本時，通常採**成分分析**（ingredients analysis）方法，將方案從研究發展、導入和運作實施的各階段裡的重要活動項目成分逐項列出，並分項估算各項活動所需投入之成本，再累計各項成本而得方案之總成本。一般而言，各項活動之成本可能包括下列五類：(1)人事；(2)設施；(3)材料與設備；(4)方案的其他投入，即前三項以外的其他類別資源之投入；(5)受益者之投入，即學生參與本方案所投入之時間、費用等成本（Popham, 1988）。以課程方案之發展與實施為例，可採類如表 11-1 的成本成分分析表，將課程發展與實施各階段中之主要活動項目及各項目之成本加以逐項估算。

表 11-1 是一種假設的成本分析項目，實際上是否有表中所列之活動項目和發展階段則依實情而定。若係自行發展與實施之課程，可能包括表中各發展階段之活動項目，若係採用現行的方案，則可能僅包括導入和運作與維持兩階段之項目。此外，這些項目也並非已窮列所有項目，實際上可能會增加

表 11-1　課程成本成分分析表

階段＼活動項目＼成本	研究發展			導入		運作與維持	
	需求評估	設計	試用	在職訓練	充實設備與材料	運作實施	士氣激勵
1. 人事成本	1-1-1	1-1-2	1-1-3	1-2-1	1-2-2	1-3-1	1-3-2
2. 設施成本		2-1-2	2-1-3	2-2-1	2-2-2	2-3-1	
3. 材料與設備成本	3-1-1	3-1-2	3-1-3	3-2-1	3-2-2	3-3-1	3-3-2
4. 空間成本			4-1-3	4-2-1	4-2-2	4-3-1	
5. 學生成本			5-1-3			5-3-1	
6. 其他				6-2-1			6-3-2

資料來源：作者自行整理。

或減少一些項目。至於表中之數字序號，第一碼表示成本類別，第二碼代表課程發展與實施之階段，第三碼則為各階段中之活動項目序，此等編碼可用以協助對各類、各階段成本之分類計算和累計；而各活動項目中空白者，表示在該活動項目中並未實質投入成本。另外，有些成本是即使未採用新課程但仍需投入者，如校長人事費、既有教室空間與設施等，則可不必列為成本，只有因新課程之實施而新增者才予以計入，如此則可降低成本估算的複雜度。若以表 11-1 之分析架構，就擬比較之課程方案逐一估算其成本總量及單位學生成本，則可進行方案間成本之比較，若再估算出各方案之成本與效益關係，則可進行方案間效率之比較。

二、效益之估算

　　本章第一節討論課程結果監測與效能之評鑑時，即已說明這是極為複雜的工作歷程，若直接以前節所述的效能評鑑結果做為課程效益估算之基礎，再新增成本分析，則成本與效益間關係之效率評鑑自然能水到渠成。然而，許多的課程評鑑設計並未實際進行效能評鑑，而是以結果監測之資料或更間接的教育成效資料來做為效益指標，因此如何決定各項課程和教育成效指標，

以做為估算效益及進而分析效率之引導架構，乃值得探討之議題。此外，成本與效益間關係之分析，強調採用量化的估算模式，故課程效益指標之具體訂定，亦為必要之工作。

由於課程方案的範圍可大可小，小者可能只是某校或某地區的某學習領域（學科）的一個單元或一個年級之課程，大者則可能包含整個教育系統的一個學習領域（學科），甚至是數個相關的學習領域課程，因此其效益指標之選擇和界定乃會受課程範圍大小之影響。一般而言，課程範圍愈小，愈可直接以立即性課程效能或直接結果來訂定效益指標，其效益估算也愈確實；反之，範圍愈大者，則愈需藉助大量樣本的長期性效果或間接性效益指標來協助估算，此等估算之推測性成分乃愈高。

D. M. Windham 和 D. W. Champman（1990）曾提出一些衡量教育產出效能的指標，並把這些指標分成兩類，一類屬立即性效益指標，稱為**結果指標**（output indicators），另一類屬長期性和擴散性效益指標，稱為**效果指標**（outcome indicators）。此兩位學者所列舉的下列這些指標，可做為估算教育和課程效益之參考指標項目，以下從課程之角度分別說明之：

㈠結果指標

1. 參與：即用參與此教育或課程的註冊人數統計資料做為估算效益之指標。透過此等統計，可以比較各年級、各教育階段和各類科課程的參與學生數之增減變化，透過參與擬評課程學生數之增減情形，甚至參與者對課程滿意度之調查統計資料，可做為估算效益之參考指標。但是，此等指標只是一種間接性指標，因參與人數之增加和滿意度之提高，並非一定代表學習結果成就之實質提升。

2. 成就：此乃以課程實施後學習者的成就表現做為效益之指標，這是最直接、可靠的指標。此等指標之資料，可藉由前節所述結果監測和效能評鑑之過程而獲得。

3. 態度／行為：如果前一項的成就指標資料已經包含了學習者的態度／行為結果資料，則可直接併入處理。但有時某些結果監測和效能評鑑之設計，只將重點置於認知類學習成就之評量，此種情形下應將此項

指標另列為一項重要的效益估算指標。有關學習者態度／行為類結果之資料，自當依其性質採適當的評量方法和工具蒐集與分析之。

4. 公平：此指標所關心的是不同學生群，如不同性別、種族、地區、社經背景學生於課程實施後所呈現的成就結果分配和差異情形是否合於教育機會均等或教育公平的精神。因此，其可藉助於前三項有關參與人數、成就結果和態度／行為結果之統計量數的分配情形來評估，無需另進行單獨的資料蒐集工作。惟本項指標效益之估算，深受各種不同的公平哲學和分配正義觀之影響。

㈡效果指標

1. 接受進一步教育和訓練的入學機會

學生參與某階段教育或課程後，若使其有更高的機會順利進入下一階段的教育和訓練生涯，則此教育或課程的效益應較高，故可將學生順利獲核可進入下一階段教育之機會，列為長期性效益估算指標之一。但是此種衡量指標會帶來一些風險，其一，會影響學校的課程實施過於強調升學導向，升學率會成為學校辦學之焦點，而升學的選才程序與工具不見得能充分反映學校課程的內涵；其次，入學的標準常會因時間、地區和評量工具而變化，因而以升學率來衡量教育或課程的進步效果，其實並不完全公平，也不直接。

2. 接續的教育和訓練之成就

理論上，若學生因接受某階段教育或某課程後而使其獲得較高的學習成就，則此等高的學習成就應能使其在下一教育階段或更高階的課程中較容易獲得成功或維持較高的學習成就，因此，亦可將學生於接續本課程後的更高階課程之學習成就，列為本課程的效益估算指標。惟此等指標亦是間接性指標，因下一階段教育或課程之成就表現結果深受其他諸多因素之影響。

3. 就業情形

若學生選擇於接受教育或課程後即就業而不再升學，理論上其現階段所接受之教育或課程，應能協助其獲得就業所需之知能而有較高的就業機會，因此亦可以學生參加某教育或課程後之就業情形，做為課程效益估算的指標之一。惟同樣的，此一指標亦是較為間接之指標。

4. 薪資所得

此乃以學生接受某階段教育或某種課程後而使其未來薪資所得之增加情形，做為效益估算之指標。雖然此等指標亦屬課程效益的間接性指標，但由於一方面成本與效益關係之分析換算常會以金錢單位來估算，另一方面此種效益估算指標對社會大眾較具說服力且常為一些經濟學者所採用，故亦是一種常見的估算效益指標。此種指標資料之估算，通常以接受某階段教育或某課程者就業後之薪資所得統計資料，與未接受者之薪資所得統計資料相比較而得，而且所比較之薪資資料常需藉助長期的、大樣本的、具可靠性的薪資調查統計。

5. 其他態度與行為

前述第㈠類第 3 項的態度／行為結果指標，指的是課程本身所欲培養的態度與行為；這裡的態度與行為，是指接受較長期的教育或課程後所習得的其他更廣泛的態度與行為，例如，社會責任、教育態度、消費行為、政治參與等。當然，如果擬評之課程本身就是以這些態度和行為做為其課程目標，則可將本項指標併為第㈠類第 3 項之指標。假若擬評之課程雖非以此為目標，但可能會對此等態度與行為產生實質影響，例如，語文、藝術與人文、通識教育或整體學校教育課程皆會產生對這些面向態度與行為之影響，則可將此列為效益估算指標之一。不過，較大的難題是，此等其他態度與行為效果何其多，實在難以一一評估，其效果也很難完全歸諸於教育或某種課程。

6. 外溢或邊際效應

此乃指教育或課程對其直接接受者（學生）以外的人士或社會情境所產生的外溢效益。就全國性教育系統而言，常被列舉的此類效益包括：增加社會流動、改變所得分配、改變大眾的態度與價值觀、改進政治參與、降低失業率、提升人力素質、增進生產力、增加研究的質與量等。就某一個別學校而言，新開發或實施一套課程，則可能提升教師的專業和研究知能、提升工作士氣、提高學校聲望、促進教師間的合作氣氛等，這些外溢效益亦可做為估算效益的參考指標，惟其也難以窮列，較宜視為是次要指標。

在估算課程效益時，如同成本之估算，可分別採金錢或某種價值單位來估算，亦可直接以評量所得的分數來估算。估算之時機亦可於事前或事後估

算，亦可分從參與者、機構和整體社會等不同角度估算。

貳、成本分析的型態

成本分析的型態或模式，按 H. M. Levin（1983）之分類，有**成本可行性分析**（cost-feasibility analysis）、**成本效能分析**（cost-effectiveness analysis）、**成本收益分析**（cost-benefit analysis）和**成本效用分析**（cost-utility analysis）四種（引自 Popham, 1988）；而 D. M. Windham 和 D. W. Chapman（1990）的分類雖亦有四種，但他們的分類與 Levin 相同者僅前述的後三種，第一種成本可行性分析未被列舉，他們另列了一種稱為**最小成本分析**（least-cost analysis）的型態。以下根據這些學者的分類，說明此五種成本分析的型態。這五種成本分析型態當中，僅成本可行性分析未涉及效益之評估，其餘四者均包含成本與效益間關係之分析。

一、成本可行性分析

每個機構或學校之資源是有限的，因此當其面臨是否採用某課程方案或從數種方案中做選擇時，其考慮的一個重點是本機構或學校是否負擔得起該方案，或者僅能選擇足以負擔的方案。換言之，有時一些高效能的課程方案，由於其過於昂貴，是學校負擔不起的，其就未具被採用的可行性。像此種將重點置於分析方案之成本，以評估其被採用之可行性的方式，乃成本可行性分析。例如，當學校能用於實施英語教學的年度經費預算僅五十萬元，而教師們所建議的三種備選方案之成本分別為：一百萬、八十萬和四十萬元時，則這時僅需分析三種方案之成本，且僅能選第三種方案，根本無需評估此三種方案之效能與效益，除非學校有辦法再籌措足以實施另兩種方案的經費。

二、成本效能分析

成本效能分析是以方案的成本與其所能產生的課程結果效能間關係做為基礎，來分析評估各種備選分案之分析模式。實施時，首先決定成本與效能估算之角度是參與者、機構或整體社會，以及估算之時機是事前或事後分析。

其次，按前節所述成本估算之方法，列出所有成本項目，逐項估算各方案之成本總量及單位學生成本量。復次，是決定各方案的共同效能指標並測量各方案之效能量。這裡的效能指標，可以是各課程方案在前後測驗結果的平均進步分數，或各課程方案在不同學校實施後其學生違規行為平均降低的次數，或學生參加課程方案後達到上級機關成就測驗標準的進步率等。換言之，可直接以前節所論結果監測和效能評鑑之資料，做為估算效能之指標與數據。最後，將各方案的成本總量除以其效能量而得成本與效能之比，以便進行方案之比較和選擇。茲以表 11-2 說明之。

表 11-2 三種批判思考技能方案之成本效能資料

方案	成本	效能 （測驗分數）	成本／效能
甲	$40	8	$5
乙	$20	5	$4
丙	$10	5	$2

資料來源：Popham (1988: 261).

表 11-2 中的測驗分數，乃三個方案實施後學生於思考技能測驗上分別較控制組學生高出之平均分數，這是以測驗分數做為三方案的課程效能估算指標；至於成本，則將三方案之總成本換算為每生的單位成本。依此表數據觀之，甲案是最具效能且是最昂貴的，乙丙兩案之效能一樣，但丙之成本低於乙案。若比較成本與效能之關係，則丙案最佳，因其每增加一分，僅需二元成本，甲案即使效能最高但反而最不利，因其每增加一分之平均成本為五元。準此而言，決策者之最佳選擇應為丙案。

實施成本效能分析之最大優點為：可直接以某些課程結果監測和效能評鑑之資料做為效能指標和數據，無需將其換算為金錢單位。但是，其實施必須注意兩個條件：首先，所比較之方案應是具相同課程目標及性質者，不能將數學課程與閱讀課程之效能直接做比較，亦不能將記憶導向閱讀課程與理

解導向閱讀課程之效能直接比較。其次,各課程方案所比較之效能指標應是相同的,不能拿甲案的標準化測驗進步分數,與乙案學生在縣級測驗上的達標率做比較。

三、成本收益分析

　　成本收益分析是將各種方案之成本與效能,均轉化為相同的金錢貨幣單位來估算其成本與收益間關係之分析模式。由於各方案之成本與效能皆轉化為金錢單位,故相較於成本效能分析不能對具不同目標、性質和效能指標之方案進行比較,此種分析模式藉由相同的金錢單位而在理論上應可對具不同目標、性質和效能指標之方案做比較。但是,其最大的困難是許多課程成本項目和其效能指標難以用金錢價值衡量。例如,大學生修習某課程的機會成本也許可從同齡而未上大學之就業者的平均月薪來估算,但義務教育階段學生之機會成本又能以何種薪津水準來估算?又如,某課程方案讓學生在測驗上的平均分數增加一分,一分到底值多少錢?因此,如果評鑑之閱聽者和利害關係人無法對各項成本和效能指標的金錢價值獲致共識,則其比較基礎就顯得相當薄弱。所以,一般進行教育和課程之成本收益分析,通常是針對那些學生因參與課程或教育後而獲得薪資所得增加之巨觀型教育或課程方案。而且,此等方案之分析需藉助於可靠、穩定、且長期的經費預算統計和各行業的薪資調查統計資料。

　　在進行分析時,如同前節和前項之成本效能分析般,需將各方案的各項成本和各種效能指標逐一列出,並將所有成本項目和效能指標換算為金錢價值,然後計算其成本和效能指標的金錢總量、單位成本量、單位收益量和成本收益之比率,以做方案間之比較,茲以表 11-3 的假設性資料說明之。

　　由表 11-3 的分析資料可知,若單就收益來說,以丙案最高,接著為甲,乙案則最低;若以成本觀之,則乙案最低,依次為甲和丙;但若以成本收益率來比較,最佳者是甲案。若決策者單就收益量來選擇,可能選丙案,但若以成本收益率做選擇,理論上應選甲案。

表 11-3　成人素養計畫的成本收益分析

方案	成本	收益	成本／收益	淨收益
甲　團體教學	$200,000	$250,000	.80	$50,000
乙　採教育科技的 　　自學	$150,000	$125,000	1.20	-$25,000
丙　團體教學輔以 　　個別教學	$350,000	$420,000	.83	$70,000

資料來源：黃政傑（1987：246）。

四、成本效用分析

　　成本效用分析與成本效能、成本收益分析之不同，在於其效益的估算單位與方式，成本效能分析以方案的共同效能指標之實際測量結果來換算效益量，成本收益分析則將之轉換為金錢單位來計算，成本效用分析則以一種量化的價值量尺來估算方案效能指標的效用性程度。至於三種分析型態的成本估算方法，則並無不同。

　　效用性的觀念，主要來自功利主義者（utilitarian）的觀點，認為對社會制度或方案之價值評估，應根據其所能促進最大多數人的社會幸福（social happiness）程度。因此，我們可要求人們針對方案效果所能產生社會幸福的有用性、價值或貢獻來推估各種方案的效用性程度。而且，為了對各方案進行比較，我們可將此等效用性的推估立基於某種數量化的量尺。所以，在做效用性推估時，必須先建立某種數量化推估量尺，通常採零至十點，有時亦可採零至五點的等距量尺，做為判斷方案效果的效用性價值之衡量工具。此等工具的量尺級距是採等距量尺的觀念，也就是說十點應是五點的效用性價值之兩倍；而且，各量尺量所代表的價值程度，應訂定明確的標準，並應成為所有評定者的共識性共同判斷標準，如此所評定的效用性量尺量，才能進行比較。

　　若效用價值評估量尺已訂出，由誰來評估呢？最好是方案的消費者或各利害關係人之代表。例如，一個在職教師進修課程方案的效用性價值程度之

評估，最好是由接受此課程的教師、學校校長和教育行政人員，按事先訂定的價值量尺及標準，根據其所感受到此方案所產生效果的效用性來加以評定；有時方案的決策群亦可做為效用價值的評定者。若由同一群評定者採相同的量尺及一樣的評估標準，對不同方案之效用價值加以評定，並計算其評估而得之量尺總量和平均量，則可對各案之成本與效用關係做比較。茲以表 11-4 說明之。

表 11-4　三個不同的大學方案之成本效用資料

方案	成本	效用值	成本／效用值
甲	$20,000	8.3	$2,410
乙	$15,000	6.4	$2,344
丙	$10,000	7.4	$1,351

資料來源：Popham (1988: 267).

　　表 11-4 之三種方案，均為大學對學生所施予之方案，其一是心理諮商服務，另一是對低成就學生的個別輔導方案，第三種是邀其他大學學者前來演講的一系列聚焦特定主題的研討會。此三案之成本依本節前述成本估算方法計算，如表 11-4 所示；至於其效用值，則分別由該大學之教師、現在註冊參與之學生和該大學曾參與這些方案之畢業生代表各五十位，計一百五十位集合起來，採零至十點之量尺，對每種方案預估效果的效用價值予以評定。評定後，計算出一百五十位評定者評估結果之平均值，如表 11-4。依表 11-4 之資料觀之，成本／效用率最低者是丙案，其應是決策者的最佳選擇，因其能以最低成本獲致相同的效用值。

　　成本效用分析，如所舉前例，在某種程度上可用以對不同性質之課程方案進行比較，其實施過程亦較為簡易、實際，但較大的挑戰在於效用性價值量尺及其量尺標準之訂定，以及評定者對於量尺工具標準之共識性理解的建立。

五、最小成本分析

最小成本分析並非完全不估算效能或效益，而是當數種方案之效能指標顯示其效能相當或差距不大時，則這時可將分析之重點置於各方案之成本，找出最小成本之方案。例如，當數種不同出版社出版的數學教科書均遵循國家所頒布的課程內容標準編輯，教科書內容和教師手冊亦顯示各版本的教學設計理念與原理大同小異，且採不同版本的不同學校經數年採用後，發現學生的數學測驗平均分數並無明顯的差距；各版本間比較不同的也許只在單元順序、布題取例和版面插圖風格等細節上的差異而已，則此時採最小成本分析來選擇教科書版本，應是合宜的做法。

參、省思

成本分析的觀念能提醒評鑑者和決策者注意成本及資源使用效率在評估方案價值及做決定上的重要性，以便促成更理性的決定；亦能提醒消費者、公共事務決策者需時時考慮人類資源有限性的問題，其對教育和課程評鑑是重要的觀點，不容忽視。但是，成本分析和效率評鑑亦存在一些問題與限制。首先，上述五種分析型態，除第一和第五種外，其餘三種均需計算效能量、收益量、效用量與成本量間之比率，第一和第五種亦需估算成本量，因此，成本分析是一種量化的評鑑探究模式。此種量化的過程，會過度相信數量所代表的意義和價值之客觀性，亦會過度簡化品質、價值與數量間的直接互換關係。其實，許多成本項目和效能指標在轉化為量的過程中，大都具有主觀的推估成分，無論其轉化的過程多麼精細、嚴謹，均難以避免此等推估判斷的主觀色彩，這是其方法論上的一大限制。其次，由於過度強調成本和效能指標的數量化，成本分析的過程通常會採用許多一般社會大眾和決策者不易理解的技術性概念和計算程序，因此評鑑者如何協助教育決策者、社會大眾充分了解這些技術概念和程序的意義，變成是重要但卻是困難的工作。第三，成本分析是一種耗時、繁複的技術性分析工程，是否值得投入這麼多的分析精力與資源，有時亦會困擾評鑑者。有的評鑑學者，如 M. Scriven（1983），

即曾認為成本效益的分析方式，不見得會比單以最大淨收益的觀點來做決策
的方式更具優勢。亦即，Scriven認為直接以方案產出的各要素內涵，並衡量
各要素之權重後予以加總所得的結果效益來做決定亦可，不見得需做成本與
效益關係之分析。最後，課程和教育之成本與其產出效益的估算和量化，總
是難以窮盡、精確和客觀化，這亦是難以克服的困難。

第三篇

重要評鑑取向

在規劃及實施課程評鑑時，若能按本書第二篇所論各課程發展階段之評鑑重點與方法逐次辦理，自是相當理想。除此之外，則可參考評鑑學界已發展出的各種系統化評鑑取向（approach）或模式（model）來規劃與實施評鑑。基於此，本篇各章乃選定若干重要評鑑取向予以說明、討論，討論時為符合本書之旨趣，將主要以課程評鑑之情境加以說明或示例，惟本質上這些評鑑取向大都可廣泛地運用於各種社會服務和教育方案之評鑑。

過去數十年來評鑑學者曾發展出或曾為實務界所採用之評鑑取向或模式幾乎多達六十種（Worthen, Sanders, & Fitzpatrick, 1997）。為了方便說明、討論和比較，學者通常再將各種取向或模式予以歸類。例如，M. E. Gredler 曾參考 E. R. House、P. Hamilton 之分類，主要依評鑑中價值判斷立場的客觀主義或多元主義，將各種評鑑取向或模式歸併為功利主義觀（utilitarian perspectives）和直觀／多元主義觀（intuitionist/pluralist perspectives）兩類。前一類包括差距、CIPP、全貌、不受目標限制等評鑑模式或取向，其主要特徵有三：(1)假定評鑑之主要閱聽者為一預定的決定者；(2)依賴預定的標準做為評估方案的社會功利性之方法；(3)所蒐集之資料和表現規準傾向於關聯至整個體系

而非個人、學生或教師。後一類則包括司法／抗詰模式（judicial/adversary model）、教育鑑賞與批評、回應式評鑑和闡明式評鑑（illuminative evaluation）等模式或取向，其主要特徵亦有三：(1)重視與革新或方案有關之個人所關心的事項及其資訊需要，而非只是那些關鍵的決定者；(2)認為在很多社會情境下往往很難獲致統一的標準來決定方案價值；(3)主張那些與方案有關的人對方案皆有不同的經驗，而這些經驗在任何方案的評鑑中都是重要的。

另一學者 D. L. Stufflebeam（2000a）則將二十二種評鑑取向分成四大類：(1)假評鑑（pseudoevaluations）：內含公共關係導向研究（public relations-inspired studies）和政治控制研究（politically controlled studies）；(2)問題／方法導向評鑑（questions/methods-oriented evaluation）（準評鑑研究）：內含目標本位研究（objective-based studies）、績效責任—尤其依結果給酬研究（accountability, particularly payment by results studies）、客觀測驗方案（objective testing program）、添加價值評估的結果評鑑（outcomes evaluation as value-added assessment）、實作測驗（performance testing）、實驗研究（experimental studies）、管理資訊系統（management information systems）、成本—收益分析取向（benefit-cost analysis approach）、澄清聽證（clarification hearing）、個案研究評鑑（case study evaluations）、批評與鑑賞、方案理論本位評鑑（program theory-based evaluation）和綜合方法研究（mixed-methods studies）；(3)改進／績效責任導向評鑑取向（improvement/accountability-oriented evaluation approaches）：內含決定／績效責任導向研究（decision/accountability-oriented studies）、消費者導向研究（consumer-oriented studies）和認可／認證取向（accreditation/certification approach）；(4)導向社會革新／支持取向（social agenda-directed/advocacy approaches）：內含委託者中心研究（client-centered studies）或回應式評鑑、建構主義評鑑、慎思民主評鑑和聚焦效用評鑑（utilization-focused evaluation）。在 Stufflebeam 的這四個分類中，前三者傾向於以評鑑所能獲致的評價之真實性成分做為分類尺度，但第四種則從評鑑與社會民主解放的關聯性而另予分類。

另外，Worthen、Sanders 和 Fitzpatrick（1997）三位學者則於分析評鑑中常見的認識論上的客觀主義與主觀主義、方法論上的量化派典與質化派典，

和價值論上的功利主義與直觀／多元主義等哲學假定之對比立場後，擇取以
E. R. House 的功利主義與直觀／多元主義分類模式為基礎並予以精緻化的方
式，根據各評鑑取向之所以辦理的背後的主要組織者做為分類主軸，而將各
種評鑑取向或模式區分為如下六大取向：(1)目標取向（objectives-oriented
approaches）：聚焦於將目的和目標具體明確化並評估決定其獲致實現的情
形，內含目標本位評鑑模式及其變形、差距評鑑模式、不受目標限制評鑑等；
(2)管理取向（management-oriented approach）：關心之重點在於界定並滿足管
理上的決定者之資訊需要，內含CIPP評鑑模式、差距評鑑模式（此模式可歸
為此類或前一類）、聚焦效用評鑑取向、系統分析取向等；(3)消費者取向
（consumer-oriented approaches）：核心議題是發展有關產品（廣義地包括各
種服務）之評鑑資訊，以供消費者從競爭性產品中做選擇，內含Scriven的消
費者取向評鑑及其他品質檢核清單之觀念；(4)專家取向（expertise-oriented
approaches）：主要是直接運用各專業上的專家來判斷受評對象之品質，內含
認證評鑑模式（accreditation evaluation model）、**專家小組檢核**（ad hoc panel
reviews）、教育鑑賞與批評等；(5)抗詰取向（adversary-oriented approaches）：
以獲取不同立場評鑑者的正反觀點做為評鑑規劃之核心，內含**司法模式**、抗
詰式聽證會等；(6)參與者取向（participant-oriented approaches）：以受評客體
的利害關係人之參入，做為評鑑中決定價值、規準、需要和資料之核心，內
含闡明式評鑑、回應式評鑑、**自然主義評鑑**（naturalistic evaluation）等。

　　除了上述三組學者外，亦另有其他學者的其他分類架構，在此無需再一
一舉述。就這三組分類而言，Gredler的分類實過於簡要，致難以呈現各評鑑
取向或模式的多元面貌。而Stufflebeam的分類則顯現了一些缺失。首先，其
以假、準和真評鑑之名來區分各評鑑取向，實過度呈現分類者對各類取向的
價值偏好，而此等價值區分之合理性實尚待論證。例如，澄清聽證、個案研
究評鑑、批評與鑑賞以及方案理論本位評鑑等取向，在本質上均可發展為對
方案的各面向而不僅止於對方案的特定問題加以評鑑，且其評鑑方法亦是具
多元可能性的取向，然卻只被列為屬僅關注於特定問題或方法的準評鑑取向，
故此種價值區分之合理性尚難以令人信服。其次，所謂假評鑑之發生，常繫
因於評鑑委託者或發動者之蓄意，此等蓄意將不會因評鑑者採用任何評鑑模

式或取向而避免之；亦即，不管評鑑者採用何種模式規劃或實施評鑑，只要委託者有意造成假評鑑之效果，此種情形恐將難以避免，除非評鑑者拒絕接受評鑑者之委託。因此，其實無需將其列為評鑑的種類之一。第三，準評鑑中的客觀測驗、添加價值評估的結果評鑑、實作測驗、依結果給酬研究等取向或模式，彼此間的差異極微，實無需一一列為一種單獨的評鑑取向或模式。相對地，Worthen、Sanders 和 Fitzpatrick 的分類架構邏輯，一方面可彌補 Gredler 分類架構中過於簡化的不足，另一方面則可避免 Stufflebeam 分類架構中的前述缺失，可謂是較合宜的分類方式，因此本篇將以此三位學者之分類架構為骨幹來組織各章內容，每章說明討論一種評鑑取向，每種取向選取其內一至三種具代表性的評鑑模式或取向加以說明。

具體而言，本篇各章包括：第十二章目標取向評鑑，探討其中之目標本位評鑑；第十三章管理取向評鑑，探討其中之差距評鑑模式和 CIPP 評鑑模式；第十四章消費者取向評鑑，探討 Scriven 之不受目標限制評鑑及其消費者取向評鑑觀；在 Worthen 等人的分類中，不受目標限制評鑑被歸為目標取向，惟因其乃 Scriven 消費者取向評鑑觀之基礎，故本書將之改歸於此類；第十五章專家取向評鑑，探討其中之教育鑑賞與批評和認證模式；第十六章抗詰取向評鑑，探討其中的抗詰式評鑑、交流式評鑑（transactional evaluation）（此種評鑑具抗詰取向精神，在課程評鑑上有其參考價值，但 Worthen 等人的分類中未被列舉）；第十七章參與者取向評鑑，探討其中之回應式評鑑和彰權益能評鑑（此亦頗值參考但 Worthen 等人未列舉之評鑑取向）。

此外，另有一些 Worthen 等三人或其他學者曾列舉之評鑑模式，例如，可列為管理取向的成本收益分析、可列為專家取向的方案理論本位評鑑，以及可列為參與者取向的建構主義評鑑和慎思民主評鑑等，亦為課程評鑑中極具參考價值的評鑑模式或取向，因在本書第一篇第七章和第二篇中已有相當篇幅加以探討或舉例說明，讀者可自行參閱，本篇則不再探討。

第十二章

目標取向評鑑

　　目標取向評鑑在規劃和實施評鑑時，主要聚焦於如何將方案之目的、目標具體明確化，並進而設法評估和決定方案在這些目標上所獲致的實現情形，其源於 1940 年代 Tyler 所發展的目標本位評鑑觀，之後 N. S. Metfessel 和 W. B. Michael 於 1967 年所提出的評鑑程序，以及 R. L. Hammond 於 1973 年的評鑑立方體（evaluation cube）觀念均修正、擴充自 Tyler 的評鑑觀，這些皆是目標取向評鑑（引自黃政傑，1987）。此外，按 Worthen、Sanders 和 Fitzpatrick（1997）之看法，Provus 的差距評鑑模式亦可列為此種取向之一。由於 Tyler 係此種取向的發軔者，且其向來被學者稱為教育評鑑之父，因此本章乃以 Tyler 為代表，說明目標取向評鑑；另由於 Tyler 後期發表的文章曾對其早期的觀點有若干修正，而學界往往對此略而不論，導致大家對 Tyler 的觀點產生某種程度的誤解或刻板印象，故本章亦花一些篇幅說明 Tyler 後期在評鑑觀上的重要修正。

第一節　目標本位評鑑之原型：Tyler 早期的觀點

★壹、源起與核心觀念

　　Tyler 於 1929 年應 W. W. Charters 之邀赴俄亥俄州立大學（Ohio State

University）任教，並受大學行政人員之託設法協助改進該大學教師的教學品質，以解決該校一、二年級學生學習成效不佳和高輟學率的問題。在 1930 年至 1934 年間，他持續與大學裡生物學、數學、哲學、會計、歷史和家政等科之教師討論並界定其任教課程之目標、學習內容和學習成就評量方法，希藉以改進各科目課程成效。根據此期間的工作經驗和心得，他於 1934 年發表〈建構成就測驗〉（Constructing Achievement Tests）一文。1934 年起，他又投入著名的「**八年研究**」（Eight-Year Study, 1933-1940），協助美國進步主義教育學會（Progressive Education Association）推派的學校與大學關係委員會（Commission on the Relation of School and College）所進行的三十所中學及學校系統參加的新式中學課程實驗計畫，協助這些學校發展新課程和教學方案。根據參與八年研究之心得與經驗，他於 1949 年出版《課程與教學基本原則》（*Basic Principles of Curriculum and Instruction*）一書。這本書和之前發表的〈建構成就測驗〉專文之論點，常被指為皆是所謂泰勒理念（Tyler Rationale）的一部分，前者以課程發展的理念為核心，後者則以學習成就評鑑發展之理念為重點。其實，後者的理念已融入為前者書中討論評鑑章節中的一部分，因此最能代表 Tyler 早期評鑑觀的著作，乃《課程與教學基本原則》一書。

在該書中，他提出發展課程與教學方案的四個基本問題：⑴希望協助學生達成哪些教育目標？⑵可提供哪些學習經驗使學生達成這些目標？⑶如何將學習經驗加以組織以擴大學生們的累積性效果？⑷方案效果如何加以評鑑？呼應這四大問題，他乃提出課程設計與發展的四大步驟，依序為：⑴選擇與界定目標；⑵選擇與創造學習經驗；⑶組織學習經驗；以及⑷評鑑學習經驗效能。當時 Tyler 的課程評鑑觀主要出現在該書「如何評鑑學習經驗的效能？」專章中。

一、評鑑的需要性

他首先強調評鑑在課程設計與發展步驟中的重要性，認為缺了評鑑的實施，課程發展的循環歷程即不算完成。在課程設計與發展的各步驟中，設計者雖應已採用一些如教育心理學和實踐經驗等規準檢核了學習經驗的選擇及其組織，就某種意義來說，這是對學習經驗做了預備性評鑑。但他認為，這

或許只能說是評鑑的預備階段，仍不能算是對學習經驗之適切評鑑，重要的是，應對所計畫的學習經驗做更總括性的檢核（inclusive check），以檢核其是否實質發揮功能，並導引教師產生出各種可欲的結果，這才是評鑑的目的，以及評鑑過程為何須伴隨所發展的計畫之後實施的理由（Tyler, 1969, 1981）。

二、評鑑的基本理念

Tyler進一步詮釋他對評鑑的一些基本看法。他此時界定評鑑為：本質上是決定教育目標在課程與教學方案中實際實現情形的過程。他強調，因為教育目標本質上涉及人類行為的改變；亦即教育目標旨在希望產生某些可欲的學生行為型態之改變，故評鑑應是決定這些行為改變的實際發生程度的過程（Tyler, 1969: 106）。

泰勒又認為此一評鑑觀念有兩層面的重要意涵。首先，這意謂評鑑必須評估學生行為，因這些行為的改變才是教育所追求的。其次，評鑑不能只評估某一時間點上所發生的學生行為，不能僅於課程與教學方案結束時檢測學生表現而已，評鑑至少應進行兩次評估，一在教育方案的早期階段，另一在後期階段，這樣才能衡量行為的改變。然而，僅評鑑兩次仍然是不夠的。他繼續強調，某些已獲得的教育目標可能會快速消散或遺忘，為了評估學習結果的持久性，在完成教育方案一段時間後再實施評鑑，亦是必要的；此外，事實上只要能維持評鑑的經常實施，便能持續獲得學習進展情形的紀錄，並獲得證據以指出是否哪些目標實現了，或者實際上並未發生改變（Tyler, 1969: 107）。

因為Tyler認為評鑑牽涉到需獲得學生行為改變的證據，故任何與教育目標有關之期望行為的有效證據之獲得方法，皆為適切的評鑑方法。所以，紙筆測驗也許對某些行為證據之取得有幫助，也相當實用，但他認為許多教育目標所期望的行為難以用紙筆測驗有效評估，故評鑑者應依目標之性質，採取各種適當的方法蒐集學生行為表現的證據。例如，人際互動和實際操作類的目標可採觀察法，態度、欣賞和興趣類的目標則可採問卷法和訪談法，作品蒐集和實物製作亦可取得諸多行為表現的證據資料，乃至於借書、健康和餐點等紀錄亦可呈現許多寶貴的興趣和習慣類行為的資料。簡言之，Tyler主

張以適切、多元的方法，蒐集學習者各種有關教育目標的行為表現資料，以確實了解教育方案所產生的行為變化情形。

三、評鑑的程序

在評鑑的程序方面，Tyler 提出如下程序：

㈠辨明教育目標

評鑑既是決定教育目標實際實現情形的過程，故評鑑過程始於教育目標的辨明，如此才能針對每一目標蒐集相關的行為改變證據。

㈡以行為和內容兩向度界定每一目標

除辨明教育目標外，尚須進一步以更明確具體的陳述來界定目標。界定時，則須陳述行為本身及行為的內容。換言之，他所謂具體化的目標陳述，應包括指出行為的種類，如寫、讀或繪製等，以及行為的內涵，如某一概念、原理、句型或看法等。例如，會寫（此係行為）祝賀信（這是行為的內容）。

一般而言，在實施評鑑前的課程設計與發展的早期步驟中，課程設計者應已清楚界定了目標，以做為選擇和組織學習經驗的基礎；但若之前未清楚界定，Tyler認為將很難進行有效的目標行為之評鑑，萬一確未事先界定，則本過程可迫使設計者進一步明確地釐清其目標。

目標之明確陳述到底要陳述得多精細？對此，Tyler於後來的〈方案評鑑理念〉（A Rationale for Program Evaluation）專文裡曾提及：行為目標之清晰界定亦不能太過於細化，以免與各種教育活動的基本宗旨相違背；亦即，目標應是那些有助於學生理解、概括化各種原則、處理情境的模式和認知圖式，而非一些僵化的規則和習慣（Tyler, 1983: 70）。

㈢辨明能使學生表現目標行為的情境

接著，評鑑者應依目標之性質，找出不但允許學生表現其行為，甚至能激起或誘發目標行為的情境。當然，這些情境應與目標行為相關聯，所以有些情境可能是解答問題的情境，有些則是口語表達的情境，亦有些應是同儕互動或實際操作的情境。

㈣設計展現情境的方式

接著，評鑑者須思考、設計呈現情境的工具和方法，用以誘發學習者表現各種目標行為。實務上，可先檢視既有的現成工具或測驗，檢視其是否能誘發所有目標行為；現成工具通常不能滿足需求，亦可加以修改後使用。若無令人滿意的、現成的誘發學習者目標行為的情境展現工具，則須重新建構評鑑工具。新建構的情境展現工具，在正式使用前須試用，進而據以修正之。

㈤設計獲得紀錄的方法

決定了展現情境的方法與工具之後，接著就需設計在評鑑情境中獲得學生行為紀錄的方法。例如，書寫文件、詳細的觀察紀錄、觀察檢核表和錄影等記錄方法。

㈥決定評估行為紀錄的類目或單位

Tyler反對傳統上以一種總結的等級或分數來評估學習成就的方式，認為此種總結性等級或分數無法指出學習結果的優勢或弱勢所在，亦難以貢獻於課程的改進。他認為更具分析性功能的行為類目資料，較能協助評鑑者了解目標的實際實現情形，也才較能貢獻於課程的改進。因此，在設計了獲得紀錄的方法之後，他認為應進一步決定評估這些紀錄的類目。而類目的決定，則須思索教育目標的各種可欲的行為特徵，從可欲的行為特徵決定評估紀錄的類目。例如，寫作能力可能展現於文章結構、用字遣詞、文句組織、見解觀點等各種特徵，而這些特徵就可以做為評估紀錄的類目。

㈦決定評鑑工具和方法的客觀性、可信性和有效性並持續修正之

以客觀、可信和有效三項規準持續評估評鑑的工具和方法，並視需要修正工具。

㈧實施評鑑

依前述所發展出之工具及行為表現之評估類目，蒐集和分析學生行為表現資料，以便與目標相比較，指出目標的實際達成情形。

四、評鑑結果的利用與評鑑目的

依上述程序所獲得的評鑑結果，按 Tyler 的看法，應該是一種能指出學生實際成就的分析式描繪或全盤性的整組行為類目結果資料，而非單一的分數或單一的項目資料。用這些具各種類目的分析性結果表現資料，與先前階段所獲取的類似資料相比較，深入分析，可用以辨明行為是否改變、教育目標是否進展、指出課程的優勢和弱勢，並針對課程的優、弱勢建立假設或可能的因果解釋加以驗證，如此即能進而改進課程。故 Tyler 總結對評鑑結果之利用時說：「所有這些說明所表達的意涵是，課程設計是一持續不斷的過程，亦即發展出材料和程序，加以試驗，評估其結果，辨明其不當處和提出改進建議；此乃不斷再設計、再發展且再評估的持續歷程，在此一持續不斷的循環中，課程與教學方案才可能在往後的數年中獲得持續改善」（Tyler, 1969: 123）。

除了辨明課程的優、弱勢，以貢獻於課程改進之外，Tyler 認為評鑑尚能發揮其他功能。首先，它是促使課程設計過程中清楚界定教育目標之強而有力的設計；其次，評鑑能對學習產生強大的影響，影響教師和學生對教育目標的掌握，它是促使課程計畫落實於教學現場的有效方法；復次，評鑑能辨明個別或特定群體學生的需要、能力基礎，進而藉以對其提供特別的引導與協助；最後，它是對學校所服務之顧客（家長）和社會大眾提供學校成就資訊的重要方法（Tyler, 1969: 124-125）。

貳、對 Tyler 早期評鑑觀之評論

一、貢獻

從今日的角度來看 Tyler 早期的觀點，也許可輕易地發現諸多不足處，但就當時的美國教育和課程評鑑領域之發展而言，他確實發揮極重要的影響與貢獻。首先，他擴充了教育和課程評鑑的概念內涵。他將當時美國教育評鑑界傾向於把教育評鑑視同於即測驗學生學習成就的狹隘觀念，擴展為強調教

育（課程）目標與課程經驗之實現情形間關係的評估，評鑑的方法已不再侷限於紙筆測驗，而包括了各種多元的學習成就評量方法，評鑑的範圍也兼及了各類教育目標；按他的課程設計與發展過程觀之，其評鑑所關心的面向，實質上也包括了教育目標、課程經驗和學習成就表現三者間關係及其合適性的評估。所以，Lewy（1977）曾指出，Tyler的評鑑觀已勾勒出課程評鑑的主要輪廓。

其次，Tyler重視課程目標明確化的觀點，帶動了其後教學目標具體化、行為化和教育目標分類的學術風潮。1960年代 R. Mager 和之後 W. J. Popham 等的行為目標觀念，以及 1956年 B. S. Bloom、M. Englehart、W. Hill、E. Furst 和 D. Krathwohl 等人的教育目標分類均是 Tyler 觀念的延伸與深化。甚至，2001年 L. W. Anderson 等人主編修訂的 Bloom 認知領域教育目標分類體系，更自承其將認知領域教育目標分成知識與認知過程兩軸度的分類觀念，乃源於 Tyler 認為目標之明確陳述應包括指出學習者行為及其行為內容兩向度的觀點。

第三，由於 Tyler 早期的目標本位評鑑觀是較原始的系統化評鑑模式，自有其限制與不足，然此帶動後來教育評鑑學者們或在目標評鑑觀念的基礎上持續修正、擴充，或者發展出相對不同的系統化評鑑取向或模式，這促進教育評鑑領域的持續發展。

最後，所謂泰勒理念所關注的課程設計與發展四大問題（或任務）及回答此等問題的工作要項，已勾勒出課程研究的主要範疇，時至今日此四者仍是課程研究的核心議題。

二、優點

就課程評鑑觀念本身而言，泰勒早期的評鑑觀至少具下列優點：

1. 觀念單純，步驟合於邏輯且明確易懂，容易實施，故深受實務人員歡迎，乃易於推廣。
2. 強調目標界定及其明確化，此能促使課程決策者、設計者和社區人士釐清並建立目標共識，且可做為評鑑規劃的依循方向。
3. 將各種與目標相關之行為表現皆列為學習成就評量的對象，掌握了真

實評量的觀念，能以各類目標做為選用或發展評量工具之引導，而非讓評鑑工作遷就既有的傳統評鑑工具。

4. 具目標管理的功能，便於管理人員和社會大眾建立績效責任機制。

5. 重視依評鑑結果從事課程的持續改進，此能展現評鑑的形成性功能。

三、限制

做為一種較早發展的評鑑觀，Tyler早期的觀點亦存在不少限制或不足，主要有下列（黃嘉雄，2004b）：

1. 以「決定教育目標在課程與教學方案中實際實現情形之過程」界定教育評鑑，侷限了評鑑的內涵：

    (1)就評鑑的時機而言，此意謂評鑑總是在課程方案實施有了結果之後才實施，此忽略了評鑑可在課程發展過程各階段中即時實施並提供回饋的實施時機。

    (2)忽略對預定目標本身之評鑑。

    (3)忽略目標之外的其他非預期性課程結果之評鑑。

    (4)忽略課程背景脈絡、實施過程及相關影響因素，如學生需要、教師素養等因素對課程效果之影響的了解與評估。

2. 隱含以預定目標做為判斷課程結果表現之價值基礎，此使得其評鑑觀缺乏「價值判斷」的實質意涵，亦即此種觀念並未說明當目標與實際表現有落差時，將如何形成其價值判斷的問題。

3. 由於導向預定目標實踐情形之評估，這往往會限制方案實施人員在實施過程中之創造性。

4. 過於強調目標的明確化、具體化和預定化，可能會帶來一些後遺症：

    (1)容易忽略或捨棄不易行為化、明確化陳述的重要教育目標，如態度、情意和道德類目標之評鑑。雖然Tyler從未如此暗示，但一般實務人員可能會有此種傾向。

    (2)雖然Tyler強調多元化、真實性評量的觀念，但由於此等技術或工具仍未發展成熟，故易於引導實務人員採用所謂的科學化客觀評量工具。

(3)目標明確化和預定化會忽略有關教育控制的倫理和政治層面問題之思考；另外，此種思維傾向於反映行政管理者的旨趣，而非維護消費者的利益。

5. 此種評鑑觀過於直線式、僵化，忽略了評鑑歷程中各步驟工作的複雜性及彼此間的回饋性關係。

第二節　Tyler 後期的觀念調整

一般學者在評論 Tyler 的評鑑觀時，常固著於他的早期觀點，尤其是《課程與教學基本原則》一書中的觀點，而忽略了 Tyler 後期觀念的修正與擴充，這是不足的、不公允的，本節乃以專節說明 Tyler 後期觀念的調整。

壹、〈課程發展的有效取向〉（Specific Approaches to Curriculum Development）一文的評鑑觀

在這篇文章中 Tyler 雖仍以早期《課程與教學基本原則》書中所建構的課程設計與發展四大步驟為基礎，討論說明課程發展的過程，但也提供了若干重要的評鑑觀念之補充或修正。

一、在課程發展的四大步驟之前，增加了預備分析的步驟

基本上，他仍然主張課程發展的四大步驟為：選擇與界定目標、選擇與創造學習經驗、組織學習經驗，以及評鑑學習經驗效能。不過，他認為在實際從事課程發展時，應增加一個基本的早期步驟，以檢視和分析影響課程建構和運作的重要條件因素，他將之稱為課程發展的預備性分析，包括分析那些引導課程建構或再建構決定的需要或問題，如學生、社會所面臨的需要或問題，以及分析當代的教育環境條件因素，如家庭、同儕團體、社區、學校和教師等情境條件因素，以辨明影響問題或需要的因素，因這些因素均是影響課程有效運作的關鍵。

二、強調課程發展各步驟的彈性和回饋性

在《課程與教學基本原則》書裡，基本上他已強調課程發展是一種持續不斷的歷程，主張評鑑在整個課程發展過程中更應扮演持續回饋用以改進課程的角色功能。但可能有感於學者批評他的課程發展過程過於直線式或過於僵化，令人覺得其過程是一個步驟緊挨著另一步驟，或者一定是從第一步驟依次進行至最後步驟的發展過程。因而，他在文中特別指出，若欲重新建構整體學校課程時，一般應先從第一步驟的選擇和界定目標開始，但若只處理某一科目或領域的問題時，則可先從之前已實施的課程之「評鑑」開始，然後再進行目標選擇和界定的步驟。有時，例如當設計文學課程時，第一個步驟也許是先選擇對學生很重要的文學作品，這時經驗的選擇變成是第一個步驟。所以，這四大步驟到底由哪一步驟開始，是有彈性的。不過，他強調無論從哪一步驟開始，這四大步驟一定要全走完，並且須不斷檢視、再檢視，一直持續循環。此外，即使在同一步驟內的細部工作，也應採取不斷慎思判斷而修正的態度，當發現了新的證據就應即時修正回饋，而不是等到全部步驟都依序進行完畢再修正。

三、重視群體的慎思判斷過程

他特別推薦 Joseph J. Schwab 所倡導的群體慎思（group deliberation）程序在課程發展中的功能。因為他認為目標的選擇與界定、經驗的選擇與組織等，到目前為止尚乏客觀精確的準則，這些工作涉及批判分析、人類價值判斷、經驗檢證和藝術創發等複雜的過程，因而較佳的策略是採用群體慎思的過程進行判斷和決定，而參與慎思者，可包括教師、學科專家、課程專家、心理學者和社會學者等，尤其在創造學習經驗時，更宜參考學生的觀點。

四、擴充課程評鑑的觀點

前已提及，早期他將評鑑定義為：「本質上是決定教育目標在課程與教學方案中實際實現情形的過程。」而在本文中，他則調整為：「採用本詞（評鑑）用以包括：比較課程發展過程中的理念、假設，與相應於這些理念和假

設的真實情況之過程。」他進一步解釋說：「大部分課程活動之規劃、監督和報告，是由參與者對其所涉及的有關人、過程和目標等之觀念所引導。除非對確認這些觀念的有效性能有一持續的檢核過程，否則課程發展將可能與實際所發生的情境少有關聯，而評鑑乃此一檢核的過程」（Tyler, 1975: 28）。

　　很明顯地，此時他對評鑑概念的定義，已經產生本質上的改變。早期的定義是強調評估目標在課程與教學方案中的實現情形之過程，評鑑的對象是以目標相關聯的學習結果為主，評鑑的價值判斷規準則是事先預定的目標。而這時的定義，則已將評鑑擴充為比較、評估課程發展中的理念與假設在各課程發展階段及其活動中的實際實現情形之過程，評鑑的對象已含括了課程發展中的每一階段及各階段中的活動，價值的判斷則涉及評估課程發展階段中的各種理念與假設在實際情境中的有效性。

　　所以，他在本文裡亦說明了評鑑應運用於課程發展中的各階段與步驟之重要功能：在規劃設計階段，當設計者以某些觀念發展方案、教材或教學設計時，應該實施評鑑，用以發現是否有哪些既有的實驗性或經驗性證據能指出這些觀念的有效性；在實施階段，評鑑亦非常重要，它可用以檢核學校情境來顯示計畫方案是否實際運作的諸多訊息，以協助了解理念付諸實踐過程中所可能缺乏的一些重要實施條件；在課程的實際運作階段，評鑑亦可貢獻於課程的效能，例如，安置測驗、精熟測驗和診斷測驗能協助教師和學生持續了解實際的學習過程並提供必要的資訊以引導之；最後，評鑑當然須用以發現到底方案所期望的學生行為實際上的實現情形。

　　從Tyler在本文中的這些論述可知，這時他的評鑑觀已有重要的擴充。在整個課程發展的過程中，已不再偏重於只強調課程實施有了結果之後才進行評鑑，而是應於發展中的每一階段中實施評鑑。在評鑑人員方面，強調了課程設計參與者的群體慎思判斷。評鑑之對象則已包括對課程方案計畫之形成（即課程發展的預備分析）、課程方案計畫、課程實施和課程結果等層面之評鑑。當然，評鑑的功能仍如同他早期的觀點一樣，強調評鑑的改進功能而非總結性的績效判斷功能。但值得注意的是，這時他對課程結果之評鑑仍偏重於課程方案的預期目標，即正式課程結果之評鑑，尚未包括未預期結果，即潛在課程效果之評鑑。

貳、〈方案評鑑的理念〉（A Rationale for Program Evaluation）一文中評鑑觀的再調整

在這篇文章裡，他談及一些自己觀念的轉變。他說：「當這些原則開始使用於新情境（相對於 1934 和 1940 年代早期建構這些理念之後的新情境）時，我自己的觀念有些重要的改變」（Tyler, 1983: 77）。他提到，評鑑一詞已成為教育論述（discourse）中廣泛被使用的語詞，其意義已獲得大幅擴充。有的評鑑是透過各種資訊和相關原理原則來比較教育方案之觀念與其實際情形，用以判斷計畫的堅實性和實踐性。也有的評鑑是對方案的持續監視，以辨明方案所造成的重要改變，不管結果是改進或惡化。有的評鑑則包括對方案的非意圖結果和意圖結果之評鑑。亦也些評鑑是實施追蹤式評鑑，以確認學習者在不同生活和工作情境中的長期效果。基本上，Tyler 認為這些均是評鑑概念中的重要內涵。此外，他亦承認，除了計畫下的課程和活動之外，那些影響學習的重要環境因素之辨明與評估亦非常重要；評鑑活動有必要評估、測量或描述諸如班級規範、學習者期望、教師對學生關懷、教師的期望水準等重要的學習情境影響因素。

從上述得知，這時 Tyler 的評鑑觀又有了重要的調整擴充，他已經將非意圖性學習結果和影響學習的各種情境因素之描述、評估和辨明等納為評鑑的範圍。

參、〈方案評鑑總論〉（General Statement on Program Evaluation）一文對評鑑觀的再綜合

在 1991 年發表的這篇論文中，他論述的重點如下（Tyler, 1991）：

一、概述方案評鑑的目的

1. 監督現行方案：持續監視了解機構中的活動，以確定方案是否有效，若無效則重新設計以增進其效能。

2. 選擇較佳的方案：一方面辨明現行方案之問題，並尋求其他可行方案的正反效應或成本方面的資訊，從中選擇較佳方案。

3. 協助發展新方案：當某方案正在開發或發展中，或者於新情境中試用時，評鑑可用以辨明方案的哪些面向未產生預期結果，這可協助方案建構者修正方案以改進其效能。

4. 辨明方案對不同學生群或顧客群的不同效果：辨明同一方案對來自不同種族、社經和教育背景學生或顧客群的不同效果。

5. 對消費者資源中心所列出的各種方案清單或目錄，提供其成本和效益的推估資料。

6. 檢測方案所植基的原理原則之合適性和效度。

他認為進行評鑑前或規劃評鑑時，須掌握評鑑的目的，依目的之不同而採取適當的評鑑設計。從這些評鑑目的觀之，他這時是既重視評鑑的改進性、形成性功能，亦重視評鑑的比較性、總結性功能，以及驗證假設或原理原則之功能。

二、強調方案界定之重要性

在很多情況下，方案之目標和內涵並未被清楚界定，而在同一方案名稱之下，其實施人員對於方案之內涵卻各有解釋。因而到底所實施之方案，是否確為方案應有的內涵，或方案實施後的效果是否確為此方案所造成，易形成混淆難辨的現象。因此，他認為評鑑前須清楚界定方案的內涵，如此才能針對方案確實評鑑。

三、重視方案實施之評鑑

有時方案並未被充分實施，主要原因可能包括：實施現場的相關人員如教師、家長和學生認為方案並非真正回應了他們所面臨的問題；實施人員未具備或未採用新方案所需的新知識、新觀念和新技能；實施的準備時間太匆促；以及準備工作不足致使實施者窮於應付等。方案是否充分實施會影響方案效果，故他認為對方案實施情形之了解是評鑑的重要工作。

四、堅持對方案結果採真實性、分析性和診斷性評鑑

在本文中他繼續強調對方案結果之評鑑應先清楚明確地界定目標,再依目標之性質和行為的屬性,設計安排最能引發預期習得行為的測驗及評量情境,不能受限於流行的紙筆測驗。接著,應依目標和行為之不同性質,例如依寫作、表演藝術和解釋科學現象等目標性質之不同,建構分析性的評鑑類目規準來評鑑學習者的表現情形,據以分析、判斷學習者的學習成就,做為課程和教學改進之依據;他認為此種分析性、診斷性的評鑑,遠比只獲得分數、百分等級或等第等的結果資料更利於改進。他強調,教育在民主的社會中,不能成為一種輸或贏的遊戲,而是要追求讓每一位學生都學習成為自我導向的公民,以充分發展其興趣潛能而貢獻於社會。就此而言,他支持方案結果的標準參照評鑑而反對比較性的常模參照評鑑。此外,為了發揮結果評鑑的改進功能,他認為應以清晰易懂的分析性結果資料,向社會、家長甚至學生提出評鑑報告,而非使用時下慣用的抽象、難懂的標準化測驗數據呈現評鑑報告。以上這些觀點,和他早期 1949 年著作的觀點幾乎相同。但也不是完全未調整觀點,本文對於方案結果之評鑑,已不再限於方案的意圖結果而已,而是主張將方案的所有可能結果均應列入評鑑的範圍。

五、提示方案成本評鑑之重點

他認為一般的評鑑甚少評估方案之成本,而所有的方案至少包含導入和維持兩方面的成本。導入成本包括:如人員導入訓練;研究和規劃的時間;增添人員、設備和材料等之成本。維持成本則包括:方案實施過程所需的新派人員、定期評鑑、設備和材料的更新與維持等成本,以及為避免運作日久而生的士氣、興趣低落之激勵活動等之成本。當進行方案成本之評鑑時,這些均應列入評估。

六、強調依情境需要選擇方案

有時需從數個方案中選擇其一,在此情形下,他認為應對每個方案之效果、成本等充分評鑑、比較。但各種方案往往都有若干優、缺點或特色,無

法盡善盡美，故評鑑者或評鑑委員會應依當地情境的實用性、需求性和實施可行性來建議選擇合適的方案。

七、提醒重視評鑑的倫理規範

當機構規劃和開發了某一方案，並投入無數的人力、時間和資源於踐履該方案時，機構及其人員往往期待方案會帶來很高的效益，也會有意或無意地希望評鑑之結果會強烈支持他們原先的期望。在此種情形下，評鑑者會面臨極大的政治和社會壓力，使其難以進行客觀、誠實的評鑑。即使如此，Tyler仍提醒評鑑人員應秉持評鑑所應有的專業、客觀和誠實倫理規範，才能貢獻於學校和社會機構的持續改善。他特別提到，不管法律有無規定，若效力於一個偏差的評鑑報告，即是一種實質的白領者罪行（white-collar crime）。

從上述說明可知，Tyler 1991 年此篇文章增加討論了一些以往較少論及的觀點，例如，有關方案界定、課程實施、成本評估和評鑑倫理等重要的評鑑議題。在評鑑功能上，他仍然強調評鑑的診斷性、改進性和形成性功能，但亦不忽略比較性和總結性功能。在評鑑對象上，則包括對課程方案計畫（對方案界定之強調，即表示包含對方案計畫本身之評鑑）、課程實施、課程結果和方案成本之評鑑，以及方案間之比較與選擇；甚至亦將評鑑倫理之省思納為評鑑之一環。至於對方案結果之評鑑，他仍然延續 1949 年著作的觀點，主張先界定目標，再依目標和預期行為之種類、性質設計能有效誘發學習表現行為之情境，接著以多元而適切的方法蒐集行為表現資料，針對學習表現提供完整的、易懂的、具診斷功能的分析性評鑑報告。而且，這時他已如稍早的觀念修正，將方案的非意圖性結果納入評鑑的範圍。

肆、綜評

茲綜合本章對 Tyler 各時期所發表有關評鑑的專著和專文之分析和討論，綜要說明他的評鑑觀如下：

一、評鑑的定義

在 1949 年的著作中，他界定評鑑的意義為：本質上是決定教育目標在課程與教學方案中實際實現情形之過程。1975 年的專文，則已將評鑑概念調整擴充為：包括比較課程發展過程中的理念、假設與相應於這些理念和假設的真實情況之過程。所以，他後來的評鑑觀已不再侷限於目標實踐情形之評鑑，而已經包括了課程發展與設計各階段歷程中的活動和成果之評鑑，當然目標達成情形之評鑑，自始至終均是他的評鑑觀中之重點。

二、在課程設計與發展歷程中實施評鑑的時機

在 1949 年的著作中，雖然於課程設計與發展的四大步驟裡均隱含著實質實施評鑑的可能性，但他並不認為這些步驟中有關目標與經驗之選擇與組織等的價值判斷過程是實質的評鑑，而將實質的評鑑界定為課程發展中的最後步驟。換言之，這時他認為評鑑應是課程實施有了結果之後才進行的。之後的文章，他則已調整觀念，認為評鑑應實施於課程設計與發展的每一步驟中。

三、評鑑的功能

自早期至末期的所有論著，Tyler 均強調評鑑的診斷、改進和形成性功能，但他亦未忽略比較性和總結性功能，甚至可說，他更重視評鑑的形成性功能而非績效責任或總結性判斷功能。學者若批評他的觀點是著重於績效判斷上的總結性功能，這是一種誤解。

四、課程設計與發展四大步驟間之回饋性和彈性

早期 1949 年的著作雖已強調評鑑在課程發展四大步驟中的回饋性角色地位，但未強調這四大步驟間實施順序的彈性。然而 1975 年的論著，已更強調此四大步驟順序的彈性實施，但無論從哪一步驟著手開始發展課程，他認為這四大步驟均須全部實施；不過，若於各步驟中發現證據或經慎思判斷顯示先前決定不合宜時，則需即時回饋修正之前的決定，再接續往後的步驟。

五、評鑑的對象

1949 年的著作將評鑑對象鎖定在課程的意圖性結果之評鑑上，1975 年的專文則已將範圍擴充至包括課程設計、課程之準備實施、課程之實際運作過程和課程的意圖性效果等之評鑑；1983 年以後的文章，則又將課程的非意圖性效果和影響實施的情境條件因素等納入評鑑的範圍；1991 年的文章則進一步討論了方案界定、課程實施、課程成本之評鑑、方案之比較和評鑑倫理的問題。所以，論者若論斷 Tyler 一直只將評鑑的對象侷限於對課程的意圖結果之評鑑，則此種評論是忽略了他後期觀點的修正。

六、課程效果之評鑑及方法

課程效果之評鑑一直是 Tyler 評鑑觀的重心，他雖主張須先清楚而具體地界定和描述目標，但他的本意並不希望行為目標之界定過於細瑣化、片斷化，或僅強調容易觀察或評量之行為，致影響了整全的、有價值的各層面教育目標之有效達成，情意類和道德類目標之達成與評鑑仍是他所重視的目標內涵。對他而言，技能類和較低層次的認知類目標固然比較容易加以明確界定和評鑑，而情意類、道德類和人際關係類之目標相對地可能較難明確地界定與評鑑，但評鑑者應設法依這些不同類別的目標行為之特質，設計能引發這些行為的情境及工具評量之，不應因評量技術的困難或限制而忽略之。因此，在他的觀念裡，目標陳述的明確化、清晰化並非意指目標的細瑣化、片斷化，亦不應導致各類課程目標的失衡或偏頗。

至於評鑑學習結果的方法與技術，他自始即持著真實性評量的觀念，主張應依目標行為之性質，設計相應的、適當的誘發情境和工具，採取各種合適的方法蒐集學習表現資料評量之。對於評鑑結果之分析，他亦主張以分析性行為類目來分析、診斷評鑑結果表現，做為了解效果進而改進課程之依據。他反對以簡化的、量化的等第、分數或百分位數等總結性資料來呈現評鑑結果資料。

所以，若評論者論斷 Tyler 有意忽略情意類、道德類目標之評鑑，或鼓勵、支持科學化的量化評量工具與技術，這也是一種對 Tyler 原意的誤會。

七、評鑑人員

　　曾有批評者認為 Tyler 傾向於鼓勵外來人員的評鑑，但他 1975 年的文章強調課程設計與發展過程中的集體慎思過程，而評鑑是此一過程中的一環。因此，更合理地說，他應該是主張課程設計與發展的相關參與人員，共同參與評鑑的規劃與實施，而未特別強調外來的評鑑。

第十三章

管理取向評鑑

　　管理取向評鑑旨在服務決定者，其理念是認為評鑑資訊乃做良好決定的根本成分，且認為評鑑者可經由對行政管理人員、政策決定者、學校董事會、實踐者和其他需優良評鑑資訊者提供服務而發揮最大效能。此種取向發展者所信賴的，是一種能貢獻於對教育之投入、過程和產出等歷程做決定的系統化評鑑途徑。為強調滿足不同層級決定及其決定者之需要，此種取向會去釐清誰將利用評鑑結果、將如何利用，以及所決定者屬系統的何種面向等問題。決定者往往是此種取向的主要閱聽者，其引導了評鑑；決定者的關注事項、資訊需要和效能規準，引導了評鑑研究的方向。按 Worthen、Sanders 和 Fitzpatrick（1997）之看法，Provus 的差距評鑑模式、Stufflebeam 的 CIPP 評鑑模式、Patton 的聚焦效用評鑑均屬此種取向。此外，筆者認為 Stake 早期的全貌式評鑑觀亦屬此種取向。本章選取差距和 CIPP 兩評鑑模式加以說明，另 Stake 的全貌評鑑觀則於第十七章討論其回應式評鑑時再一併列入說明。

第一節　差距評鑑模式

壹、核心觀念

　　差距評鑑模式乃 Malcom Provus 根據其於 1960 年代末在匹茲堡（Pittsburgh）學校系統辦理評鑑之實際經驗而發展出的模式，首度發表於 1969 年的美國全國教育研究學會（National Society for the Study of Education）年會。此模式立基於 Provus（1973）對評鑑的一些核心觀念，分述如下。

一、評鑑是方案管理的看門狗

美國 1965 年的初等及中等教育法案（Elementary and Secondary Education Act, ESEA）要求接受聯邦補助的學校系統的教育改革方案，必須以評鑑證明該種方案確實能對教育產生實質衝擊而非只是標示說自己已實施了某方案。然 Provus 發現，當時的一些研究顯示許多學校系統的革新方案是空有其名而缺乏實質的置入實施，方案內的變異遠大於方案間的變異。舉例言之，某一大型學校系統標榜其實施協同教學，但評鑑顯示學區內的四十所學校卻是實施了四十種不同的方案，且其中並無任一方案是掌握了學校系統原先構想的協同教學基本原則。這顯示該種革新缺乏對方案實施之控制，也顯示若僅針對方案之結果而評鑑是不當的。因之，他認為聯邦法案之要求，實乃是對既有行政體系行政能力之懷疑，而欲改善此種現象，提升行政能力，端賴於需將評鑑與管理理論相結合。進而言之，評鑑方案最終需仰賴一種能利用適切、可信的資訊來做為行政決定基礎的管理理論。所以他強調：「評鑑是方案管理的看門狗。」「評鑑在方案發展的管理過程中，透過提供堅實的決定而做為行政的僕人」（Provus, 1973: 186）。這也表示，他認為評鑑者和評鑑方法論應去理解和掌握一般行政中方案發展的自然過程，配合方案發展的每一階段，提供評鑑所得的資訊，以利管理者和方案人員做堅實的決定，而且，此等決定需與一般理性的問題解決程序相結合。

二、評鑑應緊隨方案發展的各階段而實施

為利於提供行政決定所需的及時、堅實資訊，且利於方案實施之控制，並避免方案實施至末期才施予評鑑而生的先前階段成本之無謂投入浪費，Provus 主張評鑑應緊隨方案發展的每一階段而實施。而方案之發展階段，一般包括定義（有時又稱設計）、安裝、過程和產出等四階段，因此評鑑應緊隨此四階段而實施，以提供方案人員和行政者做決定所需之資訊。除此四階段

外，若符合一些要件，且有兩種以上的變通方案可供比較選擇時，亦可實施第五階段之評鑑，他稱之為成本效益分析。但 Provus 認為就當時的評鑑方法之發展狀態而言，欲滿足可實施成本效益分析的條件相當困難，故此階段的評鑑被列為選擇性的，不必一定實施。

三、評鑑的過程主要在比較方案在各發展階段中之表現與標準間之差距

如前所述，評鑑之目的在協助做決定，亦即決定是否改進、維持或終止一個方案，而且，應伴隨方案發展的每一階段實施。至於其整體過程如何？Provus 以圖 13-1 表示。

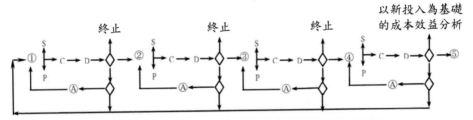

圖 13-1　用以促進方案表現與標準間比較的流程圖

資料來源：Provus (1973: 174).

圖 13-1 中的①至④，分別代表方案發展過程中的定義（設計）、安裝、過程和產出等四大階段，⑤則是最後階段的成本效益分析。在①至④各階段中的 S 代表標準（standard），P 代表實際表現（performance），C 指標準與表現間之比較（compare），D 乃標準與表現間比較而得的差距資訊（discrepancy information），Ⓐ則指改變方案之表現或標準。

在評鑑的過程中，評鑑者的主要工作是逐次比較前述方案各發展階段中的實際表現與標準，以找出兩者間之差距，並以此等差距資訊協助方案人員和管理人員做決定。所以，Provus（1973: 172）界定評鑑的定義為：評鑑乃(1)同意於方案標準（各階段之標準）；(2)決定方案的某些表現面向與管理這些面向的標準間是否存有差距；(3)採用差距資訊來辨識方案之弱點的過程。在每一階段比較過程中所獲得的差距資訊，用以引導產生下列決定之一：(1)

繼續下一階段（無差距時）；(2)重複該階段之評鑑（有差距時），直至方案之標準或運作表現有所改變為止；(3)重複回至第一階段；(4)終止該方案（無法補救差距）。差距資訊之提供，能讓方案人員或管理人員辨識出方案之弱點，此等辨識能引導其改變方案之運作，或者考慮是否改變方案之標準。

在前述過程中，方案各階段標準之決定至關重要。按 Provus（1973）和 A. Steinmetz（2000）之觀點，標準之決定乃方案人員、管理人員或委託評鑑者而非評鑑者之責任，惟評鑑者應負有協助方案人員或委託者釐清其標準之責任。Provus 強調，方案之標準有兩類：內容和發展。所謂方案發展類之標準，即前述方案發展一般過程中每一階段的標準，惟不同的方案可能在發展過程和階段上有些變化。至於方案的內容標準，乃方案的各組成成分所設定之標準。方案通常由許多更具體的工作或活動項目所組成，例如，一個閱讀教育方案可能包括了學生甄選、教材選擇與編輯、教學活動、評量活動，以及教師的在職訓練等活動，這些均構成了該閱讀教育方案的成分；而這些不同的活動成分，每一個均涉及投入、過程和產出三大要素，方案的內容標準即是由方案內部所有這些成分的每一成分裡的投入、過程和產出三要素所組成。Steinmetz（2000）建議可由評鑑者協助委託評鑑者，採成分分析法，逐一分析方案的各成分，以及分析各成分中的投入、過程和產出等要素而逐項訂出方案的各內容標準。

四、以差距資訊為基礎進行問題解決程序

在圖 13-1 的各方案發展階段的評鑑中，若各階段評鑑未發現標準與表現間有差距，則可逐次進入下一階段之評鑑，直至第五階段則可選擇是否繼續實施成本效益之評估。若任一階段發現有差距，則必須以此等差距資訊為基礎進行一套問題解決程序，如此評鑑工作方能與問題解決及行政決定相結合。問題解決的系統程序如圖 13-2。

圖 13-2 顯示差距評鑑模式在方案發展的前四階段評鑑中以差距資訊進行問題解決的處理程序，每一階段之評鑑如同第一階段（界定或設計階段）評鑑般，均由五大步驟組成。每一步驟試著回答一個問題，分別是（以第一階段為例）：步驟 1，方案界定適切？步驟 2，若否，有適切地對校正行動加以

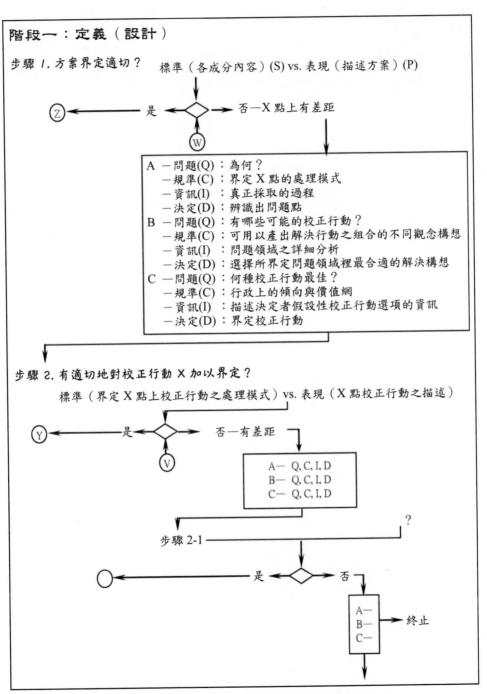

圖 13-2　評鑑過程中的提問流程（接下頁）

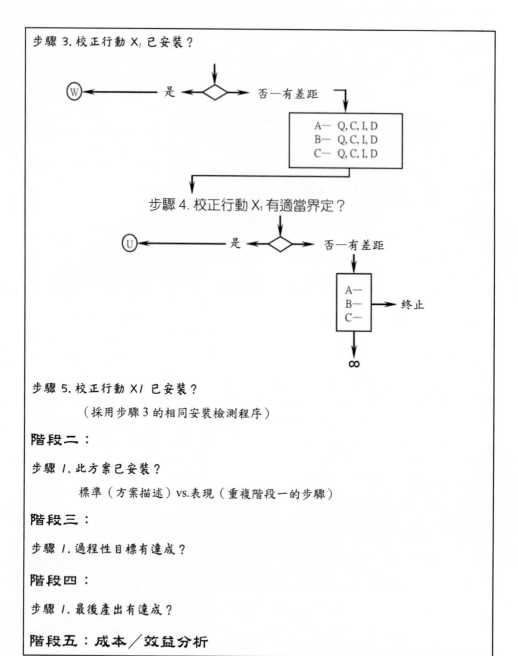

步驟 5. 校正行動 XI 已安裝？

（採用步驟 3 的相同安裝檢測程序）

階段二：

步驟 I. 此方案已安裝？

標準（方案描述）vs. 表現（重複階段一的步驟）

階段三：

步驟 I. 過程性目標有達成？

階段四：

步驟 I. 最後產出有達成？

階段五：成本／效益分析

圖 13-2　評鑑過程中的提問流程（續上頁）

資料來源：Provus (1973: 178-179).

界定？步驟3，校正行動已安裝？步驟4，若否，有界定針對確保步驟3安裝工作的校正行動？步驟5，步驟4所界定的校正行動被安裝？

在這五大步驟中的每一問題若發現標準與表現間存有差距，則進一步進入由三個問題組成的問題解決程序，分別為：A.為何有差距？B.有哪些可能的校正行動？C.何種校正行動最佳？而要回答此三個問題，則各均需訴諸三種要素：(1)規準（C），立基於有關所探究事項的理想類型或標準，其做為辨識或界定相關資訊並對資訊加以詮釋的架構；(2)新資訊（I），有關該探究事項的真實表現或實際；(3)決定（D），乃根據實際表現資訊與標準間之比較所得結果差距而採取的改變行動之決定。

五、評鑑人員與方案人員應建立互信合作的關係

雖然Provus主張評鑑乃方案發展的僕人和行政管理人員的冷靜諮詢者，但他強調評鑑應依自己的規則運作，且應具獨立於方案單位之外的權威。亦即，他不主張組織內之方案發展與實施單位及其人員實施自我評鑑，而應由組織內專設之評鑑單位或組織外的評鑑者實施評鑑。但是，評鑑單位（人員）和方案單位（人員）間應建立互信、合作、相互支持、彼此回饋的關係，且此等關係應明確界定，並為組織內所有會受評鑑影響的每個人所認同。若評鑑人員欲獲得方案人員之支持，則其必須對方案人員的有效變革作為上提供明顯的協助；且此等協助亦必須獲得方案人員的正式接受，而確保能被接受的方法是，方案目的與標準之界定和變革方法之決定均應由方案人員掌握，且其應在評鑑的每個步驟中有最大可能的參與。進一步言之，在評鑑過程中，評鑑人員與方案人員必須在彼此關注的事項和可接受的語言活動間持續溝通，並持續建立互信關係。因此，組織內部應建立回饋圈，且由評鑑人員管理之。回饋中最重要的是表現與標準間的差距資訊，缺了差距資訊即無評鑑，若無標準則不可能有差距，因此評鑑的首要任務是獲得方案的各項標準，標準則由方案人員所決定，但評鑑人員需協助方案人員釐清、界定其標準。Provus深信，以源自方案人員之標準為基礎而獲得差距資訊的回饋圈，必是方案人員所感興趣的，此乃因方案人員對方案之成功負有責任。

具體言之，在評鑑過程中，評鑑人員與方案人員間彼此的活動和關係如

表 13-1。

表 13-1　評鑑人員與方案人員彼此間的活動與關係

評鑑人員活動	方案人員活動
界定整個評鑑過程中的決定點。 建立並維持一個方案人員能形成標準的機制。	
	界定標準。 必要的話，尋得方法來與成員一起再形成標準。
經由明顯規準的運用來確保標準的適切性。	
	尋得方法以解決方案人員間標準不同的問題。
向方案人員溝通標準的陳述方式。	
界定表現與標準比較所需之資訊。	為進行表現與標準之比較，界定可行或可得資訊。
設計獲取方案表現資訊之方法。	
	提供描述方案成就之資訊。
報告標準與表現間之差距。	
	針對差距之解決而於各行動選項中做選擇。
界定問題解決過程中之決定點。	
	界定用以辨識方案表現不足之原因所需的資訊種類。
鎖定導致方案表現不足之資訊。 在選擇規準以便抉擇可能的最佳校正行動選項之過程中，界定決定點。	
	說明用以辨識差距原因的規準。 界定可行的校正行動選項。 界定產生行動選項所需的資訊。
依據要求鎖定並整合資訊。	
	界定從最佳變通方案中做選擇所植基的規準。 為校正行動選定最佳選項。

資料來源：Provus (1973: 188).

貳、方案發展各階段之評鑑任務

討論了差距評鑑模式的上述核心觀念後，以下說明方案發展各階段評鑑之主要任務。

一、定義（設計）階段

方案界定階段的評鑑可謂是差距評鑑模式中各階段評鑑的基礎，也是最重要的評鑑階段。因唯有方案的先在條件、過程和目標等內涵能在此階段被清楚描述，評鑑者才能合理地確信其所評鑑者為何；另也因此階段之方案界定結果，一般會成為往後各階段標準設定之基礎。

在此階段評鑑中，分析方案人員對方案的描述，提供了對方案內容及其實施條件的最佳推估。評鑑者可採用內容成分類目分析和小團體技術之方法，與方案人員一起工作，促進其對方案提供綜合、清晰的描述。此等對方案描述之內容可包括：

1. 描述方案之標的群和方案人員所主張的此方案標的群之選擇規準。
2. 描述方案實施人員、其選任規準與方案實施前的先備能力水準，以及之後任何在職訓練所期望的能力水準。
3. 描述主要的終結性目標，亦即，標的群於完成此方案後被期望展現的應然行為。
4. 在終結性目標實現前須先達成的**促進性目標**（enabling objectives）或中介性目標必須加以商定，亦即界定哪些做為終結行為基礎的中介性行為或任務，學生必須先完成？
5. 描述促進性目標之順序，以及那些將導向促進性目標之獲得的學習經驗的順序與性質（在此第一階段的評鑑中，此等順序通常以順序表的方式呈現）。
6. 描述標的群的起始行為與特質，亦即，學生在開始參與方案時就應展現的特質或行為。
7. 描述有關行政上的支持要求、設施、材料和設備等的清單。

8. 描述教職員的功能、數量和職務類型。

9. 最後，為了定位各事件彼此的歷時關係，而對方案所有活動的時間架構加以估算。

上述方案定義之工作中，比較困難的是目標具體化程度之決定。一般的課程目標通常希望以學生的行為表現來陳述，惟這端賴方案之範圍和複雜度而定。通常方案在剛開始發展時，其目標界定仍不夠清晰，為了使方案和目標之定義明確化，可採逐步趨近法，在早期階段也許僅列出終結性目標及達成這些終結性目標的一些重要促進性目標，而當方案人員更進一步投入方案中工作後，會再體認到一些新目標及更多的促進性目標，以及彼此間的連結關係。

當評鑑人員已從與方案人員的互動中獲得方案的綜合性詳細藍圖時，亦即方案已定義清楚後，才可能對方案之設計進行嚴謹的分析。雖然 Provus 強調評鑑之標準應由方案人員或管理人員來界定，但是他強調，在此階段對方案定義和設計之分析，應關注其清晰性、整合性、內在一致性和相容性。清晰性可由一位有經驗的作家或編輯人員來判斷；整合性則可由評鑑人員及方案上司小心地研讀方案的內容成分類目後加以決定，尤其是方案定義中被忽略部分之檢視；內在一致性乃在探究方案內各成分彼此之相互關係，以及時間和金錢與這些內容成分間之搭配關係，以發現其間是否存在矛盾或不一致現象；相容性則由方案管理人員與評鑑人員協商後判斷，乃在於決定方案是否與學校或系統早已置入的其他方案，或與此等方案的支持措施相衝突。

二、安裝階段

邁入方案安裝階段之評鑑時，評鑑單位必須觀察師生的活動，以與前階段所定義之方案內容成分標準做比較。亦即此階段之評鑑，主要在於探究方案描述的具體活動內涵是否如預期般在現場忠實地運作，而這通常需藉由對現場活動的重複觀察，以獲得實施現場中複雜的人類互動紀錄來做為判斷之基礎。若發現教師或方案實施人員之行為與方案的具體內容敘述間有差距，則須就下列之選項做決定：(1)以差距資訊為基礎來引導教師之再訓練；(2)再定義或設計方案內容；(3)終止此方案。換言之，本階段之評鑑旨在確定教師

所實施者和學生所接受者確係方案所要求者,若答案為否,則所評鑑的就不是此方案。

三、過程階段

在方案實施的進展中,方案處理的初始效果會逐漸產生,這時透過評鑑可獲得方案的中介性結果資料,來做為調整方案的處理措施及理解處理之結果與實施條件間關係之基礎。在此階段的評鑑中,評鑑人員應蒐集那些被預期的學生行為改變之資料,但所強調者應是驗證促進性目標而非終結性目標的行為資料。換言之,此時的評鑑重點乃在驗證所設計實施的學習經驗(活動)、促進性目標和終結性目標三者間的因果連結關係。評鑑者可在方案人員的協助下,列出能清楚展現所有學習經驗與其促進性目標和終結性目標間關係的流程圖,做為資料蒐集和驗證因果關係的引導藍圖,並按此藍圖蒐集資料,逐一驗證之。

四、產出階段

本階段之評鑑在於回答此方案有否達成其終結性目標之問題。評鑑者可利用各種合適的評量工具蒐集方案的產出結果資料,以與方案之終結性目標相比較,實施此階段評鑑。

五、成本效益分析階段

按 Provus(1973: 205)的觀點,此階段的成本效益分析是可加以實施的選項,但不必然實施。因為此種分析必須滿足下列條件才能實施,但他認為依當時的評鑑技術而言,能滿足這些條件者相當稀少:

1. 方案所產出的可量化效益必須能有效地妥適界定,且具可複製性。
2. 大家必須同意效益的價值和衡量方法。
3. 先在條件能被有效地妥適界定和衡量,以便決定其對產出的效應。
4. 至少有具共同效益且已能算出其投入成本的兩方案,且兩者存在著具可比較性的先在條件描述資料。

參、評論

一、優點

　　差距評鑑模式雖仍帶有強烈的目標本位評鑑色彩，但其評鑑觀念已有大幅擴展，並具若干重要優點。首先，在評鑑時機上，其強調評鑑應伴隨方案發展的各主要階段而實施，而非等到方案有了結果之後才實施，此將評鑑之範圍擴展至包括方案之設計、安裝、過程、產出和成本效益分析等面向，這些面向之評鑑，時至今日仍是大部分評鑑所關注的主要評鑑範疇。此外，此種評鑑可於方案的早期階段發現方案之問題或所謂差距資訊而及時採校正行動，避免對不成熟方案投入及累積太多不必要的成本。

　　其次，此種評鑑強調評鑑與決定之間應建立緊密的關係，主張在方案發展的每階段評鑑中，伴隨差距資料之獲得而採取理性化的問題解決程序。若各種人類組織均能採類似的決定模式，則各種決定將更能趨向理性化，而這也能提升評鑑在方案決定上的地位。

　　第三，此種模式導入了資訊管理的觀念，強調針對方案的先在條件、活動過程、促進性目標和終結性目標間建立了解其彼此連結關係的資料庫，以做為驗證方案的理論邏輯和實證關聯的憑據，此既能做為驗證方案或課程效能之基礎，亦可做為改進課程設計之指引。

　　最後，此種模式在評鑑過程中強調評鑑者、方案設計者、實施者和管理者之間建立互信、互惠的夥伴關係，而此乃一般評鑑之所以有效實施並發揮功能的關鍵因素。

二、限制

　　雖然差距評鑑模式有上述重要優點，但也存在一些限制和弱點。首先，此種評鑑之實施需投入非常大量的時間，而一般機構內部通常不會置專責的評鑑單位或人員長期投入於評鑑工作，若委外評鑑，則其所耗費的時間和金錢必然極為昂貴。

其次，其問題解決程序所列出的問題組顯得僵化、呆板，其實有時從差距資訊即可明顯判斷問題的根源並提出校正行動，根本無需按 Provus 所要求的機械化問題解決程序逐次實施；而這也是此種模式耗時的原因之一。

第三，許多方案並未詳細列明實施之先在條件、活動、中介性或促進性目標、資源及其與終結性目標間之關係，此即 Provus 所謂定義不清者。此種方案依 Provus 之觀點便不具可評鑑性，除非評鑑人員能依 Provus 之要求，設法促使方案人員重新對方案之詳細內容加以定義和設計。但若如此，很可能會產生評鑑人員之過度投入而模糊了評鑑者與設計者間的角色分際。

第四，各階段評鑑之價值判斷標準與規準主要由方案人員或管理者所決定，此種觀點帶有管理主義色彩，方案消費者的利益乃可能被忽略。

最後，由於帶有目標本位的色彩，故方案的非預期性效果之評鑑，亦未受到重視。

第二節　CIPP 評鑑模式

CIPP 評鑑模式主張可針對受評對象的背景、投入、過程和產出等四大類分別或全部加以評鑑，因而取此四種評鑑之英文字首字母加以連結而命名，由 Daniel Stufflebeam 和 Egon Guba 根據其在 1960 年代中期的教育評鑑經驗為基礎而創發（Popham, 1993）；命名者係當時 Stufflebeam 評鑑團隊中的成員 Howard Merriman（Stufflebeam & Shinkfield, 1985）。Guba 後來轉而強調自然主義探究和建構主義方法論，因而與 CIPP 的評鑑觀分道揚鑣，Stufflebeam 則持續充實和精緻化 CIPP 的評鑑觀念，乃成為當今此模式的代言人。

CIPP 模式在創發時，特別強調評鑑應提供做決定者所需的資訊，以協助方案的管理與改進。雖說其目前觀念中所謂的決定者不必然一定只是管理者，其他人員如方案的設計者、實施者和其他利害關係人已被納入為可能的決定者，然由於剛創發時主要還是將重點置於管理者之決定，故此模式乃被歸為管理取向評鑑。

CIPP 模式可說是國內學界和教育實務人員最耳熟能詳的評鑑模式，此乃因國內教育行政機關所推動的教育評鑑常標榜採用了 CIPP 評鑑模式，包括用

於機構評鑑的中小學校務評鑑、幼稚園評鑑，以及用於特定業務的所謂學校訓輔評鑑、特殊教育評鑑等。然而許多這類的國內評鑑，其實是空有CIPP之名而未真正掌握其實質精髓。主要原因如下：其一，國內的評鑑常未界定適度的範圍，而卻總是試圖於短暫的一至兩天的評鑑活動中去探究和評鑑過於寬廣的諸多校務面向，以致評鑑活動無法聚焦於學校裡的特定方案，評鑑所得乃難以貢獻於方案的改進。其次，CIPP 評鑑強調評鑑與改進的決定相結合，而此種功能的發揮往往需賴機構將評鑑活動納為其日常運作中的一部分，無論評鑑是採內部或外部評鑑者均然。但國內的評鑑卻通常是一次性的短暫外部評鑑活動，評鑑所得的片斷資訊乃難以貢獻於理性的改進行動。第三，CIPP 的四類評鑑分別呼應了四種不同性質的決定類型，而國內的所謂 CIPP 評鑑設計卻總是未能區辨此模式的此一重要特徵。由於未能區辨四類評鑑分別與四種決定相搭配的特色，因而導致國內的CIPP評鑑設計經常未能正確掌握此四類評鑑分別應有的評鑑內涵。例如，常以機構在人力、時間和經費等資源的靜態分配結構做為投入評鑑的主要內涵，而CIPP評鑑的投入評鑑，其實更應強調機構在解決其問題或達成其目標的方案選擇或設計的合理性之評鑑，人力、時間和經費等資源應是所選用或設計實施方案之附屬性投入而已，其雖可列為投入評鑑之一部分，但並非最重要內涵。基於這些原因的認識，並希望能改善國內未善用CIPP模式的現象，本節乃特別強調其核心觀念之釐清，尤其是 CIPP 評鑑與做決定相結合的觀念之說明。

壹、緣起與核心觀念

一、觀念之產生

　　1965 年美國聯邦政府通過的初等及中等教育法案要求接受此法案補助之教育改革方案，均需接受評鑑並提出績效證明。當時俄亥俄州立大學乃指派Stufflebeam 組織與領導一個評鑑中心，從事評鑑理論與實務的改進，並且接受當地哥倫巴斯（Columbus）學區之委託，辦理該學區接受初等及中等教育法案補助方案的評鑑。剛開始時，中心人員採Tyler的目標本位評鑑觀念來設

計評鑑；亦即打算以測量方案的學後表現來確認每一方案目標的達成情形。但不久後即發現此方法不適合。首先，申請補助之方案通常是由行政人員或視導人員所研擬，其目標陳述常是概括性的，方案人員彼此對方案的具體目標並無法達成共識，而教育目標的具體化、明確化則為實施 Tyler 式評鑑的基本前提。其次，實施方案的教師大部分未看過原先的計畫，而許多看過的教師則不是不同意，就是不了解計畫內容，此導致同一方案在不同場域之實施有不一致現象；因此所實施者不見得是原方案，以此種結果資料來評鑑方案便無意義可言。再次，若依 Tyler 模式，則只能俟方案結束後才能提供評鑑報告，如此就無法及時協助方案人員找出問題。此外，另有一些測驗工具和技術上的問題無法克服。

基於這些原因，Stufflebeam 乃認為不能再受限於早期 Tyler 所界定的旨在確定目標之達成情形的傳統評鑑定義，應改以更寬廣的觀念來為教育人員定義評鑑。他認為所需的評鑑定義，應引導評鑑去幫助管理和改進方案，最重要目的是提供學校行政人員、方案領導者和學校教師對方案做決定和改變方案所需之資訊（Stufflebeam, 1983; Stufflebeam & Shinkfield, 1985）。1966 年，Stufflebeam 乃在一次有關初等及中等教育法案的會議中以及一篇期刊論文上，發表了一個有別於 Tyler 的評鑑新定義：評鑑被重新定義為是一個為做決定而提供有用資訊的過程（Stufflebeam & Shinkfield, 1985: 155）。

既然評鑑應契合於決定者之資訊需求而提供服務，因此 Stufflebeam 進而認為應區辨和界定決定者經常面臨的一些典型的決定類別，才能據以規劃合適的評鑑策略。就當時哥倫巴斯學區的經驗而言，最立即需關注者，乃有關實施方案方面之決定，包括：如何使教師趕上進度去執行計畫方案、如何分配資源、如何分派與調整設施、如何獲得並維持社區之支持、如何規劃需交通接送之學生的行程、如何採用教材、如何促進方案人員的溝通。這些統稱為**實施上的決定**（implementation decisions），此類決定之服務資訊，應主要由「過程評鑑」（process evaluation）所提供。另一種主要決定，包括有關繼續或終止一個方案、增加或減少經費、將一個方案併入另一方案，以及制度化某方案等之決定，此類決定常伴隨著政府的年度預算循環而實施，故被稱為**再循環的決定**（recycling decisions），此種決定應根據方案已產出的結果資

訊而支持之，亦即以「產出評鑑」（product evaluation）所得之資訊來做為再循環決定之基礎。在哥倫巴斯學區的工作經驗中，Stufflebeam 對評鑑的再概念化只包括此兩類之評鑑：以「過程評鑑」引導實施之決定和以「產出評鑑」服務於再循環之決定。

不久後，在一次的師生討論會中，有人指出此種新評鑑觀念忽視了對目標評估的根本關懷；亦即未將方案目標的選擇和評估列為評鑑服務的重點。為了彌補此一缺失，Stufflebeam 乃增入「背景評鑑」（context evaluation）一類，以做為決策者進行**規劃上的決定**（planning decisions）之資訊服務。但此三類評鑑仍有不足，它尚未考慮到有關採取一些方法以達成既定的一組目標或一組已評估出的需要而需為之相關決定。這些決定通常展現在呈給學校董事會和經費補助機構的計畫書中有關方案的實施程序、工作進度、人員計畫和經費預算上，以及一般而言，展現於選擇某一計畫而非其他的可能方案之決定上。此類決定，被稱為**結構上的決定**（structuring decisions），此乃因新方案之選用不但涉及機構內各種方案的內容結構之改變，亦會因之而涉及機構內部在時間、人員和經費結構上之調整。Stufflebeam 進一步建議，此類決定應由「投入評鑑」（input evaluation）來提供所需資訊，此類評鑑旨在界定和評估各個變通方案設計之相對優秀程度。

至此，CIPP 評鑑的基本架構已形成。亦即，以背景評鑑來幫助發展目標（規劃的決定），以投入評鑑來幫助形成方案計畫（結構上的決定），以過程評鑑來引導實施（實施上的決定），和以產出評鑑服務於再循環的決定。

二、評鑑的定義

除前述 1966 年 Stufflebeam 為評鑑所下的新定義外，他擔任主席的 Phi Delta Kappa 評鑑研究委員會亦於 1971 年再次為評鑑下一個更新的定義：「評鑑乃對某標的之目標、設計、實施和衝擊的效用價值和本質價值，勾繪（delineating）、獲取和提供其相關描述性和判斷性資料，以引導做決定、服務於績效責任要求及促進對所涉入現象之理解的過程」（Stufflebeam & Shinkfield, 1985: 159）。在 2000 年的著作裡，Stufflebeam 又微調評鑑之定義為：「乃勾繪、獲取、報告和運用有關某標的本質價值和效用價值之描述性和判斷性資

料，以引導做決定、支持績效責任、傳布有效實務及增加對所導入現象之理解的過程」（Stufflebeam, 2000: 280）。到了 2003 年，他又再次微調評鑑之定義為：「乃勾繪、獲取、報告和運用有關某標的本質價值、效用價值、正直、意義性等描述性和判斷性資訊，以引導做決定、支持績效責任及增加對所涉入現象之理解的過程。」（轉引並修飾自曾淑惠，2004: 86）。

從上述 Stufflebeam 歷年來對評鑑所下之定義，一方面可看出其評鑑觀念隨著評鑑學界中觀念的不斷激盪、交流而逐漸調整、精緻化，另一方面亦可從中了解 CIPP 模式對評鑑所持的下述重要觀念：

㈠評鑑是一個系統化探究歷程而非單一事件

為了充分而客觀地評鑑受評對象之本質價值和效用價值，評鑑探究的歷程至少包括勾勒（界定）、獲取、報告和運用有關受評對象之描述性和判斷性資料等系統化步驟。這表示，評鑑既是一種技術上的專業性探究活動，亦是一個應注重有效溝通資料、善用評鑑發現之溝通活動。

㈡評鑑是一種價值判斷的活動而不只是一種描述性活動

在評鑑歷程中涉及了以本質價值、效用價值、正直性和意義性等價值來判斷受評對象的活動，而非只是去描述受評對象之實際表現與預定目標之間關係的單純描述性工作。

㈢對受評對象評鑑之層面可包括其目標、設計、實施和衝擊，而不只是其結果表現

對受評對象之目標、設計、實施和衝擊等層面之評估，分別由背景、投入、過程和產出等四類評鑑實施之。

㈣評鑑的功能至少有三，其中以引導做決定最重要

評鑑的功能至少包括引導做決定、支持和記錄績效責任、傳布有效能的實務、增進對評鑑活動所涉入現象之理解等，其中以引導做決定最為重要。雖然 Stufflebeam（1983: 117）曾謂：「評鑑之最重要目的是改進而非證明。」但這並不表示 CIPP 評鑑只強調改進或評鑑的形成性功能，而忽略了績效責任要求、加深對現象之了解，以及評鑑的其他總結性功能；只能說，其相對地

較強調改進功能的重要性，而非忽視總結性功能。

貳、四類評鑑與形成性和總結性功能之關係

  Stufflebeam 早期特別強調評鑑的最重要目的在改進而非證明，雖然他並非完全忽略總結性功能，但相對地較倚重形成性功能。此早期觀點與 M. Scriven 主張應兼顧評鑑的形成性和總結性功能之看法並不一致（詳本書第二章），Scriven 曾批評 CIPP 評鑑幾乎完全忽視評鑑的總結性基本角色之不當。為了釐清並拓展CIPP評鑑，使之能兼及評鑑的形成性和總結性功能，Stufflebeam 乃於 1971 年發表論文說明 CIPP 評鑑如何用於屬形成性功能的做決定面向，以及屬總結性功能的績效責任面向。在 2003 年的著作裡，他以表 13-2 詳細說明了CIPP模式的四類評鑑，可如何分別貢獻於形成性和總結性角色功能。

表 13-2 CIPP 四類評鑑型態的形成性與總結性評鑑角色

評鑑角色	背景評鑑	投入評鑑	過程評鑑	產出評鑑
形成性評鑑：期望運用 CIPP 資訊以輔助決策並確定品質。	在評估需求、問題、資產及機會的基礎上，提供定義研究的需求，以及選擇與排序目標的指引。	在評估另類策略與資源配置計畫的基礎上，提供選擇方案或其他策略，並檢驗工作計畫。	在監督與判斷活動的基礎上，提供實施工作計畫的指引，並做週期性的評鑑回饋。	在評估成果與邊際效益的基礎上，提供延續、修正、採用或終止的指引。
總結性評鑑：期望運用 CIPP 資訊以總結方案的優點、價值及意義性。	比較目標及優先順序，以評估需求、問題、資產及機會。	對重要的競爭者（方案）及受益人的需求，比較方案的策略、設計及預算。	完整描述真正的過程及成本紀錄，比較設計與真正的過程及成本。	就標的群體的需求，比較產出與邊際效益，可能的話也和競爭性的方案相比，依背景、投入、過程及產出的努力而解釋結果。

資料來源：轉引並修飾自曾淑惠（2004: 97）。

參、評鑑應成為機構運作的必要部分而 CIPP 可做為改進的系統策略

任何機構均應持續努力為其服務對象提供高品質的服務，如此機構才能據以獲得信賴而持續生存，而評鑑則是機構賴以確認其服務品質的主要方法，因之，Stufflebeam 特別強調，評鑑應成為機構日常整體運作中的一部分，而非僅僅是涉及某革新方案的特定活動。但是，這並非意謂機構一定得實施內部自我評鑑，其亦可導入外部評鑑做為其例行運作過程的一部分。

若機構將評鑑納為日常運作的常駐性活動，按 Stufflebeam 的想法，則 CIPP 評鑑可做為機構追求持續改進其運作和服務的系統性策略。透過 CIPP 四大類評鑑，除可提供做四種決定所需的資訊，為決策而提供服務。更重要的是，機構決策者和利害關係人可利用 CIPP 評鑑進行機構的持續性、系統性評鑑服務，以貢獻於機構的持續改進工作，此種系統化改進策略流程，如圖 13-3。

機構的系統性改進努力可始自圖 13-3 的左上角，亦即，機構的日常運作中本就應包括各類的評鑑活動在內；而其中最重要的就是定期辦理背景評鑑。背景評鑑的主要重點，在於評估機構對其服務對象需要的滿足情形、發現機構的有利條件與機會、蒐集與檢測機構在革新過程中的缺點與困難，以及評鑑機構的目標和優先事項的明確性與適當性。理想上，此等評鑑結果應引導機構形成是否對原有運作系統做改變的決定，若無變革的迫切性或正當性，則仍可維持原有的運作並持續實施定期背景評鑑。若發現有待解決問題、未滿足的需要或未滿意的目標表現，則應對原有運作系統提出變革的決定。當決定變革，背景評鑑的資料可協助機構人員進一步釐清與界定問題，並研擬出適切可行的變革目標。例如，發現到學生閱讀能力有未符一般水準的問題，而問題的關鍵在於中年級識字量和閱讀理解能力之不足，因而以增加中年級學生的識字量和閱讀理解能力做為改進閱讀課程方案的目標。由於背景評鑑的主要功能在於評估機構是否需提出新的變革方案，並界定變革的問題與目標，故被認為主要在於提供規劃上的決定。

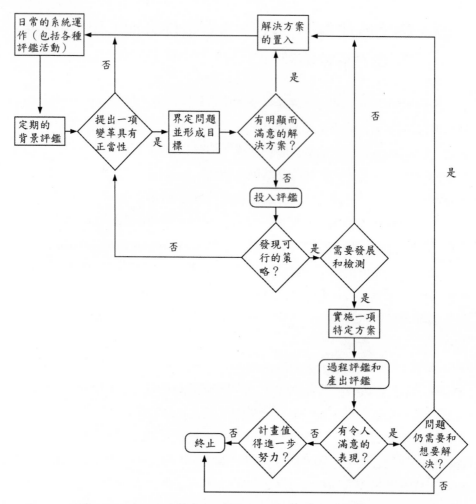

圖 13-3　CIPP 評鑑扮演有效的系統改進角色功能之流程

資料來源：Stufflebeam (2000b: 284).

　　若機構已決定實施一項新變革方案，並已界定了目標，則機構人員接著可試著尋求是否已存在一些適合其情境的、可令其滿意的解決方案。例如，搜尋縣市政府、其他學校或某出版機構是否曾開發某種閱讀教育方案，而其適合學校當前的需要，且可有效提升中年級學生的識字量和閱讀理解能力。若有，則可直接置入機構中實施，將之納為原有運作系統中的一部分。若無，

按圖 13-3 的流程應進入投入評鑑的過程。

　　投入評鑑的最主要目標，在於針對背景評鑑所發現與界定的待解決問題及變革目標，尋找、發展和評選出適切的解決方案，並驗證其效能。首先，機構人員可採文獻探討、訪談曾成功處理類似問題的人士、諮詢相關專家，或者自行開發設計方案等方式，以獲取數個解決方案；並且應將之修改為適合機構的情境脈絡。接著，應以適當規準來評選這些方案。規準可包括：對需要、問題和目標的回應性；理論的堅實性；於他處採用而成功的證據；與機構既有系統運作上的相容性；成本；家長和教師的接受性；以及行政上的可行性等。透過此評估過程，決策者應可從中選定合適的解決方案。選定後，決策者則需再考慮是否於正式或大規模採用前，先實施小範圍的試用，以檢測其效能。以前述增加識字量和閱讀理解能力之目標為例，投入評鑑的過程應先尋找並修正、甚至自行設計出能適用學校情境脈絡的閱讀教育方案數種，再參酌前述規準評選出最佳方案；接著進一步考慮是否擇定某小群樣本進行此方案的試用，以檢測其效能。

　　從上述說明可知，投入評鑑最重要的用意在於評選出針對問題與目標所需的合適解決方案，評鑑的對象應是解決方案，價值判斷的規準首重方案對問題的回應性及其理論的堅實性。由於導入一項新方案，涉及人力的再配置、經費的再分配、學生分組分級方式之改變、各科或各單元學習時間的調整，這些涉及機構中有關人力結構、時間結構、經費結構和學生群結構上的改變。所以，投入評鑑乃被 Stufflebeam 界定為主要在提供結構上的決定。但是，如前所言，投入評鑑的對象應以變革方案本身之合理性為主，而因著新方案實施所需的人力、經費和設備等資源則為附隨之評鑑對象，其固然可做為評估方案合理性和可行性的一部分，但並非投入評鑑的最本質對象。

　　若決定選出小量樣本就選定的解決方案進行試用，以檢測效能，則應進行其過程和產出評鑑。此種情形下的過程和產出評鑑往往難以完全區隔，因有些產出，尤其是課程方案的產出，往往在過程評鑑中就可被觀測到；甚且，在詳細的過程評鑑中常能探究出方案結果之所以成敗的根本原因。在過程評鑑時，亦應探究方案人員如何運作新方案，了解其角色知覺和踐履情形，若發現方案在現場情境中面臨一些實施條件上的限制，致影響其運作和效能，

則應考慮修正方案或設法克服所發現的條件限制。由於過程評鑑所得之資料，能提供為決策者是否調整實施條件、加強實施人員角色踐履程度等方面決定之基礎，故此方面的評鑑主要在於提供實施上之決定。即使過程評鑑之對象不是機構試辦中的新方案，而是既有的方案，其亦可提供做為機構對各方案做實施上決定之基礎。

產出評鑑則主要在評估試辦方案的預期和非預期結果，以及正向和負向結果，並評估此等結果對服務對象需要的滿足情形。由於產出評鑑的結果，乃機構決定是否繼續實施此方案之考慮重點，故此方面的評鑑乃成為再循環決定的基礎。若一項試辦方案，經過程和產出評鑑發現其產出無法令人滿意，則應進一步考慮其是否值得修改後再進一步檢驗其效能，若否，則可終止此方案；若是，則修改後再試用、檢驗之。若方案經檢測確具效能，其結果表現令人滿意，則應進一步考慮原先待解決的問題是否仍存在而需要繼續解決，若是，則著手置入此方案，將其納為機構日常運作的一部分。若問題已解決，或經過新方案置入實施一段時間後已解決，則可考慮是否應終止此方案，以免耗費不必要的資源。

從上述說明可知，妥善規劃的 CIPP 評鑑過程，可有效發揮機構的系統性、持續性改進功能。

肆、四類評鑑的實施時機

機構若能依前述「參」之說明，系統化地對機構及其方案依序實施背景、投入、過程和產出評鑑，並使之與相關決定相結合，誠然極為理想。但事實上，機構在委託或自行辦理評鑑時，往往有其意圖和各種條件限制，因此不見得會、或想如此理性和系統性地逐次實施四大類評鑑。Stufflebeam亦認為，實施CIPP評鑑時，此四大類不見得皆需辦理或者逐類依序辦理；只要能實質發揮改進之功能，僅實施其中的一類或兩類、三類也行。不過，機構或評鑑者必須謹慎考慮自己的評鑑目的及適合的指標時機來選擇評鑑種類。若決定了評鑑種類，則應再考慮是否應蒐集新資料來完成評鑑，亦即，CIPP評鑑中任一類評鑑之實施，不見得一定需蒐集新資料，只有在既有資料無法提供堅

實合理的評鑑判斷時，才需蒐集新資料。表 13-3 提供了一些實施此四類評鑑的適當和不適當時機之指標，以及是否需蒐集新資料的指標。在進行時，首先以表 13-3 的第一列「適當的指標」決定可能採用哪一類評鑑，接著則以第二列的「不適當的指標」加以檢核，以決定目前實施此類評鑑研究是否仍不夠成熟、多餘、會轉移焦點或未具生產性。若決定了評鑑類型，則再接著檢核表中的第三列和第四列，以決定是否需要及需何種新資料。

表 13-3　決定何時實施背景、投入、過程或產出評鑑

	背景評鑑	投入評鑑	過程評鑑	成果評鑑
適當的指標	• 委託者要求一項需要評估以提出經費申請計畫。 • 機構管理人員必須報告機構狀態。 • 認證組織要檢視機構。 • 機構必須更新其使命與目標。 • 服務及（或）人員調配可能是不公平的。 • 機構的成就表現受到攻擊。 • 資源配置型態需要改變。 • 機構尚未正當化所規劃的涉入方案。 • 機構需要確認一項計畫的制度化是明智的。 • 不太了解預定受益者的需求。	• 機構已界定出需要與問題，但尚無適當的解決方案。 • 機構的決定者不知道其他機構如何處理類似領域的需求。 • 機構已發現一個被認為有效的解決方案，但必須加以設計，以便在機構的既定條件下採用。 • 有兩個或更多的被認為可能有效達成既定目標的策略，但其相對優秀性仍不清楚。 • 解決策略之選擇具爭議性。	• 所選的策略需要現場檢測並修正，以利機構使用。 • 機構必須就受資助計畫的實施情形向資助者提出進展報告。 • 方案人員及視導群需要計畫在實施上的例行性回饋。 • 評鑑的閱聽者要求方案或計畫實施過程的深度資訊，以幫助其解釋所評估的結果產出。	• 機構在制度化一項選定的解決策略前，需再確認其效能。 • 機構必須在績效責任上向資助者說明其所資助方案的結果。 • 需界定並評估方案各方面的整體成果。 • 方案人員和視導群要求定期性的結果回饋。

（接下頁）

表 13-3　決定何時實施背景、投入、過程或產出評鑑（續上頁）

	背景評鑑	投入評鑑	過程評鑑	成果評鑑
不適當的指標	• 一項計畫或其他的方案已經在運作中，而且需俟整個循環執行完畢才能質問其需要性。	• 機構尚未建構起規劃介入方案的需要。	• 介入計畫的實施並未顯示需特殊的資訊要求。 • 機構需要了解介入方案會帶來哪些產出，但缺乏評鑑回饋。	• 介入方案的效能已很清楚。
既有資訊已充足的指標	• 機構對受益者的需要、相關的問題、地區的有利條件、經費或其他適當機會，已有充分背景資料。	• 所考量的各研究取徑中，已有廣泛的現場測試報告可供使用。	• 機構人員已定期地記錄、分享及討論其努力的進展情形。	• 有關結果所需資訊可例行性地從其他來源獲得。
需要新資訊的指標	• 有一些適用的資訊可以取得，但已過時或受到懷疑。 • 機構最近並未投入實施相關的背景評鑑。	• 了解各備選方案所需的某些資訊是存在的，但已過時或不充分。 • 機構必須開發並評估新的解決策略。	• 整合者需要，但卻缺乏有關機構人員如何做好其分派任務之獨立、客觀資訊。 • 若未實施過程評鑑，機構便無機構人員如何執行介入方案的可信賴紀錄。	• 目前所為的產出評鑑努力，未能包括邊際效應和（或）所觀測得之結果是否能回應於所評估之需要的資訊。

資料來源：Stufflebeam (2000b: 306-307).

伍、四類評鑑之目標與方法

　　從上述說明可知，CIPP 評鑑模式是一種綜合性評鑑架構。就評鑑對象而言，其可針對人員、材料、方案、設備和產品等不同對象而規劃實施評鑑。在所選定的受評對象之評鑑面向上，則可就其背景、投入、過程和產出等面向之一或全部進行評鑑。評鑑面向之抉擇，主要依委託評鑑者所擬做決定之類別而定。就評鑑之功能言，此四類評鑑均可發揮其形成性和總結性角色功能。就評鑑時機而言，其可於方案置入前、中、後的適當時機分別或連續實施此四類評鑑，更可做為機構的系統性、連續性改進策略。就評鑑探究方法而言，其亦不偏於量化或質化的探究方法，凡有助於了解受評對象諸面向特質之各類探究方法，皆被認為是可採用之方法。有關評鑑對象及其面向範圍之確定，四類評鑑之選擇及其與做決定關係之明確化，四類評鑑之涉入時機點及其擬發揮功能的抉擇，以及評鑑方法的採用等，均有賴評鑑者與評鑑委託者間雙方之溝通、協商，委託者必須明確表達其旨趣，評鑑者則應從評鑑專業之立場對委託者提供必要的諮詢服務，使委託者之旨趣明確化，進而在評鑑對象、範圍、評鑑類別、實施時機和探究方法上獲得共識。如此，評鑑才能對機構和委託者發揮最大的服務功能。至於 CIPP 四大類評鑑中各類評鑑的具體目標、探究方法及其分別在變革過程中做決策之關係，Stufflebeam 曾以表 13-4 列舉說明。此表綱舉目張式地為 CIPP 評鑑的具體內容要素提出總說明，可做為評鑑者和委託者規劃和實施評鑑時的具體指引，茲扼要舉例說明之。

表 13-4　四種類型的評鑑

	背景評鑑	投入評鑑	過程評鑑	產出評鑑
目標	• 界定機構／服務的背景脈絡。 • 界定服務標的群及其需要。 • 界定因應這些需要的相關領域之資產與資源機會。 • 立基於需要而診斷出問題所在。 • 判斷現行目標是否能有效地回應於所評估得的需要。	• 界定並評估系統的能力及各種服務策略。 • 為實施所選定之策略,仔細檢視所規劃設計的程序、預算和工作進程。	• 辨識或預測工作程序設計本身或其實施的缺失。 • 為方案運作的決定提供資訊。 • 記錄工作程序中之事件與活動,以利後續的分析與判斷。	• 蒐集對結果的描述與判斷。 • 了解結果與目標,及其與背景、投入和過程等資訊之關聯。 • 詮釋所為努力的本質價值與效用價值。
方法	• 運用諸如下列之方法:調查、文獻探討、二手資料分析、聽證會、訪談、診斷性測驗、系統分析和德懷術。 • 清查和分析可用的人力和物質資源。	• 運用諸如文獻搜尋、參訪範例方案、諮議小組和先導型試用等方法來界定出並檢視那些宣稱有效之解決策略。 • 評析工作程序設計之適切性、可行性、成本和經濟性。	• 透過監控活動程序中之潛存障礙,並對預期外之障礙保持警覺。 • 獲取為方案運作做決定的具體資訊。 • 訪談方案受益者、描述實際運作過程、維持影像紀錄,以及持續觀察方案人員和受益者之活動,並與他們持續互動。	• 以操作性定義的方式界定並測量結果。 • 從利害關係人處蒐集其對結果之判斷。 • 進行質與量兩方面的分析。 • 將結果與所評估得的需要、目標和其他適切標準相比較。
與於變革過程中做決定之關係	• 設定服務事項之決定。 • 界定目標並設定優先順序。 • 使那些有礙成功的潛在障礙明顯化並處理之。 • 提供所評估得的需要,以做為判斷結果之基礎。	• 選定支持資源及解決策略。 • 提出並闡明一項堅實的工作程序設計,包括經費預算、工作進程和人力計畫。 • 提供做為監控和判斷實施過程之基礎。	• 實施並精修方案設計和工作程序,例如,有效地做過程控制。 • 詳細記錄實際運作過程,以提供做為判斷實施並詮釋結果之基礎。	• 決定繼續、終止、修改或再聚焦一項變革活動。 • 展現出清楚的效應紀錄(意圖和非意圖的,以及正向和負向的效應)。 • 判斷所為努力的本質價值和效用價值。

資料來源:Stufflebeam (2000b: 302).

一、背景評鑑

　　背景評鑑旨在某特定環境中評估需要、問題、資產和機會。需要，包括那些用以實現一具可辯護目的所必需的或有用的事物；可辯護目的則被界定為係機構在符合倫理與法律標準下所欲達成的相關使命。問題，乃機構在達成或持續致力達成其服務對象需要過程中所需克服的障礙。資產，包括可用以協助實現標的目的之可取得專業知識（技術）和服務。機會，包括那些為達成需要和解決問題所為努力之各種可能支持，尤其是經費補助方案。此四者皆是為了設計出堅實方案或服務而在背景評鑑時所需考慮的重要內涵，而非僅止於需要評估一項。

　　具體而言，背景評鑑的目標有五：⑴描述意圖的服務之背景脈絡；⑵界定意圖的受益者及其需要；⑶界定與辨識達成需要過程中之問題或障礙；⑷界定與辨識出當時可用以因應標的需要之各種資產和經費補助機會；⑸評估既有方案、教學或其他服務之目標的清晰性和適切性。

　　背景評鑑可針對一項方案或其他改進之努力，於推動前、運作過程中或甚至方案實施後辦理之。所可採用的探究方法非常多元，可包括探討文獻、分析人口統計和當前表現資料、辦理聽證會與社區論壇、實施德懷術，以及訪問受益者和其他利害關係人等。更佳的方式則是綜合兼採這些探究方法。

　　Stufflebeam（2000b）曾特別舉例介紹方案檔案分析和病例檔案分析兩方法在背景評鑑上的運用。就課程評鑑而言，則可類推之而採檔案評量方法，對某一標的群或一位學生進行背景評鑑，以界定並辨識出該群（位）學生在特定課程領域（或整體學習）上的未來學習發展需要、現有問題、學習表現的優、弱處，並評估其目前所接受課程方案目標之適切性。在實施時，可先設定某一群或一位學生，接著再聚焦於此群（位）學生的某一課程領域（甚至所有學習領域），然後長期、系統地蒐集並建立起此標的群學生在此課程領域上的作業成品（甚至包括作業過程及學習者的學習省思資料）檔案。有了長期累積的作品檔案後，就能經由觀察這些不同時間點上之作品品質的變化，分析出此群學生的學習表現成長變化，評斷出其學習困難，發現其學習優、弱勢，進而評估其進一步學習發展的需要以形成新的課程目標。

二、投入評鑑

投入評鑑之主要目的，在於協助提出某項方案、計畫或其他介入，以對意圖的受益者之需要提供服務。在背景評鑑中所界定或辨識出的待解決問題、待滿足需要、待達成目標，必須尋出有效而堅實的解決策略和介入行動方案；投入評鑑之功能即在此。有時在機構情境中已可尋得一些可能的解決策略及行動方案，若是如此，投入評鑑用以評估這些方案之相對優劣及其在情境中採用的合適性，以擇定出最佳方案。若無，則需發展出新方案，並以投入評鑑來評估其對需要的回應性和理論上的堅實性，必要時須決定是否實施先導性試用，以評估和驗證其效能。又因解決策略與行動方案會包括詳細的工作項目、活動內容與流程，以及時間、經費和人力資源的配合等，故投入評鑑也涉及評估方案之可行性、經濟性和成本。這些皆是投入評鑑的重點與評估標準。

投入評鑑的探究方法可包括文獻蒐集與探討、相關成功案例之分析與參訪、諮議小組的分析與批判、機構人力物力之清查與分析，以及必要時實施小規模的試用評估。Stufflebeam（2000b）曾舉例說明諮議小組（advocacy team）方法在投入評鑑上的運用，以之用於課程方案之投入評鑑，亦頗為可行。在學校情境中，可以學校的領域課程小組為基礎，必要時另邀該領域課程的專長學者加入，組成諮議小組。小組成立後，則針對背景評鑑所界定出的學生學習問題或學習需要，搜尋相關文獻或他校的成功課程案例，提出數個可行的課程方案供評比分析；若無現成課程方案可用，則由領域小組成員自行設計出課程方案後，由諮議小組分析其品質和對學習需要的回應性，並決定是否先行試用以驗證設計案之效能。諮議小組在分析、評估時，可就這些課程方案（或新設計案）對學習者需要的回應性、課程目標與活動間的契合性、課程內容與活動間之適切性、課程內容與活動的可能效果，以及課程活動實施所需時間、人力和經費資源等之可行性等方面，進行分析、評比，以選出或決定出所欲投入的課程方案。所以，投入評鑑之重點在於根據課程設計的原理及學校情境條件，尋出或設計出用以滿足學習需要且具可行性的最佳課程設計案。

三、過程評鑑

基本上，過程評鑑乃對一項方案計畫之實施及其過程紀錄的持續檢核過程，包括檢視計畫之調整和某些工作程序之不當執行或重大省略在內。具體言之，過程評鑑的目標有：(1)提供機構人員和管理者有關方案人員對規劃的活動之如時、按計畫和有效執行程度之回饋；(2)協助機構人員界定出實施的問題並據以對活動或計畫進行必要的修正；(3)定期評估方案參與者接受並踐履其角色的程度；(4)報導觀察者和方案參與者如何判斷方案過程之品質。

過程評鑑之實施，關鍵在於能選定優秀的過程評鑑者，使用的探究方法，包括應先以文獻探討的方式充分了解方案的設計；其次，採取一些用以了解方案實際運作過程之方法，如與受益者訪談、以影像方式記錄和描述實際運作、持續地觀察和記錄現場活動、召開方案人員或受益者的回饋會議等，來記錄、描述和評估方案的實際運作情形。Stufflebeam 曾針對大範圍的課程改革方案，舉例介紹一種名為**巡迴觀察者方法**（traveling observer technique）的過程評鑑方法。若一項課程改革方案之實施，涵蓋了大範圍的許多學校，則培訓一些觀察者，抽取一些實施場域之學校為樣本，進行實施運作情形資料之觀察、蒐集與分析，確為可行之方法，惟其資料之有效性和可信性受樣本代表性和觀察者素養之影響甚鉅。若係小規模、小範圍之課程方案，在進行過程評鑑上則較為容易，且其信、效度更易於掌握，觀察者可採定期的時間取樣或長期的參與觀察方式，進入實施現場，透過訪問教學者和學生、觀察教學過程中之各種活動等方式，以了解一項課程方案在現場教學情境中的實際運作情形。此種深入情境的觀察，不但可了解教學者的角色踐履情形，亦可評估課程方案在設計上的適切性，甚至可探討出課程改革方案之所以成功或失敗的原因，而這些資料將可做為進一步評估方案效能的基礎。

四、產出評鑑

產出評鑑的目的在於測量、詮釋和判斷一個事業體（或方案）的成就，主要目標在於確認受評者對滿足其所有具權利的受益者需要的達成情形。有關成就表現之回饋資料，應包括方案的所有活動過程及結果之產出，應包括

意圖和非意圖的結果，以及正向和負向結果，甚至長期結果之評估。

在課程方案之產出評鑑上，主要在於了解和評估學生在課程方案過程中和實施後之成就表現，凡能評量學習成就進展的各種評量方法，皆可採用為課程方案產出的評鑑探究法。有關學習成就評量的方法和觀念，詳參本書第四章第七節。在評估課程方案的效能上，可採單組前後測，甚至是實驗組與對照組比較的雙組前後測研究設計，來了解學習者在課程方案上的成長變化。此外，亦可實施不同方案間的比較性評鑑。

除了有關課程對學生學習的效能評估外，產出評鑑亦可包括效應評估、成本效益分析、存活性評估，以及其在不同情境採用的轉移性評估在內。

陸、立基於自由社會的民主原則和客觀主義價值觀

Stufflebeam（2000b: 280）強調 CIPP 評鑑模式具強烈的自由社會民主原則和服務導向，主張評鑑者與委託者應辨識方案的合法受益者，引導其參與評鑑規劃，釐清其服務需要，來獲取設計具回應性的服務方案和其他相關服務之有用資訊，且評估並協助引導服務之有效實施，最終評估服務之本質價值和效用價值。所以，在規劃、選擇、設計、實施或運用此四大類評鑑及更具體的評鑑問題和資料蒐集程序上，應找出並界定有關的利害關係人，引導其參與，形成共識，並以致力於協助受評機構、方案和人員提升對其服務受益者的服務品質為依歸。

CIPP 評鑑雖強調重視利害關係人在評鑑規劃、設計上的參與，而顯現其服務導向和民主精神，但其並不因此而採價值觀上的多元主義或相對主義立場；相對地，CIPP 評鑑模式在價值判斷上，堅持採客觀主義的價值觀。此種客觀主義評鑑觀所立基的理論，是認為道德上的善應是客觀的，且可獨立於個人或只是人類的感覺之外。Stufflebeam 強調此種評鑑應植基於堅實的倫理原則：在尋求本質價值和效用價值之決定上，致力於控制偏差、偏見和利益衝突；訴諸已建立的、適當的本質價值判斷之標準，並證明其正當性；從多元來源獲取發現，並驗證其效度；尋求最佳答案，儘管這很難或幾乎不可能尋得；追求有關受評者之本質價值和效用價值的最佳可能結論，並驗證之；

誠實、公平並小心謹慎地向所有具權利的閱聽者報導評鑑發現；根據評鑑領域的標準，對評鑑過程及其發現實施獨立性評估；以及就需要而規劃未來的探究，以對相關的評鑑問題獲得進一步的深入理解。

　　至於如何對受評者的價值進行客觀的判斷，Stufflebeam（2000b）提議可從下列七個方面的價值規準，綜合思考獲取規準以進行判斷：(1)當前社會的基本核心價值；(2)受評對象的本質價值和效用價值；(3) CIPP 四大評鑑之規準；(4)該機構的價值；(5)該領域的專業與技術標準；(6)人員的職責；(7)個殊性規準。這七方面價值與規準的意義，詳參本書第五章第二節。

柒、評論

　　Stufflebeam（2000b）曾自己評論 CIPP 評鑑具下列優點與限制。

一、優點

1. 能激勵方案人員持續地和系統性地利用評鑑以計畫和實施方案，來滿足方案受益者的需要。
2. 可在方案的所有層面上協助做決定並強調改進，同時亦展現出一種可協助方案人員判斷其方案決定與行動績效的資訊架構與理念。
3. 在評鑑過程中能充分納入各利害關係人的參與，以確保他們的評鑑需要能獲得充分處理，並且鼓勵和支持他們有效利用評鑑發現。
4. 能綜合性地注意背景、投入、過程和產出等四類評鑑。
5. 能兼顧量化和質化方法的均衡採用，而這是符合專業評鑑標準的關鍵。
6. 此取向強調評鑑必須立基於自由社會裡的民主原則。

二、限制

1. 由於評鑑者和利害關係人間必須相互合作，此可能會導入了妨礙評鑑進行或產生評鑑結果偏差的機會，尤其當評鑑情境具政治性訴求者尤然。
2. 當評鑑者過於主動影響方案的方向時，可能會由於太緊密地認同此方

案而減損其獨立、超然的立場，致未能提供客觀、坦誠的報告。

3. 此取向可能會過度強調形成性評鑑功能，因而較少投入時間和資源於總結性評鑑。

4. 有些評論者曾批評，此種取向隱含了評鑑只服務於上層決定者的觀念。但 Stufflebeam 強調，此種責難是錯誤的。

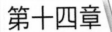

消費者取向評鑑

　　消費者取向評鑑企盼評鑑者能扮演啟蒙的代理消費者角色，以消費者和整體社會的福祉為依歸而客觀、獨立地規劃與實施評鑑，主要的代表學者乃Michael Scriven。儘管他自承類如《消費者報導》（*Consumer Reports*）的產品評鑑仍會有一些方法論上的缺失，但他堅持此種立基於**消費者主義意識型態**（consumerist ideology）的評鑑乃較佳的評鑑。而消費者主義意識型態評鑑的根本立足點，是主張那些在評鑑中會受到受評事物影響的所有群體，均應被加以考量並對他們給予最起碼而妥適的道德關懷；而且，在許多情況下，應讓他們對評鑑過程或結果有明顯參與和／或回應的適當機會（Scriven, 2000）。

　　Scriven的評鑑領域論著，主要在於評鑑觀念、理論和方法論層次上的分析和論辯，而非具體運作細節、技術或程序之說明，因此，他不會以模式來命名其評鑑取向；不過，消費者主義意識型態、消費者取向或檢核清單等詞倒是他較常採用者；或者，他曾以多元模式（multi-model）一詞來稱呼之，用以彰顯評鑑此領域的多元面向和高度複雜性。他所謂的多元，包括許多面向上的多元。例如，指多領域，即評鑑可用於產品、計畫、人員、規劃和潛能等各領域之上，而不僅止於方案之評鑑；指多學科，即評鑑常需依靠堅實的經濟分析、倫理分析、俗民誌分析和統計分析等多元學科知能；指多層面，即在形成評鑑結論時，常需整合對受評客體的多層面評鑑發現；指多觀點，即在提出評鑑結論或最終報告時，需整合不同人士對相同事物或方案的不同

觀點;其他如所謂的多元層次、多元方法、多元功能、多元衝擊和多元報告
形式等觀念,皆可用以展現評鑑的多元性。由於評鑑是在如此多元面向上具
多元性,是以 Scriven 並不想對實務者提出一套實施評鑑的具體工作流程手
冊,而是著重於觀念、理論和方法論層次的分析;但為一方面展現其評鑑的
多元模式觀,同時另一方面為實務者提供某種程度的指引,他乃提出所謂的
重要評鑑事項檢核清單,做為評鑑者規劃與實施評鑑時自我檢核之參考架構。

　　無論是對產品、人員、方案或其他對象之評鑑,Scriven主張應就重要評
鑑事項檢核清單上的所有檢核項目反覆檢核,如此才能獲致堅實的評鑑結論,
保障消費者的利益。有關檢核清單之內容及其功能與實施方式,在本書第七
章第二節已詳細說明,本章不再贅述。本章討論的重點,乃著重於Scriven消
費者取向評鑑的一些重要觀念。

第一節　評鑑的意義

　　在本書第一章第一節討論各家學者的評鑑定義時,曾引用Scriven〈評鑑
方法論〉一文中所下的評鑑定義為:「抽象地說,我們可說評鑑乃試圖就某
些特定的實在,回答某些特定種類的問題。這些實在乃各種不同教育措施(教
育過程、人事、程序、課程方案等);各種形式的問題包括:此等措施之表
現有多優秀(相較於何種規準)?比其他措施表現更佳?此措施產生哪些效
果?(例如,我們所關注的群體經此等措施之實施而受到何種重要影響?)
採用此種措施值乎其成本?評鑑本身是一種方法學上的活動……。這些活動
包括蒐集並整合一組加權處理的目標量尺之表現資料,以呈現比較性或量化
的等第結果等的簡單活動,乃至驗證其:(1)資料蒐集工具;(2)權重比例;(3)
目標選擇等之活動」(Scriven, 1977: 334)。

　　此外,在《評鑑辭書》(*Evaluation Thesaurus*)一書中,Scriven 則直接
界定評鑑為:「決定事物之本質價值和效用價值的過程,且評鑑是該過程之
產品」(Scriven, 1991b: 1)。在此書中,他又繼續補充強調,評鑑不只是累
積和總結出清晰有意義的資料以便做決定而已,去蒐集和分析做決定所需的
資料只是評鑑過程中兩個關鍵的內涵之一,缺另一關鍵內涵則尚不能稱為評

鑑，另一關鍵內涵乃是要求獲致有關受評對象的價值結論，以及組成該價值結論的評價性前提或標準。要言之，評鑑之歷程本身有兩個目的，一是投入於資料的蒐集、分析，另一是蒐集、釐清並確證適當的價值與標準；尤其後者的價值判斷過程更是評鑑的最本質目的。他特別強調，即使在那些最簡單的評鑑事例中，都涉及需釐清評鑑的價值面向的許多邏輯性和科學性任務。這些任務包括：(1)辨識並排除：①個人價值組合中的不一致；②價值的誤解和誤現；③這些價值所植基的錯誤性事實假設。(2)區分欲求與需要。(3)處理下列問題：①確信我們能夠界定出區辨本質價值的所有適當層面；②發現能對這些價值層面做適當衡量的方法；③以某種能正確反映我們意圖的方式來權衡這些層面的比重；④確信我們所立足標準的有效性（Scriven, 1991）。

　　從這些定義觀之，Scriven 的評鑑定義所強調者，至少包括下述三個要點：其一，它是一種方法學上的活動，亦即為了對受評對象做客觀、合理的評鑑，評鑑過程需採適當且有效的方法蒐集、分析有關受評對象及其成就表現情形之資料；其二，它是價值判斷的活動和歷程，除了蒐集和分析受評對象之資料以了解其特質外，尚需判斷其本質價值和效用價值，缺了價值判斷就不能算是完成了評鑑工作；其三，價值判斷涉及對受評對象之表現、成效、成本等的評估與判斷，甚至會將其與類似的競爭對象比較，而這些又都涉及某些價值標準的衡量與選擇。總言之，Scriven最強調的是價值判斷在評鑑過程中的重要性。而且，他堅信評鑑者不但應該而且需能實施客觀性的價值判斷，認為這才是評鑑之所以保障消費者和整體社會福祉的責任所在。

第二節　價值判斷

　　至於如何做價值判斷，這是非常複雜的問題。而在處理此一問題之前，必須先討論的一個議題是，到底價值判斷是否具客觀性的可能？對此，Scriven的答案是肯定的。

壹、評鑑應追求價值判斷的客觀性

評鑑必然涉及價值判斷，但有些人會認為價值判斷本質上是主觀的且是非科學的。Scriven對此種觀點大加撻伐，尤其認為如果評鑑領域的學者或實務者自己仍持此種觀點，更是一種自我否定的不可思議之舉，因這等同於否定了評鑑本身的可信性和價值，也否定評鑑追求科學性的可能。這就如同一個人提出一種智慧性觀點，卻同時宣稱自己的論點是主觀的因而不可能有理性的實質內涵之可笑。遺憾的是，Scriven發現評鑑領域中存在某些意識型態妨礙了評鑑追求價值判斷的客觀性，尤其是其中的實徵主義和相對主義意識型態。實徵主義意識型態源自於科學哲學對觀念主義者（idealist）的過度反應，而廣泛地影響了社會科學和評鑑領域。實徵主義對評鑑追求客觀性的妨礙，在於其過度強調科學的價值中立性和經驗的檢證性，也因此而將價值的研究或價值的判斷排除於科學之林，也同時拒斥了評鑑的科學性。Scriven對實徵主義者之強調其價值中立性和拒絕評鑑的科學性、客觀性，深不以為然，批評他們的實際作為與自己的宣稱之間充滿了矛盾。例如，實徵主義倡導者會對他們學生的學習表現予以評等，也會以一些學術規準來判斷期刊是否接受某一學術論文，此種對學生表現評等和評審期刊論文的作為，其實就是評鑑的作為，本身已涉及了價值判斷。因此，Scriven認為實徵主義者一方面拒斥評鑑的客觀性、科學性，另一方面自己卻宣稱能以客觀標準來評定學生表現或期刊論文之品質，其說法與做法是自相矛盾、站不住腳的。

至於相對主義意識型態方面，主要在於其強調多元實在的觀念，認為每個人對事物及方案均有其所認知到的實在，且似乎認為每人所體認到的實在均應具合法性，因而任何事務乃就具相對性。Scriven批評此種意識型態是對實徵主義的過度反應所致，他認為對實在的多元觀點是可接受的看法，但是若如相對主義所宣稱的認為實在有多個，則是不能接受的。亦即他強調真正的實在仍然是客觀存在的，但是對實在的描述可以、也應該要採多層次、多元化的觀點來加以描述。在評鑑過程中，採多層次、多面向和多元化的觀點來描述實在，雖然也許尚無法完全真實地呈現實在，但這樣總能相當程度地

具真實性和客觀性。因之，Scriven認為評鑑領域不能受到實徵主義和相對主義的兩極端思維之迷惑，而放棄追求價值判斷的客觀性。

除抨擊實徵主義和相對主義拒斥價值判斷的科學性和客觀性之不當外，Scriven 另分析了不同類別的價值判斷及其客觀性的可能（Scriven, 1977）。他提到，有些價值判斷實質上屬個人基本的偏好或嗜好之類的主張。任何人之持有此等價值主張，並無所謂對錯，我們只能去顯示某人是否持有該種價值。另一種價值判斷乃於清楚界定的脈絡下評估某實體之優秀程度或比較性的本質價值，而此種評估之宣稱來自於具體可辨且明確化其權重比例的一些規準變項，而主張該實體的成就表現優於或相當於另一實體。對此種價值判斷，我們不但可發現其主張者是否可相信，而且可決定出相信或不相信他們到底是對的或錯的。換言之，此種價值判斷具科學性和客觀性，一般對成就表現的評估屬此類。

第三種價值判斷則更為複雜，乃其判斷規準本身具爭論性者。例如下列兩個判斷性主張：評鑑的最重要角色功能，發生於課程的撰寫過程中；哥本哈根學派的量子物理學詮釋，優於任何其他學派。此兩則判斷主張所立基的價值判斷規準屬哲學層次的爭論，而此種爭議總難輕易解決。雖然此類價值判斷難以客觀地衡量孰對孰錯，但卻可檢視其主張形成的合理性。此外，有些價值判斷屬道德上的價值判斷，即使是此類，我們亦可從大家所共同承諾的道德原則，或者從檢視各種道德原則之後果的公共論述來檢驗之。換言之，即使是道德上的價值判斷，亦可屬理性論辯的範疇。從上述的討論可知，在Scriven心目中，除屬個人偏好或嗜好類的價值判斷與選擇外，其餘類別的價值判斷都具理性和客觀性的可能，尤其上述第二種的價值判斷更具極高度的客觀性和科學性。

貳、不受目標限制之評鑑

目標本位評鑑（goal-based evaluation）是評鑑實務上很受歡迎、也是方案的管理者較偏好的評鑑。然Scriven對此種評鑑取向予以猛烈抨擊，認為其立基於管理者意識型態（managerial ideology），所服務的是管理者而非消費

者的利益。Scriven認為目標本位評鑑觀念至少具下列嚴重問題：其一，將方案的目標合理化，假設目標本身是不會錯的，評鑑只是在描述方案目標是否有實現，並未去檢討目標本身的合理性或其是否真正能代表方案的服務對象之需要。所以，當方案未達成目標時，被究責的對象往往是方案的實施人員而非管理者。其二，當評鑑僅致力於蒐集方案目標的實際達成情形資料，並以此所獲得的表現資料來和目標比較時，則此種評鑑活動其實並未真正做到價值判斷，充其量這只做了描述的工作。因這樣的工作未試著去判斷方案、目標和其結果表現本身之價值，尤其並未從方案或產品適合其服務對象需要的程度來判斷其價值。第三，此種評鑑所蒐集的表現資料會受限於那些與目標有關者，而非更廣泛、完整地去蒐集方案或產品對其消費者所產生的所有效果和效應資料。第四，未能考量方案目標在實施過程中的變化情形，而通常方案於實施後其目標在實施現場中已經過了層層轉化，除非評鑑者願意且能夠投入心血先區辨出方案的原始目標和實際實施中的目標，否則很難釐清方案結果與目標間之關係。第五，此種取向往往會忽略成本分析的觀念，因其所欲了解的只是目標有否達成，但不見得會追問達成此目標需投入多少成本，以及是否值得。要言之，Scriven認為目標本位評鑑所立基的是管理者的意識型態，若欲使評鑑真正成為消費者利益的代言人，則應採不受目標限制的評鑑。

在純粹的不受目標限制評鑑中，評鑑者並未被告知方案的目的，而是於評鑑時，在未被提供方案試圖達成之目標的線索下，去發現方案實際上所做到的。亦即去發現方案所產生的所有效果和效應。方案的價值則是透過評估方案之效果與受方案衝擊者（消費者）的相關需要間之關聯性而加以決定，而非根據方案目標的實現程度來決定。此種評鑑亦可稱為**需要本位評鑑**（needs-based evaluation）或消費者取向評鑑，其並非以方案的目標來取代評鑑者的目標或消費者的目標，其必須經由需要評估來確證方案的所有價值面向（Scriven, 1991b）。

Scriven認為純粹的不受目標限制評鑑具下列優點：(1)其乃用來改進探知方案邊際效應的最佳系統化程序，因評鑑者在未預知方案所設想目標之情形下，才會更通盤地去探知方案的所有邊際影響；(2)能避免為了決定出真正的

當下目標和真正的原初目標，或兼顧兩者，以及衡量兩者輕重，而經常發生的昂貴花費、時間浪費問題，以及其答案總是屬推想性之相關問題；(3)相較於目標本位評鑑，此種取向較不會干預方案活動；(4)其可充分因應中途新生的目標或需要的轉換；(5)由於規劃評鑑時較少與方案人員互動，故評鑑者較不致傾服於一些社會性的、知覺的和認知上的偏見；(6)它是可翻轉的，亦即評鑑者開始時可先實施不受目標限制評鑑，然後當做了預備性分析且已獲得前述各項不受目標限制評鑑之益處後，再轉而接續改採目標本位的評鑑（但若一開始就採目標本位評鑑，則不能如此翻轉）；(7)其較不致受到為了迎合評鑑委託者之渴望而生之偏見的影響，因其並不清楚委託者的渴望事項（Scriven, 1991b）。

　　然而，Scriven（1991b）亦體會到在許多情況下，一位評鑑者於觀察方案時幾乎很難不會對方案之一般性目的產生某些認識。在此種情況下，也許無法實施純粹形式的不受目標限制評鑑。即使如此，Scriven認為仍可採近似於不受目標限制評鑑的方式實施之。此種近似的方式至少應：不要去挖掘真正的目標細節；儘可能少讓探究者知悉那些被宣稱的目標，儘量讓兩者（探究者與目標）區隔開來；對探究者僅提供非常簡要和巨觀性的目標敘述；原則上試著使現場探究者致力於方案的全面性結果之搜尋過程，並且使資料解釋人員致力於將方案結果與受益者（消費者）的需要而非與方案的目標相連結。

　　除此種近似形式的不受目標限制評鑑外，Scriven認為亦可採取將目標本位與不受目標限制兩者混合的方式。其一，是剛開始時實施不受目標限制評鑑，俟有了預備性結論之後，再轉而採目標本位評鑑，然後結合此兩種資料而進行價值判斷，但判斷時仍應以消費者需要的滿足情形為依歸。其二，在一次評鑑中可分別以兩組人員同時進行評鑑，其中之一採不受目標限制評鑑，但應避免兩組人員彼此於評鑑過程中互動。

　　總言之，不受目標限制的評鑑在觀念上是希望評鑑者能在不事先知悉方案目標的情況下，試著採用各種方法，包括質與量的探究方法，去發現、搜尋方案對消費者所產生的所有效果和影響，然後以這些效果與消費者需要而非與方案目標間的關係來判斷方案的價值。

參、價值判斷的重要立場

本書第七章第二節所介紹過的 Scriven 重要評鑑事項檢核清單中，曾列舉評鑑中形成價值判斷的十七項價值基礎。這十七項價值皆可做為評估、判斷受評者之本質價值和效用價值的基礎。就此觀之，顯示 Scriven 在價值判斷的主張上具相當程度的綜合性。即使如此，他的價值判斷立場其實是更強調對消費者（或方案的接受者）利益的追求；下列價值判斷的立場最能顯示此種傾向。

一、以消費者需要之滿足做為形成價值判斷的最重要基礎

在前述有關不受目標限制評鑑的觀念說明中，已提及 Scriven 認為評鑑不能以方案的目標做為評鑑實施的引導，更不能完全以目標之是否達成來判斷方案的價值，而是認為評鑑者應蒐集方案或產品對其消費者所產生的所有效果和效應，並且經由評估此等效果、效應與消費者的真正需要間之關係，來判斷方案或產品之價值。換言之，在 Scriven 的觀念裡，判斷方案或產品價值的最重要基礎，來自於受益者或消費者的真正需要之滿足情形。

但是何謂需要？這是一個難以區辨和界定的概念。有些需要評估的方法會將「需要」混入欲求、理想（ideals）和市場偏好（market preferences）等觀念，Scriven 認為這並不適當。他強調，欲求可能只是一種或一些想要的事物，但不必然是必要的；真正的需要應是受到道德架構規範下的必要性事物，而某人所欲求者不見得是符於道德規範的必要事物。而理想，亦不能等同於需要，因理想可能是不切實際、無法實現的。至於市場偏好，亦不一定是需要，因很多人自己所知覺欠缺或想要的事物，不見得是其真正的需要；而且人們對自己的真正需要，在許多情況下常不見得能自我察覺。

學界常以差距的觀念來界定需要，此種觀念會將需要界定為現況與理想間的差距。Scriven 亦批評此種定義之不當：其一，此種定義不但將需要混淆了欲求，也混淆了理想，已如前所述。其二，這種定義亦會錯誤地將需要視同為只是未滿足的需要，然未滿足的需要只是需要概念下的一種而已。在需

要的概念中，除了未滿足者外，另有些屬目前已滿足、但仍必須持續維持著的需要。例如，就人的生存而言，水、空氣和維他命等乃持續生存所必需者，對任何活生生的人而言，雖然其目前已獲得這些生活必備要素之滿足，但其仍有維持這些要素的必要，這些屬維持性的需要，但它們並非是未滿足的需要。但在差距模式的需要定義中，並不能涵蓋此等維持式的需要，因它們已是現況中的一部分。換言之，Scriven 認為需要的觀念中，有一些是維持性的需要，另有些則屬應增加的需要（incremental needs），後者乃該滿足但目前未滿足而應增加的需要，前者則是目前已滿足但仍需持續提供的需要。

　　Scriven 自己對需要又如何定義？他認為較佳的定義應採診斷式定義（diagnostic definition），因而將需要界定為：為獲得滿意的生存模式或成就表現水準而需必備的事物（Scriven, 1991b: 242）。在此定義中，最滑溜的詞乃「滿意」，因其會因背景脈絡而變化；亦即所謂的滿意水準，會因人、因社會、因情境和因資源的多寡而變化。此種以滿意為界的需要，常是在可用的資源條件下，於有害至烏托邦理想兩極端光譜上的中間位置附近移動著；所以，其並非讓人們達到奢華的水準（有時人的欲求或理想可能會如此，但以滿意為界的需要觀念並不要求達到此種境地），但相對地，其也不會讓人們喪失必要的生活品質。他主張，這才是所謂滿意的生存模式或表現水準的意思。

　　在做需要評估時，Scriven 另提醒需辨別**成就性需要**和**處方需要**（treatment needs）兩觀念，當我們說學生需能閱讀時，我們所談的是成就性需要，而當我們說需對學生採自然發音法進行閱讀教學時，則所談的屬處方需要。此兩者雖有所關聯，但在概念上彼此存有差異，在進行需要評估時，應先從成就性需要之評估著手，待評估獲致學習者的成就性需要後，接著再評鑑各種可能達成成就性需要的處理方式，以獲得最佳的處方而產生處方的需要。因之，成就性需要之評估可單獨實施，但處方需要則需同時伴隨著成就性需要的評估。

　　綜言之，按 Scriven 之觀點，需要乃一個有機體或系統（組織）維持、擁有其滿意的生存方式或表現水準所必備的事物；缺了這些事物之提供，或將此等事物移除，則個體或系統將無法發揮其功能至一定的合理水準。所以，需要評估的過程是一種有關於有機體或系統的功能狀態或功能障礙之事實發

現過程,而不是一種意見調查或一種追夢的旅程。此種事實之發現,事涉合理功能水準的界定,而這又受背景脈絡之影響,它受到個人或系統之屬性、社會發展之程度和相關資源條件等因素之影響,故其本身亦屬價值判斷的範疇。因此,在需要評估時,一則應在考量個體或系統的情境脈絡因素下,合理地界定功能運作的滿意水準,另則需觀察、評估個人或系統的成就表現狀態,以找出所謂需維持和新增的成就性需要;再則,若必要的話,則應以成就性需要為基礎,進一步評估可能用以滿足個人或系統成就性需要的各種處理方法,以獲得處方需要。這些所評估得的成就性需要和處方需要,乃是判斷一項產品或方案對其受益者或消費者所產生各種效果和效應之價值的最根本基礎。

二、重視成本分析與比較式評鑑

除了以消費者需要的滿足情形做為評估方案或產品價值的主要基礎外,Scriven的消費者取向評鑑,亦強調實施成本分析和比較式評鑑的重要性。也就是說,一項方案或產品若確符合消費者的真正需要,但消費者卻負擔不起,或者其必須付出昂貴的成本,則對消費者而言亦不見得值得。所以,成本的分析與評估顯得相當重要,此方面的評估,乃決定受評對象效用價值的重要工作;而成本的分析應注意兼及金錢和非金錢成本、直接和間接成本,以及實際和機會成本等之評估。若能為消費者評估出或尋得具類似效果而其成本較低,或以類似成本或資源而能獲至較高效益的競爭性方案或產品,則亦能為消費者或社會謀求更大的福祉。因之,消費者取向評鑑亦強調,若可能的話,應試著對競爭性方案或產品做比較式評鑑。

第三節　其他重要評鑑觀念

除上述有關價值判斷的觀念和立場外,Scriven的下述重要評鑑觀念亦反映了消費者取向評鑑的旨趣。

壹、提倡總結性評鑑的價值性

按 Scriven 之界定，評鑑可依其角色功能而區分為形成性評鑑和總結性評鑑。前者是為了支持改進之過程而實施之評鑑，後者則是除方案發展（改進）以外之其他理由而需評鑑結論所實施者皆屬之。換言之，若係為評定成績或績效責任，決定選取或放棄人員、材料和方案，以及對判定方案之效果與效應而下結論等而實施之評鑑，皆屬總結性評鑑。有些學者如 Cronbach（1963），偏於倡導評鑑的改進功能，因而相對地忽略總結性評鑑的重要性。對許多管理人員、方案發展者、產品的研發銷售者和方案人員而言，因強調改進功能的形成性評鑑對其較友善，對他們較不致產生評鑑的威脅感，故當然較易接受形成性評鑑而相對地較排斥總結性評鑑。由於部分學者的倡導，加上一般管理人員和方案人員在心理上較能接受評鑑的形成性功能，致評鑑實務上往往產生一種認為形成性評鑑之價值和重要性優於總結性評鑑的觀念迷思。Scriven 對此種觀念迷思和現象深不以為然，批評這亦是管理者意識型態和評鑑恐懼症作祟下之結果，他乃特別強調總結性評鑑在保護消費者權益和社會大眾福祉上之價值和重要性，應不遜於形成性評鑑。例如，學校甄選優秀教師、衛生行政單位對新藥品上市之檢驗、研考單位對各種經費申請計畫予以評選，這些都是為了消費大眾福祉而實施的總結性評鑑，其價值性和重要性並不輸於形成性評鑑，應予以倡導（黃嘉雄，2005）。

貳、重視外部專業評鑑者的角色

評鑑學界向有內部評鑑或外部評鑑孰優的爭辯，對此，Scriven 雖未否定內部評鑑之價值，但他更強調專業評鑑者（專業評鑑者應是外部評鑑者）的重要性。Scriven 將評鑑人員區分為業餘（amateur）評鑑者和專業（professional）評鑑者兩類，前者乃其專業並非專攻評鑑而參與評鑑的人士，如課程設計者、學科專家、教學者，而後者則是評鑑領域中的專業人員，如評鑑學者。換言之，若由課程發展者、設計者對其所發展的課程方案實施評鑑，乃

業餘者之自我評鑑，而專業評鑑者對課程發展過程及其效果之評鑑，則應屬外部評鑑。

Scriven認為在課程發展的起初階段，為了避免專業評鑑者之實施評鑑而妨礙發展者之創意，此時可支持發展者實施自我評鑑。然而，當課程方案及其材料已有一定雛形，而欲針對其實施形成性評鑑，以持續改進方案和材料之品質時，則最好導入專業評鑑者，如此才能協助發展者檢測自己未曾察覺的盲點。而當進行課程的總結性評鑑時，則應完全由專業評鑑者實施客觀的評鑑，而且此時的評鑑人員應排除先前曾參與課程之形成性評鑑的那些專業評鑑者，因這些人員在前一階段形成性評鑑中，由於經由與方案發展人員的溝通、互動而涉入了方案之形成，將會因此而對該方案產生認同感，故若由其參與總結性評鑑將會喪失其客觀性（Scriven, 1977）。

從上述說明可知，Scriven 雖未完全否定內部評鑑者和業餘評鑑者之功能，但相對地更看重外部專業評鑑者在提升課程品質上的角色，而這也是重視消費者旨趣的一種思維。

參、強調結果評鑑的重要性

在評鑑一項教學措施（或課程方案）時，按Scriven之觀點，基本上可採兩種評鑑取徑：**內在評鑑**（intrinsic evaluation）和**結果評鑑**（pay-off evaluation）（Scriven, 1977）。內在評鑑乃對教學措施（或課程方案）本身設計品質狀態之評估，其涉及對教學措施中目標、內容、評量程序和教師態度等品質之評鑑分析，但並未評鑑該措施對學生產生之結果。舉例而言，若以一把做為工具的斧頭為受評對象，則此種評鑑重點在於研究其斧刃之設計、重量配置、斧刃之鋼鐵成分、握把木質等，而非評鑑該斧之實際砍伐效果。因之，若對一個課程方案就其所設計目標之周延性、目標與學習經驗之邏輯性、時間分配之合適性、學習過程安排之妥適性等特質加以分析評鑑，則亦屬內在評鑑。此種評鑑關心的是課程與教學方案之工具性設計品質，但並未對方案在學生身上所造成的實際影響結果加以評鑑。

而結果評鑑則經由檢視教學措施對學生產生之效果和效應來實施評鑑，

其涉及到需採諸如比較學生在某教學措施上的前後測結果差異變化，或者比較實驗組與控制組的測驗結果等方式來了解教學措施之效果。

按 Scriven 之觀點，此兩種取徑之評鑑皆可產生評鑑的形成性和總結性功能，兩者在評鑑上皆是重要的，若能於一項評鑑中兼含兩者則更佳。不過，他認為結果評鑑之重要性應更甚於內在評鑑，評鑑者應儘可能尋求實施結果評鑑，不宜僅實施內在評鑑。因此，他對於美國所流行的對教育機構施予認證（accreditation）的評鑑程序，提出強烈批評。

在認證程序中，自評和外部委員通常是在認證機構所訂定的認證標準下，檢查學校的設施、方案、人力和運作過程等是否合於認證之標準。Scriven 批評認證之標準通常是反映了管理者的觀點，外部委員通常由教育專業人員擔任，因而只反映了專業主義的意識型態。經認證的機構，其運作也許能達到一定的品質狀態，但是此種內部運作的認證（性質上為內在評鑑），並不必然保證其結果產出的品質狀態。所以，機構認證的評鑑取徑，按 Scriven 之觀點，仍偏於管理者和專業主義的意識型態，仍無法為消費者之利益提供充分的保障。亦即，Scriven 認為類如機構認證、人員認證的評鑑，在性質上屬內在評鑑，而為保障消費者利益，不能用此種評鑑來取代結果評鑑；在評鑑上，應力求能實施結果評鑑。

第四節 評論

消費者取向評鑑在觀念和方法論上具多項優點。首先，此種取向強調評鑑應扮演消費者利益的守門者角色，能引導評鑑人員從增進消費者福祉而非從管理者、生產者或專業服務提供者的角度來實施評鑑。無論是方案、人員、產品或機構，均應以對其受益者提供最佳的服務和產品為最主要存在目的，所以此種取向評鑑之倡導，除能增進消費者之福祉外，亦能因而促進社會之健全發展。

其次，此種取向強調應了解方案或產品對其受益者或消費者所造成的所有效果和效應，而不能受限於方案、產品推動者或銷售者所宣稱目標或功效之實現情形的評估。這種將方案或產品之效果評鑑範疇，擴充至包括預期和

非預期效果及效應的觀念，已廣為評鑑領域學者所認同。

第三，在判斷方案或產品之價值上，強調應評估其效果與消費者真正需要間的關聯性，並主張應評估成本及進行方案或產品間的比較評鑑。這些價值判斷主張，確與消費者福祉保護的觀念相一致；並且，強調實施獨立、客觀的評鑑，也致力於追求價值判斷的客觀性。凡此，均能引領評鑑獲取社會大眾的更高信任，也能促進評鑑的科學化。

最後，Scriven 所倡發的重要評鑑事項檢核清單，除在方法論上具多元性、綜合性外，在評鑑層級和範圍上亦具多元性，並且其一方面能提供評鑑規劃與實施上的簡明指引，另一方面則能做為後設評鑑的引導性架構。

然而，消費者取向評鑑亦存在若干限制與問題。其一，此種取向以消費者或受益者之需要做為價值判斷形成的最重要基礎，且將需要界定為係那些讓人或組織之生存模式或表現水準達到滿意水準的重要事物。然而，即使Scriven強調所謂的滿意水準與理想兩者的意義有別，但不管是滿意水準或理想，均會因人、因情境條件而異。所以，滿意水準或理想之界定，在許多情境下確實難以客觀決定，這必將涉及社會發展哲學和倫理學上之爭辯。若遇爭辯，到底誰以及以何種哲學觀、倫理觀才能代表消費者來評估及決定其真正的需要？此方面的爭辯或難題，仍難以獲得社會上的共識性解答。

其二，由於此種評鑑可能會過於強調評鑑之獨立於方案實踐者之外，以至於可能因而未能對其在服務消費者之更佳作為上提供即時的協助。如果以此種取向實施總結性評鑑，而其太早實施的話，則可能會對方案發展者造成威脅，並阻礙其創意；但若俟方案結束時才實施總結性評鑑，則評鑑者在獲取充分、有效證據以便堅實、可信地判斷其根本價值上，可能會面臨重大困難，因一些重要的過程性證據將難以獲取或補足。

其三，此種取向會過於依賴那些能高度獨立、有能力且無懼於槍林彈雨而能勇往直前的評鑑者，此種嚴明、有能力而具專業客觀信念的評鑑者及其評鑑固然值得追求，然有些評鑑情境，例如校本方案的評鑑，若一定需尋求此種高嚴格標準的評鑑者才能實施評鑑，則有時反而會遲緩或妨礙了方案的及時改進。

第十五章

專家取向評鑑

　　在專業分工非常複雜而精細的現代化社會中，各行各業均已各自建立其極為豐富的專業知能體系，這些專業知能體系乃成為判斷各該專業過程行為和產品的主要來源，而各該專業裡的專家往往是這些專業知能體系的代言人。因此，有些評鑑模式和取向主要是藉助於專家的專業判斷來評鑑受評對象的品質與價值，這是專家取向評鑑。其中包括認證模式、專家小組檢核、教育鑑賞與批評等取向在內。本章分兩節討論其中的教育鑑賞與批評，以及認證模式，這兩者雖然因其都訴諸於專家判斷而同被歸類為專家取向評鑑，但兩者在評鑑方法論上卻極為不同，前者在價值判斷上持多元論，在探究方法上主張質化探究；後者的價值判斷採客觀主義立場，而探究方法則偏於實徵主義和量化研究。

第一節　教育鑑賞與批評

　　教育鑑賞與批評的主要倡導者乃 E. W. Eisner。他援引文學、戲劇、電影、音樂和視覺藝術等領域中文學、藝術賞評者的工作模式於教育領域的評鑑，並加以理論化、精緻化而成為一套別具獨特造型且理論內涵頗豐富的評鑑取向，本節先說明其認識論和探究方法論基礎，接著分析其評鑑方法，最後予以評論。

壹、認識論和方法論基礎

　　認識論（epistemology; theory of knowledge）乃研究人類真實與確實認識之可能性及範圍的一種哲學與心理學上的學問。按 Israel Scheffler 的觀點，一般認識論通常討論五個基本問題：(1)什麼是知識？雖然各學派有不同定義，但通常透過一種批判性標準來描述；(2)何種知識最可靠而重要？對此問題，通常提出一個知識分類系統，並依其價值序列而排列；(3)知識的來源為何？探討人類的知識如何發生與形成，探討知識究係源自人類的先天理性或後天經驗，或者係本自社會共同生活或是個人在適應過程中的試驗結果；(4)應當如何去追求知識？這涉及研究方法的討論及批判；(5)什麼是傳授知識的最好方法？此涉及教學方法的問題，亦即如何透過教學的方式傳遞知識（引自詹棟樑，2001：50，46）。

　　在上述 Scheffler 的分類中，研究方法論被列為認識論中的第四類問題。而研究方法論所探討的，包括諸如下列問題：(1)實在的本質為何？現象中的實在是獨立存在、可被分析成各種元素，然後再重組而被有效理解的；或者是多元、相互關聯的整體現象的一部分，必須整體性地加以理解；(2)研究者與研究對象間的關係為何？研究者與研究對象間能夠且應該保持距離；或者兩者間彼此會且可產生互動，此種互動不致束縛了研究結果的有效性、可靠性；(3)真實宣稱的性質為何？研究所獲得的真實之宣稱，強調其概括性、類推性；或者強調其情境性、個別性；(4)對行為的解釋為何？對人類行為的解釋強調可找出特定的因果假設關係；或者強調行為發生的多因互動和情境脈絡關係；(5)研究中的價值問題為何？強調研究者價值客觀中立的應然性和可能性；或者主張研究者在研究過程中價值涉入的難以避免。

　　評鑑是一種探究的過程，當然會受各種不同研究方法論派典的影響，不同派典主張的評鑑探究方法將有所不同。此外，評鑑亦是一種價值判斷的過程，而在課程、教學與評量活動中常涉及何種知識較有價值、哪一類知識才稱得上知識，以及認知活動應強調感官體驗或心智官能訓練等認識論上的不同觀點；不同的認識論對課程、教學與評量有不同看法，這些不同看法會形

成課程評鑑時的不同價值判斷立場。因之，不同的認識論及與其密切關聯的研究方法論立場，往往形成不同的評鑑理論和方法論。

　　Eisner 的教育鑑賞與批評，主要立基於下述認識論和方法論觀點。

一、廣義的知識觀

　　「知識」的古希臘文「episteme」意指一種推理而非經驗的過程之結果，而當時數學和辯證法則被認為是該種過程的最佳工具，因這兩種學問皆賴純粹理性的運用。柏拉圖亦主張不受感覺和感官資料干擾的純粹思維才能獲得真知識（Eisner, 1996: 23）。另一方面西方實徵主義則強調能經得起檢證的命題才是知識。前述西方理性主義和經驗主義這兩傳統所主張的知識，Eisner 認為持的皆是一種狹隘、嚴格的知識觀，所謂的知識往往只被限定於是指那些能「獲確證的主張」（warranted assertion）。按 Eisner 的分析，這種所謂的確證主張有兩種：分析的（analytic）和綜合的（synthetic）。分析的主張乃定義下的真實命題，諸如符號邏輯和數學裡定義下的命題屬之；$30 \times 20 = 600$，即是一例。此種命題主張之真偽，端賴檢驗其是否與該系統所界定的一些定理具一致性，一致性而非經驗的檢證才是決定命題之意義與真實性的方法。而綜合的主張，乃其主張中之命題能經得起有能力的探究社群，採用特定的運作程序之否認程序而不被推翻者。這兩類的知識均是由**命題性論述**（propositional discourse）所陳述，其確是人類理解實在的重要形式，然卻非所有的人類知識形式均屬命題性知識。Eisner 指出，莎士比亞歌劇中的角色描述和畢卡索畫中的意義表徵，均是對實在加以理解的另種形式，而此種形式是無法以命題性論述加以表達的（Eisner, 1996），所以他認為不應以命題性知識來框限了所有的人類知識範疇。

　　就 Eisner 而言，人類擁有能力以各種不同方式去接觸並建構實在，人的感官系統和人類所發明用以表達其知曉情形的符號系統和表徵方式，能創造出不同形式的覺知，並使不同的理解形式成為可能（Eisner, 1985）。人無論是藉由感官而覺知環境中實在之特質，或者經由各種符號系統或表徵方式而獲得對實在或現象特質的理解，均屬知識；而且用不同的感知或表徵方式對同一實在所獲致的特質、經驗或理解將會有所不同，也會產生不同意義。以

秋天而言，我們既可透過觀察樹葉顏色來感知其特質，亦可經由感受秋天的氣候或晝夜長短來體會之，也可經由許多描寫秋天的文章或詩歌來加以理解；這些不同形式的感知或理解結果均屬知識，皆屬對秋天加以理解的不同知識，而此等知識均非屬命題性知識。

　　由於採取廣義的知識觀，因而Eisner亦持一種多元認知觀，認為在課程、教學與評鑑上不能將認知行為只侷限於那些學術性方面的認知行為。他認為人以其感官、符號系統或各種表徵方式來感知、理解實在或現象之特質、意義者，皆屬認知行為。因此，以視覺、聽覺、文學、數學、科學和表演藝術之感官工具和表徵形式來感知、探知現象之特質與意義者，皆屬認知的形式，不能謂藝術、文學、表演藝術中的活動僅是屬情意性活動而非為認知性活動。此種多元認知觀亦意謂均衡性課程之重要性，若學校課程只將認知性活動侷限於傳統數理學科之學術性活動，反而會窄化而非豐富化學生之心靈發展。另外，這也表示，若將認知與情意兩類行為予以截然劃分，乃不當之觀念與做法。他強調，沒有任何情意活動是不含認知成分在內的，同樣地，亦沒有所謂不含情意成分的認知活動。因此，教育人員若將藝術視為只是情意而非認知活動、將科學視為只是認知而非情意活動，皆屬不宜的做法，這將有礙均衡課程之發展，也將貧瘠而非豐富學生之心靈發展。

二、人類知識乃心靈與環境特質不斷交流互動所建構的經驗形式

　　人類知識如何產生與形成？在西方古典知識論中有所謂**經驗主義**（sensationalism）和**理性主義**（rationalism）之對壘，前者主張一切知識均從人的感官所獲得的感覺經驗而來，後者則認為真正的知識來自於人類心靈的抽象演譯、直觀領悟和理性思維而非紛雜的感官經驗。Dewey 的**試驗主義**（experimentalism）則從生物調適環境的不斷施與受的互動過程，強調知識形成與發展的工具性和試驗性；在此歷程中，人的知覺判斷、問題解決思維、思維結果及將結果施予環境，並再從環境中獲得經驗的回饋等不斷互動，不斷施與受，因而獲得認知，產生知識性經驗。此種知識論調和了理性主義和經驗主義的對立。另外，Durkheim的知識社會學觀則強調人類社會生活運作方式及文化制度對知識形成的影響，此開創了一個有別於古典理性主義和經驗主義

論述知識形成與發生本源的特殊觀點（吳俊升，1991）。

　　Eisner 的知識形成觀，一方面承續了 Dewey 試驗主義的主要觀點，另一方面也含納了心理學建構主義和社會學知識觀的重要看法，認為人的感官經驗、心靈建構和社會文化的各種意義表徵體系，以及這三者的不斷交流，乃知識與經驗形成與發展中不可或缺的要素；主張人類知識乃心靈與環境特質不斷交流互動所建構的經驗形式。他以圖 15-1 展示此種觀點。

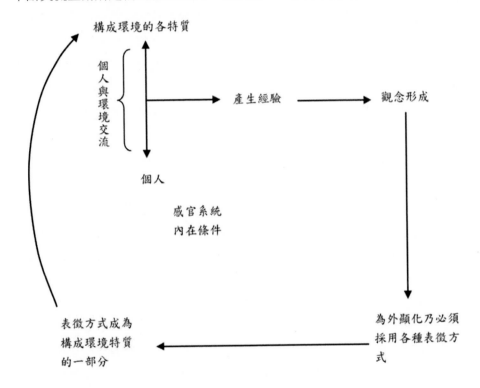

圖 15-1　個人與環境之交流

資料來源：Eisner (1996: 46).

　　在圖 15-1 所示的人類經驗與知識形成和發展的過程中，最核心的是具知覺能力的個人：其擁有一套感官系統，有其個人先前學習史，持某組態度或傾向且以特定方式去聚焦於環境中的某些特質面向，並且具備一組意義表徵技能（representational skills）；這些乃個人知覺和經驗環境中特質及其意義的

內在條件。知覺、經驗、觀念和知識的發生、形成與發展，來自於個人以其感官系統和內在知覺條件而與環境中的構成特質間不斷交流之結果。環境中的構成特質不只是其中的物理特質，亦包括各種語言、符號和其他意義表徵方式所傳達的特質，而這些人之所以想要與其互動的環境特質面向之選取與意義解釋，本身就受到人的態度、傾向和先前學習之影響。所以，做為互動對象的環境中的構成特質，本身就具建構性，其並非純然外在的客體。因此，人在與環境互動過程中之能知覺到環境特質，就是一種認知的形式，其結果乃一種建構得的經驗。這些感官經驗，乃人類對環境特質產生意象、形成概念的根本基礎，經驗所得的特質產生了人類心中的概念。即使是那些人所未能以其感官直接體驗的現象，例如太空中的黑洞，人亦能以既有的感官經驗為基礎，加上心靈之想像來感知其特質，以形成有關黑洞的概念。這些概念後來又會反過來影響著人與環境交流的意義獲得結果。因之，人與環境特質交流所得之經驗結果，不但受到個人的態度、目的和先前學習之影響，也受到其對環境中特質面向之建構和所形成的概念之影響。

人與環境特質互動而建構得其意義與概念後，還會進一步以某些意義表徵方式，將這些概念與意義表達出來，藉此等意義表徵過程，人得以與他人溝通觀念，進而驗證和反省自己對環境特質的感知經驗；並且以這些表徵方式來探求新的觀念。而當人以某種表徵方式來轉化和表達心中的觀念時，這些經由表徵方式所創造的特質，又將構成環境中人進一步與之互動的環境特質的一部分。因此，人們與環境互動所選用的表徵方式，不但會影響其對環境特質中概念和意義的表達，也將回過頭來影響人們對環境特質及其意義加以認識的結果。亦即，吾人所選擇的表徵形式將會影響我們所獲得的意義，就如同所選漁網之種類會決定人所能捕捉到的魚一般。而人類所採用的意義表徵方式及其工具，又深受人類社會已經創造出來的文化、符號體系之影響。所以，人在其所處社會文化中所習得的慣用表徵體系，既是協助個人獲取意義和知識的工具，也是限制或影響個人對環境特質之理解的重要因素。

以上是 Eisner 對知識形成與發展觀點的大要，至於其更具體的看法及進一步對課程評鑑觀點之影響，詳述如下。

㈠強調感官對概念和知識形成的重要性

除少數感官功能障礙者外，絕大部分的人與生俱來一些能隨著生理成熟而日趨敏銳的視覺、聽覺、味覺、觸覺等感官系統。這些感官系統乃人選取、覺察、辨識其所處環境中各特質資訊的窗口與工具。各感官系統各有分工、各司其職，彼此功能無法相互取代，但人會同時運用數種感官來知覺、辨識環境中現象的特質，並進而形成概念。例如，人會綜合從觀看冰的顏色、觸摸冰的溫度和傾聽冰碎裂的聲音等所獲得的知覺結果，而於心中形成對「冰」的特質意象和概念。但是人卻無法以眼睛來感知冰的溫度，像這樣當缺乏某種感官功能或該功能受影響時，將會影響人對現象特質的充分知覺，因而影響概念之形成。

感官系統對環境特質的直接感知，固然是概念形成的本源，但並非所有概念之獲得均需經由感官直接體驗。例如，「冰天雪地」之於某些熱帶地區的平地人而言，是終生未曾有的體驗，即使如此，他們亦可形成「冰天雪地」的概念，如透過他人所描述的天氣冰冷的感覺和滿地積雪的景象來理解之。這種無法透過感官系統直接體驗而得的概念相當多，諸如太陽黑子、太極、宇宙和無限等皆是。雖然它們無法經由感官的直接體驗而形成心中的概念，但如同「冰天雪地」之雖然未曾親臨，但可藉由人早已具備的「冰冷」和「雪」的知覺經驗，再加上若干想像而形成對這些現象的概念。因之，感官系統所獲得的感官經驗，乃概念和知識形成的基礎。

感官除了是察覺、選取和辨識環境特質、形成經驗和概念的重要系統外，也是人類用以表達心中所見所思、表徵環境特質及其意義的管道。許多意義表徵方式，如文字、圖畫、音樂、數學和舞蹈等，均賴視覺、聽覺、動覺等不同的感官系統而傳遞或接收。

由於每一種感官對環境特質之知覺和概念之形成皆非常重要，彼此間又無法相互替代，且其感知能力之發展又存在著所謂關鍵發展期，因之，Eisner認為學校課程應提供充足的機會讓學生的各種感官能力充分發展，偏重某感官之發展或偏於心智而輕忽感官的課程，對他而言皆屬不均衡課程或會產生懸缺的課程。另外，感官既是覺知和表達環境特質的重要工具，而做為一種

探究性活動的評鑑，亦應藉由感官去感知和表達所擬評鑑或探究對象的特質。因之，Eisner 所支持的評鑑探究方法，是一種非常強調以感官為探究工具的質化探究法。

㈡人的態度、意向和先在知識影響感官的知覺

同時出現在人所處環境中的特質相當多，包括具象的特質如聲、光、色、圖象等，以及抽象性特質如文字符號等。人並無法真正知覺到環境中所呈現的所有特質，所謂視而不見、聽而不聞、食之無味，均在描述此種現象。人所能覺知到的環境特質之種類及其意義，受到當事人的態度、意向、目的和先前知識之影響。同樣一座橋，工程人員所覺知者可能是其結構的安全性特質，畫家所覺知的可能是其構形上美的特質，文學家所覺知到的則可能是其所展現之人際溝通意義的特質。故人的感官系統並非是環境特質的全然被動接受者，人的態度、意向和先前知識會影響對環境特質之覺知及其意義詮釋（林鈺萍，2004；Eisner, 1996, 1998）。所以，若欲讓人們的心靈更充實、更能覺知環境中的各項特質，則應培養人類更廣泛而充分發展的多元知能，而非僅強調數理邏輯方面的知能。在此，均衡化和多元化課程的觀念又再次被強調。此外，就評鑑方法而言，這種觀點也已預示了評鑑者的專業知識與經驗，在覺知受評對象特質及其意義詮釋上的重要性。

㈢語言對概念形成具協助功能但也具侷限性

人類發明語言、文字和其他意義表徵方式來表徵環境中的各種特質及意義，這使得人們即使不必親自體驗，亦可經由語言和符號的意義溝通功能來感知環境和宇宙中各項事物的特質與意義，這對概念和知識的形成、累積與發展非常重要。但是，概念是先於語言而存在的，且語言往往無法充分表達所擬表徵的對象。例如，「她是一個美人」這句話中，到底所表達的那個人的美之特質為何，並無法充分表達，即使再加上十個形容詞，亦無法取代親眼所見的該美人的樣子。何況，即使人類所發明的詞彙已高達數十萬以上，但仍有為數眾多的特質，無法以相應合適的詞彙來加以完全表徵。所以，當人類欲藉由各種表徵方式來與他人和環境特質互動，以掌握該特質的意義時，不能完全只受限於語言一種表徵方式，更不能只以傳統狹隘的所謂命題式數

理邏輯語言來表徵意義及認識環境中的特質。

就課程評鑑而言,這不但提示了各種多元的意義表徵方式在課程提供上的重要性,也表示在探究方法上,應藉助於各類表徵方式來感知、辨識現象中的各種特質。另外,這也提示了以化約式的數量或簡短的抽象語言來表徵受評對象特質之不當。

㈣許多的表徵方式可協助人們表達、感知和理解環境中的特質及其意義

表徵方式乃人們將其私人獲得的觀念予以公開化的設計或工具,透過此等工具,人們乃能將視覺、聽覺、動覺、嗅覺、味覺和觸覺等所感知到的概念公開,並與他人和環境互動。這些表徵方式包括文字、語言、圖畫、音樂、數學、舞蹈等,語言只是其中之一(Eisner, 1996)。音樂家、文學家、畫家和數學家均各自以其擅長的表徵方式,來表達其所感知的世界的特質與意義,其在協助人類表達、感知和理解環境特質與意義上均很重要,皆具認知意義。但是各種表徵方式如同人的各種感官一樣,均只能表徵世界中某些面向的特質而非全部。而且,人們對世界各特質之感知和意義掌握,往往受到自己所慣用表徵方式之影響,甚至是束縛,數學家之看世界往往從數與量的角度來獲取其中的特質與意義,文學家亦然。亦即,如同所選用的漁網,決定了即將捕抓到的魚一般,人對世界的認知會受其採用表徵方式之影響。

同樣地,上述觀點又再次強化學校提供均衡的多樣化課程以豐富人類心靈的重要性,也再次主張評鑑探究過程應藉助於各種表徵方式來感知和表達現象中的特質。

三、質的探究取向

從上述 Eisner 的認識論中已可窺知其方法論的梗概。基本上,他主張教育現象應採質的探究取向,反對量化的研究模式,但這並非意謂探究時不能使用數量資料,量亦是表徵現象之質的一種方式,惟數量本身並不是質。質與量研究取向之不同,主要在於兩者在展現其探究工作的表徵方式之不同。他歸納質的探究取向之特徵如下(Eisner, 1998)。

㈠聚焦於場域

在教育研究中，聚焦於場域意謂質的探究者應進入教育場域，走進學校，觀察教室與教學現場，深入了解現場中人的互動和場域中各種設施、材料的特質與意義。這亦表示，質的探究傾向於不操控研究的情境，而是以情境裡原本的自然現象為探究之對象，試著去觀察、訪問、記錄、描述、詮釋和評估這些自然現象所展現的特質。

㈡自我即研究工具

研究場域中的各項特徵本身不會自己揭示其特質與意義，研究者必須觀看出其所見到的事項之特質與意義，以自己的意圖和參照工具來感知情境中的特質與意義。故質化探究中，研究者本身即工具，以自己的知識架構和敏銳感受力，投身現場去感知現象中的特質與意義，在許多情境下甚至不必藉助於觀察表格和行為檢核單等工具。因此，感受力和認知參照架構，乃研究者知覺、看見和洞識情境特質及其意義的主要根本。

㈢具詮釋性特質

在質化探究中，詮釋性代表兩種意義，其一，指探究者試著對其所描述的現象，解釋其原因，解釋為何事情如此發生；有時此種詮釋需藉助於社會科學的構念，有時則要求新理論之創發。其二，指關心事象的意義，尤其從被研究情境裡人們之經驗來詮釋事象的意義。由於意義是一種難以捉摸的詞，社會科學中大部分行為主義者的處理方式是忽視之，避免去探究人類之所以行為的動機；而質化探究者則試著加以詮釋，對情境中人們的動機及其經驗的質深感興趣，設法加以詮釋、理解。所以，在質化探究中，研究者會試著兼從自己知識的參照架構、觀念視野，以及情境中人們的動機、觀點，去理解事象的意義，並詮釋其之所以發生的理由。

㈣於文本中採用表意的語言並展現意見

某些學術性刊物希望作者力求中立化其聲音、意見，減少隱喻和形容詞的採用，避免行文中以第一人稱自稱。質化研究不但不認同此等做法，反而主張應呈現自己的意見、聲音，讓文句背後的「人」而非機器凸顯出來，因

此認為在研究的報告文本中，應多採用表意性語言，將作者的聲音、意見呈現給讀者。

㈤關注個殊性

傳統社會科學傾向於將眾多個殊事例累聚形成通則性論述，其通常採用抽樣程序和推論統計來獲致此種推論通則。在此種將質的特徵轉化為數量資料，以及經由統計推論的過程中，個殊性於焉消失。相對地，質化探究則重視對特定情境、個人和事件的個殊性特質的感知能力，設法感知和展現個案的個殊特質。

㈥以一致性、洞見性和工具效用性做為判斷質化探究成敗的規準

量化研究主要以研究的信度和效度做為判斷研究品質的依歸，質化探究則以一致性、洞見性和工具效用性做為檢視研究成敗的規準。一致性包括下列情形：不同研究者或讀者同意研究的發現，探究者所陳述的詮釋契合於讀者的親身經驗，或與展現的證據間具一致性。洞見性乃研究發現能協助他人更理解現象的意義，對即使未親歷其境之讀者具啟蒙作用、具說服性。工具效用性意指研究的有用性，具數種意義，其一，乃指理解的有用性，能協助他人對現象的理解；其次，指推測性，能適度地用以推測至別的類似情境，以及推估未來的發展。

貳、評鑑方法：鑑賞與批評

Eisner 主張的評鑑方法源於前述的認識論和方法論，主要由鑑賞與批評兩過程組成。鑑賞乃**感知的藝術**（art of appreciation），即鑑賞者覺知、區辨、識見和評估到受評對象的複雜、精妙特質與價值的內在過程，是鑑賞者的私有行動與經驗，乃其後批評的基礎。亦即，缺少了鑑賞，則無從批評。批評則是**揭開的藝術**（art of disclosure），乃鑑賞者將其感知到的受評對象之特質與價值，透過各種意義表徵方式公開化的過程，扮演著知覺的再教育功能；亦即，協助他人理解自己所感知的特質與價值的過程。良好的批評者是優秀的鑑賞者，但優秀的鑑賞者不見得是良好的批評者，良好的評鑑應包括

鑑賞與批評的過程，如此才能透過評鑑產生啟蒙、促進理解和發揮教育的功能。以下分別說明鑑賞與批評的方法與過程。

一、鑑賞：感知的藝術

(一)鑑賞的性質與方法

　　如同文學、藝術評論者或品酒家之工作般，他們的評論植基於評論者所感知、鑑賞到的受評對象之微妙特質與品質，教育和課程的評鑑亦然。鑑賞由一連串複雜而精巧的過程所組成，至少包括趨近對象，以及進而覺知、區別、識見和評價受評對象的特質與品質等工作。

　　首先，鑑賞者需以感官趨近並具有能力，以覺知現象或對象微妙的特質。以品酒為例，品酒者需以感官去趨近杯中酒，觀其顏色、聞其氣味、嚐其甜度和味道，以覺知其特質。而對特質的覺知，需賴鑑賞者的注意和識別能力，以區別出自己面前所注意到的特質，與其他類似對象特質之不同，經驗其彼此的關係。當品酒時，人之所以覺知此杯酒之特質，在於他能將此杯酒之顏色、香味、甜度和味道，與他經驗中所曾品過的其他酒的顏色、香味、甜度和味道相比較，而辨別出此酒在這些方面的特質。所以，品酒者腦中有關酒的各項特質之經驗、知識，乃成為其之所以能覺知眼前所品之酒特質的基礎。

　　其次，當覺知某現象的特質時，人所覺知者不只是單純的某項特質，而是兼含情境中的諸多特質，但亦無法覺知到全部特質。在前述的品酒過程中，品酒者所覺知的不只是酒的味道，而是同時兼含對顏色、味道、香氣、甜度和酒精濃度等特質之綜合知覺。

　　接著，鑑賞者以**先前知識**（antecedent knowledge）來識別現象的特質。在品酒時，品酒者的注意力、感官敏覺度和舊經驗當然會影響其對酒特質之知覺，更重要的是其長期所累積的有關酒的先前知識，包括如有關葡萄的種類、產地氣候和土壤特質，及釀酒過程、存放器具和存放久暫等與酒的味道、香氣和甜度等的關係之知識。這些知識對覺知、識別出酒的特質具關鍵影響力。所以，一位長期酗酒者固然有諸多飲酒的經驗，但因其缺乏了深層而豐富的酒的知識，乃就難以識別出酒的各項特質。

　　鑑賞者的先前知識固然是其所以能識別出現象特質的憑據，但也可能是限制的來源。人從人類社會既有的語言、文化遺產中累積許多的知識，這些知識幫我們對現象做分類並標記其特質，提供了我們觀看現象的方式，但同時也會限制我們觀看的方式與角度。因此，擴展知識視野，以更豐富而多元的方式來覺知和觀看現象之特質是相當重要的。

　　最後，鑑賞應深化至**識見**（epistemic seeing）特質與品質的層次；亦即不只覺知到特質而已，尚應提升至一種知識性洞見的層次，也就是應以專業的知識為基礎，識見出現象的特質與品質。識見的過程有兩層次，其一是**原初的識見**（primary epistemic seeing），指覺知到現象的特殊處，通常感官起初所察覺到的特質屬之；其二是**再處理的識見**（secondary epistemic seeing），乃將感官所覺知到的特質，即原初識見的特質，當成一大群特質中的樣本之一，加以識別出其特質與品質。再處理的識見，乃一種相當深層次的識見，此過程中鑑賞者將所覺知到的現象特質當成是一大群具類似屬性特質的樣本之一，並與其腦中知識庫裡存有的且經過歸類的大群樣本特質做比較，以區辨出其所屬的特質類別或層級。以跳水比賽為例，裁判首先是觀看且知覺到選手跳水的動作特質，其次，將所觀看、覺知到的此一選手之特質，與他腦中記憶所得的各等級跳水表現品質特質做比對，以區別出該選手在各等級特質中的相應表現水準；最後，評出其等級水準。至此，識見的過程已是一種評以品質的價值判斷過程（林鈺萍，2004；Eisner, 1998）。

　　上述鑑賞的方法與過程，雖源自一般藝術、文學評論者和類如品酒者之工作，但亦可用之於教育情境。亦即，教育評鑑者可採類似方法走入教育現場，以其感官去趨近、覺知教育場域中的各項特質，並藉由評鑑者的教育專業知識來識別、識見場域中所呈現的各特質及其品質。不過，教育場域的鑑賞遠比品酒和跳水之評判複雜得多。以教學鑑賞和跳水評判之比較為例，首先，教學不似跳水有單一的理想表現規準可供評定，教學卓越的變項與形式非常多，受不同價值觀之影響；其次，跳水的情境極為單純，每一跳水者均以相同的跳板，以同樣高度跳入相同的水面，而教學的情境則複雜得多，教學過程中所展現的各要素幾乎每位教師均不相同；復次，不像跳水評判之僅關注於分秒性的單一行動，在評鑑教學時很少只關心單一的獨立行為表現，

典型上我們感興趣的並非教學中的單一小組討論或單次性演說，而是某一教學情境中一段較長時間裡的一連串表現。儘管我們或多或少對教學方式、教室生活類型和學生活動型態均存有一些意象，此允許我們可辨別出某一教學的特質和優秀程度，但事實上，教學行動非常複雜，存有很多變項和影響因素，不同人所持的教學卓越規準亦有所不同，因此，教學和教育情境中的鑑賞遠比跳水和品酒之類的鑑賞過程複雜。不過，最根本而重要的觀念是，教育鑑賞者應可如同品酒家和藝術評論者般，以專業經驗和專業知識為基礎，透過敏銳的感受力來覺知教學情境的精妙、重要特質，並選用適當的規準去識見其品質。

㈡教育鑑賞的層面

教育情境中可鑑賞的對象與範圍極為寬廣，舉凡師生互動、教材、教科書、學校建築，甚至學校的文化氣氛等，皆是可鑑賞的對象。整體來說，Eisner（1998）認為可就下列五個主要層面鑑賞之：

1. 意圖層面

此層面所處理的，是一所學校或教室所形成的目的或宗旨，包括那些公開宣示、明白倡導的，以及雖未明示但卻實際採行的目的與宗旨在內。此方面可探討的重要問題，諸如：學校的學生是誰，而最符合其長期利益的目的為何？投入了多少注意於各類認知性目標或所謂非認知性目標，其比例如何？妥適嗎？既予的任一目的，其實際達成的情況如何？若此項目的在教育上是有疑義或有問題的，而其已被達成，此現象有被關心嗎？為何擔心做了不值得做的事？

2. 結構層面

這裡的所謂結構層面，指學校在組織、時間、科目和人員分配上所形成的結構化狀態，如學校一天中每節教學時間安排、各科所分配的時間量、科目之間的組織關係、學生群的分組和分級等的結構狀態。此方面可探討的問題如：此等時間劃分利於教師的教學準備或學生的學習？會影響學生的學習？所造成的各科、部門之間的關係為何？學校一定需採此種時間分配方式嗎？其他的選項為何？邏輯上的年級化學生組織結構，適合於學生發展的變異性

嗎？在此等年級結構下，教師和學生心中所謂的教育進展的觀念為何？教育所主要關心的，是教導學生那些年級化的內容體系嗎？對那些一再留級的學生而言，發生了何事？他們有進展嗎？

3. 課程層面

此層面最重要的是有關課程內容與目標之品質，以及用以使學生投入於此的各種活動。此層面可鑑賞的問題非常多。就單一科目課程之鑑賞而言，值得探討的問題如：內容更新了嗎？其重要性為何？教師如何加以詮釋，而學生又如何理解？使學生處遇這些內容的方法為何？經由學生的體驗活動？其能引發高層次思考？所教導的內容與引導學生學習的方法，能促使其運用於科目之外的世界或感受到其相關性？

此外，亦可探討有關科目之間關係的問題。例如，科目之間的疆界關係為何？是統整型或集合型的課程組織型態？課程是由許多孤立的活動和事件湊成，或強調不同領域之間的關係？科目與科目之間是否形成課程的階層化？此種科目階層教導了年輕人些什麼？何種思維被強化了？又何種價值與實際被忽視？

還有，學習的開展方式亦有若干值得鑑賞的重要問題。例如，學生所面臨的課程是一種依軌道而開展學習旅程的課程，或是一種強調個別化旅程的課程？其產生的效果將會如何？又學習的開展，強調的是合作的、競爭的或孤立的？其效果又將如何？

4. 教學層面

Eisner 認為教學層面乃教育鑑賞最應受矚目的層面，理由有二：其一，所有的教育理想、意圖、目的和課程，均有賴教學過程的實踐；其次，學生在教學過程中所學到的，往往不限於那些教師所意圖要教的，以及課程的內容。教學層面的鑑賞重點非常多，前述的意圖、結構和課程等層面，均可做為教學層面鑑賞的重點，其他諸如師生互動、教學技巧、班級氣氛、教室環境資源等等，亦可為鑑賞重點。不過，Eisner特別提醒應注意兩件事。第一，不宜以某種理想化的情境來評比教師的教學表現，此乃因教學的目標和發生情境是高度情境脈絡化的，若以從控制或實驗情境所得的理想化教學表現原則來評估、判斷教師的教學表現，將會是不適宜的。第二，教學方式眾多，

變化極大，宜將教學視為一門藝術而非科學。教學情境變化之複雜情形，包括各種不同的教學內容和材料、學生個別差異，以及各式各樣的教學材料展現方法和教學技術，並無所謂演講式教學一定不好或有效，或分組討論一定優或劣於演講式教學的公式。何況，即使是演講式或分組式教學本身，亦含有諸多變型。因此，不宜完全以一種科學化原則或處方來鑑賞教學，應將教學視為一種藝術來鑑賞。

5.評量層面

這裡所謂的評量，指學校和教師對學生學習成就之評量，尤其是各種測驗及其對師生教學之影響，此亦為教育鑑賞的重要層面。

在對測驗之鑑賞上，可探討諸如下列的問題：測驗對教師和學生產生的效果是什麼？會影響教師的教學內容或形塑教師的教學方法嗎？它向學生傳達的教育人員或社區所支持的特定價值為何？其會創造出不同科目之間的階層化地位？亦即，教育鑑賞者所應注意的，不只是測驗或評量技術的適切性問題而已，更應關心其於學術之外所產生的效應，及測驗背後的深層意涵。當然，在評量面向之關心和鑑賞上，不能只關注於測驗，事實上學校和教師對學生的評量與價值判斷，是無時無刻不在進行著的，評鑑已滲入學校的日常生活而成為學校文化中的一部分，學校裡各種形式的評鑑均是教育鑑賞者應關注的。

二、批評：揭開的藝術

㈠批評的意義與性質

如前所述，鑑賞乃感知對象或現象特質與品質之藝術，但它只是鑑賞者的私有行動，若其未將感知所得予以公開，則無法產生對他人的教育功能，發揮社會效用性，亦無法與他人產生感知結果的交流，以便驗證或開展感知經驗。因此，如欲發揮 Dewey 所言，對他人的知覺之再教育功能，則必須將感知之特質予以公開，此種將感知所得予以揭露、公開的藝術，即是批評。Eisner（1998: 86）提到：「批評者的任務，乃在好好地完成一種不可思議的技藝：將一幅畫、歌劇、小說、詩、教室或學校，或教與學行動之特質，轉

化為公開的形式，其闡明、詮釋和評估了自己所曾經驗到的各種特質。」

　　由於批評是將所感知的各種特質予以公開的藝術，而各種特質不見得只是負面的特質，故批評的工作並非只是一種負面的評價，應公開所感知的各種特質，包括正面與負面者在內。揭開所感知特質，有賴批評者以各種意義表徵形式加以表達，只要是能用以協助他人理解自己所感知特質的各種意義表徵工具，如語言、圖畫、實物、聲音等均可採用。其中，語言當然是最常被採用的表徵工具，但如前所論，語言符號與其所欲表徵的特質之間並非是一種完全的等同關係，或一對一的符應關係，因此，批評並不是一種單純的特質之再現（represent）或轉譯（translation），而是一種意義的呈現（present）或再建構（reconstruction）。換言之，在批評的過程中，批評者必須就所感知的特質，採取各種表徵方式，尤其是藉由暗示、譬喻、象徵等的敘說形式，將特定事物中難以名狀的特質，描繪、展露得栩栩如生，使他人亦能夠如身歷其境般地感知作品或現象的意義（林鈺萍，2004）。

　　此外，由於現象中的特質非常多且複雜，因此批評如同鑑賞般都具選擇性。鑑賞者所知覺到的環境特質，只是所有特質中的一部分，而且常是其所熟悉或認為重要、有意義的特質，批評亦然。鑑賞與批評當然不需感知和揭開現象中的所有特質，然愈專業的鑑賞與批評者，愈能掌握其中精妙、有意義且重要的特質而加以感知、揭示。換言之，批評者的專業性、價值觀和理論立場，影響了對現象特質的感知與批評。

㈡教育批評的層面與方法

　　前述所論教育鑑賞的層面有五，而教育批評之構成層面，Eisner 提出有四，分別是：描述、解釋、評價和推基調。他特別強調，儘管批評者可採此四大層面組織其寫作，但這並非意指此四者間的工作具次序規約性；另儘管在分析的目的上可對此四者加以區分，但這並非意謂此四者可被完全獨立開來（Eisner, 1998）。

1. 描述

　　描述乃批評者將所感知到的教育場所或其過程現象之重要特質，採用適當的表徵工具或形式予以表達出來的工作，而最常用的表徵方式乃文字描述。

描述的最主要目的，在於使讀者能宛如身歷其境般地視覺化教育的場域或其過程現象，使讀者產生參與事件情境之中的替代性感受。

為了形成讀者的替代性參與經驗，教育批評者必須自己趨近教育現場情境中的特質，感知其意義，這提供了批評工作的基本內容。然後，批評者必須以創造性的寫作形式，透過描述性敘說文體，以攜帶出這些具意義性的特質。而這需藝術性地活用敘說性語言，例如，形塑情境脈絡，掌握其中韻味、節奏，選用合適的詞句或語彙，運用巧妙的譬喻，以及有時需創造一些新語彙。但這並非指要達成文藝上的裝飾、美化功能，而是要達成一種認識上的功能，亦即要能協助讀者去識見情境裡的特質及其意義。此種識見功能的來源，除如前述將情境特質「視覺化」（visualization）外，另一來源則是使具「情感性」（emotion），亦即設法描繪出對教育情境的感受，將自己所感受到的情境氛圍，以感同身受的方式，藉由栩栩如生的文字表達出來。

在敘寫教育批評時，尤其是其描述層面，撰寫者總無法敘說完整的故事，這是必然的。敘寫者不必也無法敘說故事的全部，如同知覺特質般，描述在本質上亦具選擇性。此種選擇性雖然受到批評者知識、觀點和參照架構的影響，但它是引導讀者體會到觀察所得之重點，協助他人獲得識見的必要工作。因此，所需描述的並非情境中的每一事件和事項，而是具重要意義與特質的事項。如同有能力的學生知曉重點何在，教學技能精熟的教師知悉該忽略者為何，傑出的批評者亦應選擇情境中值得敘說的重要事件與事項予以描述（Eisner, 1985, 1998）。

2. 解釋

若將描述理解為事象之陳述，則解釋可被視為是說明事象為何而發生；若描述所處理者為「是什麼」，解釋則聚焦於「為何或如何發生」。教育批評者所感興趣的，並不只是將所經驗到的事象予以鮮活化而已，而是解釋其意義；透過解釋，將情境脈絡中所描述的現象，辨識出其發生的先在因素，解釋所觀察到實際現象的可能結果，並對所見事象提供其之所以發生的理由。

社會科學界會發展各種理論以解釋現象中各因素或變項間的關係，有些甚至強調建立事件間的預測性或控制性因果關係。對此，Eisner 持保留的看法，他傾向於認同Cronbach的觀點：由於教室中存在太多的偶然性因素和變

項間的互動關係，故更合理的想法，應是將理論視為知覺（或解釋）的引導，而非一種導向對事件之嚴密控制或精密預測的設計（Eisner, 1998）。因此，Eisner 認為教育批評者或可以一種啟發性用途來看待、採用理論，將之採用為達成解釋目的的一種工具，用以使解釋具合理性，深化對話的層次，甚至引發新問題，但不是將之做為達到真實驗情境裡嚴格檢定上的因果解釋之工具。此外，鮮少有一種理論能滿意地解釋批評者所欲敘說現象的所有層面，對同一種現象也常發現存在著觀點互異的各種理論，因之也可折衷式地採用各種理論來理解各組現象甚至同一現象的特質。尤需注意的是，理論的觀念化通常是一種理想化的過程，其已大幅地自實際中被抽離出，而實際總是特定的、具個殊性，因之必須彈性地對待理論，將之調整以適於實際。

在解釋時，亦需注意描述與解釋間之差異，雖然這兩者間很難簡單地畫一條直線加以區隔。描述是比較直接、表層的，而解釋則需看穿表象底下的意義，試著使自己從表象中脫身，來解釋其意義並說明現象發生的原因。解釋是一種置身脈絡中而加以詮釋、開啟和說明的工作，其是一種將系統中的訊息予以解碼的詮釋理解活動。

我們所解釋的學校和教室中的事象，很少是單一事件發生的結果。我們對社會情境的感受、對行動賦予意義、從所見中推論動機，典型上都是歷經一段時間而建構。這樣從過去一段時間累積而得的解釋或意義建構，可協助我們建立推測未來行動的模型。亦即，若我們看到一位教師以特定方式對待一位學童，或以某種態度進行課堂，而且若這些教學相關方式和態度一再出現，則可期待從中推得一組行為模式，這樣就愈能知曉特定情境中一個人的行為類型，意料外之事就能減少，推測的可能性就增加。但亦需注意的是，經由觀察而建構的模型，雖有助於做為解釋和預測的基礎，但這也往往會讓我們較少去看到我們預期之外的事物。

3. 評價

教育是一種規範性事業，是一種促進個人發展並貢獻於社會福祉的過程，因之教育批評者的批評工作，不能止於對教育現象中特質之描述與解釋，尚需提供價值判斷。教育批評中的評價層面，可謂是教育批評者與社會科學家工作的最大區別所在，後者的工作往往只要聚焦於描述和解釋，而前者則需

對現象加以評價。

　　然欲對教育現象做價值判斷，誠非易事，這是極為複雜艱鉅的工作。即使大家都同意了教育應促進個人成長與發展並貢獻於社會福祉的觀點，但對發展的方向及教育與社會間的關係，卻有諸多不同的看法。課程理論家就分持不同的意識型態或理論取向來表達不同的課程目的、內容經驗和實施方法。另外，每一個學習者均有其獨特的潛能，若教育旨在促進個人潛能的自我實現，則在教育的持續進展中將會愈加強個殊性，因而就不能以共同的標準來比較或衡量教育的結果。即使欲設法加以衡量，目前亦乏有效的標準量尺，以測量出可供比較的結果表現資料。除學生之具個殊性外，每一所學校和班級、每一個教師及其教學策略，亦均具個殊性。因之，對教育現象的評價誠屬不易。但承認評價的複雜性、困難性，以及體認到學校、教師和兒童間特質的不可比較性、難以測量性，並非意指不應去評價，而是指不應以標準的觀念來評價。教育批評主張不應以標準來評價教育現象，而應以一些教育規準來做價值判斷。Eisner（1998: 101）特別強調：「或許沒有衡量的標準，但卻有價值判斷的規準。」而這涉及標準和規準兩者意義之差異。

　　按 Dewey 之觀點，標準的特質有三類：其一，它是在限定的物理條件下所存在的一種特定物理事物，它不是一種價值。例如，碼是一枝碼尺，而公尺（meter）是置於巴黎的一棍棒。其二，它乃對特定事物測量的量，如長度、重量、容量。儘管人若能對事物加以測量，會有較大的社會價值，因這樣才易於進行商業上的交易，但所被測量的事物及其量本身亦非價值。最後，其乃測量的標準，思以此等標準所測量到的量來定義事物。能對事物測量到量，對進一步的價值判斷是有幫助的，但它本身並不是一種價值判斷。因此，標準是一種物理運用上的外在事物，它本身並未涉及價值和價值判斷（引自 Eisner, 1998）。

　　Dewey 進一步指出，假若無針對藝術工作加以測量的標準，那麼也就無所謂可據以進行藝術批評的標準，但是卻有可做判斷的規準。一位作者討論形式與實質的關係、藝術媒材的意義和其表達標的物之性質等，皆是他試著發現某些規準的一部分。但此等規準並非規則或規約，而是去發現經驗上的所謂藝術工作之本質的努力結果，而經驗的種類建構了此一過程（引自 Eisner,

1998）。

因之，我們可說標準乃一種外在於事物、用以度量事物物理屬性的量及其測量工具，其功能著重於事物的物理屬性或因之而類推的物屬性之比較，然它本身並不涉及價值，測量的過程及其結果的賦予亦非價值判斷。而規準則是批評者立基其專業經驗與理想，用以判斷受評對象品質的一套價值體系，不但其建構涉及價值的選擇，價值判斷的過程也必定需運用某些規準。

不過，必須提醒的是，在評鑑的相關論著中，不同的學者於不同脈絡下對「標準」的定義是不一樣的。Dewey 和 Eisner 眼中標準之意義，已如前述。但 Stufflebeam 和北美教育評鑑標準聯合委員會所談的標準，則是指辦理評鑑時，專業人員所共同認可且應信守的一些原則；而認證模式所談的認證標準，則是授證者所建立的專業品質指標。這三群學者所界定「標準」一詞的意義是不同的。

教育批評者如何獲得教育規準以進行價值判斷？Eisner 認為這涉及批評者的價值選擇。而價值選擇的基礎，不但需要教育理論、教育史、教育哲學的知識，亦可從學校的實際經驗中獲得助益（Eisner, 1985, 2002）。亦即，教育批評者應具有廣泛而深厚的教育理論與史哲知識，以及豐富的教育專業實踐經驗，才能從中選取而組成教育規準。

教育規準的形成既是一種價值選擇的過程，因此批評者在對教育現象做價值判斷時，應對其價值選擇之基礎予以交待，而且批評者亦應肯認他人可以不同意此等選擇。即使兩個不同批評者對同一教育現象，因持不同的價值選擇立場而提出不同的評價，按 Eisner 之觀點，這並非不利於教育評鑑，亦非有礙教育之進步，這反而可增進大家對教育現象的討論、論辯。他認為，多元價值觀的彼此激盪，反而可促進對教育核心問題的思考和另種教育政策的引發。不過，無論如何，批評者在批評時應闡明自己的價值立場，而這種闡明可置於批評論述之前，或貫串於論述內容之中。

4. 推基調

基調（theme）乃情境或人的支配性特質，這些特質界定或描述了情境、人或事物的主格調，其像是一種具滲透性的特質，有貫穿且統合情境與事物的傾向。在教育批評中推基調，意指區辨出批評者所敘寫情境中滲透於情境

而不斷出現的訊息與特質、支配性特徵，或難以言喻的想像，致力於從特定
事例或個案中，抽引出一些概括性原則、發現和啟示等（Eisner, 1998; Flinders
& Eisner, 2000）。因此，基調乃批評者在其所遭遇情境中的特質菁華或精煉
物，乃根本特質的結要。

推基調的重要功能，在於形成自然式類推，做為未來的引導或提供啟示、
教訓，就如同一些特別的民間故事和諺語般能對我們引發啟示，也如同一些
經典文學作品或戲劇般能協助我們理解人類的行為與人生。例如，莎士比亞
作品中所杜撰的人物，包括哈姆雷特、奧賽羅、馬克白、李爾王等四位人物
的角色性格，其實與我們現實人生中的人物性格亦頗為相似，其故事亦值堪
引以為鑑。在教育情境中，每一間教室、學校、教師、學生、書籍甚或建物，
所展現的不只是自己而已，其與別的教室、學校、教師、學生、書籍和建物
間，亦共存一些相同特徵；亦即每一特定個體均是一大群個體中的一個樣本。
就此而言，我們從某一特殊個體、案例所習得的，皆對此個體所從屬的類群
具有意義。換言之，從某一特定情境中所推得的基調，能超越情境本身而對
其他類似情境之理解產生引導。但推得的基調，所提供我們的只是引導，而
非確證。例如，賞評到一位教師的教學策略對師生互動所造成之影響，以及
其在教學中所強調的價值、觀念或潛在訊息後，可進一步引論出教師在教學
過程中，哪些因素可促進良好的教學流程，及哪些因素會妨礙與降低師生的
教學結果。此種推得的基調，可做為人們感知和理解教育現象的大方向與大
原則，但此種基調卻不能一概性地解釋或預測所有的教育現象及其效果。

另外，值得注意的是，一幅畫、一篇文章也許常只具一種基調，但教育
情境極為複雜，一間教室、一所學校往往具有多個基調，在進行教育批評時，
需注意及此。

(三)教育批評的效度

任何探究方法均需使人確信其探究所得的結果或知識具真實性，亦即具
效度和可信性。實徵主義取向研究方法，通常會自認並宣稱所探究得的知識，
能真正如實地反映其所探究的實在，並致力於追求此種知識。但 Eisner 認為
社會科學所獲得的知識，絕對無法真正反映社會的實在，教育批評亦不可能，

也不持此種效度觀，因我們總會採經由心靈中介過的觀點來面對所探究的事例。由於我們無法尋得一種未經心靈中介而能如實掌握事物原本真貌的方法，故我們就不能確切地說已發現了真實。我們總是帶著判斷與詮釋，教育批評本質上就是一種判斷行動；而判斷並非意謂我們可不去評估所為判斷之堅實性基礎，我們必須考慮自己判斷形成的證據性基礎。亦即，對教育批評的合理期待是，使判斷具良好的基礎，而非宣稱判斷具確定性。至於如何檢驗或增進教育批評的效度？Eisner（1998）提出下列三大教育批評的效度來源：

1. 結構的確證性

結構的確證（structural corroboration）如同三角校正的過程，乃透過多種型態的資料間彼此的關聯，用以支持或否證對事象狀態之詮釋和評鑑結果的方法。例如，採用包括教室觀察、師生訪談、教材分析和相關量化資料等多種類型的資料，經由其彼此間關聯性的檢證，使評鑑結論更具確信性。另外，由於質化探究取向的教育鑑賞與批評者在研究情境中所識見到的總是具選擇性，且會受批評者所持理論觀點和視野的影響，因此在追求結構的確證性上，不但需採用多種型態的資料做檢證，而且應持續思考自己所做結論中是否存在著未確信的證據和矛盾的詮釋或評價。亦即，教育批評中結構的確證，不但要求證據的累積及其彼此的相互支撐，而且講究證據、詮釋、評價和結論間的內在一致性。

2. 共識的有效性

共識的有效性（consensual validation）立基於那些其他具專業能力者亦同意於批評者對教育情境所做的描述、解釋、評價和推得之基調。此種同意，也許是對描述、解釋、評價和所推基調各層面之全部同意，或其中部分層面的同意。共識有效性之形成，至少可透過兩種方式：其一，透過前述結構的確證所獲得的各種證據，將證據呈現，則彼此見解的共識性於焉形成；其二，以超過一位以上的教育批評者，各自獨立地對相同的學校或教室情境提出批評，然後檢視兩者間的共識程度。然而，由於不同的批評者可能注意不同層面，所採取的理論或立場亦可能不一樣，因此批評之結果往往具若干差異。但此等差異的存在，不必然是未具可信性的指標，所為批評中的內在一致性和結構性確證，遠比批評者間的共識達成度還重要。因此，當批評者所為批

評能贏得讀者之同意、接受說服，此種批評與讀者意見間的共識性，更勝於不同批評者間的共識性。

3. 參照的適切性

教育批評之主要功能，乃在對讀者產生知覺的擴展並促進其理解，使他人看到和理解到批評者所識見到的。此乃**參照的適切性**（referential adequacy）之用意所在。故參照的適切性，乃指一項教育批評能夠協助讀者體會到批評者所闡明或賦予受評情境或材料的特質與意義的程度。亦即，當讀者因批評者提供批評而識見到原先未能識見到的特質或意義時，就具有參照的適切性。

參、評論

從上述 Eisner 知識論、方法論及鑑賞與批評實施方法的論述內容可知，教育鑑賞與批評評鑑取向在認識論、方法論、效度考驗、教育和課程觀上，皆已建構出一套論述內涵相當充實、彼此間具相互支撐，且極具內部邏輯一致性的理論體系，且漸足以與主流的實徵主義評鑑方法論分庭抗禮而獨樹一格。這對教育評鑑方法論和評鑑學門的多元發展能產生重要貢獻。

此外，教育鑑賞與批評的評鑑取向，具若干優點與特色。首先，具教育和課程觀上的引導功能。大部分的教育評鑑取向源自一般的行政管理學門而非教育學，其思考的重點乃將評鑑視為一種促進行政決定理性化的技術，而非更本質的教育與課程理想。而教育鑑賞與批評則強調評鑑方法與教育及課程目的間之彼此關聯性。認為教育及課程應基於多元的認知觀，以開展受教者各種具多元而個殊性的潛能，其指出了學校教育和課程深受實徵主義方法論支配而過度重視數理邏輯的命題性語言的偏頗現象，希望藉由鑑賞與批評中重視人類各種意義表徵方式之運用與開展的觀點來實施評鑑，以促進學校課程的均衡化、豐富化，進而豐富受教者和人類的心靈發展。因而，此種評鑑取向之推展，對學校教育和課程之均衡發展和豐富化，具積極正向的引導功能。其次，具質化探究方法論上的優點。教育鑑賞與批評主要立基於質化探究的方法論，強調評鑑者應進入教育現場，藉由評鑑者的專業視野去知覺、識見和評價情境脈絡中的各種特質，並試著導出脈絡中的基調，以便促成自

然類推。這在方法論上具有深入情境、整體理解、綜察情境中各因素間關係，以掌握其特質與意義，並提供有限度推論等質化探究取向上的優點。最後，重視評鑑的教育性功能。教育鑑賞與批評強調評鑑者應以自然、豐富且多元化的表徵方式呈現評鑑結果，藉以協助閱聽者形成替代性經驗，並擴展其知覺經驗，達到批評的教育性功能。促進他人理解的教育性功能之產生，乃評鑑進一步發揮其協助改進與增進理性決定功能的先決條件。

　　然教育鑑賞與批評亦面臨一些困難與限制。Eisner（1985）自己就曾提出四個此種取向所面臨的困難或問題：第一，較難獲得高度精確性的印象。當探究所採的是一種計量性活動，則其較可能獲致高精確度的印象，但若所採行的需訴諸探究者的判斷時，則其精確性易遭質疑。教育鑑賞與批評的歷程中，從現象特質的知覺與識見，至其價值的判斷，均賴評鑑者以其專業進行某種程度的選擇與判斷，判斷貫串於整個探究的過程，因而就難以形成高度精確性的印象。其次，高度的藝術性語言表達，易讓讀者產生其具主觀性和偏見的觀感。在我們的文化中，一般讀者偏向於認為描述性語言較中肯、較能反映事實狀態；而在教育批評當中，批評者為了協助讀者能對情境之意義和根本特質產生移情式理解，往往需採用具藝術性的表意性語言，將自己的感受以帶有感情的方式抒發出來，這樣卻會帶來具偏見或主觀性的質疑。因此，教育批評者會面臨在藝術性的表意語言和平鋪直述式的描述性語言報導間的兩難抉擇困境。復次，面臨是否下結要式結論的困難。傳統的評鑑和探究取向，往往會以推論式語言對所探究現象下出數則總結性結論，一般的讀者也會期盼教育批評能比照處理。但是如果要這樣做，往往又會將教育現象過度簡約化，甚至會損及探究結果的真實性和豐富性，進而會侵蝕到教育批評方法論所立基的根本立場。最後，是成本的問題。教育批評需賴專業批評者投入頗長的時間於教育現場，進行賞評並提出報告，不但所耗時間和金錢付出極多，成本難以衡量，且所需的專業批評人才難覓或難以短期大量培訓，這往往使有權分配資源的教育和學校行政人員望之卻步，學校教師若欲自行推展實施，亦常遭遇時間和專業能力培訓上的困難。因此，教育鑑賞與批評的推展與實施，需賴具理想抱負的教育人員為了教育理想的實踐而不計成本地投入。

第二節　認證模式

壹、意義與功能

　　透過一定程序對人、產品、機構、課程方案和服務等之品質予以檢核，然後據以核發品質證書或標章，以便向消費者說服消費或對消費者提供基本品質保障之觀念，其實在現代社會中已極為流行；包括諸如對人核發畢業證書、授予教師或醫師證，對產品核給優良食品標章、新藥品上市之許可，對機構賦予得招生以提供學士、碩博士及師資培育、學程之許可等，皆屬廣義的認證模式之評鑑觀念。從這些多樣化的認證種類，亦可知認證的觀念至少有兩種，一是授予基本品質的認證，以便那些獲得認證者取得進入市場的門票或具備會員資格，如授予機構得開辦學程以培養專業人員的認證；另一是於取得基本品質認證後，追求高品質象徵的認證，例如有些高等教育機構除獲得可開辦專業學程之認證外，再申請國際標準組織（International Organization for Standard, ISO）之認證，以便向消費者說明其機構之運作具高品質特徵。雖然在觀念上可區分此兩種不同等級的認證，但並不意謂擁有高品質認證者之實質品質，一定優於僅具基本品質認證者，因這仍需視授證者所訂定的認證標準、程序與方法而定。

　　對於教育機構之認證，被認證之單位可為整個機構，亦可為機構中個別專業學程或方案；授證者可為政府單位，亦可為非政府的專業組織。惟一般而言，歐美等西方國家對於高等教育機構之認證，通常由非政府的專業組織辦理，以便一方面藉以維持及提升高等教育的品質，另一方面則尊重大學學術自主和專業自律的傳統，歐洲國家所建立的「歐洲高等教育品質保證協會」（The European Association for Quality Assurance in Higher Education, ENQA）（王如哲，2008），以及美國聯邦政府不直接涉入大學認證而由聯邦教育部認可一些專業組織辦理大學或學程之認證工作，即為明例。

　　以美國來說，美國的高等教育機構或其學程是由地區性或全國性的非官

方教育協會發展評鑑規準並實施同儕評鑑，以評估被認證的機構是否符合規準，機構或其方案請求認證且符合認證機構之規準者，得被認證機構授予資格，加以認可，美國聯邦教育部自己並不直接認證教育機構或方案。不過，根據美國法律，那些擁有認證高等教育機構權威的全國性機構或專業協會，需經聯邦教育部部長的承認，且部長應公布這些認證機構的名單。而一個機構之尋求部長承認為高等教育機構或方案的認證機構，則必須符合部長公布的承認認證機構之程序和規準，目前並需先經美國國家機構品質與正直諮議委員會（National Advisory Committee on Institutional Quality and Integrity）之評估，然後向部長建議是否予以承認，而最終則由部長決定之（U. S. Department of Education, n.d.）。

因此，就美國的情境而言，Scriven（1991b: 46-47）曾界定認證（accreditation，或譯認可）之定義為：「對機構或方案授予憑證，尤其授予其在某一地區性教育機構協會或某一專業性組織之成員資格，以試圖維持成員的特定品質標準。而認證的過程，乃這些組織決定其成員之合法性並激勵成員自我改進，以獲得或維持成員資格地位的過程。」他亦指出認證過程的主要特徵為：(1)採用標準手冊：亦即由授證機構公布其認證標準及相關認證程序；(2)機構之自我研究：申請者先進行自我研究，提出報告，說明其自認為獲致自己機構使命的成就狀態；(3)外來的評估小組：通常由相同專業體系之自願性成員所組成，其不只需閱讀機構的自我研究報告，也進行現場訪視；(4)現場訪視：通常為一至三天，過程中包括直接檢視設施，訪談機構之人員、顧客和學生，以及檢視先前的一些報告；(5)對機構提出報告：報告中常會針對機構之取得認證及其應為之變革，提出各種建議；(6)經由嚴格的小組審議：在審議過程中，常賦予受評機構得對報告中某些建議提出申訴之權利；此過程中，有時會發生某些原先的建議被再次檢查之情形；(7)最終報告和決定：認證機構提出最後報告並決定是否予以認證。

美國聯邦教育部指出，美國高等教育機構認證制度之目的，乃在確保高等教育機構所提供的教育能達到可接受的品質水準，其功能有九：

1. 證明一個高等教育機構或其方案符合已建立的品質標準。

2. 協助擬就讀的未來學生辨識出可接受的機構。

3. 協助機構決定學分轉換之接受性。

4. 協助公私立基金辨識可投資的機構或方案。

5. 保護機構抵擋來自內外的有害壓力。

6. 為較弱方案創發自我改進的目標，並刺激教育機構一般水準之提升。

7. 讓教師和人員廣泛地參與機構的評鑑與規劃。

8. 建立專業認證規準並供尋求認證者提升品質之行動準備。

9. 提供做為聯邦決定協助之考慮的合法性基礎之一部分（U. S. Department of Education, n.d.）。

貳、程序與方法

　　不同認證機構所規劃與實施的認證程序及方法，容有某種程度的變化，但大體上仍有一些共通性特徵。按美國聯邦教育部發布的資訊，美國高等教育機構或方案認證之程序包括：公布標準、自我研究、現場評鑑、公布結果、持續監督和再評鑑（U. S. Department of Education, n.d.）。茲以美國「全國師資培育認證委員會」（National Council for Accreditation of Teacher Education, NCATE）之認證程序與方法為例說明之。

一、公布標準

　　美國全國師資培育認證委員會內設「單位認證標準委員會」（Standards Committee of NCATE's Unit Accreditation Board），負責認證標準的發展與修訂工作，約每五年更新標準。委員會除內部委員外，也會邀師資培育學者和師培機構代表參與修訂，但少有中央或地方政府官員參加。其2006年版的認證標準有六大標準，每一大標準下內含數項更細的要素（element），共有二十八項要素，如下（要引自林邵仁，2007）：

㈠師資生的知識、能力與態度

　　此標準關切未來將在學校服務的師資生及學校其他專業人員所學習到的內容知識之成效，包括他們教育學上的內容知識與技能、專業的知識與技能，

以及專業的教學態度等。其下共有七項要素，分成三類。

1. 和「內容知識」（content knowledge）有關的要素

　　(1)師資生的內容知識。

　　(2)師資生的教育學內容知識與技能。

2. 和「專業與教育知識、技能、態度」有關的要素

　　(1)師資生專業的教育知識與技能。

　　(2)學校其他專業人員的知識與技能。

　　(3)師資生及學校其他專業人員的專業態度。

3. 和「協助學生學習」有關的要素

　　(1)師資生協助學生學習的知識技能。

　　(2)學校其他專業人員協助學生學習的知識技能。

㈡機構的評量與自評機制

　　主要是關切師資培育機構是否為了確保機構運作以及學生表現，而有建立適合的自我評鑑與評量系統。

1. 評量系統

　　此要素評估的重點，在於機構是否確實地建立評量系統。如果有建立系統，那麼系統是否有反映機構的概念架構，以及符合州政府或其他專業評鑑團體所訂定的標準。

2. 資料的蒐集、分析與評鑑

　　評量系統要能夠提供諸多的評量資料，像是課程的品質、單位的運作情形，以及師資生各學習階段的表現等。這些評量資料的來源也必須多元，所有資料必須經過有系統的分類、分析、彙整，並提出公開性的報告。

3. 運用資料以改良機構運作

　　師資培育機構能夠系統性與常態性地運用相關資料，去評估及改良課程、實習、行政等方面的效能。

㈢實習制度

　　此標準關切的是師資培育機構與夥伴學校間的運作情形，包括實習制度的設計、規劃、實施、評鑑等。此標準下包含三項要素：

1. 師資培育機構和夥伴學校間的合作

師資培育機構和夥伴學校間能彼此相互合作，不僅共同設計、規劃、實施、傳輸以及評鑑教育實習制度，也積極參與專業社群成長的相關活動，透過活動分享觀念心得，並整合支持師資生學習的資源。

2. 實習制度的設計、實施與評鑑

實習制度要能夠確實營造出讓師資生充分發揮與學習的環境。師資生在實習期間是觀察者，同時也是被觀察者，和學生、家長、行政人員、指導教授以及相關視導者間須有良好且持續的互動，並隨時調整與修正自身的教學實務。

3. 師資生發展並展現其教學知識、技巧以及其專業態度

實習制度提供師資生一個實際的試練場域和機會，師資生能夠和同儕與指導教授共同合作，致力於提升自我教學知識與技巧。

㈣多樣性

師資培育機構除設計、實施與評鑑課程外，並提供師資生學會教學知識、技巧及專業態度的實務經驗。而這些實務經驗也包含了訓練師資生能夠熟練地面對多樣化的情境，以及如何與各種不同的人（從高等教育到初等教育人員、師資生同儕團體、中小學學生等）共事。在此標準中的要素共有四項，主要強調的是和不同對象的共事或相處經驗：

1. 課程與經驗的設計、實施與評鑑

在設計課程與實習制度時，師資培育機構能以機構的概念架構為基礎，並協助師資生拓展面對教學與學習多樣化的能力。在此要求下，師資生的教學要能符合多元文化學生的差異性，以及多樣化的教室或學校氣氛。

2. 與不同教師互動的經驗

師資生除了和其指導教授相互討論外，也必須經常和其他大學或教育團體的教育專業人員互動，以及與不同性別、種族的學校教師相互交流。

3. 與不同師資生共事的經驗

此要素強調的是不同師資培育機構的師資生彼此交流分享的經驗。透過多樣性師資生團體間的互動，並討論分析不同經驗間的心得，據此得以提升

教學上的專業成長。

4. 與不同中、小學學生相處的經驗

此要素強調的則是師資生與不同背景的中、小學學生相處的經驗。

㈤教師素質、表現與專業發展

此標準主要的評鑑重點,在於師資培育機構中專任教師的資格、專業素養及其發展與表現,共六項要素:

1. 教師的資格

師資培育機構中的教師具有博士學位,或是特定領域的專家;在學校教學領域具有專業的素養與經驗,或有相關的證照。

2. 教學上的專業表現

教師對教學工作具有深度的了解,熟悉領域教學的相關實務。教師的教學能符合一般專業團體與各州的標準,教學過程多樣化且科技化,也能運用適切的教學評量來評估學生的學習成效,並隨時自省調整內容,提升教師效能以符合學生需求。

3. 學術上的專業表現

此要素重視教師在教學相關或自身專門領域上的學術表現,師資培育機構也應有鼓勵教師從事學術發展的機制。

4. 服務上的優良表現

教師能提供專業機構、大學、中小學以及社區有關教育工作方面的服務。

5. 教師評鑑

師資培育機構會定期且有系統地對教師進行評鑑,包括教學表現、學術表現以及服務情形等;重視教師專業能力與活力。

6. 機構對教師專業發展的協助

師資培育機構會確認教師在專業發展上的需求,訂定鼓勵教師持續學習成長的政策與實務。

㈥行政管理與支援

此標準評鑑的重點在於師資培育機構在行政運作方面的情形,包括行政領導、授權、經費預算、人員、設備以及科技資源等方面,並關切行政運作

如何協助師資生達到一般專業的、各州的、各機構已有的專業標準。此標準
中共有五項要素：

1. 機構的領導與授權

機構能領導並分層授權地規劃與運作，所有的行事曆、出版物及相關規
定都清楚呈現並符合現況。機構也能領導教師間相互合作，提供學生諮詢等
服務，在校園中扮演好教育社群領導者的角色。

2. 機構的經費預算

師資培育機構能有足夠的預算，並足以支持師資生達成專業的學習，也
能支持日常校內工作與校外實習工作的推動。

3. 機構的人員

人員的工作負荷量要適切合理，讓人員除了能在教學、學術研究、服務
等專業活動上正常運作外，也鼓勵他們能對社區、州、地區甚至國家有所貢
獻。

4. 機構的設備

師資培育機構有充分且完善的設備，提供給教師與師資生日常教學研究
之用，這些設備也能確實支持他們在科技上的需要。

5. 機構的資源

師資培育機構能有效率地分配資源，讓各個計畫與活動都能獲得基本而
必需的資源。機構也有足夠的資訊科技資源，並有最新的圖書、課程材料以
及電子資訊可以使用，協助師資生達到一般專業的、各州的、各機構已有的
專業標準。

為了評鑑時能更客觀化，美國全國師資培育認證委員會對於各標準下的
每一項要素均再訂出評估量尺，每一要素均依機構的表現區分為不可接受
（unacceptable）、可接受（acceptable）和達標（target）三個等第，茲以標準
㈠的第 1 項要素「師資生的內容知識」之等第量尺示例如表 15-1。

表 15-1 「師資生的內容知識」評估等第說明

要素 1：師資生的內容知識		
不可接受	可接受	達標
1. 師資生教學方面的內容知識不符合一般專業的、各州、各機構已有的專業標準。 2. 教師證照之通過率低於80%。 3. 參與教師進修課程師資生缺乏教學內容知識的深度。	1. 師資生對教學方面的內容知識有所了解，也能說明一般專業的、各州、各機構已有專業標準的原則。 2. 教師證照之通過率高於80%。 3. 參與教師進修課程師資生在教學內容知識上有足夠的深度。	1. 師資生對教學方面的內容知識與一般專業的、各州、各機構已有的專業標準，均有深度了解。 2. 師資生能夠有批判性與系統性地分析主題。 3. 教師證照之通過率為100%。 4. 參與教師進修課程師資生被認可為在教學內容知識上的專家。

資料來源：修改自林邵仁（2007：194）。

二、自我研究

尋求認證之師培機構，首先要向美國全國師資培育認證委員會提出認證申請，按其要求之格式和項目填寫申請表，並提供基本資料及報告資料，以便美國全國師資培育認證委員會檢視判斷其在形式上是否符合認證要件。這些報告資料中最重要的是機構的概念架構，主要內容應包括：機構的發展願景與使命；存在價值或哲學；設立目的及具體目標與標準；知識為本的理念如理論價值、學術研究、實務智慧和組織的政策方向；師資生在知識、技能、科技和專業態度上之表現是否能符合各界對其專業精熟上的期待；以及自我評量系統對機構表現的總結性闡述等。若美國全國師資培育認證委員會的專業小組檢視機構的自我報告後，初步判斷其符合標準，則會將之納為認證候選單位，並排入現場訪視的時程中，通常成為候選單位至現場訪視至少會隔一個學期以上（NCATE, n.d.）。

上述機構準備基本資料和報告資料之過程，其實就是機構按美國全國師資培育認證委員會要求之概念架構和認證標準進行自我研究的過程。

三、現場評鑑

當機構成為認證候選單位後，美國全國師資培育認證委員會會通知聯邦教育部、州教育行政主管機關和州級認證單位，並安排現場訪評時程。在成為候選單位後，機構必須在五年內接受現場訪評，期間須逐年提報年度報告，並支付候選身分之年費。

美國全國師資培育認證委員會之現場訪視以小組進行，稱為檢視委員會（Board of Exami-ners），由三類比例相當之代表組成，分別是師資培育學者、教師和州及地方政策決定者之代表。每次訪視，這三類人員均至少需有一位代表，此外，州教育行政機關代表和非教育專業出身之一般民眾（lay people）亦會受邀參與（NCATE, n.d.）。

現場訪評時，受評機構必須準備簡報，逐一說明是否達成認證標準的要求。接著，訪評之檢視委員會檢視機構提供的資料，並安排與教師、學生、行政人員、畢業生及中、小學教師晤談。

以標準㈠而言，機構所需提供給訪評委員審閱的資料，至少包括：(1)教師對師資生學習成果的主要評量與計分方式（配合標準㈡相互說明）；(2)近幾年師資生參加州政府舉辦相關領域教師認證考試的分數結果；(3)曾經為了國家相關評鑑所做的自評報告；(4)曾經為了其他教育專業相關的認證過程所做的自評報告；(5)最近一次州政府訪評的紀錄與報告；(6)師資生相關評量結果的綜合報告（至少包括入學成績、重要課程與實習成績、修畢成績等）；(7)舉例說明師資生的工作成果；(8)師資畢業生的追蹤調查資料；(9)學校或雇主的滿意度調查資料；(10)師資生在教學態度與其他綜合表現上的評量報告（林邵仁，2007）。

四、公布結果

現場訪評後之訪評結果報告，提交美國全國師資培育認證委員會的單位認證委員會（Unit Accreditation Board）開會決定是否予以認證，結果有三種：

1. 認證：該機構單位之表現符合美國全國師資培育認證委員會的所有六類標準者，給予認證。不過，會對機構應注意的問題，提出一些需改進的建議。

2. 暫為認證（provisional accreditation）：機構單位有一項或更多項未符合標準時，可能獲暫為認證，但其需設法令人滿意地處理那些未符合之標準。獲此種認證，在地位上雖相當於獲認證，但美國全國師資培育認證委員會會要求機構：(1)在認證之六個月內簽署文件同意處理未達標準之問題；(2)在認證決定後之兩年內，接受針對未達標準事項之聚焦性訪視。

3. 拒絕認證：機構單位有一項或多項標準未符合，且存在著相當廣泛的問題，致其無法提供師資生具一定品質水準的方案，則會被拒絕認證。

五、持續監督

無論是候選認證的單位或已獲暫為認證及正式認證者，每年均需就美國全國師資培育認證委員會所要求的項目和表現資料，於限定的時間內向美國全國師資培育認證委員會提出年度報告。報告的內容會成為美國全國師資培育認證委員會其後辦理機構定期性繼續認證時現場訪評的檢核要點。此外，若機構年度報告內容顯示機構的狀況發生了某些重大變化跡象時，例如，當年度師資生之教師資格檢定通過率突然大幅下降，則美國全國師資培育認證委員會可能決定當年即辦理現場訪評，而非等待若干年後的定期性繼續認證才實施訪評。而現場訪評之結果，可能會決定取消認證。

六、再評鑑

獲美國全國師資培育認證委員會認證者，除每年的年度報告外，五年後會接受繼續認證之訪評。訪評之結果有四種：一是續予認證，二為有條件認證（accreditation with conditions）；當機構達到類如前述認證和暫為認證的表現情形時，則分別予以續認證、有條件認證。第三種結果是監管性認證（accreditation with probation），若訪評發現該機構有一或多項標準未符合，且存在著廣泛問題致未能對師資生提供適當品質的方案時，將被列為監管性認證；

在此種情形下，該單位必須在兩年內再次接受現場訪評，此單位需在這兩年內有效處理未符標準之事項。訪評後之決定可能為：續予認證或取消認證。取消認證即是第四種結果；另前述有條件認證後之聚焦性訪評結果，發現機構未能有效處理未達標事項者，亦會被取消認證（NCATE, n.d.）。

參、評論

一、優點

認證模式之評鑑觀念與方法具若干優點，主要如下（曾淑惠，2004；Scriven, 2000; Stufflebeam, 2000a）：

㈠能促進受評者達到一定的品質，提供消費者選擇的參考資訊

無論認證之對象是機構、方案或產品，申請認證之受評者通常需符合認證機構所訂定之品質標準，並經其認證程序之檢核，才會獲得認證。因此，獲得認證者一般而言都具備一定程度的品質。此種制度對機構、方案、人員和產品之追求品質提升及參與市場競爭，能產生促進作用。另對廣大的消費者而言，尤其是那些對所消費事項缺乏專業判斷知能的消費者，認證機構所發布的認證資訊，能提供其進行消費判斷與選擇前之更多參考性資訊，這遠比盲目無知地進行消費選擇更能保障消費者權益。整體而言，認證制度的推展應能促進社會生活品質的提升。不過，其根本前提是認證機構的認證標準與程序亦需符合專業、公正和可信的品質水準。

㈡兼採自我研究和外部評鑑的歷程

認證模式之評鑑過程，一般會包括申請者內部人員之自我研究（評鑑）和認證機構委派小組人員的外部評鑑兩個歷程。自我研究可促使申請者經由依認證標準之自我檢核過程而追求自我品質的改進與提升，外部評鑑則可增進評鑑的客觀性，並藉以促使申請者紮實地落實機構或申請者的自我品質承諾。同時兼採自我研究和外部評鑑的認證評鑑過程，另一方面亦可使機構內部的觀點和外部評鑑者的觀點得以相互檢驗、調校，增進價值判斷觀點的交

流。另一般認證過程中，認證機構通常會建立未獲認證或取消認證的申訴制度，藉由申訴委員會的仲裁過程，可使認證過程中外部評鑑者的偏誤降低。

㈢重視持續性自我品質維持與提升的觀念

獲得認證者必須定期向認證機構提出自我表現報告，而且認證機構所核發之認證通常會設定一定的期限；獲得認證者如欲持續保有被認證的身分，必須持續追求自我品質的維持，方能持續獲得認證。此外，一般認證機構之標準會與時俱進，定期修訂，這亦能促使受證者不斷提升其品質水準。

㈣評鑑成本不算高

認證模式之主要評鑑成本來自於認證機構的現場訪評，這通常由一組人員花一至數天完成。相較於需投入現場更多時間的一些其他評鑑取向，如回應式評鑑、教育鑑賞與批評、抗詰式評鑑等，其評鑑所需成本並不算高。這也許是一般行政機關較青睞此種評鑑的原因之一。

二、限制

雖然認證模式評鑑具上述優點與貢獻，且在當今社會中已廣泛被採用，但 Scriven（1991b, 2000）曾列舉此種模式在觀念和實際實施的不少問題或限制，茲舉其要闡釋之：

㈠存在專業社群裡的裙帶關係與共享偏見

認證模式的基本思維，是由同行的專業團體或組織訂定認證標準，對欲進入此一專業之機構或方案加以認證，不但標準由專業領域的人制定，且現場訪評亦由圈內人辦理。有時申請認證的方案，其理念的倡導者可能就是認證委員會或現場訪評的委員或其同門，這種專業圈內的裙帶關係常會影響評鑑的公正性，或者會將被認證者之作為視為理所當然，而產生專業圈內的共享性偏見。

㈡未迴避認證機構靠著被認證者繳費而生存的利益衝突問題

認證機構之所以能生存，主要是靠著眾多申請認證者所繳的認證費用。固然有許多認證機構非常珍惜社會聲望與公眾的信賴感而追求認證標準與程

序的嚴謹化，但亦難免會有一些認證者為暫求生存而自毀長城，如此一來就難以確信其認證之可信性。而最根本的問題，則是認證者與被認證者彼此間存在著前者授證而後者付費的難以完全消弭的利益衝突關係。

㈢以業餘訪評人員為主及其訪評時間過短的問題

認證評鑑過程中的現場訪評人員雖大都屬所認證領域中的專業人員，但其通常是兼任的志願者而非專職者，且大都不是專攻評鑑的專業評鑑者。因此，其撰寫的訪評報告常發現歸因不當、因果推論失據和資料分析錯誤的現象，且有時會以自己的觀點曲解認證標準。加上現場訪評的時間通常只有短短的一兩天，這亦常使認證的品質和可信性遭受質疑。

㈣傾向於壓抑創新和個殊性

認證模式的某些觀念和措施會壓抑方案的創新和機構個殊性之發展。首先，授證機構所訂定的諸多認證標準本身，有時即是成為束縛機構或方案發展特色的緊身咒，機構或方案常會為了順利取得認證而根據認證標準裁製機構的運作方式或方案內容，甚至因而放棄自己的創新性作為與特色。雖然有些授證機構會強調尊重機構自己的目標與特色，但實際的認證過程不見得如此，申請者也常因不太敢放心相信授證者尊重機構自己目標與特色的宣稱而採取自我設限的做法。其次，在選擇現場訪評團隊成員的過程中，一些較具強烈意見的人士往往會先被授證機構排除，走中間路線者較易被接受為現場訪評者。最後，如前所述，認證標準和認證人員的產生往往受該專業社群所支配，而專業社群有時會有門戶和派閥上的壟斷，這也不利於創新。

㈤常會強調機構與方案的過程或投入指標而非其結果指標

雖然如前舉美國全國師資培育認證委員會的例子顯示，近年來有些授證機構已加重認證標準中成果表現指標的成分，但以往對機構或方案認證過程中常見的批評，是認證標準中的指標常以投入、過程等次要性指標為主，其所占數量和權重比例太高；而衡量一個機構或方案最重要者應是其結果表現，結果表現應是認證的最重要指標，但其在認證過程中常被忽略，或所占權重較輕微。例如，以圖書館的藏書量而非學生的借書率、以教學設備的新穎而

非學生的學習結果表現、以高級學位教師的人數而非學生通過證照檢定考試的比例來評定機構或方案的品質。認證模式之所以較偏好採用過程或投入指標來評鑑，其中一個重要原因是此等指標較容易且較快蒐集到相關資料，而更根本的原因，在於此種評鑑模式傾向於立基在管理者而非消費者的意識型態。

·課程評鑑·

第十六章

抗詰取向評鑑

　　一般傳統評鑑過於強調評鑑者和評鑑設計本身的客觀性和中立性，因而不會分就方案的正反對立或各種多元觀點設計與實施評鑑。而**抗詰取向評鑑**（adversary-oriented evaluation）則主張應有意地、規劃性地且結構性地去引發方案的正反、甚至各種不同觀點來設計與實施評鑑；認為這樣才能真正避免評鑑本身的偏見，進而才能提供方案決定者做決定所需之豐富、多元的資訊。抗詰取向評鑑有許多變通的實施方式，有些採取司法或準司法的程序，有的採用聽證會或辯論的過程，本章將此類程序統稱為**抗詰式評鑑**（adversary evaluation）；另外，有些評鑑規劃不但具引發方案不同觀點而設計評鑑的抗詰精神，亦重視這些不同觀點所得評鑑資訊在促進方案的意見交流及人員角色澄清與互動上的功能，此種評鑑乃**交流式評鑑**（transactional evaluation）。抗詰式和交流式評鑑因皆具抗詰精神，因此本章將之皆歸為抗詰取向評鑑，然兩者在評鑑的功能和實施方式上具相當的差異性，本章乃分兩節分別討論此兩類評鑑。

第一節　抗詰式評鑑

壹、緣起與核心觀念

　　早在 1915 年，J. M. Rice 就曾為文提議透過向一虛擬法庭揭示有關政府浪費和腐敗的事實資料，以排除政府弊端並增進其效能的評鑑方法，此乃當代抗詰式評鑑構想的開端。然此議在其後的五十年間並未被進一步發展，一直到 1965 年時，G. E. Guba 才又為文提出可採司法典範於教育評鑑之議。Guba 指出，若司法審判和聽證程序在判斷有關權利和財務宣稱的真實性上是有用的，若司法制度中人類的證詞在決定生或死的審判上是可接受的，則為何不能以司法程序做為方案評鑑的有用隱喻？Guba 的想法起初在評鑑界被當成馬耳東風，因當時的評鑑者大多將心力投入於運用社會科學研究方法（如實驗研究）於方案評鑑，以及發展其他評鑑取向之努力上。不過，其後漸漸亦有少數學者開始測試此一想法的應用性。最先意識到要實際檢測抗詰式評鑑的應用性者，乃 T. R. Owens 在 1970 年代的一些努力。Owens 針對一假設性學校課程方案，設計了一個修正式的司法抗詰評鑑模式來測試其應用性，包括了審判前會議、訴方（正方）與辯方（反方）陳述案例、一位聽證官、一個由教育人員組成的審判小組，陳述與辯護、質問與再質問，以及雙方結辯等程序。Owens 於 1971 年和 1973 年就此發表的報告，引發評鑑界的注意與興趣，並因而促進抗詰式評鑑觀念和實際運用的發展（Worthen, Sanders, & Fitzpatrick, 1997）。

　　Owens（1973）相信司法抗詰程序之具下列特徵，會使其比其他評鑑模式更適於方案的評鑑：

1. 在採用司法抗詰程序所建立的規則上是具相當彈性的。
2. 複雜的證據規則，由聽證官完全依據證據是否適切的自由判斷所取代。
3. 訴訟雙方可被要求在審判前將所有相關事實、證明方法和證人名單知會聽證官。

4. 陳訴書在審判進行前先送給聽證官和被告（反方），而被告（反方）可事先選擇認可某些訴題和反對其餘訴題。

5. 允許證人更自由地作證和交叉質問。

6. 審判前甚至常可要求專家作證。

7. 聽證官與雙方的審判前會議，可使審判更傾向於相關事實的追尋而非機智之爭。

8. 除兩造雙方外，其他有興趣的群體亦可允許其參加聽證。

從 Owens 的上述觀點可知，抗詰式評鑑所講究的，是司法程序中訴訟雙方公平地分別以證據證明其觀點與主張的精神在方案評鑑上的彈性運用，強調的是司法程序中公平和實證的精神，而非僵化繁雜的司法程序在方案評鑑上的刻板式應用。R. L. Wolf（1983）亦特別強調，司法抗詰評鑑模式所著重的只是司法的「隱喻」（metaphors），若太在意司法的文義觀念，則評鑑目的將變成只是求勝，而這並非司法抗詰評鑑所追求者；抗詰式評鑑之目標，乃在釐清和理解教育方案中所涉及的複雜性，進而對之後的回應行動提供知性建議。

由於未呆板地遵循一般的法律訴訟程序，故抗詰式評鑑有許多變通形式，有些採司法或準司法的程序，有的採行政上的聽證或公聽會形式，也有些採取辯論的方式。Worthen、Sanders 和 Fitzpatrick（1997: 138）乃廣義地界定抗詰式評鑑指：「有計畫地形成不同評鑑者或評鑑團隊間不同觀點之對照者，皆屬之——在整個評鑑中，有計畫地努力產生對照性觀點（opposing points of view）。」其中，某評鑑者或評鑑團隊做為方案的支持方，儘可能從證據資料中展現方案的正面觀點，而另一評鑑者或評鑑團隊則扮演相對角色，試著呈顯方案中任何可能存在的缺失。在一項評鑑中納入這些對照性觀點，反映出一種有意地確保公平與平衡並闡明方案的優弱處之努力。

抗詰式評鑑於 1970 年代逐漸受到學者們的重視，有不少學者致力於其觀念的發展與實務運用。為何學者會倡導此種評鑑？主要是對先前傳統評鑑在技術、哲學和實用立場上的不滿。首先，傳統評鑑過於強調目標為引導的評鑑，且又常將目標窄化為方案結果的心理計量，此簡化了方案結果及其運用實施的複雜性，也忽略對方案在其情境中的歷史脈絡性及各項複雜因素的理

解。其次，傳統的評鑑亦太常採用實驗設計，然複雜的人類社會情境實難以實施控制性實驗，因之，實驗所得結果常未能在現實人類情境中獲得驗證。無論是目標結果的心理計量，或實驗設計下的評鑑結果，大都未能滿足社會情境中決定者做決定時所需的充分資訊需求。而抗詰式評鑑透過至少兩組（位）評鑑者，採用各種資料蒐集技術，針對方案的重要面向與議題，蒐集大家所關注議題的對照性觀點與資料，此能提供決策者豐富的決定資料。最後，也是最根本的立場是，傳統的評鑑者常自認自己可無私無偏地以客觀式的社會科學研究方法從事方案評鑑。但抗詰式評鑑的支持者則認為評鑑過程中，從問題的界定、方法與工具的選用、樣本的選取，乃至於資料的詮釋，皆難以完全避免評鑑者的偏好或偏見；而認為真正能避免偏見、追求真實的策略，在於承認偏失之不可避免。而既然不可避免，乃應就方案的不同或各種觀點分別實施評鑑，提供對照性證據資料，如此才能確保評鑑的公正性（Owens & Hiscox, 1977; Worthen, Sanders, & Fitzpatrick, 1997）。

　　Owens 和 Hiscox（1977）曾結要性地提出抗詰式評鑑的基本假設為：

1. 「人」在判讀複雜資料上的智慧，即為評鑑的基本工具。

2. 評鑑者並非一位純粹「理性和不偏不倚的旁觀者」，其必然存在某些偏見，故需加以控制。

3. 社會和教育現象是多面向的，因此一種有效的評鑑必須回應於這些不同的面向。所以，質化和量化資料都是需要的。

4. 評鑑是在多元化社會中進行，因此不同的價值觀必須被探討。

5. 做決定者對思考評鑑資料的各類解釋是有興趣的。

6. 抗詰式評鑑能挖掘出一些對決定者很重要，而往往被所謂傳統研究中客觀評鑑者所忽略的現象之洞見。

7. 有關大型方案的重要決定，很少由單一個人所決定。因此，有效的評鑑需含納來自不同人們的廣泛意見，並應將其發現和詮釋向更寬廣的聽眾們溝通。

貳、方式與方法

一、方式

由於抗詰式評鑑講究的是司法抗詰精神之萃取，而非司法程序的呆板運用，故實際運用上乃有各種不同的方式；依 Worthen、Sanders 和 Fitzpatrick（1997）之分類，可歸結如下三種方式：

㈠司法評鑑模式和其他具正反兩造的抗詰式聽證程序

此類方式包括兩者，一為以較近似於典型司法審判程序來設計評鑑過程的司法評鑑模式，另一為其他具正反雙方陳述觀點、呈現證據並交互詰問過程的行政聽證程序。此兩者的過程至少具下列共同特徵：(1)成立具對抗式的兩評鑑者（小組）；(2)對抗雙方評鑑者皆依其立場正式地呈現觀點與證據；(3)由一公正無私的裁判者（陪審團或判決小組）聽取雙方陳辯並做成判決之決定；(4)判決或決定主要是根據聽證過程中所呈現的陳述與證據。另外，為了陳述觀點和證據，正反雙方評鑑小組亦仍如一般的評鑑設計進行資料的蒐集與分析；換言之，並不因司法聽證程序之運用而省略或排除評鑑過程所應進行的資料蒐集、分析、詮釋和報告等工作。在司法評鑑模式的設計上，甚至通常會由正反雙方先就評鑑議題之選定，資料蒐集的範圍、方式和證據（證人）來源，聽證過程中的陳述和詰問程序、時間等加以討論，形成共識後再進行資料之蒐集及辦理聽證會。

㈡超過兩對立觀點的抗詰式聽證程序

許多公共政策之決定過程中，會任命某一委員會來解決爭議性議題，其常會舉辦公聽會以獲取有關其任務的證據和意見。此類程序，嚴格而言並未具正反雙方抗詰的特質，但因其是在特定脈絡下去辨識和探究各方的觀點和立場，故亦可被列為是一種抗詰式評鑑，理由有二：(1)其能反映多元觀點，而這些觀點常彼此衝突，故或可謂其具多元抗詰之性質；(2)此類聽證會常採用包括陳述、質問、交叉辯詰、各不同觀點之互動，以及各立場之總結陳述

等過程，這些亦通常是正反雙方抗詰式聽證程序中的過程。

　　此種委員會式的聽證會運用於評鑑，具下列重要特質：(1)評鑑中的所有利害關係人，如決定者、評鑑者、方案人員、方案之服務對象和其他有興趣的人士，於同一時間、同一場所聚在一起，以小心地檢視手上議題；(2)以公聽會中的證詞陳述、質問、交叉辯詰和總結陳述來充分地展示、探究不同的觀點及其證據；(3)委員會式的聽證會包括了觀眾及彼此間的口語和面對面互動，因之可產生人員的高投入感，而這對參與聽證者及觀眾們會產生強烈的衝擊；(4)由於不同觀點之產生互動，溝通和教育之過程於焉發生，故開始進行時即同時會產生評鑑的衝擊效果。

　　委員會式的聽證會固然具引發多元觀點抗詰、交流，以及能於方案做最終決定前協助決定者評估方案價值及各方意見之優點，但有時一些聽證會中的觀點不見得來自嚴謹的評鑑資料和證據，如此一來，則將削弱評鑑的嚴謹度。

㈢抗詰式論辯和其他論辯結構

　　有些程序具抗詰論辯特徵，但並未辦理公開的聽證程序，這些均屬此類。例如，正反雙方評鑑小組向方案的決定者陳述其主張，並由決定者自己來檢視雙方證據並進行質問，如此則在形成最終決定前，決定者似已公平地權衡正反雙方的立場。又如，分由兩評鑑小組先各自對某標的評鑑其正向和負向價值；接著雙方相聚展示各自的觀點，並在事先決定的規準上交互檢視和批評對方的主張；然後雙方進行開放性討論，直到觀點獲得調和並共同撰寫一份書面建議報告。再如，在評鑑團隊中任命一位抗詰者或批評者，其負責質疑、挑戰評鑑所蒐集到的每一種資訊，以及尋求另種可能的解釋。復如，由兩評鑑者或小組，採對立立場分就方案的支持面或反對面，提出兩份分開的評鑑報告。以上所舉方式，皆具抗詰評鑑的特徵，但並未辦理公聽會和其他公開式的聽證程序。

二、實施過程與方法

　　抗詰式評鑑有諸多變通的實施方式，故並無所謂標準的固定實施程序。

另此類評鑑並不排斥一般評鑑中的各種質、量化資料蒐集的方法，資料蒐集的方法主要基於聽證程序之需要，而由評鑑主持人邀雙方抗詰評鑑團隊建立共識而決定，故無特定專屬於抗詰式評鑑的資料蒐集方法。雖然如此，抗詰式評鑑仍大體上會參酌類如司法判決或行政聽證會的過程，而建立其實施程序。黃政傑（1987）曾指出，其實施程序分為計畫和聽證兩大階段，前一階段旨在產生問題、選擇問題、準備辯論，後一階段則進行一般聽證會之程序。R. L. Wolf 則建議司法評鑑模式的實施過程，可依序包括議題產生、議題選擇、陳述準備和聽證進行四大步驟（引自 Worthen, Sanders, & Filzpatrick, 1997）。另Miller和Butler（2008）所實施的聽證程序，則依序包括結果界定（outcome identification）、結果選擇、參與人員選聘、陳述準備和聽證進行五階段。此三組學者的看法可謂大同小異。亦即，大體上抗詰式評鑑可採評鑑規劃、陳述準備和聽證進行三大階段而實施。以下分就此三大階段，並舉1974 年美國西北區教育實驗室（Northwest Regional Educational Laboratory）所實施的經驗本位職涯教育方案（Experience-Based Career Education, EBCE）之抗詰聽證程序為例說明之。經驗本位職涯教育方案乃當時美國國家教育研究所與國內四地區的教育實驗室，為協助學生橋接教室與社區間之落差而發展出的方案，旨在透過學生與社區內成人的直接經驗，增進學生習得一些核心技能、生活技能和職涯發展技能（Owens & Hiscox, 1977）。

(一)評鑑規劃階段

在此階段評鑑主持人最先應思考的問題是：是否該實施抗詰式評鑑？抗詰式評鑑較之一般的評鑑，需投入更多的人力，至少應成立正反雙方的評鑑者（團隊），且聽證的進行總是會引起大眾的矚目，因之決定採此種評鑑需具相當的智慧和勇氣，尤其是需獲得委託者的強力支持。

而何種情形之方案或情境較適合實施此類評鑑？一項針對 1977 年夏威夷「3 和 2 方案」（三位教師於K-3 年級的兩個混齡班級實施協同教學的方案）之抗詰聽證程序的經驗者而實施的調查顯示，下列情形較適合實施抗詰式評鑑（括弧中的百分比，乃填答者贊成之比例）：

1. 當方案具爭議性而人們對方案具兩極化意見時（93%）。

2.當必須對方案做是否繼續或終止的決定時（81%）。

3.當方案是大範圍且影響人數很多時（77%）。

4.當評鑑報告有許多不同的閱聽者時（65%）。

5.當評鑑是由方案以外之外來人員評鑑時（56%）。

從調查結果觀之，實施範圍較大、具爭議性、需做總結性評鑑之方案，較適合實施抗詰式評鑑；而且應採取外部評鑑。然 Madaus（2000）則認為，正反雙方在觀念基礎和信念上具高度歧異性的議題，並不適合實施此種評鑑。

在經驗本位職涯教育方案的評鑑中，由於該方案已被開發出來且正邁入推廣採用的階段，因此認為需要一種評鑑機制來協助潛在的採用者了解此方案的優弱處，以便其決定是否採用；而當時覺得一般的傳統評鑑報告無法提供潛在採用者足夠的平衡資訊，乃決定採取抗詰聽證程序實施評鑑，並將聽證之過程與內容製作成錄影帶，做為潛在的採用者決定是否採用之參考。

當決定採抗詰式評鑑後，接著最重要的工作乃評鑑議題之產生與選擇。除非抗詰雙方對方案所欲評鑑、探究之議題有明確界定並產生共識，否則抗詰評鑑將失其意義且難以進行。例如，若一方強調應探究學生之測驗分數，而另一方主張應將重點置於方案之經費成本，則無法聚焦抗詰之議題。

在議題產生和選擇時，可採用訪問、座談和問卷調查等方式，調查了解方案之利害關係人對方案優弱處之看法。在產生階段，宜將可能的爭議性議題列出；而在選擇階段，則宜選定其中最重要的關鍵議題，並將議題數目控制在可實施的範圍內。在選擇時，亦可採用調查法，或採座談會的方式，以決定出待探究的重要議題並界定各議題中主要觀念的意義。座談或調查的對象，亦應是方案的利害關係人，尤其是將來欲對方案做選擇、決定的人士。座談或調查之結果，可再經由特別的委員會審查，以確定議題的適切性和具體性。

在經驗本位職涯教育方案的評鑑中，首先是向一些潛在採用群的教育人員簡介方案內容經驗本位職涯教育方案，然後要求其列出此方案的具體優、弱處。接著，由不同的可能採用群之代表組成小組，將較常被提及的優、弱處編為問卷。問卷中列出有關經驗本位職涯教育方案的具體議題陳述，採用五等量表，由填答者根據其觀點，填答對每一優或弱勢程度的看法。調查後，

經驗本位職涯教育方案評鑑團隊根據調查結果，選定其中正面和反面各五個主要議題觀點，做為聽證準備和進行的議題。針對這十個爭議點，評鑑團隊再進一步界定未來聽證準備過程中正反雙方將採用的證人、可能的支持或反對證據資料來源及檢證程序。

議題確定後，另一個重要工作便是籌組正、反雙方團隊（可採擲銅板方式決定正反方角色），及選聘聽證官（聽證會主持人）。有時，這些人員的選聘可於議題產生和選定前就著手進行，若如此，則其亦可參與議題之產生與界定工作；並可一起討論、確定證據資料蒐集的範圍、方法及未來聽證進行的程序，以建立彼此在這些證據資料和聽證程序上的共識。

在經驗本位職涯教育方案的評鑑規劃會議中所擇定的正反雙方評鑑團隊召集人，乃當時印第安納（Indiana）大學的 R. L. Wolf 和伊利諾（Illinois）大學的 T. Denny 兩位教授。選定此兩人的理由如下：均為教育學者，對抗詰式評鑑均有興趣，皆與經驗本位職涯教育方案無涉，具備有效溝通的能力，並且具備迅速和精確評鑑教育方案的重要面向之技能。此外，一位當地的法學教授被選聘擔任**聽證官**（hearing officer），主要在於提供司法程序上的技術諮詢，在聽證會中則限縮其角色為僅擔任程序進行中的主席。

㈡陳述準備階段

此階段的最重要工作，在於正反雙方根據先前擇定的評鑑議題，和雙方共同認可的資料範圍、證人身分類別與人選、證據種類，以及資料和證據蒐集的程序，進行證詞和證據資料的蒐集與分析工作，並於資料蒐集後組織未來聽證所需的論述稿內容。以一般傳統的評鑑觀之，此階段的工作即在於根據評鑑設計進行資料的蒐集、分析與解釋工作。

若先前尚未訂定聽證會進行的程序，則此階段另一個重要工作，則是正反雙方在聽證官的協調下，討論、商定出聽證會中雙方進行陳述、質問證人、展示證據、交叉質詢、接受聽眾公開詢問和結辯等的程序及時間安排。

在經驗本位職涯教育方案評鑑中，花了四個多月的時間進行重要評鑑議題的選擇與確定、蒐集證據及準備陳述的工作。所蒐集到的資訊量足供進行數天之聽證程序，然最終決定將這些資訊濃縮到一小時長的聽證會錄影帶所

需的範圍之內。由於僅一小時，這明顯地不足以提供議題的充分討論，亦無法允許任何膚淺的採用與否問題之議定，因之乃不採取審判小組審議的程序。另外，當時亦主張潛在的經驗本位職涯教育方案採用者在觀看錄影帶前，宜先透過閱讀手冊、現場訪視或參加方案說明會的方式，獲取有關該方案的一些先前知識。

在經驗本位職涯教育方案聽證會安排的規劃上，共有四位證人接受正、反雙方的詢問，包括該方案的計畫主管、學習管理者（方案的實施者）、合作的雇主和先前的學生。此四位證人在聽證會召開之前，由正反雙方共同選定，並接受訪問。進行聽證時，先由正方分別詢問每一位證人，接著由反方對每一證人進行質問，由於時間的限制，此次聽證並未另安排反對方的證人，而是於正、反雙方分別詢問四位證人後，在聽證官的指導下直接跳到正、反雙方的結辯。

(三)聽證進行階段

待聽證準備工作妥善後，即可進行聽證。聽證之前，一般還會召開聽證前會議，在聽證官的協調下，正反雙方確認聽證進行的程序和規則。聽證會有時僅對機構內部公開，而涉及公眾議題的聽證會，則通常會對社會大眾公開，有時甚至會採電視現場轉播或錄影後剪輯播出的方式公開。若採剪輯播出，則剪輯帶應經正、反雙方共同認可或一起剪輯。

在經驗本位職涯教育方案的聽證會中，雖原先規劃只進行一小時的聽證，但實際上是花了三個半小時，最後則將之剪輯為一小時的聽證會影帶，供潛在的方案採用者觀賞，以便其決定是否採用之參考。

參、評論

如同其他評鑑取向，抗詰式評鑑有其優勢，亦有其限制。綜合黃政傑（1987）、Miller 和 Bulter（2008）、Worthen、Sanders 和 Fitzpatrick（1997）等學者之看法，此種評鑑取向之主要優點和限制，分述如下。

一、優點

㈠以更多元之觀點評鑑方案並因而能提供更豐富的評鑑資料

傳統評鑑大都只從單一觀點評鑑方案之價值，此往往難以完全避免評鑑者和評鑑設計本身之偏見，所蒐集到的方案資料也就侷限於單方觀點之資料。相對地，抗詰式評鑑則有意地至少分就方案的正反兩方面觀點評鑑方案，評鑑所立基之觀點或許尚無法完全避免偏見，但至少可平衡偏見；另此能以更多元之觀點來評鑑方案，藉此亦可對決策者及利害關係人蒐集、提供和報告方案的更豐富資料。

㈡可含納其他評鑑取向中的資料蒐集方法

除能以多元觀點蒐集方案的多元面向資料外，抗詰式評鑑的資料蒐集方法，亦不排斥其他評鑑取向所主張的方法，包括方案效果之評量、評估、專家之作證、方案實施者和接受者使用意見之調查、方案成本效益之分析、方案實施情境之個案分析等其他評鑑取向常用的各類評鑑方法，皆可納為抗詰式評鑑過程中的評鑑探究方法。

㈢評鑑結果的溝通和報告方式能引發閱聽者的興趣與投入

無論採司法抗詰審判的方式，或採聽證、論辯的方式來溝通、呈現評鑑結果，抗詰式評鑑中的論辯、交叉質問、證據呈現和公開聽證等的評鑑結果溝通和報告方式，較之大多採書面報告的傳統評鑑溝通模式，更能吸引閱聽者的興趣與投入。另外，為了協助閱聽者理解並說服閱聽者，抗詰雙方大多會儘量以自然易懂的語言、數據和具體證據，有時甚至輔以精彩的輔具、作品來呈現評鑑結果資料，而會避免一般傳統評鑑中常見的高深統計數據或生澀專業用語，此可增進評鑑報告的易理解性，發揮對閱聽者的溝通和教育效果。

㈣擴大決策者的決定視野並預估方案的可能批評

分從正反兩方觀點評鑑方案所獲得的豐富評鑑資料，基本上能擴大決策者做決定時的視野。此外，由於有意地去引發方案的對照性觀點，故抗詰式

評鑑的評鑑結果，可協助方案決定者預估方案的可能缺失、批評，以及批評的來源與強度，這些亦能拓展決策者做決定時的視野。

(五)評鑑設計本身會自動帶入後設評鑑的觀念

在抗詰式評鑑中，正反雙方對評鑑議題、資料範圍和證據來源等，需經過雙方之商議、界定和交互檢視；另聽證會中雙方對資料的詮釋、證據的採用及論述的開展，不但會受到彼此質問、檢視，亦會受到聽證官和聽眾之公開檢視。這些過程使得正反雙方在資料蒐集和結果詮釋的過程中，自然而然地會帶入後設評鑑的觀念，力求資料之具可信性、正確性，以及價值判斷之客觀性。

二、限制

(一)易受司法觀念和技術之羈絆

抗詰式評鑑源於司法觀念和程序之運用，相對地司法情境中常見的觀念、技術與現象，亦會影響、羈絆評鑑之實施。其中較常見的包括：第一，正、反雙方的求勝心態，往往會導致雙方設法去隱蔽不利己方之證據而凸顯己方有利證據；第二，雙方會過度重視言詞辯論技巧而閃躲實質內容的詳細陳述；第三，決定者、審判者或閱聽者易受正反雙方論辯策略與技巧之影響。

此外，司法中的不訴不理心態，似也意謂決定者可待方案在面臨控訴，或發現問題待解決，或者面臨最終需決定是否採用等情境時，再來實施評鑑的不當類推。而更理想的評鑑觀念，應該是將方案的發展過程與評鑑緊密結合，亦即將評鑑納為方案發展過程中的一部分，而非等待其面臨控訴或產生問題時再進行評鑑。

(二)平衡性議題難覓

許多社會服務或教育方案在設計、實施時，並未發現明顯的正反雙方對照性爭論議題；在此種情形下，欲創造具對照性的平衡議題顯有困難，如此一來抗詰式評鑑的使用範圍和情境就受到限制。另外，即使方案有了一些的爭議性議題，但正反雙方在選定對照性議題時，亦會面臨抉擇的困難。有時

有些人在意的是方案成本，而另一些人關心的是方案效果；而即使大家都關心方案的效果，但對「效果」之衡量面向亦不見得能形成共識。在面臨需對議題加以選擇和界定並形成正反雙方共識的前提下，抗詰式評鑑的議題焦點範圍乃常會受到限縮，如此一來，一些重要的評鑑問題乃易遭忽略。

㈢無法完全避免評鑑偏見

在抗詰式評鑑中，前述議題的選定本身可能即是偏見的一種來源，另一重要來源在於正反雙方往往只針對自己有利的方向蒐集資料、陳述觀點，而常會隱蔽或忽略對自己不利的資料、證據。所以，抗詰式評鑑或許能平衡評鑑的偏見，但並無法完全避免偏見。

㈣議題的分派對正反其中一方可能不公平

在具正反雙方的抗詰式評鑑中，某些議題可能本質上就是對其中一方有利，而對另一方不利。此種情形下，正反雙方評鑑者（小組）的立足點就不太公平。雖然有些評鑑設計採用隨機分派正或反方的方式，試圖克服此一問題，但終究有一方是不利的。此外，隨機分派的結果，可能會發生評鑑者在自己的專業觀點上是支持正方，然卻被分派擔任反方角色的窘境。

㈤過度激化正反兩極意見會造成決定上的困難

雖然抗詰式評鑑以能提供決定者更多元觀點及其資訊為榮，然一般決定者較易形成的決定，乃方案中具共識的部分，或各方對方案有高度共識者。而抗詰式評鑑之設計，往往由於提供過多或過度的方案正反兩極意見，反而讓決定者的目光從中間立場移往正反兩極端，如此一來常會讓決定者面臨決定上之困難。

㈥評鑑的資源投入較一般評鑑高

抗詰式評鑑由於需採兩組以上的人馬去蒐集方案的正、反、甚至更多觀點下的資料，並且需採用聽證或論辯的方式呈現評鑑結果報告，因之，其所需投入的人力、經費和時間等資源，遠比傳統的評鑑設計高得多。除非能展現評鑑實施的成本效益，否則一般的評鑑委託者可能不會輕易選用此種評鑑。

第二節　交流式評鑑

壹、發展背景

　　1965 年美國聯邦政府修訂初等及中等教育法案，要求接受該法案第一條款補助的學區，每年需實施評鑑，而且需使用適當的標準化測驗資料證明其計畫達成目標的程度。此要求反映當時的主要評鑑觀，即在於評估方案結果與目標間的符合程度，並強調以偏狹的心理計量結果來反映教育和課程的處理效果（Stufflebeam & Shinkfield, 1985）。然評鑑學界和實務界不久即發現，此種傳統觀點在方法論和實際實施上有諸多限制與困難。首先，光評估方案結果與目標間之一致程度，不但窄化了評鑑的範圍，且其所得資料往往未能即時且滿意地提供決定所需之資料範圍。其次，其是以實驗情境來類推現實的方案實施情境，以為現實情境中的人們會如同實驗室下的控制情境般複製方案的完全實施，然實際上的方案實施則會受諸多情境複雜因素之影響，這些複雜因素在傳統的評鑑設計中並未被加以考慮。再者，當時用以評量學習結果的工具，通常是既有的標準化成就測驗或心理測驗，以此種測驗來評量教育結果，其實本就與 Tyler 強調應根據目標之性質而採取相應多元的評量方法與工具之主張，有相當大的落差。最後，此種量化的實徵主義評鑑研究取向，移植、借用了自然科學的研究典範於複雜的人類社會情境中，只強調方法和程序的客觀性及人類外顯行為變項的區分、界定與測量，卻忽略人類社會情境的複雜性、行為的整體性、殊異性，以及價值觀多元性等之考慮。因之，在 1960 年代末和 1970 年代初，乃有不少學者紛紛提出一些有別於既有傳統觀點的新評鑑觀念或取向。例如，Provus（1971）的差距評鑑模式和Stufflebeam（1967, 1971）的CIPP評鑑均強調，評鑑應與方案發展過程中之做決定，建立緊密關聯。又如Scriven（1967）主張，以不受目標限制之評鑑來取代先前的目標中心取向評鑑觀。再如Guba（1969）主張發展出有別於理性主義的另類評鑑取向，其後乃創發出所謂自然主義探究觀。復如，Stake（1967）

先提出全貌式評鑑觀，再轉而提出以當事人為中心的回應式評鑑取向（Stu-fflebeam & Shinkfield, 1985; Worthen, Sanders, & Fitzpatrick, 1997）。這些當時創發的新觀念，至今都已發展成為我們所熟知的各種評鑑取向或模式。交流式評鑑亦是當時評鑑學界試圖開發出有別於先前主流的心理計量式、目標中心評鑑觀的一種新評鑑觀念，主要由 Robert M. Rippey（1972）所倡導，相較於其他 1960 年代末和 1970 年代初創發的新評鑑觀之持續發展且受到人們的重視，此種評鑑觀念較不受青睞，至目前為止，大部分討論各類評鑑取向或模式的評鑑專書，甚少將其納為介評的範圍。

此外，學者對交流式評鑑性質之界定頗不一致。Stufflebeam 和 Shinkfield（1985）將其視為類如 Stake 當事者中心的評鑑探究取向，此乃因交流式評鑑重視方案決定者做決定所需評鑑資訊的滿足。而 Scriven（1991b）則廣泛地將此種評鑑與闡明式評鑑、自然主義評鑑和回應式評鑑等並列為質化評鑑陣營的同伴，此主要係交流式評鑑主張寧因強調評鑑在組織系統中的社會互動而可犧牲所謂客觀評鑑和精確測量的觀念。另 Worthen、Sanders 和 Fitzpatrick（1997）則既將之列為參與式評鑑取向的一種，因其強調方案之設計、實施與決定人員在評鑑過程中的涉入；也認為亦可將其含納為抗詰式評鑑取向的一種，因其重視方案支持者和反對者意見之引發，並同時將雙方意見納入評鑑設計中。

由於交流式評鑑非常重視一般方案實施現場中，組織系統人員的社會心理層面和溝通層面對方案實施影響效果之評估與回應，亦認為評鑑重點應配合方案的不同發展階段而調整，以提供改進和決定所需之有效資訊。此種寧可犧牲評鑑的客觀性，而更重視評鑑在做決定上的效用性和回應性之觀念，頗能考慮實施現場的現實面而具推廣的可行性。尤其在一般人們常具評鑑恐懼症，以及當前國內政策重視學校本位課程發展與評鑑的情境下，此種評鑑極具參考應用價值，因之本書乃列此專節加以探討。而在評鑑取向的分類上，由於 Rippey 的交流式評鑑觀念，主張應設法引出方案的支持者和反對者之意見，以同時做為評鑑設計與實施之引導，此與抗詰式評鑑觀念類似，因之本書將之列為抗詰取向評鑑的一種，惟若將之納為參與者取向評鑑（下一章討論），亦屬合宜。此外，抗詰式評鑑一般會成立兩評鑑者（團隊）分別對正

反對照性觀點實施評鑑，然交流式評鑑大都只以一個評鑑團隊實施之，這是兩者在評鑑實施上的差異。

貳、核心觀念

交流式評鑑的核心觀念乃交流（transaction）一詞，但究竟是指評鑑歷程中的何種交流？交流式評鑑陣營中的倡導者並無一致看法。Rippey（1972, 1973）所強調者，係評鑑與組織系統中各角色人員對革新方案的意見、看法之交流，並希藉此來釐清各角色者之觀念。而 M. J. Eash（1973）則著重評鑑與受評者間之交流，主張評鑑者的評鑑設計，應與受評方案之發展情況及評鑑的委託者交流，以貢獻於方案之改進。惟兩者皆強調，評鑑應以提供決定所需資訊，以促進方案之改進為主要功能。茲分從此兩者之觀點，說明此種評鑑之核心觀念。

一、評鑑與組織系統中各角色者之交流互動

Rippey（1973: 3）界定交流式評鑑：「乃教育績效機制的一種發展性面向，其關注於革新方案對系統裡持續改變中的各角色者之效應，而非特別將重點置於革新方案對其接受者之影響效果。」例如，若學校系統導入一個新的閱讀教育方案，交流式評鑑所關注的不是學生在測驗分數上之改變，而在於系統中那些對教育服務負有責任的人們如教師、家長和行政人員，在角色關係上之改變和可能的整合。他進一步說明交流式評鑑相較於傳統總結性和形成性評鑑的特徵為（Rippey, 1972）：

1. 評鑑之標的不同：評鑑之對象主體乃組織系統本身，而非系統所服務的對象。
2. 評估的相關變項更關注於此系統的社會、心理和溝通層面，而非那些顯著標明的目標。
3. 評鑑資訊應持續地回饋給系統。
4. 評鑑者本身將更會是系統運作中的一部分（但評鑑者不必然是系統內部人員）。

5. 慣常所考慮的評鑑可信性、有效性和客觀性觀念，比評鑑資訊產生的及時性、意義性和可觀察性更不重要。

要言之，Rippey 認為交流式評鑑的主要目的，不在於產生新知識和對結果之歸因，而在於藉由評鑑之歷程來轉化有關變革的衝突能量，使之成為具建設性的活動，並釐清涉入變革的所有人員之角色。

一般的變革倡導者或設計者總會假定變革方案本身是合宜的、無問題的，有時也會認為組織系統的各角色人員會如實地實施變革方案。其實，變革方案可能本身就存在某些問題或瑕疵，即便是一個在其他情境被證明為具效益之變革方案，在被引入組織系統中時，總是會對組織系統中的各角色產生威脅或不安，因新變革總是要求新的知識、技能和行為，其也可能會影響系統中角色人員的既有利益，故變革必然帶來各類大小不一的衝突或不安，這當然會影響變革方案之實施程度。一般傳統的評鑑設計往往未慮及變革對各角色所帶來各種不安與衝突之影響，如此一來，其所評鑑者將已非原先的方案，因方案的某些部分在實施過程中已被調整或抗拒；也因此，評鑑所得資訊也就未能充分地貢獻於方案在設計與實施上之改進。相對於此，Rippey 的交流式評鑑主張變革或組織的領導者，應重視變革對組織系統中各角色之衝擊，應試著同時了解、接納各角色對方案的各種立場與意見，包括支持、批評或質疑的意見，將支持者和反對者的觀點皆納入評鑑的規劃中。他認為這樣可獲致不少建設性效益。首先，評鑑不僅可包含支持者所預估的結果，也可包含反對者所提示的非預期性結果。其次，對不信任方案者之角色不安，可經由諸如在職訓練或必要時進行政策釐清之類的引導行動而獲得舒緩。最後，此種評鑑機制可給變革方案的初始反對者在方案中的合法建構性角色地位。此種給予早期爭議的合法角色地位，能引導其融入及轉換；也許變革方案本身真的需要修正，賦予初始反對者合法的、建構的、懷疑者（但可能隨後會改變）的角色，經常因而可提供方案擺脫障礙或困境所需的技能或觀念。

從上述可知，交流式評鑑與形成性評鑑之觀念雖有某些方面的相似性，但仍有所不同。主要的不同有二（Rippey, 1973）：其一，交流式評鑑所涉及的不只是方案的支持者和設計者，亦包括其他受變革影響的人們，而形成性評鑑通常只涉及前兩者。其二，交流式評鑑如同形成性評鑑般試圖去改進方

案，然其亦試圖去分析組織中的反功能，這些反功能大部分是源自變革對組織中既有角色之威脅。組織是一開放系統，開放系統中各次級系統持續地進行調適或維持。透過內部和外部資訊與智慧之持續檢視，乃組織系統面對變革要求和獲取資源以求生存的必需品；持續關注系統中有關各角色之資訊，乃交流式評鑑與形成性評鑑間的一項重要差別。

二、評鑑與受評者間之交流互動

交流式評鑑中所謂交流的另一觀點，乃強調評鑑與受評者間交流互動的評鑑主張。而所謂的受評者（evaluated），可廣義地包括接受評鑑的方案本身，及方案的發展者與其資助者；Maurice J. Eash乃此種觀點的主張者，也就是因為亦強調評鑑者與方案的發展者及資助者間之交流互動，此種評鑑方式才有時會被歸為類如 Stake 的當事者中心評鑑取向之一。

Eash（1973）曾批評當時評鑑界流行採用源自自然科學的實驗取向研究技術與態度是不適當的。首先，許多現場實施中的方案，其實在發展狀態上是極為不同的，有的只具大方向的願景但缺乏明確的方案目標與達成目標之方法；有些則已具願景和清楚的目標，但缺乏達成目標的具體方法；也有的是已發展成熟的方案，其內包括著願景、具體目標及具合理邏輯的方法與活動。由於方案之發展狀態不一，因而現場人員所運作出的方案變異頗大。因此，若評鑑者以自己既定的評鑑設計與程序來評鑑各類不同發展狀態下的方案，是不適當的，此無法對方案發展者和資助者提供其做決定所需之有用資料。其次，實驗取向研究所獲得的資料只是最後的結果資料，此種資料往往只能做總結判斷，並不能提供方案發展者和資助者改進方案所需的形成性資料。因之，他認為必須改變傳統的評鑑者與受評者間之角色關係，而交流式評鑑即旨在重新界定此兩者間之關係，強調評鑑應與組織發展學術領域的重要觀念相連結，也就是應視評鑑資訊為做決定過程中的一部分，方案發展者或資助者的資訊需要應先加以界定，接著再進行評鑑設計及蒐集資料，然後再將資料以方案人員可理解和接受的過程，回饋於方案之決定。

Eash（1973）強調，欲對現場中的長期性方案實施成功的交流式評鑑，應具備下述四條件：

1. 評鑑者必須願意將其評鑑知識和技術，與方案發展者的需要相融合，他不能期望以外在於方案實施脈絡而早已備妥的評鑑設計來實施評鑑。若一個方案是含糊且直觀的，他必須透過釐清目標、界定其方法、促進可信的回饋，以及解決衝突等來協助方案發展者架構方案之詳細內涵。

2. 評鑑者需願意安排一個能接受各種目標的較長期評鑑。在某些情況下，評鑑資料將會是形成性的，以致其必須納入方案的規劃設計資料，當所評者係未經試用，且其乃僅衍生自理論或直觀假設而尚未經實徵檢測的方案時尤然。

3. 受評者必須願意支持以評鑑資訊來發展而非去防衛現行的方案運作。若評鑑者能在方案的早期階段參與，則方案的領導人員會發現其將更易於彈性地接受各種選項。當行政者之支持方案及其程序，是由於自我觀念的投入，並成為眾所注目的焦點時，其會傾向於將評鑑視為是威脅，而非是開啟他種選項之有效校正方法，此可能係其接受外來評鑑的最大困難、障礙。因此，評鑑者與受評者早些建立交流關係，並對評鑑之如何貢獻於方案的未來發展獲致某些共識，可使學校系統和方案領導者避免陷入自己偏見的窘境之中。

4. 現場方案之成功實施交流式評鑑，需賴方案關鍵行政人員之支持，其支持將評鑑發現公開，並相信精確資料具校正功能與本質。當評鑑者被要求只評鑑方案的某些部分而避免其他部分時，則外來的評鑑很可能變成是一種焦點的轉移或一種欺瞞行動，因為教育的面向很少能自更大的體系中被析離出來而單獨被評鑑，一種部分性、片斷式的評鑑將會產生誤導。例如，若被限制只許評鑑部屬而不能評鑑行政人員，或只能檢視過程而不能評鑑目標及其結果，則不太可能實施成功的交流式評鑑。因此，建立評鑑者與方案行政人員的關係，以及相互發展評鑑設計之過程，乃交流式評鑑的核心工作。經由此，則具專業能力的評鑑者能區辨出加諸評鑑的限制所在，並提供其決定是否能倫理地且專業地接受評鑑任務之有效資訊。相互規劃評鑑，對評鑑者和受評者雙方皆具教育意義，就受評者而言，其將因此而更具理解且運用評

鑑結果的立足點。

參、方法與過程

　　如前所述，交流式評鑑所發展的評鑑觀念，在於強調評鑑角色功能之調整，認為評鑑之角色功能主要在於提供方案領導者和設計者所需資訊，以做為改進方案之設計與實施的基礎。而欲達此功能，則評鑑需與組織系統中方案的相關角色人員，或評鑑者需與受評者進行交流互動，以雙方交流互動之結果進行評鑑設計，引導評鑑之實施。因此，評鑑過程中評鑑議題之決定和其資料蒐集之方法，端賴評鑑者與方案各角色及受評鑑者間意見交流互動之結果而定。這也表示，在資料蒐集方法上，交流式評鑑並未獨鍾特定的探究方法。以下分就評鑑與系統中各角色間之交流，以及評鑑者與受評者間之交流兩角度，說明交流式評鑑的實施過程。

一、與系統中各角色間交流互動的評鑑

　　按 Rippey（1973）之觀點，此種交流式評鑑之實施，大體上可採下列過程：

㈠獲系統領導者或方案管理者支持實施交流式評鑑

　　一般組織系統之領導者或變革方案之管理者，總是對其所採行的變革方案持著過度支持的防衛心態，往往將組織中方案的質疑者視為抗拒變革者或變革的絆腳石。若領導者或管理者對方案之批評或質疑，只是抱持著辯護、防衛之觀點，則不太可能實施交流式評鑑；反之，若願意採探究、理解並任命探究小組加以探究的態度，則交流式評鑑已然起步。因此，實施交流式評鑑的第一項工作，乃是尋求組織系統之領導者或方案之管理者對交流式評鑑觀念的支持，願意配合實施。Rippey 特別建議組織的領導者在面對所有的新變革或方案時，均應將之視為暫時性試驗方案而規劃施以評鑑，且在評鑑計畫中應試著要求組織中的變革方案支持者和反對者，雙方皆設定出評估和測量方案之意圖性和非意圖性結果之規準。若組織的領導者和方案之管理者願

意採取此種態度，則交流式評鑑方能有效進行；而這是評鑑者最首要的工作，當然這也可能是最難突破的關卡。

㈡發展工具以找出衝突性觀點

當組織在推動一項變革或採行一項革新方案時，組織中與變革方案有關的各角色人員，如方案的管理者、實施者及其接受者，對方案的某些內容可能具共識性意見，亦可能對部分內容持不同看法而具衝突性意見，也就是說有些人表示支持，也有些人持反對或質疑的觀點。若屬共識性意見之部分，可做為組織發展行動之基礎，在交流式評鑑上，共識性意見之辨識固可做為規劃成員行動之基礎，但其並非最重要之事，更重要的應是去找尋、發現各角色人員對方案的衝突性意見。衝突性意見有些是源自各角色對方案之誤解或不了解，透過這些衝突意見之發現和闡明過程，也許可獲得釐清，或者發揮再教育功能，如此則角色間之衝突或不安或可獲得解決。然有些反對意見存在，也許真的表示方案設計本身待改進，或實施條件待調整，因此在實施交流式評鑑中，需設法找出方案各角色對方案的衝突性意見。

在尋找衝突性意見的方法上，可善用各種意見引發工具。Rippey（1973）主張可運用下列過程：

1. 研擬或發展一些問題，以做為引發群體意見的行動基礎。
2. 提供群體成員問題刺激，以做為蒐集成員對方案目標、實施需求和關注事項等資料之基礎。
3. 就意見參與者對問題所提供之反應內容或意見敘述，詳加閱讀並仔細選擇、組織。選擇和組織時，可將重複的意見刪除或整併，但儘可能讓回應者的至少一個意見被納入未來的正式問卷工具中；此外，需組織這些不同意見所使用的詞句，不宜有評鑑者個人習以為常的專有名詞，用字遣詞應儘量能貼近參與者的語言用法。
4. 將所獲得的各種不同回應意見，予以適度歸類，並轉化為正式問卷；然後，以問卷調查各角色人員的看法。問卷之填答方式，可採非常同意、同意、不太同意和非常不同意之類的量尺，經由正式問卷實施後所得的統計資料，即可辨識出方案各角色人員對方案各部分及其實施

條件中之主要衝突性意見。

舉例而言，若某校欲於校內設學習中心一案，可採如下過程發展出欲引發衝突性意見的問卷工具：首先，以校內各教師、學習中心人員和學生代表為對象，分別提供如下的開放性問題刺激：請以匿名方式就學習中心之目標、運作實施和改進方向三方面，提出三至五則意見。意見回收後，接著將所有意見逐一閱讀，並於剔除或整併其中相同的意見後，將各意見依其性質歸類為如下七類的問卷，每類可包含若干題敘述：(1)對學習中心及其人員的態度；(2)對學習中心目的、目標和活動之態度；(3)對學習中心實施過程或程序方面之態度；(4)對學習中心材料、設備和空間之意見；(5)對學習中心應滿足特殊教育需求的意見；(6)對將學習中心的哲學擴展至其他一般教室之態度；以及(7)對學習中心之其他各類批評。問卷題目確定後，則可以此問卷，分別請校內教師、學習中心人員和學生就其觀點填答，調查其意見，經統計後自然可發現這些方案諸角色對校內設學習中心一案的一些重要衝突性意見。

㈢以衝突性意見為基礎設計與實施評鑑

在找出方案各角色對方案的主要衝突性意見後，接著就是以這些衝突性意見為基礎設計評鑑。亦即，支持者和反對者所提出的支持性觀點或質疑，皆將之列為待驗證之假設或待探究之議題；接著，根據這些假設性主張或議題之性質，界定出更具體的待答問題，進行評鑑問題、探究程序、資料蒐集範圍與方法等之設計，然後實施評鑑探究。

二、與受評者交流互動的評鑑

按 Eash（1973）之看法，此種交流式評鑑之實施過程如下：

㈠獲方案關鍵行政人員支持實施交流式評鑑

此類評鑑之主要功能，在於提供方案領導者有用的評鑑資訊，以改進方案的設計與實施。此種觀念若能於方案的早期階段受到方案領導人員的肯認，則愈能及早對方案的改進做出貢獻。而且，有時方案的評鑑涉及對其領導者、設計者和實施者之作為做價值判斷，故若無法獲得領導人員的支持，則方案人員對方案之過度防衛，勢必影響評鑑之有效實施。因之，評鑑者及早與受

評方案的關鍵行政人員建立互動關係，並建立雙方一起發展評鑑設計以貢獻於方案改進的共識，乃交流式評鑑實施之首要工作。

(二)辨識方案的發展狀態

許多現場中的教育或課程方案，其發展狀態其實差異頗大，對不同發展狀態下的方案，應根據其發展狀態設計不同重點的評鑑，這樣才能對方案之改進做出貢獻。Eash 曾區分出三種不同發展狀態之方案：

1. 初始型方案（initiatory model）

此類方案所欲獲致的結果仍是含糊、直觀的，其目標敘述具抽象性、概括性，所闡述者大都關注於理論，論述的重點著重於理論的選擇而非運作性或實證性資料，方案的正當性基礎可能源於其他情境已實施之類似方案，或者立基於一些哲學假定，有關執行此方案的細節仍極為簡略。例如，一個針對資優兒童的特殊教育方案草案已粗擬，但有關其所採取的方式，到底是採特別編班、另提供加深課程、個別教學，或者這些不同方式的綜合，則仍未決定；且尚乏資優兒童界定的共識，對於何謂資優兒童？如何教育？由誰教？安置於何年級？是否分配額外經費？該否成立單獨的行政單位辦理此方案？欲進行何種研究？或家長何時參與？等等問題，皆尚乏明確答案。這是一種初始型方案。

2. 發展型方案（developmental model）

此種方案之特徵，乃其兼含了一些做為一般性引導的巨觀性目標，以及一些已明確界定的微觀性具體目標；其某些目標仍待具體轉化，且仍嘗試採用若干不同的運作方法。雖然此種方案已在現場中運作實施，但仍有一些未定、未知的做法，因之仍有一些持續待精緻、改進的地方。例如，一項已實施兩年的資優兒童特殊教育方案，計有五十位學童參加，其中有些由教師推薦，其餘者則根據測驗分數選出。方案的第一年，學生每週有四小時參加此方案，而第二年則增加為六小時。方案著重於學生科學興趣的培養，然亦包含人文學科的學習。教師們並無固定的教學方式，教學的實際實施方法反映了教師們的個人教學風格。類似此種方案，乃是一種發展型方案。

3. 統整型方案（integrated model）

此種方案已有具體明確的目標，也有一定的監督程序以確保運作方法的一致性，教學處理與效果間的關係已說明得很清楚，且由於運作方法已精確描述，使得其可易於在其他情境複製實施；方案各部分間的邏輯關係有詳細說明，驗證性資料也已蒐集，所評估得的產出與相關效果已可歸因於方案的處理結果。例如，一項已實施五年的資優兒童教育方案，採用的是開放式教學法，師生每三個月一次共同合作規劃課程，學區的研究部門主管透過檢視教師紀錄、訪問學生和定期訪視教室等方法來監督方案的運作。有關此方案的產出，係以方案對學生學習成就和興趣之效果來探究，而且將鄰近學區中具相似條件而未施予特殊方案的一群學生規劃為對照組，以比較兩者在學習成就和興趣上的表現情形。此外，亦蒐集了此特殊方案對其他一般方案影響的資料做為補充。此種方案乃一種統整型方案。

上述三種不同發展狀態的方案之評鑑目的、重點及資料蒐集方法，自當有所不同。因而在與受評方案行政人員取得實施交流式評鑑之共識後，隨即應進一步辨識受評方案的發展狀態。而辨識的方法可綜採研閱方案文件、訪談方案行政人員及設計者，以及現場觀察方案實施運作情形等方法。

㈢與方案領導者一起參酌方案之發展狀態進行評鑑設計

辨識出方案之發展狀態後，評鑑者接著可與方案領導者一起進行評鑑重點、評鑑議題及資料蒐集方法等之設計。以前述三種發展狀態下的資優兒童教育方案為例，可就「努力」、「效果」和「效率」三個價值判斷面向，分別規劃評鑑重點與問題。努力，指投入時間和其他資源於發展或實施方案的程度；在初始型方案中，主要是評鑑投入於方案之進一步設計與發展的情形，而其餘的發展型和統整型兩種方案，則評鑑其傳送服務和致力於獲致成果的情形。效果的評鑑重點，在於方案發展或實施之產出情形，初始型方案尚鮮能評鑑方案對其接受者的產出效果，而隨著方案之進一步發展為發展型和統整型，則應愈聚焦於方案結果與各種產出之評鑑。統整型方案之評鑑問題，應著重處理其目標獲得狀態與原設計目標間之一致性關係，另應致力於了解方案各部分與其效果間之因果關係。在發展型方案中，必須對方案之構念、

方法和預期目標有明確清楚之界定，並確保其運作具一致的穩定性，方能對方案效果做合理的歸因。效率，則指投入之資源、努力與所獲致之效果間的關係，通常反映於成本效益之分析；同樣地，三種發展狀態下方案效率之評估重點亦應各有不同。對初始型方案的評估重點，在於其規劃設計過程所展現之效率，而另兩種則應漸轉移至努力與效果產出間關係之評估。茲以前述資優兒童特殊教育方案之情境案例，分別舉三種類型方案在此三層面之評鑑問題示例如下：

1. 初始型方案

　△努力

　　(1)課程委員會已努力的主要方向為何？

　　(2)有多少委員會成員已參與投入？

　　(3)委員會已擴大其代表性並體認到其所為努力的社會政治層面？

　　(4)花在方案各特定階段的時間有多少？

　△效果

　　(1)委員會對各種資優兒童方案的認識有多少？

　　(2)委員會成員彼此有就各種方案及其趨勢、議題溝通、討論？

　　(3)目前各方案的計畫狀態為何？其幾乎已可實際運作？

　　(4)在邁向發展型方案上的主要障礙有哪些？

　△效率

　　(1)委員會有一具組織性並設定了完成日期及進度的工作計畫？

　　(2)委員會體認到其對學區教育董事會和教育局長應盡的責任？

　　(3)就所投入的時間和金錢量而言，一種有用的產品已漸形成？距成為一可操作性方案還有多遠？

2. 發展型方案

　△努力

　　(1)對方案所投入的主要努力為何？

　　(2)哪些目標最受注意？

　　(3)哪些人參與了此方案？參與哪些內容？自願的或被指派的？義務性工作或領有津貼？

(4)方案所獲得的支持來自何方？發展的經費和物質成本有哪些？

(5)對方案所投入的總時間量有多少？方案的哪一部分最耗時？

△效果

(1)哪些有關方案功能的資料已經或可被蒐集？

(2)對方案學生、其他學生、教師、家長和行政人員已產生哪些效果？

(3)有關效果的資料有被用來修改或形塑方案？或者，用以試探其他的變通選項？

(4)對學生所產生的效果，可歸因於此方案？

(5)可有任何其他非預期性效果？

△效率

(1)可有紀錄或其他證據，可證明方案中的問題正被系統地解決？

(2)較之學區內或其他學區的其他方案，此方案的成本如何？

(3)哪些目標似已達成？又有哪些目標未達成？

(4)就目前所獲得對此方案的發現而言，其做為一統整型方案的大概成本為何？

3. 統整型方案

△努力

(1)此方案的主要目標有哪些？哪些人參與？

(2)教職員和學生分別投入此方案的時間比率為何？總投入的時間量為何？

(3)有哪些資料可供歷史性探究且可規劃未來發展？

(4)哪些努力的領域被不同角色的參與者認為是值得的？

△效果

(1)方案對參與學生、其他學生、教師、家長和行政人員之短期效果有哪些？資料可有效地研究包括過程和產出這兩方面的效果？

(2)對研究長期效果有做安排？

(3)原先目標陳述中的可欲性效果，可歸因於方案？

(4)可有任何非預期性效果？

△效率

(1)方案裡的問題有被系統地研究？參與者能將之關聯到做決定過程？此

有被詳加檢視？

(2)較之學區中之其他方案和類似方案，此方案之成本為何？

(3)在目前的發展成本已部分滿足的情況下，其未來的成本計畫為何？

(4)獲致特定效果所已投入的成本為何？為了成本的考量而做了哪些割捨？

㈣實施評鑑並貢獻於方案改進

經過前一階段評鑑重點和評鑑問題之設計與議定後，即可依評鑑問題之性質規劃資料蒐集的範圍與方法，並據以實施評鑑。評鑑所得發現並應隨即回饋給方案之關鍵人員，以便其改進方案。

肆、評論

從上述有關交流式評鑑理念、方法和實施過程之說明可知，此種評鑑具若干優點。其一，其強調評鑑之形成性角色功能，旨在協助組織和方案人員進行方案的改進與發展，重視提供有用的評鑑資訊以供決定者做決定之參考，此種觀念較易獲得受評方案相關人士的支持，而可大幅提升評鑑在組織中實施的可行性。其二，其重視組織中各角色和受評者在評鑑設計上的參與投入，亦強調對其評鑑資訊需求的滿足，故評鑑對組織和方案發展的效用性，應比傳統評鑑來得高。第三，此種評鑑考量到方案在現場實施情境中的複雜性，能重視方案在現場實施的實際運作情形之了解，並以此種了解為基礎進行評鑑之規劃與實施，這比傳統上只強調結果評估或以既定評鑑設計實施評鑑的做法，更能貼近方案實施的現實性。最後，其並未獨鍾特定的評鑑探究方法，在評鑑方法的採用上具彈性和包容性。

然交流式評鑑亦有若干缺點或限制。其一，此種評鑑強調參酌組織中各角色人員或受評者的意見和資訊需求而設計評鑑，這固然可促進評鑑的回應性和效用性，然亦可能因之而降低評鑑的精確性、客觀性和全面性。第二，當評鑑者在評鑑前述的初始型和發展型方案時，極可能因過度投入受評方案之進一步設計與發展工作，而混淆了評鑑者和方案發展者間的角色，如此則評鑑的客觀性和可信性更將受到質疑。最後，此種評鑑在評鑑學術上的主要

創發性觀念，在於強調評鑑與組織各角色和受評者間進行評鑑觀念上的交流
互動，除此之外，在其他重要的評鑑議題上，如評鑑方法論、認識論和價值
論上之論述極為缺乏，其觀念體系之發展相較於其他系統化評鑑模式而言，
較顯貧乏。

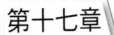

第十七章

參與者取向評鑑

自 1967 年起,有些美國的評鑑理論者開始對他們認為支配當時教育評鑑領域的機械式和非感受性評鑑取向產生反動。這些理論者對當時的評鑑大部分偏執於採取陳述並分類目標、設計精巧的評鑑機制、發展可靠的技術性工具,以及準備冗長的專技性報告,致評鑑者與其所評鑑方案的真實運作相岔離的現象,表達不滿。他們批評許多大規模傳統評鑑之實施,其評鑑者甚至未曾駐足過方案現場。且愈來愈多的現場實踐者,開始質疑許多評鑑者對他們提出的數字、圖表之所本的現場有否真正的理解。日益增多的教育及人類服務社群認為,「人」的元素在大部分評鑑中消失了,而此元素卻正可反映出人類日常真實生活的複雜性及他們所涉入的各種服務之不同觀點。於是,一種強調取得方案活動及其進行情境第一手經驗資料的新評鑑取向,乃逐漸誕生,並於 1970 年代早期之後快速成長,其著重於儘可能去觀察並界定出那些內在於人類服務方案現場的各種關注事項、議題與結果;此種取向可廣泛地稱之為參與者取向評鑑(Worthen, Sanders, & Fitzpatrick, 1997)。

參與者取向評鑑大旗下有若干分支,包括 Stake 的全貌式評鑑及其後發展出的回應式評鑑、Guba 和 Lincoln 的建構主義評鑑、Parlet 和 Hamilton 的闡明式評鑑、前章所論的交流式評鑑、House 的慎思民主評鑑、Patton 的聚焦效用評鑑和 Fetterman 的彰權益能評鑑等,在某些程度上皆可被納為此種取向下的一種。這些評鑑的支持者都視那些在受評標的(方案)中從事努力的參與者之涉入評鑑過程,乃極為重要的評鑑核心觀念,是以統稱為參與者取向評

鑑。本章基於篇幅所限，僅選其中的回應式評鑑和彰權益能評鑑加以說明、討論；另慎思民主評鑑和建構主義評鑑，則可參考本書第七章而了解其觀點與方法。

第一節　回應式評鑑

壹、觀念之源起與形成

　　回應式評鑑一詞，乃 Stake 於 1974 年發表〈方案評鑑，特別是回應式評鑑〉（Program Evaluation, Particularly Responsive Evaluation）一文中首度正式使用。在那之前，Stake 的教育評鑑觀主要展現在 1967 年所發表〈教育評鑑的全貌〉（The Countenance of Educational Evaluation）論文中之主張，可稱之為教育方案評鑑的全貌觀（以下簡稱全貌觀，Worthen、Sanders 和 Fitzpatrick 認為全貌觀中的評鑑觀點，已帶入了參與者取向評鑑的重要觀念）。他早期全貌觀中之某些觀點，仍持續納入其後期的回應式評鑑取向當中，不過後者對前者之觀點也有頗多修正與調整。Stufflebeam 和 Shinkfield（1985）乃認為全貌觀評鑑一文，是 Stake 由 R. W. Tyler 或預定式評鑑觀過渡至回應式評鑑取向的津樑。因此，欲了解 Stake 回應式評鑑取向之形成與核心觀點，應先了解他早期全貌觀產生之背景、重要主張及之後的修正轉折。

一、早期的教育方案評鑑全貌觀

　　按 Stake 之觀察，美國 1960 年代初期的教育評鑑實務問題重重。他發現當時的正式教育評鑑大都依賴檢核表、同儕的結構性觀察、控制性比較研究和標準化成就測驗。其中，控制性研究所得的行為資料非常昂貴，卻常無法提供問題之解答；而許多從事認證的檢核訪問員是缺乏評鑑訓練或經驗者，諸多檢核表的內容本身就已是含混籠統的，且其中某些檢核項目過於將焦點置於學校的物理特質上；在心理計量的測驗方面，則主要用以區別不同學生在相同時間點上之成就，而非評估教學對學生在獲致技能和理解上之效能。

所以，他認為當時美國教育人員也許過度信任了正式化教育評鑑，但實質上其卻鮮少對他們所欲了解的問題提供答案。另當時的非正式教育評鑑，他認為有些可能是具洞察力、有見解的，但亦有些是膚淺、扭曲的，從中也鮮少能發現具意義的研究報告，或適於做為課程決定的行為研究資料（Stake, 1977）。

在評鑑學界方面，當時美國學者對教育評鑑方法論有若干重要爭論，尤以 Cronbach 和 Scriven 間的爭論影響 Stake 的評鑑全貌觀至鉅。這些爭辯主要有四：首先，評鑑焦點應是關注於教育結果，抑或教育過程，乃至於其背景條件因素？或者，應包含前三者？其次，評鑑者之主要責任應是對教育方案做描述而不做價值判斷？或者，必須做價值判斷？復次，若需做判斷，則其判斷標準應如何獲得？標準需顯明化？又適宜做教育方案間之比較嗎？最後，評鑑之角色功能應強調其做為教育方案改進的形成性評鑑？或應強調其總結性評鑑功能？

面對上述 1960 年代初美國教育評鑑實務上的問題與方法論爭議，Stake 乃於 1967 年發表〈教育評鑑的全貌〉論文，系統性地提出他的教育評鑑觀點如下：

㈠評鑑應充分描述教育方案的先在、運作和結果要素

1960 年代，美國的教育評鑑界仍深受 Tyler 的「目標—成就」（goal-achievement）評鑑觀之影響，評鑑重點主要集中於教育結果的評估。儘管 Tyler 曾強調對於與教育目標相關學習結果之評鑑，其實應包括各種不同類別行為及其成長變化情形之評估（Tyler, 1969）；然而當時的教育結果評估，大部分以紙筆測驗，尤其是以標準化成就測驗做為教育結果評估的主要依據。

對於此種現象，Stake 深不以為然。做為一位專研心理計量學而獲得博士學位的學者，他發現 1960 年代初的各種測驗結果，鮮少能告訴評鑑人員、方案發展者和消費者他們真正想知道的；從標準化測驗中亦無法顯示改革目標的達成情形，且甚少能從中發現實驗組和控制組間的真正差異（Stake, 1991）。他也指出，當時的正式教育評鑑活動鮮少致力於說明教育的先在條件和教室活動，以及此兩者與各種學習結果間之關係，也很少試著去探究一

位教育人員意圖想做的，和他實際上所做的之間的契合情形（Stake, 1977）。

　　Stake 曾回憶 1963 年邀請 Cronbach 與 Scriven 兩位在教育評鑑觀念上差異極大的學者赴伊利諾大學當面溝通的某晚，Cronbach 提及，評鑑領域所需要的是一位優秀的社會人類學家（social anthropologist），其能體認教學方案的情境或文化特質，並且反對那些遍及一切的概化推論（Stake, 1991: 68）。此外，Cronbach 主張評鑑應強調發揮課程改進功能，而非等到課程發展完成後再去確認其效果，而且認為對不同課程加以比較之評鑑不應支配評鑑領域（Cronbach, 1983, 2000）。Cronbach 這些觀點中，有關評鑑應聚焦於方案活動過程和其情境脈絡特質者，成為 Stake 當時評鑑全貌觀及往後回應式評鑑取向的重要內涵；有關評鑑探究應採社會人類學取向之觀點，亦成為日後Stake 在回應式評鑑取向中建議儘量採個案研究方法的思維主軸。但 Stake 對於Cronbach 輕忽評鑑者的價值判斷角色，以及反對方案間相對比較之主張，當時並未採納，認為評鑑者仍應做價值判斷，且可做方案間的比較；不過，他後來的回應式評鑑則揚棄了方案間相對比較之觀念，對於評鑑者之價值判斷角色，他雖仍主張可做價值判斷，但更強調應呈顯不同利害關係人的價值觀與判斷。

　　要言之，此時 Stake 認為對任一教育方案做評鑑時，應對方案的先在背景條件、運作過程和實施結果做全貌式的充分描述分析，以及進而做出價值判斷，他以圖 17-1 圖示評鑑的整體形貌。

　　在圖 17-1 的描述矩陣方面，Stake 所欲強調的是，對任一教育方案之評鑑應對其做充分之描述與分析：包括對方案之理念（rational），以及對方案

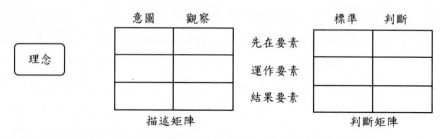

圖 17-1　評鑑者蒐集和陳述任一教育方案資料企劃圖

資料來源：Stake (1977: 379).

在先在要素、運作要素和結果要素的意圖層面，和方案在此三要素上所被觀察到的實際表現層面做充分之描述與分析。方案的理念，指該方案的哲學基礎和基本目的，其可能是顯明的，但常是隱默的，但無論如何評鑑者均應加以辨明和描述，其可做為評鑑方案意圖和方案計畫間邏輯關聯性之基礎；當進行方案之價值判斷時，其亦可做為選擇參照群體之判斷標準，以實施判斷之參酌。所謂先在要素，乃那些先於教與學而可能影響教育結果的任何既存條件因素；運作要素，乃學生在教育過程中的一切互動與遭遇；結果要素，則指教育的結果，包括直接立即的和長期的、認知的和情意的，以及對學生和對社區之影響結果。此三要素的意圖層面，指教育人員在此三要素上的渴望、希望、預估和計畫，甚至是擔心；至於觀察的層面，指評鑑人員透過各種資料蒐集工具所觀察或測量到方案在此三要素上的實際表現。

對任一教育方案在圖 17-1 中描述矩陣資料的分析，Stake 主張包括**關聯性分析**（contingency analysis）和**一致性分析**（congruence analysis），如圖17-2。方案的關聯性分析包括意圖和觀察兩層面之分析：前者指在意圖層面中方案的先在、運作和結果三要素間的邏輯性關聯分析，此可藉由評鑑者的先前經驗或研究經驗檢驗此三者間的邏輯性；後者，則指在觀察層面中有關方案在此三要素間的驗證性關聯分析，此則需藉由觀察所得該方案在此三要素的實際表現證據，來做其驗證性關聯分析。至於一致性分析，則是分析方案的先在、運作和結果三要素，分別各在其意圖上的和觀察到的表現間之一致性情形。

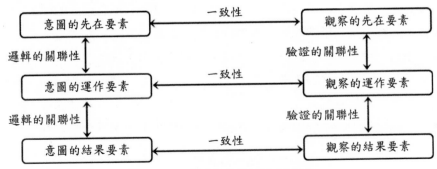

圖 17-2　描述性資料處理示意圖

資料來源：Stake (1977: 383).

㈡除了充分描述外，評鑑者亦需做判斷

　　評鑑者之角色責任是否僅止於描述？或者，需進一步予以價值判斷？對此議題，Cronbach 因強調課程評鑑之改進功能，故傾向於支持僅做描述；而Scriven（1977）則認為任何評鑑活動之本質目的，即在於判斷某些實在的本質價值和效用價值，故除非評鑑人員做了判斷，否則即未完成評鑑。在此一議題上，Stake 接受了 Scriven 之觀點，認為評鑑者除充分描述外，亦需做判斷，當時他說：「評鑑專家們是否接受Scriven之挑戰性觀點雖仍待觀察，但不管如何，情況顯示判斷似已逐漸增加為評鑑報告的一部分，評鑑者應找出並記錄特定身分人士之判斷意見。儘管這些意見可能是主觀的，卻相當有用，評鑑者可免於受推銷員式意見之影響而客觀地加以蒐集」（Stake, 1977: 376）。所以，Stake 雖接受 Scriven 認為評鑑者應做判斷之觀點，但他卻非如 Scriven 般採客觀主義立場，而是認為評鑑過程中應系統地蒐集和處理各種不同群體對方案的意見判斷資料，尤其是社會中意見領袖、學科專家、教師、家長和學生的意見判斷。因此，圖 17-1 除描述矩陣外，尚包括右側判斷矩陣資料的蒐集與處理。

㈢採絕對標準和相對標準進行判斷

　　至於如何蒐集、處理和進行判斷？Stake 以圖 17-3 示意說明。

　　Stake抨擊當時美國的正式教育評鑑過度容忍隱晦的標準，認為評鑑者應在判斷時指出價值判斷的明確標準，但標準的明確化並非意指標準的單一化或絕對化。他強調，不同的學生、教師和參照團體間均有不同的標準，即使是同一課程方案，標準亦會隨著課程發展歷程的時間變化而改變。他認為在一健康的社會中，不同的群體本就會有不同的標準，評鑑者的責任之一是設法知悉什麼人持了何種標準。所以，在圖 17-1 右方的判斷矩陣中，Stake 主張評鑑者需蒐集有關教育方案的先在、運作和結果要素的判斷標準。而且，標準包括兩類：一是絕對標準，指各參照團體的人士認為方案卓越程度之標準，其將指出他們對方案在先在、運作和結果要素上的可接受和應有的績優水準；故雖曰是絕對標準，但不同群體會有不同的絕對標準。另一是相對標準，乃將本方案與其他方案之某些特質做比較的相對性標準，評鑑者可選擇

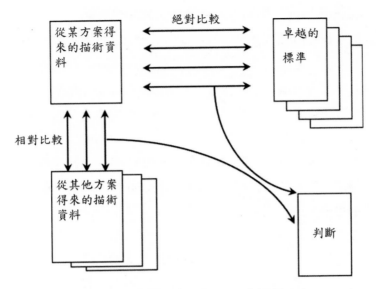

圖 17-3　判斷某教育方案價值之過程示意

資料來源：Stake (1977: 387).

方案的某些而非某個重要特質，然後再描述其他方案在這些類似特質上之表現以形成相對標準。評鑑者對絕對標準和相對標準之描述，Stake 認為尚非屬判斷工作，他指出：「判斷行動本身是決定何組標準是真正需要的，更精確地說，判斷是對每一組標準分派予權重和重要性之工作」（Stake, 1977: 386）。因此，此時 Stake 認為在教育方案評鑑中做絕對比較之判斷時，評鑑者是在決定對每一參照群體之標準或觀點賦予多少注意之過程；同樣地，在做相對比較之判斷時，評鑑者則可按選定的各項待比較之方案特質的權重和重要性，衡量出方案的整體性或分項性價值等級，另亦可提出一些品質特徵之陳述。這時 Stake 的立場是認為評鑑者可做方案間之比較，亦可做總結性判斷。另外，此時他強調在做絕對標準之判斷時，應描述指出各不同群體的判斷標準，這雖有多元價值觀的傾向，但各項標準之取捨與權重衡量卻又由評鑑者判斷之，這似又有客觀主義的色彩。

㈣以描述矩陣做形成性評鑑，判斷矩陣做總結性評鑑

Cronbach 和 Scriven 間的另一項爭論，是到底評鑑應強調其形成性或總結性功能。Cronbach（2000: 238）主張：「評鑑所能提供的最大服務，在於其能指出課程需改進之處。」他強調，若課程發展者僅於課程發展完成後才要求評鑑者加以評鑑，來確認其已完成者，則評鑑扮演的只是一種卑微角色，所能產生的服務極為貧弱（黃嘉雄，2005）。所以，他極力倡導形成性評鑑，而不支持總結性和比較性評鑑。Scriven（1991a）則反對此種看法，他從消費者權益維護的角度，認為總結性和比較性評鑑亦非常重要，兩者均應在方案評鑑中扮演重要角色。

對上述爭論，Stake 在評鑑的全貌觀中加以巧妙折衷和整合。他認為若評鑑者的主要責任是形成性評鑑，則可利用圖 17-2 的描述矩陣進行對方案的先在、運作和結果要素之關聯性和一致性分析，再加上其理念之分析，藉此可有效指出教育方案的待改進方向。若評鑑者之責任是做總結性評鑑，則可採圖 17-3 的判斷過程，亦即從教育方案的判斷矩陣資料實施其在絕對標準或相對標準上之價值判斷。

二、檢討修正全貌觀中的若干立場，轉而提出回應式評鑑取向

上述評鑑的全貌觀，對引導教育評鑑人員將焦點從方案目標和結果之探究和測量，轉而注意方案的先在、運作和結果等要素在意圖的和觀察上的一致性和邏輯性之全貌描述與分析判斷，有非常正面、積極的貢獻。然而，後來 Stake 曾自省其早期的全貌評鑑觀具若干缺失：首先，過於強調不同方案間相對比較的觀念。他自承當時仍採社會科學家之立場，以比較做為了解方案價值之基本思維；但他省思後認為，為了比較，評鑑者往往對方案提出許多構念性變項，以這些事先預定的人為、非自然、抽離自情境的變項來對方案結果進行比較，往往很少能掌握住方案的真正特質，比較的結果對現場人員之教育實踐，亦無多大助益。

其次，過於強調顯明性的價值標準及評鑑者的總結性判斷。Stake 後來自承這是個錯誤，因他發覺現場情境中的各利害相關人自有其隱含的價值判斷

觀點,此等價值很難明確化,且任何方案並非僅具單一價值,而是有許多價值;因而他不再支持 Scriven 所主張評鑑者可做權威式總結判斷之觀點,認為評鑑者應儘量呈現相關人士的價值判斷,評鑑者自己所提供者應只是一種軟性判斷主張。

第三,將描述和判斷兩類評鑑矩陣做太明顯的區分。在全貌觀中常有描述先於判斷,亦即充分描述之後才能進行判斷之觀念。但 Stake 後來反省認為,事實上在評鑑進行中判斷常伴隨著描述、觀察資料之獲得而生。而這也表示,在評鑑進行中,評鑑的問題和議題可能不斷於心中漸漸擴展產生,故評鑑的問題不宜事先完全預定,或只固著於回答既定的評鑑問題。

第四,過於將先在、運作和結果要素間的關係簡約化。Stake 省思後認為現場的情境因素非常複雜,即使於相同的先在條件下在不同情境中施以相同的投入,其結果亦將有所不同。他後來乃強烈主張評鑑更應採個案研究方式實施,必須更重視情境脈絡中各種複雜因素與知識之理解和掌握。

第五,過於相信中央化政策能指導教育實際。Stake 自承他在全貌觀中,較傾向於採中央化革新方案可有效引導現場教育實際而獲致教育改進之思維,因而當時所設想之評鑑報告閱聽者,偏於是那些研究、行政和政治上的權威者。他亦自承這是個錯誤,乃改認為評鑑的最重要閱聽者應是那些受評方案的直接利害關係人,例如,教師、當地社區領導人員和方案實施者(Stake, 1991; Abma & Stake, 2001)。

基於前述自我檢討與省思,Stake 乃利用 1973 年赴瑞典哥廷堡大學(University of Göthenburg)休假研究一年的機會,重新在方法論和政治思維上整理和調整自己的評鑑觀念,於 1974 年發表回應式評鑑取向的論文。自此,回應式評鑑取向乃取代其早期的全貌觀,成為他往後至今的評鑑方法論主軸,而之前全貌觀中的十三項資料蒐集矩陣,變成只是他回應式評鑑中進行資料蒐集的參考性技術工具。

貳、核心觀念、實施方法與理論命題

Stake 是採取將回應式與預定式評鑑取向相互對照的方式,來展現回應式

評鑑的意義和觀念。預定式評鑑強調的是方案目標之陳述、客觀測驗之使用、方案決策人士的標準，以及研究類型之報告形式；相對地，回應式評鑑則強調評鑑的服務功能，其寧可犧牲某些測量上的精確度，但希望增加方案內和其周遭相關人士對評鑑發現之使用，其較少依賴正式的溝通，而更重視自然性溝通。要言之，Stake 認為若一項教育評鑑能更「直接導向於方案之活動而非意圖」、「回應於評鑑報告閱聽者之資訊需求」，並且「參照現場情境中人們不同的價值觀來報告方案之成敗」，符合這三項要件者，則可稱之為回應式評鑑（Stake, 2000: 348）。此簡短的三要件定義，僅指出此種評鑑取向的基本精神，尚未能充分展現其整體形貌和特徵，茲進一步分析此種評鑑取向的核心觀念、實施方法和理論命題。

一、核心觀念

㈠服務取向

　　Stake（2000）認為評鑑設計最重要的是發揮服務功能，所以在一個評鑑研究中，評鑑者需花相當多的時間來了解評鑑委託者及方案利害關係人的資訊需求，以及他們對方案所關注的重點。因此，評鑑之進行應先了解委託者所關心的事項及其目的，設法去界定各利害關係人之旨趣和關注事項，進而形成評鑑之議題或問題，以之做為評鑑設計與實施之基礎，如此才能使評鑑發揮最大的效用。

㈡議題導向

　　Stake 主張以議題（issues）而非既定的目標和假設做為引導評鑑研究進行的組織核心。議題是評鑑委託者、方案實施者及其他重要利害關係人所關心或感受到有關方案的問題、潛在問題或爭議性議題；亦即是他們所感受到的問題情境，甚至是一種責難感。議題通常不是單純清晰的，而是糾纏著政治、社會、歷史及尤其是情境中人的因素。當評鑑者透過與委託者、方案實施者及其利害關係人溝通互動，甚至在方案活動的觀察中而逐漸熟悉方案時，議題清單將逐漸產生。這些議題應做為設計評鑑的主要依循方向和組織核心，但是隨著評鑑之開始實施，可能會新生或刪減一些議題（Abma, 2005; Stake,

1975, 1995, 2000）。

㈢彈性化評鑑過程

一般預定式評鑑通常會有一套規範評鑑項目、資料蒐集與分析方法、評鑑詳細進度等的合約書或計畫。但回應式評鑑則會隨著評鑑之開展、關注和議題之調整、新事證之發現，以及委託者和利害關係人對評鑑初步發現之質疑和挑戰，而彈性調整評鑑之議題、資料蒐集之方法與來源，以及評鑑的工作流程（Stake, 2000）。

㈣重視方案的運作過程及其情境脈絡知識

預定式評鑑強調目標與表現資料之測量，重視投入與輸出間之符應關係。Stake則認為教育和課程之因果關係絕非是直接的，而是各種複雜因素在運作歷程中產生了諸多彼此相關聯的課程結果。因此，他主張評鑑探究應更將心力投入於方案運作歷程及其情境脈絡知識之了解，設法去探究方案情境中相關人士如何看待他們自己的生活、目標和方案之品質，這些方案參與者在情境脈絡中所經驗到的知識，乃評鑑者了解方案特質所必需的情境脈絡知識（House, 2001; Stake, 1991）。

㈤鼓勵採社會人類學取向的個案研究

Stake指出，若認為回應式評鑑一定需採自然主義探究方式，則這是一種誤解，因回應式評鑑仍需與委託者、方案人員和相關人士討論後，以及視評鑑議題之性質才能決定探究方法。然而，他強烈建議採類如俗民誌、自然主義探究和現象學等社會人類學取向的探究方法，將所欲評鑑之方案界定其範圍，進行個案研究，這樣才能充分理解方案中歷程與活動之意義，以及其中多元複雜的情境脈絡知識（Stake, 1991, 1995）。

㈥由外來評鑑人員設計與實施評鑑

有些評鑑學者如 D. M. Fetterman（2000）因強調發揮評鑑的效用性和對方案人員的彰權益能，乃主張由方案人員規劃與實施自我評鑑；或者建議採取內部評鑑但邀外來評鑑者參與評鑑之規劃與實施過程。對此，Stake持反對看法，他認為無論是方案人員的自我評鑑，或者邀請外來評鑑人員參與的內

部評鑑，其評鑑的規劃與實施之控制權威將由方案人員所掌握，評鑑的專業
性和可信性乃易受質疑。他主張，在回應式評鑑中係由外來評鑑人員以其評
鑑專業素養與訓練，經由投入時間與心力來觀察和了解方案利害關係人所關
注之事項或議題，進而形成評鑑之問題並據以進行專業的評鑑設計與實施，
以回應方案人員之參與投入，而非將評鑑權威直接交由方案的內部人員控制。

㈦價值多元取向

　　Stake主張方案如同藝術工作，本身並非僅具單一價值，而是具有許多價
值；而且，不同的人和因不同目的所看到的價值亦有所不同；何況，價值常
因時間之流動、時代之變遷而有所變化。因此，他主張評鑑者不應該去創造
一個根本不存在的價值共識，反而應設法去了解、詮釋方案中各不同組成人
員、各不同利害關係人的各種不同期望、價值，將其展現給評鑑報告的閱聽
者。但他亦認為，這並不表示評鑑者完全不做價值判斷，而是提供一種溫和
的、軟性架構式（softly framed）的結論或判斷主張（assertions），讓評鑑報
告閱聽者從各種價值判斷中做最後之判斷。他主張，在人類的行動中決定、
判斷和詮釋三者是無法區分開的連續體，該做決定而產生行動的是閱聽者而
非評鑑者，若欲閱聽者產生行動而發揮評鑑之服務功能，則應由閱聽者去做
判斷（Abma & Stake, 2001; Stake, 1991, 1997）。

㈧以易理解的自然化語言提出評鑑報告，協助閱聽者產生替代性經驗

　　Stake並不認為評鑑一定得提出正式評鑑報告，有時評鑑發現可於評鑑過
程中適時以自然溝通方式讓閱聽者知悉理解，是否提出正式報告端賴委託者
之需求而定。若需提出，則因回應式評鑑強調評鑑之效用性，希望閱聽者成
為價值判斷之最後仲裁者，因此主張評鑑報告應具可理解性和整全性，使閱
聽者即使未親自體驗方案情境，亦能從評鑑報告中形成一種替代性經驗（vi-
carious experience），而非類如傳統評鑑報告使用太多的抽象化、簡約化、數
學化和理論化語言。欲形成替代性經驗，則評鑑報告需採用近似於閱聽者使
用之語言，尤其是類如傳播福音者、人類學家和劇作家等的敘說形式；而且
最好需設法描繪情境中的整體性和複雜性，包括整體印象、氣氛乃至隱默的
知識和特徵，這些鮮活、具體、近似於人的直接語言經驗，最能形成替代性

經驗（Stake, 1991, 1997, 2000）。當閱聽者能從報告中形成他們對現場的替代性經驗，即更能使此等理解與其先前經驗相連結而獲得新的**自然類推**（natu-ralistic generalization）（Schwandt, 2001; Stake, 1991）。所以，Stake（1991）希望評鑑者是一位採發現式學習理論的教師、促進者，協助閱聽者自己去發現道理，形成判斷而做成決定，而非採教導式（didactic）學習模式，試圖傳遞閱聽者特定的知識和價值。

二、實施過程與方法

Stake不喜歡人家以模式來稱呼評鑑觀，以避免學界或實務者將他的評鑑觀點理解為一種具固定順序與步驟的方法流程。不過，為了對評鑑者提供引導，他曾經提出所謂**實質結構**（substantive structure）和**功能結構**（functional structure）的概念來說明回應式評鑑的實施方法。

㈠實質結構

實質結構乃 Stake 用以提示評鑑者蒐集和觀察受評方案實質資料內容的參照架構，主要包括三大要項（Stake, 2000）：

1. 以議題為評鑑的組織核心

如前所述，進行回應式評鑑規劃設計時，評鑑者須先與委託者及方案之利害關係人討論出暫定的議題清單，再配合議題內容設計所欲蒐集之資料內容及其蒐集方法和來源，故議題（而非既定項目或標準）才是回應式評鑑規劃與實施歷程中的組織核心。

2. 資料蒐集矩陣

前述圖 17-1 的資料蒐集矩陣，Stake 認為仍是實施回應式評鑑的極佳資料蒐集參考模式。因此，當議題已形成後，評鑑者即可參照議題內容與委託者磋商，進行評鑑設計，並採適當之方法，蒐集方案在先在、運作和結果要素上的意圖性和實際表現資料，以充分描述和判斷課程各方案要素之特質。而且，依 Stake 之觀點，描述矩陣和判斷矩陣之資料是同時交替並行的，並非描述矩陣完成後再進行判斷。另外，判斷性資料除了可提出評鑑者之軟性價值判斷外，亦應蒐集方案人員及其利害關係人的價值判斷資料，以呈現方

案的多元價值面貌。

3. 人群觀察者

　　Stake雖不排斥量化資料之蒐集，但因他強烈建議採社會人類學取向的個案研究方法，並強調對方案歷程深入理解之重要性，他乃特別強調**人群觀察者**（human observer）之重要性，認為評鑑之實施有賴人群觀察者深入現場觀察方案之運作，並從各種可信賴的資料來源中參照議題內容和資料蒐集矩陣，獲取充分之資料，以對方案做豐富、深度的描述與判斷。

㈡功能結構

　　功能結構係Stake提示執行評鑑工作要項與實施方法的參考性思維架構，如圖 17-4 時鐘型的評鑑工作要項。他強調評鑑時這些要項並非每項均需採行，亦非一定從十二點鐘方向順時鐘逐次進行，評鑑可從任一項開始，或順時鐘，或逆時鐘，或跳躍式來回穿梭，或同時進行兩項以上工作均可，完全視評鑑之需要而定。

和委託者、方案人
員、閱聽者等商談

組成正式報告
（若需要的話）

界定方案範圍

方便閱聽者使用
之視聽形式

綜觀方案活動

確認發現之有效性，
處理未確信者

發現目的、關注事項

主題化；準備
描繪，個案研究

概念化議題、問題

觀察選定的先在、
運作和結果要素

參照議題界定所需資料

選擇觀察者、
判斷標準、工具
（若需要的話）

圖 17-4　回應式評鑑中的顯著要項

資料來源：Stake (2000: 352).

雖然 Stake 強調圖 17-4 的十二個工作要項，不必由十二點鐘採順時針方向實施，但實質上，順時針方向工作流程較符一般邏輯順序，所以目前所看到的評鑑實例，大都採順時鐘流程；不過，一般評鑑實例也如 Stake 之看法，不會依列舉的十二要項全部實施之。例如，Curran、Christopher、Lemire、Collins 和 Barrett（2003）所實施醫學教育課程方案之回應式評鑑，是將 Stake 的十二個工作要項修正簡化為下列五個步驟：(1)界定利害關係人與閱聽者，磋商與探究議題；(2)分析利害關係人關注事項和議題；(3)界定評鑑之標準和規準；(4)評鑑方法之設計與實施；(5)分析和報告資料。又如，Stake 和 Pearsol（1981）曾實施一所學校人文課程之回應式評鑑，則採如下步驟：(1)與委託者磋商評鑑研究之架構；(2)從委託者身上抽引出其關注之議題或問題；(3)形成先導性問題做為開始時的引導；(4)進入評鑑場域並觀察之；(5)選取並濃縮資料，質疑檢證之，界定所發現之主題和議題；(6)於期中報告發表初步發現；(7)更充分地探究先前之議題和關注事項；(8)尋找可能導致一些無效發現的衝突性證據；(9)以敘說形式向閱聽者報告結果。

三、理論命題

Stake 回應式評鑑取向的核心觀念與方法，實立基於若干理論性命題。首先，在政治思維上，他採取的是**在地主義**（localism）的立場，不支持中央化或系統化的人類服務和教育革新方案，認為不同的在地情境所面臨的問題將有所不同，中央化的制式處方將難以因應各在地情境之需要；而且，他認為巨觀型的概化理論無法解釋各在地現場的各種複雜因素而指導現場之運作實施。

其次，在知識論上，他採**建構主義**（constructism）知識論。他認為知識雖源自人類對外在刺激的感官經驗，但唯有經過人們內在心靈詮釋者才算被認知；而只要是我們所說出的，其實就已無法自外於我們知覺和記憶系統的詮釋；而且，某些知識是完全來自於人既有知識庫的內在慎思，而非即時的外在刺激，因此並無所謂免於人類建構而純粹是反射外在世界的知識面向。何況在社會情境中，是每個人皆以其建構來的知識參與互動，而在特定情境脈絡中形成了社會性建構的知識。為說明此，Stake 區分並說明了人類社會中

的三種實在，第一種是外在於人類世界的實在，是那些能以簡單方式刺激我
們的那些外在實在；第二種，是我們對第一種簡單刺激或實在加以詮釋而形
成的實在，這是我們彼此皆很熟悉但很少懷疑其與外在刺激間符應性關係的
經驗性實在；之所以甚少懷疑其符應性，是因為人類社會具某種程度的經驗
和語言的共享性，即使事實上其彼此間不可能存有完全的符應，但我們因耳
熟能詳而甚少加以懷疑；第三種，是來自我們最複雜的詮釋推理而得的實在，
此種實在可能根本不需以第一種實在為基礎，惟其與第二種實在息息相關。
Stake認為驗證性研究無法去發現第一種實在，那是不可能的（因只要經過人
類經驗而詮釋者，已不再是原本的外在實在），而是設法去建構更清楚的第
二種實在和更複雜的第三種實在。所以，即使由驗證性研究所獲得的普遍性
理解，亦是經由我們所集體塑造的，經過相當調校而得之實在。因此，他認
為任何方案中各要素的意義，在認識論層面上實具有無限性，其效果和效用
亦然（Stake, 1991）。要言之，他主張人類社會裡的實在，乃參與社會互動
中的人們所各自建構及在互動中彼此協商建構而來，故評鑑探究中應設法去
了解委託者、方案人員和相關利害關係人對方案所關注議題之各種觀點，以
及他們對方案的先在、運作和結果等要素所賦予的意義。

　　復次，在方法論上，他支持自然主義方法論，認為對社會情境現象中各
種意義之理解，不能以人為操作之方式析離出各種孤立的命題變項，而試圖
從這些變項中理出變項間的因果關係來建立科學命題式的巨型普遍化理論，
以解釋各種個案現象。他因而建議評鑑探究應採社會人類學取向的個案研究，
進入現場以深度、豐富的資料來描繪現象中的各種特質及意義，並且以自然、
鮮活、人性化的語言型態來報告、呈現個案情境中的各種意義，協助閱聽者
形成替代性經驗，促成其產生自然類推以省思他們的舊經驗。

　　最後，在價值論上，他是採相對主義的價值多元觀，認為情境和方案中
的價值不只一個，而且不同的人在不同的目的和時空脈絡下，均持著相對不
同的價值觀，人的價值和品質觀亦處於一種不斷的動態流當中，故評鑑者雖
可做謙沖、非權威性的軟性價值判斷主張，但更重要的是需呈現方案中人們
及利害關係人的各種價值判斷，由評鑑報告閱聽者就這些價值判斷做抉擇和
判斷，這樣他們才會做成決定而有效行動之（House, 2001; Stake, 1991; Stron-

ach, 2001）。

 評論

　　Stake 的回應式教育方案評鑑取向，對教育評鑑領域觀念和方法論之多元發展有其重要貢獻，並具諸多優點。

一、貢獻與優點

㈠促進教育評鑑多元取向之發展和採用的合法性

　　自美國 1950、1960 年代的目標本位評鑑，乃至當今教育改革中的**標準本位評鑑**（standard-based evaluation）主流教育評鑑思潮，預定式教育評鑑取向之觀念一直居於教育評鑑界的優勢地位，而 Stake 之回應式評鑑觀念則在此種情勢下，提供了另類教育評鑑取向在理念和方法論上不斷滋長與發展的重要活水源頭。House（2001）即認為 Stake 在發展和鼓勵不同評鑑取向、強調質性研究和個案研究的評鑑方法、重視利害關係人之關注和觀點以整合並規劃評鑑之實施，以及強調方案背景脈絡因素對理解方案之重要性等方面，對他有重要影響，成為他慎思民主評鑑取向發展的重要理論基礎。另 Guba 和 Lincoln（1989）所提出的第四代評鑑觀念，主張以協商做為評鑑實施之核心觀念，以自然主義方法論為評鑑探究之主要方法，亦深受 Stake 之影響與啟迪。Stronach（2001）則認為 Stake 強調情境獨特性與複雜性、價值多元性與流動性、探究方法自然性和個殊性之觀點，乃**後現代主義**（postmodernism）教育評鑑觀念的極佳註腳。此外，Worthen 和 Sanders（1987）指出，回應式評鑑本身就蘊涵了容許運用各種評鑑取向之觀念，亦即可因回應利害關係人之需要而採取各種評鑑取向。因之，Stake 之回應式評鑑觀念，一方面激勵與促進了各種不同於主流預定式和科學命題式評鑑之其他另類評鑑取向之發展，提供其發展的理論基礎，增進教育評鑑研究領域的活潑性和創造性，另一方面，則接納各種不同評鑑取向在實務上的存在價值，提供其採用的合法性基礎。

㈢能發揮評鑑的服務功能，增進其效用性

　　此種取向透過對方案利害關係人所關注事項和議題之描述與探究，以促進他們對方案之理解而形成自己的判斷與改進行動，此應能發揮評鑑的服務功能，增進評鑑的效用性。

㈢尊重和關注受評方案人員之旨趣

　　從評鑑議題或問題之產生、評鑑設計與資料蒐集方法之形成、多元價值判斷觀點之展現，乃至評鑑報告語言之自然人性化，此種取向處處尊重和關心受評方案人員之關注事項、觀點和旨趣，鼓勵評鑑者將眼光遠離框架式的評鑑文本，轉而注意受評方案中人們的旨趣和立場（Gredler, 1996; House, 2001; Stufflebeam, 2000a）。

㈣能深入理解方案運作的歷程及其情境之複雜性

　　儘管 Stake 不排除量化的探究方式，但其強烈建議採社會人類學取向的個案研究，主張需對方案之先在、運作和結果要素進行全貌而深入的探究，更強調情境脈絡知識在理解方案特質上之重要性，此種取向在深入了解方案之實際運作歷程、各種效果及其情境脈絡之複雜性上具明顯之優點（Stufflebeam, 2000a; Worthen & Sanders, 1987）。

㈤將意圖和非意圖性結果均納為評鑑之焦點

　　早期Tyler之評鑑觀，將評鑑之焦點集中於與目標有關之方案結果上，此種觀點是狹隘的；Stake之全貌式評鑑和回應式評鑑，則將焦點擴大包含方案之先在、運作和結果要素，而其結果要素則包含了意圖性和非意圖性之結果，此大大擴展了評鑑焦點之範疇，使之更能對方案做整全的描述與判斷。

㈥注重評鑑發現之及時溝通和易理解性

　　Stake主張於評鑑過程中及時將發現提供利害關係人，以供其檢視該發現之正確性或形成新的評鑑議題，亦主張在正式報告出爐前先提出報告草案，來確認發現的有效性；且更強調報告的形式和語言應反映方案情境中的自然化經驗及其具體表意特徵，以利閱聽者理解和形成自然類推。此種注重自然、

即時和易理解的評鑑溝通方式，亦是此種取向的重要優點。

二、批評與質疑

儘管 Stake 之回應式評鑑取向具上述顯著貢獻和優點，但其亦存在若干招致批評和質疑之處。

㈠在評鑑實施的行政技術上具某些限制

首先，在爭取評鑑委託者的評鑑計畫上會處於弱勢地位。因此種取向為展現其回應之精神，通常在提出評鑑計畫時未明確指出評鑑之項目、方法、時程和經費預算等詳細方案，委託者必須容忍計畫的模糊和不確定性才會委託評鑑（Abma, 2005）。其次，此種取向需投入諸多時間與委託者和利害關係人協商評鑑內容，亦需投入諸多時間於方案的運作過程，這些都是耗時的過程。因此 Stufflebeam（2000a）認為，此種取向可能往往難以充裕地在委託者做績效責任判斷和行政決定期限前，及時提出清晰明確的發現。

對此兩種可能的限制，Stake（1991）則辯護認為各種評鑑取向本質上都是一種說服，故評鑑者應設法說服委託者容忍此種取向的不確定性或彈性特質；另評鑑本是耗時的工作，而投入時間於與方案利害關係人討論評鑑內容以及方案的運作歷程，是此種評鑑的特質。故筆者認為，這不能論斷其是一種缺點或限制，只能說是此種評鑑取向的一種特質。至於評鑑發現報告之及時性問題，回應式評鑑取向主張於實施過程中可及時向委託者報告，無需等全部評鑑工作完成後才於正式報告中提出發現，藉此應可解決 Stufflebeam 所論評鑑發現難及時提供之質疑。

㈡過度重視利害關係人之投入可能影響評鑑的可信性

此種取向在評鑑議題、資料來源與方法的選擇上非常重視方案利害關係人之觀點，此也許是其優點，但也可能因過度信任利害關係人、受其影響，而致使評鑑者未能對方案價值做完整、無偏差的判斷，此會影響評鑑發現的可信性。雖然 Stake 主張評鑑者亦可提出其認為重要的評鑑議題和其相應之評鑑方法，但除非評鑑委託者接受，否則前述現象恐難完全避免，這是此評鑑取向的重大挑戰，尤其是當必須進行總結性或比較性評鑑時，此種評鑑取

向恐將無法適用。儘管Stake不支持總結性或比較性評鑑，但在社會運作中，恐無法完全避免此類評鑑之實施。

㈢多元而紛歧的價值判斷可能使評鑑工作陷入未具生產性的泥淖中

此種取向主張呈現各利害關係人的各種價值判斷和評鑑者的非比較性、軟式判斷主張。但利害關係人和閱聽者在面對各種紛雜的判斷時，恐將難以抉擇；而且，一個方案之決定涉及諸多面向之利害關係人，到底應採何者之價值判斷，此將形成困難。所以這可能會使評鑑工作之結果，陷入未具生產性而難以做抉擇的泥淖中（Stufflebeam, 2000a）。對此，Stake 主張由評鑑報告之閱聽者形成最後判斷而引發其決定行動。然而，閱聽者是否真能願意據此而產生實際行動，或者在現場情境的權力關係中，閱聽者是否具影響力以促成方案人員的改善行動，其實仍值得懷疑。

相較於 Stake 將價值判斷多元併陳交由閱聽者做最後判斷，但可能因而導致閱聽者易陷入難以抉擇泥淖中之窘境情形，或許 House 的慎思民主評鑑更具建設性。在 House 的觀念中，評鑑的整個過程，包括其發起、設計、實施、分析、整合、撰寫報告、討論發現和形成結論等，評鑑者應掌握參入、對話和慎思三大慎思民主原則，使所有利害關係人均能充分參與，有公平機會表達其觀點和旨趣，產生對話，並小心推理、思考和討論評鑑所得（House & Howe, 2000b）。亦即，價值判斷及之後的決定行動，係各利害關係人在民主慎思的過程中所獲得之共識。House 此種觀點，一方面既具備Stake所強調之回應性，另一方面則可解決其價值共識無法形成的難題。

㈣在改革策略上呈現保守主義色彩

Stake相信方案現場情境中的人們會從以他們關注事項為核心之評鑑發現中，經由其自我的理解與判斷而產生漸進式、在地內發的改革行動，此種改革策略被評以過度信賴在地人員的主動向善力量，是保守的，有維護現狀的傾向（House, 2001）。有關此一質疑，實涉及消費者、方案實施者和方案政策推動者間的權力結構關係，以及他們對於方案價值之知覺與判斷。依 Scriven（2000）之觀點，若方案評鑑未能從消費者權益維護之立場對方案做總結性判斷，而單只信任來自方案政策決定者和實施者所謂專業自省的改進力量，

亦無法確保或提升方案之品質。因此，筆者以為，除非在回應式評鑑過程中能真正回應並激發做為最主要利害關係人的方案消費者及其代表人的知覺與判斷，進而促使方案決策者和實施者產生目的在謀求廣大消費者最大公共利益的改善行動，否則此種評鑑取向恐將傾向於維護方案決策者和執行者的既有利益和立場。

㈤比較不適於全國性或大範圍的系統性方案

在全國性或大範圍系統性革新方案中，方案運作場域遍布各地，參與人員數量龐大，此種情形下，欲按 Stake 之觀點採社會人類學取向之個案研究進行評鑑探究，總會面臨抽樣代表性和情境深入性的兩難。雖然 Stake 自認回應式評鑑用之於全國性方案並非完全不宜，但他在 2001 年所提出的全國性進階科技教育方案之回應式評鑑的後設評鑑報告中，自承所選定的十三個現場訪問評鑑樣本機構，無法充分解釋此方案的一般情形（Migotsky & Stake, 2001）。另外，前已述及，Stake 之政治思維屬在地主義，並不支持中央化或大範圍系統性的革新方案，其回應式評鑑的核心理念乃傾向於反映此一政治思維而較不適用於全國性或大範圍系統性方案之評鑑。

第二節　彰權益能評鑑

壹、發展背景與核心觀念

一、發展背景與意義

彰權益能評鑑的核心觀念在於「empowerment」，其中的「em」意謂「使成為」或「使能夠」。亦即，empowerment 旨在使人之具權力（power）並因而具能力，使人們能夠在處理其事物上的權力和能力兩者皆持續並進，以增進、實現自己和他人的福祉。這種觀念的形成，源自學者們對權力概念的一些新看法。

　　一般傳統的權力觀念，常認為權力乃固著於某人或某些人，由其持有而使之能控制他人、支配他人，將自己的意志凌駕於他人之上，或者形成某群人或階級支配其他階級的現象。這是一種**制御式權力**（power over）觀（Kreisberg, 1992）。這種為人所持有而制御他人的權力觀，會產生一種社會上只有某些人或群體才有權力、有能力做決定，而另一些人或群體無權及無能力做決定的觀念，慢慢地連受支配、受壓抑的人們也將之視為理所當然，默默地接受著優勢群體的決定，其能力也就因無做決定的機會而無從開展。相對於此種持有式、制御式傳統權力觀，過去數十年來另有不少學者提出一些新的權力觀念。其中，最常被引論者乃 M. Foucault 的權力觀。Foucault（1980）主張，權力應被分析為是一種流動狀態，或更進一步說，其僅以社會鏈的方式運作著，從未停駐於某處或握於任何人之手；權力是透過一種網狀式的組織而被採用和運作著，而且，人們不只繞行在權力流中，他們在其位置中既接受，同時也運作著權力。所以，從 Foucault 的觀點言之，權力之發生作用，實來自於人們之參與權力的運作，人若不參與其運作，則權力無從產生效果或作用。

　　另一位學者 A. Giddens（1979）則區分了「權力」與「權力關係」兩概念，以分析權力的性質。Giddens界定「權力」乃行動者完成其策略行為的**行動力**（**能動**，agency）。他主張人類的行動——在邏輯上——是與其權力連結在一起的；亦即，人類決定採取行動或抑制其行動，甚至採取什麼樣的行動，本來就是其內在的權力；權力是行為者使其意向性行為加以實踐，並用以完成某種結果的轉化能力。所以，就 Giddens 而言，權力是誘發人類行動的內在行動力，它散存於社會互動中的每一個行動者。不過，雖然每位行動者均存在著內在的轉化能力，用以實踐其意向性行動，亦即每個行動者皆有其內在的權力，然是否有辦法或有意願實現其意向性行動，則受社會互動中「權力關係」之影響。在社會互動情境中，每個行動者所持有或所能運用的資源是不均衡的，不均衡的資源運用狀態形成不均衡的權力關係，而不均衡的權力關係則影響著行動者的意向性行動及其效果。

　　因之，當社會互動中的優勢群體以其優勢的資源運用條件而擴張其影響力，以這種不均衡的權力關係一方面實踐其意圖，另一方面壓抑其他群體的

意向性行動，則形成一種支配與受壓抑的不當社會關係，這是一種制御性權力的作用和效果。Kreisberg（1992）主張，這並非是一種正義的、理想的社會運作方式。為了矯正傳統制御性權力觀的不當，Kreisberg乃提出**共享式權力**（power with）的觀點。共享式權力展現出一種共同能動的關係（relationship of co-agency），在此種關係中，人們找出方式來滿足渴望、實現旨趣，但並不因而犧牲他人的渴望和旨趣。這種共同能動的關係是平等的：其情境是個人和群體們能經由合作行動來達成彼此的渴望，大家聯合發展彼此的能力而非抑制他方的動能，所採用的語言是相互肯認的語彙，如合作、彼此關聯、分享、互惠、整合、合作、自願和相互依存。

　　儘管 Foucault 和 Giddens 兩人對權力性質的解析角度不完全一致，但他們皆反對權力僅由某個人或某些人持有而他人未具備，或者社會互動中應採制御式權力的傳統權力觀。基本上，他們視權力為每個人皆會具有的、用以實踐其意圖的轉化能力，然此等轉化能力則受社會互動中的權力關係之影響，權力在社會互動鏈中不斷流動著。而Kreisberg則更積極地主張社會的運作，應創造出一種共享式權力觀，亦即展現出人們在社會互動過程中的共同能動關係，大家聯合發展彼此的能力而非抑制他人的動能，找出在不犧牲他人渴望和旨趣的情形下，而能滿足自己渴望和旨趣的生活方式。基於此等權力觀而發展出的觀念，乃彰權益能。也就是在社會運作中應試著去引發每個人和社群的能動性，強化其實踐意圖的轉化能力，而此種能動性和轉化能力的提升，則與個人和群體對自己福祉的自我決定過程和自主控制權緊密相依存。亦即人們的自主決定「權」與「能」可持續交互成長，不斷彼此提升；同時，此種過程不但不能犧牲他人或他群體的權能，甚至應積極地相互尊重、扶持、提攜彼此的權能發展。

　　過去二、三十年來，許多社會和教育改革學者已於社會服務和教育革新方案當中廣泛地引用彰權益能的觀念。例如，在教育行政管理機制上，強調校內和社區人員參與管理和自我管理的學校本位管理運動；在師資培育方面，重視提升教師批判意識、行動研究能力和專業權能的師資培育取向；在教學上，主張採民主教育為根本原則，強調師生運用對話式教學，共同關注於自己所生存社區和社會的正義相關議題之探討，以提升學習者批判意識、反省

能力和實踐轉化動能,進而企求自我和社會解放的**批判教育學**(critical peda-
gogies)。這些大都援引了彰權益能的觀念,做為其革新構想發展的重要理
論基礎。而在教育評鑑領域上,彰權益能評鑑的重要倡發者 David M. Fetterman
(2001: 10)指出,此種觀念最初萌芽自他 1993 年主編出版的《論權力語言:
溝通、合作和支持》(*Speaking the Language of Power: Communication, Colla-
boration, and Advocacy*)一書的撰寫準備過程中。此書裡,他欲探討評鑑者和
社會科學家之能賦予與他們一起工作的人們聲音(意見),並使決策者重視
這些人們所關注事項的諸多方式。他的探討發現,這些學者和實踐者所提出
的主要共同觀點,在於合作、參與以及彰權益能的觀念,此過程協助了彰權
益能評鑑觀念的具體成形。之後不久,在 1993 年召開的美國評鑑學會年會,
Fetterman 以彰權益能評鑑觀念為基礎,發表就任該學會主席的演講並做為當
年年會的議題主軸。其後,彰權益能評鑑的觀念,持續成為評鑑社群裡對話
和討論的熱門議題。

　　Fetterman(2001: 3)界定**彰權益能評鑑**的意義為:「運用評鑑觀念、技
術和發現,以促進改進和自我決定。」他進一步說明其特質為:「採用質化
和量化兩者在內的方法學,儘管其可被運用於個人、組織、社區和社會或文
化之評鑑上,然其經常以方案為評鑑之焦點。」「彰權益能評鑑具一種不容
含混的價值取向:它設計來協助人們運用一種自我評鑑和反思的方式,去幫
他們自己並改進其方案。方案參與者——包括顧客在內——實施他們自己的
評鑑,而一位外來的評鑑者通常擔任為教練或額外的激勵者,此端賴方案內
部人員的能力而定。彰權益能評鑑必然是一種合作性活動而非個人的努力,
一位評鑑者不可、也不能賦予任何人權能;人們常是在協助和教導之下而自
己彰其權,益其能。彰權益能評鑑能創造出一種工作環境,其實施作為旨在
彰權益能及自我決定。」

　　而 Wandersman、Snell-Johns、Lentz、Fetterman、Keener、Livet、Imm 和
Flaspohler 等人則將彰權益能評鑑之意義綜合為:「藉由:(1)提供方案利害關
係人工具(評鑑觀念和方法工具)以評估其方案的規劃、實施與自我評鑑;
以及(2)發展以評鑑做為方案/組織之規劃與管理的主要成分,目的在增進方
案獲致成功機會的一種評鑑取向」(Wandersman et al. 2005: 28)。

二、理論基礎與核心概念

㈠理論基礎

　　Fetterman（2001）曾指出，彰權益能評鑑之理論基礎根源於彰權益能理論、社區心理學、**行動人類學**（action anthropology）、行動研究和自我決定觀，並受其他相近似的評鑑模式觀念之影響。在彰權益能理論方面，除前文所論新權力觀引發社會和教育革新倡導者們提出的彰權益能觀念外，Fetterman特別提及 M. A. Zimmerman 的彰權益能理論，為彰權益能評鑑提供了重要的理論架構，尤其Zimmerman特別強調的兼及過程和結果兩者的彰權益能。在過程的彰權益能上，基本上乃試圖使人們擁有控制、獲得所需資源，並批判地理解自己所生存的社會環境；若能在過程中協助人們發展技能，使之能成為獨立自主的問題解決者和決定者，則才是一種彰權益能的過程。這樣的彰權益能過程，可分別發生於個人、組織和社區等層級。就個人而言，可使個人含入於組織或社區的參與過程；就組織而言，可包括組織中的分享領導和做決定；在社區層次上，則可包含人之可趨近於政府、媒體和其他社區資源等之過程。而在結果的彰權益能上，則意指彰權益能之運作化，使我們能探知到公民們會試圖獲取對其社區的較大控制之結果，或會設計出用以使參與者彰權益能的涉入方案之成效。同樣地，此亦可從不同層次予以分析，就個人而言，其結果可能包括個人能在特定情境中自我覺察控制、具所需技能並展現應有行為；就組織而言，其結果可能包括促成組織網絡、有效獲取資源，以及形成政策槓桿效果；就社區而言，其結果可能包括具多元主義的證據、組織性結盟的存在，以及具有可趨近的社區資源。Zimmerman 的這些觀點，成為 Fetterman 發展彰權益能評鑑觀念的重要理論根源。

　　社區心理學、行動人類學和自我決定觀念亦是彰權益能評鑑的重要理論根源。社區心理學強調，人們、組織和社區應以建立對其事物的控制為工作重點，而這樣的彰權益能取向需彰顯於再界定專業者（含評鑑者）與其服務對象間之角色關係。專業者的角色變成是一種合作者和促進者，而非專家與諮商者。做為合作者，專業者應從參與夥伴的文化、視野和生活奮鬥中來理

解參與夥伴。專業者並非將其技能、旨趣或計畫強置於社區,而是應成為社區的資源。此種角色關係亦提示著,專業者應視其工作對象和場域的特殊因素而做技術上的因應,而非將事先預定好的技術普遍運用於所有情境。行動人類學則聚焦於人類學家可促進自我決定群體之目的和目標的達成,其中最重要的觀念乃自我決定。自我決定乃規劃自己生涯裡各種行動途徑的能力,其由無數相互關聯的能力所組成,例如,辨識和表達需求、建立目標或期望及其達成的行動藍圖、界定出所需資源、從各種行動選項中做理性抉擇、採適當步驟追求目標、評鑑長短期結果且包括再評估計畫與期望而採必要的其他路徑,以及持續地追求這些目標等等的能力(Fetterman, 2001)。

彰權益能評鑑亦深受行動研究觀念的影響,或者更貼切地說是兩者彼此影響,相互支撐。兩者均強調利害關係人自己進行研究,且執行研究後之行動;此外,兩者皆主張實踐者自己能分從探究和行動兩方面獲致權能之增長;兩者也都針對方案之改進而展現出研究取向的具體化、及時化、針對性和實用性等研究特徵;兩者亦都強調需形成反思與行動間之不斷循環,且都聚焦在能相適於當下情境的單純化資料及其蒐集方法之運用。然而,這兩者亦存在一些觀念和型態上的差別。例如,彰權益能評鑑明顯地強調來自自我決定觀念的驅使,且具合作的性質;而行動研究則可以是個人或群體的努力。彰權益能評鑑需一組人合作地以整全的觀點,去探究整個方案或機構,其不應由單一個人實施。行動研究常是一位實踐者日常職責的外加工作;而彰權益能評鑑則應內化為一個方案在計畫與管理過程中的一部分,這樣的評鑑制度化,使其更像是持續性而非零散的工作(Fetterman, 2001)。

彰權益能評鑑的發展,也受到若干相關評鑑模式或取向之影響,但它不是其他形式評鑑研究的替代品;與其他評鑑不同的是,它更強調培養方案成員具備評鑑能力,並與他人分享評鑑的知能與技術,同時,也為評鑑專家創造新的角色和任務——幫助他人自助。影響彰權益能評鑑觀念發展的其他模式或取向,至少包括建構主義評鑑、參與式評鑑、合作取向評鑑、民主式評鑑和聚焦效用評鑑(林怡君,2007;Fetterman, 2005)。

彰權益能評鑑與建構主義評鑑淵源密切,都是尋求納入及服務所有的利害關係人。然兩者間有一關鍵差異,即後者的評鑑者仍保有評鑑控制權且和

利害關係人一起合作發展共識,而前者的評鑑者則將評鑑權力授予利害關係人,自己扮演協助者角色。參與式評鑑與彰權益能評鑑亦關係密切,並為彰權益能評鑑的發展創造環境,前者強調利害關係人之參與和主動從事活動,以及對在地控制和能力建立的承諾等觀念,皆與後者的價值相符。然這兩者亦有差異,就參與程度而言,參與可能包括從方案之發展、實施和評鑑等全部歷程和全方位之參與,亦可能只是其中某過程或部分之參與,彰權益能評鑑是一種全方面、各面向之參與,而某些參與式評鑑之參與程度不如彰權益能評鑑。另外,彰權益能評鑑比參與式評鑑更重視社會正義觀念之發揮(林怡君,2007;Fetterman, 2001)。合作式評鑑強調促使評鑑者在聆聽、分享評價上的努力,以及與其他參與者合作,也重視社區知識,這些是其與彰權益能評鑑的共同特點;然就合作式評鑑而言,彰權益能可能只是其渴望的邊際效益而非要求,而就彰權益能評鑑而言卻是其主要目的,這是兩者間最大的不同(Fetterman, 2005)。

慎思民主評鑑與彰權益能評鑑兩者皆重視利害關係人的參與,以及利害關係人與評鑑者對於方案和決策的對話過程,兩者也都強調評鑑歷程的公開化與透明化;然在慎思民主評鑑中,利害關係人所扮演的角色是受限的,基本上他們並非是自我評鑑者,而在彰權益能評鑑中利害關係人的參與是全面的,且係自我評鑑者。

聚焦效用評鑑強調評鑑利用之觀念,此亦為彰權益能評鑑的核心信念,Patton 亦認為彰權益能評鑑之聚焦於促進自我決定的承諾,能對增進評鑑的效用性觀念產生重要貢獻,然Fetterman強調重視利用的觀念,只是彰權益能評鑑裡的必要而非充分特質(Fetterman, 2001)。以上這些評鑑模式或取向,即使都與彰權益能評鑑在觀念上具若干差異,但都對此評鑑觀念之發展產生影響。

㈡核心觀念

立基於上述理論基礎,Fetterman(2005)進一步列舉出彰權益能評鑑的最主要核心概念有四:彰權益能、參與民主、社群(community)和自我決定。茲要述之。

1. 彰權益能

彰權益能乃彰權益能評鑑的最軸心概念，如前所述，它是一種使具權能並具解放的概念，強調人們和社區對影響他們的各種決定有所影響和控制之重要性，是一種讓人們運用其周遭各種有用資源來處理其物質的、經濟的、社會的、文化的和心理的各生活環境事物的過程。因之，彰權益能評鑑設計用來分享決定權力，將決定置於社區成員之手。其除具此種政治上的意涵外，亦另具心理層面上的權力動能意義。當一群人以做為一學習型社區的成員而有能力去達成其目標、改進其生活及周遭環境時，將會產生一種特別強烈的幸福及正向成長感受；人們會因彰其權、益其能而成為更獨立的和群體性的問題解決者、決定者，這是一種自由或解放的經驗。因此，彰權益能評鑑是一種協助他人自主的評鑑取向。

2. 參與民主

參與民主乃彰權益能評鑑的另一核心概念，主張參與和參入的民主特質，強調將常被剝奪權力的群體帶上檯面對話、參與決定。參與民主包含兩層次的意義，其一是民主的機制方法，例如以投票或參加群體討論的方式形成共識；另一是創造一種能導向智識和分享決定的環境。彰權益能評鑑者應有能力去創造此種參與民主的情境。

3. 社群

社群亦是彰權益能評鑑的核心概念。社群的較簡單觀念，乃指某群體、非營利機構或某組織中實施其自我評鑑的一群成員，其並非意指地理上的社區觀念；更精確地說，是指一個評鑑利用或評鑑運作的社群。一個評鑑運作的社群，乃一種學習者社群，其運用了評鑑的觀念和技術去評估其表現並規劃未來，其乃一學習型組織的引擎。而評鑑利用的社群，乃個人們所組成的群體，其利用評鑑來改進他們的決定、組織行為和表現。前一觀念強調運用評鑑觀念和技術於自己的組織，使之更理解組織的運作情形；而後者的觀念則強調利用評鑑發現來改進表現。彰權益能評鑑著重於此兩類社群的促成。

4. 自我決定

第四個彰權益能評鑑的核心概念乃自我決定，其意謂人有能力管理自己或規劃自己的生涯路徑。自我決定涉及諸多技能，包括辨識需求、建立目標、

創發行動藍圖、界定所需資源、做理性抉擇、採取妥適步驟及評鑑長短期結果等之能力，其既是彰權益能評鑑的理論基礎，亦是此種評鑑渴望促成的結果。

三、評鑑者的角色面向

彰權益能評鑑較之一般常見評鑑取向的一個重要特色，在於其不主張由評鑑者直接去評鑑受評標的，認為評鑑者應協助人們自助，亦即應協助組織或方案的相關人士自己進行評鑑的規劃與實施，進行自我評鑑。因之，其強調的評鑑者角色，與傳統的評鑑者極為不同。Fetterman（2001）列舉訓練（training）、激勵（facilitation）、支持（advocacy）、闡明（illumination）和解放（liberation），為彰權益能評鑑過程中評鑑者的五大角色面向，其中以訓練和激勵為最根本的，有了這兩者為基礎，其他三個面向才能在評鑑過程中開展。這五大面向可做為對彰權益能評鑑進行後設評鑑的指標，亦可用以決定彰權益能評鑑的發展層次或類型。

㈠訓練

在此一面向上，此種評鑑取向的評鑑者是去教導人們進行其自己的評鑑，並因而使其更具自我效能。此種取向主張去除評鑑的敏感性和神秘化，且理想上應協助組織將評鑑原則和實際內化，使評鑑成為方案規劃與發展中的內在而非外加成分，如此能創造參與者能力建立的機會。

在彰權益能評鑑中，訓練使參與者能劃定評鑑的領域，點出評鑑的範圍和關注點，也訓練其對方案內涵做預備性評估，同時亦闡明建立目標、發展策略以達成目標、探究進展情形等之需要。訓練一個群體進行自我評鑑，可視為等同於發展一個評鑑或研究設計；而且訓練應是持續的，因新的理解層次需回應以新的技能；訓練也應成為自我評估中自我反思過程的一部分，在此過程中參與者必須體會到，更多的工具對持續和促進評鑑過程是必要的。

㈡激勵

彰權益能的評鑑者應做為協助他人進行自我評鑑的教練或激勵者角色，其可對參與者的努力提供一般性的引導方向，且可參加他們在實施評鑑過程

中的會議，適時提供解釋、提議和諮詢，以協助確保過程之順利進行及維持各方的公平參與機會，有時則可能需協助排除障礙，並辨識與釐清出情境中的不當溝通型態。此外，做為一個教練或激勵者，彰權益能評鑑者也可提供一些有關如何創造激勵小組、處理抗拒單位、發展充電課程以提振疲乏單位、解決各種需磋商議題的有用資料。惟不管彰權益能評鑑者所為的貢獻為何，其必須確保評鑑仍留於方案人員之手，教練或激勵者的任務乃是以其評鑑訓練和過往的經驗為基礎，提供有用的資訊並維持自我評鑑的努力。

㈢支持

　　彰權益能的評鑑者協助參與者實施自我評鑑，從自我評鑑的過程中，讓組織的受雇者蒐集資料和證據，以證明其成就或進展績效，使自我評鑑成為一種個人成就的支持，同時亦使方案和組織藉由自我評鑑向其資助者或方案管理者提供成就資訊，使方案和組織獲得未來繼續存在的合法性支持。彰權益能評鑑及其評鑑者，應扮演此種協助個人和方案或組織獲得支持的支持性角色。

㈣闡明

　　闡明是一種開眼界、呈顯問題和啟蒙的經驗。當在決定價值並致力於方案改進的過程中，發展出有關方案互動、結構和角色的新洞見或新理解，則已發揮闡明的功能。彰權益能評鑑可在許多層次上發揮闡明的角色功能。例如，使一位欠缺研究經驗背景而參與彰權益能評鑑的行政者，能於自我評鑑的指標討論過程中，發展出可檢證的研究假設。又如使一群人有機會去思考問題並獲致一些可行的選項、假設和其檢測方法的看法。彰權益能評鑑應發揮此種闡明的角色功能。

㈤解放

　　闡明常成為解放的預備性步驟，其能釋放出尋求自我決定之強而有力的解放能量。而解放乃是一種使自己免於既有角色和各種限制的行動，其涉及重新定義和概念化自己與他人。彰權益能評鑑可以、也應該是促成解放的，其協助人們掌理自己的生活，找出評鑑他們自己的有用方式，使他們從傳統

的期望和角色中獲得解放。彰權益能評鑑應能使參與者發現新機會，以新觀點看待既存資源，並重新定義他們的認同和未來角色。

四、基本原則

除前述理論基礎、核心概念和角色面向可用來理解彰權益能評鑑的核心觀點與價值外，Wandersman 等人（2005）曾提出此種評鑑取向的十項基本原則，用以彰顯其與其他評鑑取向相較之整體性根本價值，並做為實施此種取向之引導。茲分述之。

㈠改進

引導彰權益能評鑑理論與實務的一個基本假定，是認為絕大部分的方案均渴望能對其所影響的人們之生活獲致正向結果。彰權益能評鑑希望這些方案能獲得成功，邁向其目標，因之強調人們、方案、組織和社區的改進努力，希望評鑑者以彰權益能評鑑的方法與工具協助方案、組織和社區獲致其成果。這與傳統評鑑強調價值中立和客觀性，希望評鑑者在毫不影響受評方案下，就其自然狀態而決定其價值或成效的觀點明顯不同。要言之，彰權益能評鑑主張評鑑者應致力協助方案、組織和社區的改進努力，而非拘泥於傳統評鑑的所謂中立性要求而限縮自己成為只是方案成效的判斷者角色。

㈡社區（群）自主（community ownership）

彰權益能評鑑相信社區（群）有權決定影響其生活的行動；相信當社區（群）被授予合法權威去做決定，並據此而引導實施評鑑的過程，則評鑑就愈能導向方案之改進。此種評鑑取向主張方案的利害關係人在彰權益能評鑑者的協助下實施評鑑並利用評鑑發現，利害關係人有責任對其方案和評鑑做關鍵性決定，這是一種對社區（群）自主的承諾。此與傳統評鑑取向主張由評鑑者和資助者握有有關評鑑之目的、設計和結果利用等權力之觀點並不相同。

彰權益能評鑑所主張的社區（群）自主觀，與一些所謂參與式評鑑的看法亦不一樣。後者所論的評鑑設計，是由評鑑者和實踐者共享評鑑的決定權力，評鑑者和實踐者分別承擔了一些評鑑的角色責任；但前者所主張的，並

非是評鑑者和實踐者在評鑑決定上的聯合擁有和共享決定，而是主張方案或社群具完全的評鑑擁有權。亦即，彰權益能評鑑主張，方案人員本質上應承擔評鑑的所有角色責任，只要情況許可，從陳述目標、設定優先行動，至評鑑行動之效果，均應由他們負責。而彰權益能評鑑者的主要任務，則在促進一種能導向能力建立和社區（群）自主的發展取徑，使方案人員和參與者完成彰權益能的評鑑，從目前所處位置出發，朝向更高層的評鑑能力邁進。

在彰權益能評鑑中，評鑑者或許經由提供見識和資訊而對方案方向之形塑發揮「影響」，但影響與權力不同，真正的決定權力應掌握在方案人員及其利害關係人之手，他們可決定自己是否接受評鑑人員所提供建議或資訊之影響。另外，社區（群）自主並非意謂彰權益能評鑑者不能陳述其意見，而是表示評鑑者的聲音只是社群在參與民主決定過程中，檯面上眾多聲音之一而已。換言之，彰權益能評鑑者並非捨棄其做為評鑑領域專家的角色，而是不應將此種權威擴展到剝奪了社群的決定權威。

㈢參入

彰權益能評鑑承諾具參入性的社區（群）自主，儘可能在做決定過程中讓各關鍵利害關係人直接參與；其相信方案或組織的評鑑，可因來自不同層級的利害關係人和方案成員之參與規劃和決定而獲益。而參入，與一般所謂人們以小組或群體去做決定，仍有差別。例如，一群人可能採取參與民主的方式做決定，但這並不表示每個人均被邀請參與決定。在參入的原則中，意指更寬廣的參與者代表，能參加並以一種有意義的方式參與之。未具參入性，可能對彰權益能評鑑產生不利影響，並常導致溝通不良、削弱行為，以及使得利害關係人欠缺人力資源以相互砥礪改進。彰權益能評鑑者將會發現，較佳的解決常來自方案人員、方案或社區成員、經費資助者和參與者的參入性商議結果。進一步言之，參入被認為是促進所有利害關係人對評鑑過程和評鑑結果利用具擁有感，而以之引導實務和方案改進的一個重要方法。

㈣民主參與

彰權益能評鑑假定，當提供適當的資訊和條件，則利害關係人有能力做明智的判斷與行動。此假定呼應了Dewey所論述的參與民主特性。如同社區

（群）自主和參入兩原則，民主參與亦是促使利害關係人投入的重要原則。民主參與強調慎思和真誠合作之重要性，以做為擴大社區（群）既存技能和知識利用的重要過程；也強調公平和真實的過程，這是彰權益能評鑑過程中的根本成分。另和民主參與價值相連結的，乃透明化的強調。彰權益能評鑑者應致力於使評鑑計畫和方法清晰且直接，清晰和公開能增進信任，這對利害關係人願意分享負面發現和根據評鑑結果去修改方案而言，是具關鍵性的。參與民主原則之運用，亦立基於這樣的信仰：當利害關係人能參與決定，則方案愈能契合於參與者的需求與價值。

㈤社會正義

彰權益能評鑑者相信且獻力於所諾許的社會正義——具公平、均等的資源分配、機會、義務和協商權力。此意謂其評鑑者承認現行社會存有某些根本的不平等條件，且將致力於經由協助人們運用評鑑來改進其方案而改良之，使社區和社會條件在評鑑過程中獲得正向發展。當人們更具自信、自我決定，且更準備好能控制其生活，則他們將更有能力去面對生活中的不平等。此種評鑑的目的，在於對邁向更寬廣眼界的良善社會做出實質貢獻。彰權益能評鑑諾許於社會正義，自然緊隨著諾許於去協助人們發展其明智的判斷與行動能力，而這可藉由提供其運用評鑑以改進方案所需的方法、工具、技術和訓練而促成。

㈥社區（群）知識

彰權益能評鑑尊重並促進社區（群）本位知識，其含納了當地社區（群）知識並假設社區（群）人們通常能知悉自己的問題，且能以較佳的立足點來產生自己的解決方式。就彰權益能評鑑者而言，尊重社區（群）知識常意謂認可利害關係人所具備的內隱知識，且試圖使這些知識顯明化，使之能經由溝通行動而彼此分享，並統整創發成新知識。在彰權益能評鑑中，亦強調發展工具以協助、增強、檢測或修正在地的社區（群）知識，社區（群）經驗被視為再脈絡化科學和最佳實務的根本資源，科學和最佳實務由於能補充在地知識而被重視。某些評鑑取向，如合作式和參與式評鑑，亦重視在地社區（群）知識，然其鮮少提及、或懷疑科學和證據本位的策略；而彰權益能評

鑑雖然承認源自不同脈絡的外來解決策略之限制，但較之其他評鑑取向，則認為證據本位策略亦能增進在地的思維和實務。

(七)證據本位策略

彰權益能評鑑重視科學和證據本位策略的角色功能，且堅持對源自相關證據本位或所謂最佳實務的涉入方案加以檢視之重要性，尤其當因社區（群）需要而進行設計的早期思考過程或者進行方案之選擇時，更需如此。如同對社區（群）知識之尊重，彰權益能評鑑亦尊重學者和實踐者的知識，因其提供了在某特定領域已具效果的實證資訊，且重視既存知識可避免凡事從頭新創之勞；然對於所謂證據本位策略，不能無視於在地脈絡而盲目採用。既尊重社區（群）知識，又重視證據本位或最佳實務知識，兩者似有基本上的矛盾，其實不然，彰權益能評鑑所強調的是，大部分的情形應是以社區（群）情境條件，對最佳實務或證據本位知識做必要的調整採用。彰權益能評鑑者的角色責任之一，是當參與者在規劃與實施涉入方案時，協助利害關係人去結合證據本位知識與社區（群）知識。

(八)能力建立

彰權益能評鑑相信，當利害關係人學到實施方案評鑑的基本步驟和技能時，他們就有更佳的立足點以形塑和改進其生活，甚至改進那些參與方案的人們之生活。此評鑑取向可用以同時增進利害關係人實施評鑑的能力，以及其在改進方案設計與執行上的能力。

(九)組織學習

「改進」乃彰權益能評鑑的重要原則，已如前述，而當一個組織同時支持「組織化的學習過程」和具「學習的結構性特徵」時，則愈能強化改進。採用資料以供做決定，並於方案發展歷程中和組織的內部發展出反思性文化，此能增進有意義的組織化學習過程，就此而言，組織應實施彰權益能評鑑以增進內部的組織化學習過程。另某些學習型組織的結構性特徵，有利於組織的改進，亦有利於彰權益能評鑑的持續。但是，這並非表示彰權益能評鑑只適合於具學習型組織特徵的運作平順組織；而是此種評鑑可針對方案或組織

的現有條件，設計相應合適的工具和實務，去激發人們的動機和技能，以支持學習文化的發展，只要某些關鍵管理者和人員對改進的過程存有興趣，即可促成。

㈩績效責任

如同其他評鑑取向，彰權益能評鑑諾許於績效責任，且重視方案所獲致的最後結果。同時，彰權益能評鑑立基於一個命題，即認為當利害關係人能蒐集過程評鑑的資訊，且使方案人員據以實施活動和進行計畫，則可大大地促進成果的達成。這是因為過程評鑑被視為邁向結果本位績效責任的一項工具。彰權益能評鑑賦予過程責任高優先性。此外，績效責任原則與彰權益能評鑑的其他原則，尤其與改進、社區（群）自主、參入和民主參與等原則相結合，能創造出一種源自自我驅使而非他人鞭策的績效責任觀念。

方案過程的描述和評估，能使方案人員和參與者創造一推理鏈，此可協助建立包括過程和結果兩層次績效責任的機制。彰權益能評鑑主張需同時具這兩層次的績效責任，其道理很簡單，就如同球隊之球員、教練和球迷想要贏球及知道最後結果，其亦需要知道為何輸或贏，以便能促進學習和持續改進。方案評鑑也誠然如此，結果固然重要，但若利害關係人能了解如何及為何產生方案結果，則更有意義；因無論方案之結果是正面的或負面的，藉此，利害關係人方能據以了解導致此結果之因素，而做為未來強化或調整行動之參酌。彰權益能評鑑亦重視、關懷結果本位績效責任，其實踐者亦需評估和知悉涉入方案之成效，亦即其兼顧了形成性和總結性評鑑的績效責任觀念。

此外，彰權益能評鑑視績效責任為資助者、評鑑者和實務者等的共同責任，其並非只是方案的某些人或其他人的責任，而是所有利害關係人的共同責任，故所有利害關係人應彼此合作去強化夥伴們的優勢、動能，以獲致及提升成效。

貳、實施方法與步驟

前述彰權益能評鑑的理論基礎、核心概念、評鑑者五大角色面向及十項

基本原則，可做為此種取向評鑑實施的一般性引導。至於實施的具體方法與步驟，Fetterman（2001）指出，評鑑者可採如下三大步驟來協助人們評鑑自己的方案：(1)發展任務、願景或整合性目的；(2)清查現狀，或決定方案目前狀態，包括其優勢和弱勢處；(3)建立目標以規劃未來，並協助參與者決定自己達成方案目標的策略。其中的第二和三大步驟內，並包括一些更細的小步驟。以下舉例說明之。

一、發展與界定任務

彰權益能評鑑的第一步驟，乃要求方案成員和參與者發展及界定其任務，評鑑者宜儘可能多邀方案成員和參與者以開放性程序來參與此項步驟，如要求每個參與者以一些關鍵語彙或句子來描繪方案的任務。即使方案原已存有任務陳述，此步驟仍應進行，因有些人常是方案成型後的新參與者，而且原初的方案文件或許並非以民主、開放的方式形成。施以此步驟，可使一些新觀念能成為任務內涵的一部分，也能使成員或參與者有對方案願景表達意見的機會。在此一過程中，群體成員們可體會到，他們彼此對方案往往具若干不同觀點，即使大家已共事多年亦然。

每個參與者皆完成其任務描述後，評鑑者可用一張大海報將這些詞句列舉出來，以方便討論。然後，召開參與者參加的工作坊，並邀請其中一位擔任志願者將這些詞彙或句子寫成一或兩段描述願景、任務的段落。在這過程中，要求參與者們一起分享觀點，並逐漸修改、調整，使形成具共識性的任務陳述段落：大家無需百分之百喜愛它，但至少必須願意與之相處。如此所得之任務陳述，代表著此一群體的價值，而且也因此成為下一步驟進行的基礎。

舉例來說，Fetterman 和 Jane Cooper 兩人曾針對一項稱為「關懷社區閱讀方案」（Caring Community Reads Program, CCRP）的方案，實施彰權益能評鑑。在發展與界定任務階段中，評鑑者邀參與方案的大學生、方案主管和資助者一起公開評述方案的任務，而獲得如下的描述：

「關懷社區閱讀方案包括兩個主要目標——聚焦於大學生的個別指導教學服務，另一則聚焦於他們所服務的小學生們的需要。」

「關懷社區閱讀方案的第一個目標是增加小學生的閱讀能力——協助一位小學學生達到或超越其所屬年級層次的閱讀能力。小學生與一位個別指導者（大學生）每週會面數次，進行一對一的個別指導，以做為班級教學後之補充。個別指導者們參加了一個以強調語音元素察知、閱讀理解和字彙發展的結構性訓練課程。個別指導的活動，應達成發展小學生自信的附加效益。而第二個目標，則結合了大學公共服務中心的任務之一：透過大學公共服務中心及其相關合作機構之支持，促進大學生的課堂學習，擴大其更寬廣的社區參與經驗。關懷社區閱讀方案的個別指導活動，提供大學生一個經驗和理解其所研究和生活的更大社會脈絡之機會。」

從上述任務陳述及其討論的過程中可發現，參與者對關懷社區閱讀方案的服務任務存在著不同觀點。就大學生而言，傾向於認為此方案是設計來協助社區中的閱讀困難學生；而就方案主管和資助者而言，則強調此方案是在提供大學生在實施過程中的服務體驗機會。儘管最後的任務陳述和界定結果，是將這兩種可能衝突的觀點皆納入，然此一過程至少能使參與者擴大其眼界，並知悉和理解不同參與者對此方案所持的觀點。

二、評估現狀（taking stock）

彰權益能評鑑的第二大步驟乃評估現狀，其內包括兩個階段。第一個階段在於列出當前方案運作的重要活動之清單。在此階段中，評鑑者仍扮演激勵者角色，要求方案人員和參與者列舉出當前方案裡最重要的活動，十至二十個應已足夠；當活動清單列出後，則對這些活動在當前的重要性和價值，評估其優先性。為縮減此階段的時間，可採取發給貼紙而進行投票的方式進行。例如，評鑑者發給每位參與者五張貼紙，並要求其將之貼在自己認為最想強調的活動上，參與者可將五張貼紙均集中貼在同一活動，也可將之分別貼在五個不同的活動上。然後，計算出獲最多貼紙的十個活動，即是大家認為目前最具優先性的十個活動。

評估現狀的第二個階段，是對這些優先性活動的當前表現狀況評等。由評鑑者要求方案人員和參與者，針對海報清單上所列的每一個優先性活動，就自己的感受，評估其目前的表現狀況等級；例如評以一至十的等級，等級

愈高表示其表現情形愈佳。在此時間點上，方案人員和參與者對每一活動之內涵和定義，可能僅具有限度的理解，因此可視需要提供額外的澄清活動；然不必急於此時做非常詳細的定義釐清活動，此可安排於評等後的對話過程中實施之。

　　進行評等時，典型上是要求每位參與者在座位上於自己的紙上評等，然後再逐一請其到討論室前方的海報紙上填寫其評等結果。這樣的安排，可使評等具相當程度的獨立性；亦可限縮評等者再次推敲及檢視他人評估結果的活動。同時，此過程的結果不必具秘密性，每一參與者除填上自己對每一活動之評等外，亦應將其名字寫在表上。與大部分研究設計不同的是，這樣的方式是用以確使每個人知悉他人的評等，並於他人評等後受其影響。這是彰權益能評鑑所欲產生的社會化過程的一部分：開啟討論，以及朝向每個人能說真話的更公開過程。

　　在彰權益能評鑑的評估現狀步驟中，強調以開放性情境實施，主要理由有三：(1)創造一種民主的資訊交換與流通情境；(2)由於這是一種開放性論壇，可讓管理者較難據以實施報復行動；(3)其增加策略公開之機會，方案成員和參與者必須維持此種環境，以利在此過活。

　　若要求方案人員和參與者對其方案做整體性評等，其往往傾向於給較高的評等。因而，要求其從方案裡的個別活動中分別先做評等，是相當重要的。當每個人對方案裡的每一重要活動皆已評等，則可分別以人為單位或以個別活動為單位計算評等的平均數，以及整體平均數。計算每個人的評等平均數，可用以了解哪些人屬樂觀派或悲觀派的參與者，亦可使參與者了解其相較於同儕們的立場，此將進而協助其於未來中調校自己的評估。當然，更重要的仍是個別活動的評等結果。個別活動分別被評等之平均數，累加後而得到的方案評等總平均數，通常會低於外來評等者對方案之評等。因此，可以個別活動之平均評等當作基準，做為對方案持續推展的歷時性評估比較之基礎。

　　在關懷社區閱讀方案評鑑案例中，經過舉列方案重要活動，定出優先性活動，以及評等每一活動等過程後，其評等結果如表 17-1。

　　上述評等過程完成及其結果出爐後，彰權益能評鑑過程中的最重要部分即應上場：進行對話。評鑑者應促發參與者對評等進行討論，要求參與者解

表 17-1　關懷社區閱讀方案評鑑：評估現狀之整合結果

名稱	平均	參與者名字簡寫											
		RM	JP	DN	QT	CC	NC	BP	OT	PB	TCS	SA	Issac
個別指導活動	7.1	8	7	7	6	7	7	7	7	8	6	7	8
訓練（對大學生）	6.2	6	8	6	5	6	8	7	6	7	6	8	1
評鑑大學生的計畫	4.8	7	7	6	2	6	1	4	5	5	3	6	5
對外溝通	4.3	3	4	5	4	6	3	3	4	5	4	4	7
服務學習課程	1.4	3	1	1	1	2		1	2	2	1	1	1
課堂計畫之傳輸	6.0	8	7	4	6	6	8	5	5	6	4	5	8
省思會議	6.6	7	6	4	6	6	9	6	8	6	5	9	7
個別指導之協調者	6.3	7	6	6	5	6	7	7	5	4	7	8	6
時間安排	6.3	8	7	7	7	6	7	3	6	5	7	6	7
個別指導者之發展	5.4	6	4	6	7	7	5	5	5	6	5	5	4
整體評估	5.4	6.3	5.7	5.2	4.9	5.9	5.6	4.8	5.3	5.4	4.8	5.9	5.4

「指導者們已向教師、家長和校長趨近。第一次的家長會議乃進一步溝通的好開端。」

「他看到了進步，此相當令人鼓舞。學童們已經接納個別指導者，指導者已變為更具信心和一貫性。」

「新方案品牌行銷尚未多所著墨。」

「訓練者素質優越。」

「服務學習可在此課堂之外的其他地方學習。」

「個別指導者是準備好的，其是目前為止最為成功之經驗。他喜歡此種一對一教學，感覺其比較有結構性。他有學到技能。」

註：1.表下方對話框乃評等者提出的理由，其可做為其後工作坊討論的線索。
　　2.本表分別呈現分項活動之平均評等，評等者的平均評等和整體平均評等。

資料來源：修改自 Fetterman (2001: 62).

釋其評等並提供做此評等的支持證據。例如，詢問某人何以某項活動你評以6，而另有兩位將其評為3。此一詢問和討論之過程，為下一步驟的規劃未來活動埋下萌發的種子，因為他們需要具體的證據來規劃達成其目標的活動，以及用以探究未來的進展情形。

在此時，彰權益能的評鑑者應扮演批判性友人的角色，促發討論，確保每人用心聆聽，同時常批判地詢問以如：「你所指為何？」或者要求對某一特別的評等或觀點提供進一步的釐清與細節說明。評鑑者所詢問的，應包括正向和負向的評等結果，在此過程中一方面聆聽，一方面協助記錄所得資訊，同時持續地再次提問理由。有時，某些參與者對其方案或其中某些活動評以不切實際的評等，同儕的評等及環境中某些實相的提醒，可協助其調整評等。評鑑者應提醒參與者，在此對話和交換意見的工作坊階段中，他們可更改其評等。因此評等過程的意義，在於為未來進展之評量創造比較的基準，而非實際上的評等。此外，其在於使參與者體會到蒐集資料以支持其評估的必要性。

在討論了四或五個起初評等紛歧而其後獲得相似評等的例子後，評鑑者主持的工作坊討論階段可予結束。接著，可讓參與群或分派的小組持續自行進行評等的討論。當最後的評等共識已形成，且能對評等結果所代表的意義提出簡要解釋時，則可召回參與者一起進行下一步驟——規劃未來。

三、規劃未來

在評估方案各活動的表現狀況並提供了各該評等的支持證據後，即可邁入規劃未來的步驟。參與者被詢以：「以目前的狀態為起點，你想抵達的目標點為何？」「對那些已做得相當好及仍不夠好的地方，你想如何加以改進？」之類的問題。彰權益能評鑑者要求參與者們，以現狀各活動清單之評估結果為基礎來規劃未來計畫；是以，其陳述與釐清之任務，引導其評估現狀，而評估現狀之結果，則形塑其對未來之規劃。如此，創造出一種在評鑑及行動藍圖中每一步驟間的一貫性連動關係與檢核路徑。

在此步驟中，評鑑者要求方案人員和參與者根據其評估現狀之實作結果，列出未來目標，針對每一活動設定其欲達成的具體目標；接著，要求成員們

討論、規劃能達成每一目標之行動策略;同時亦要求其提出能監督朝向目標而進展的證據形式。方案人員和參與人員應提供所有的這些資訊,在過程中,評鑑者並不是一位上級人員或干擾者,方案人員、參與者和評鑑者間之地位是平等的,評鑑者的主要角色應是做為教練、激勵者和批判性友人,致力促成和協助方案人員安排及參與此過程;在過程中亦分析性和批判性地發問和探詢,以釐清、探究和評估其目前作為,確保具體目標之能有效達成。要言之,在規劃未來此一步驟中,評鑑者主要在於激勵、協助和促成參與者完成擇定目標、發展策略和研訂監控進展之方法等三項活動。

㈠擇定目標

方案各活動目標之發展與擇定,除方案人員外,亦需結合上級人員和方案接受者之觀點而建立。此外,目標應是實際可行的,需將起始條件、動機、資源和人員互動情形等因素納入考慮;也需考慮一些外在標準,諸如認證機構的標準、上級主管的中長期計畫、董事會的規章等。

目標與方案活動、人員專長、資源和可及範圍的關聯也非常重要。傳統外部評鑑的一個重要問題是,其往往幫方案設定了過於宏偉或長遠的目標,致參與者僅能以某種間接的方式效力之,使得個人的日常活動,常與這些長期性目標的最終結果缺乏連結。在彰權益能評鑑中,方案參與者被支持、鼓勵去選定那些與他們日常活動直接關聯的中介性目標,而且,這些活動可進一步與更大、更擴散性的目標相關聯。

在選定目標的過程中,一般而言可先採用腦力激盪法,鼓勵參與者創發、激盪出諸多新目標;之後,再經由批判檢視和共識促進的過程修訂、精練、減化並擇定具共識的實際可行目標。

㈡發展策略

方案參與者亦有責任發展和擇定其用以達成目標之行動策略。腦力激盪、批判檢視和共識促進之過程,亦同樣可用以發展和擇定策略,亦可做為日常檢視策略效能和適當性的方法。在決定策略的適當性時,與方案資助者及其接受者磋商,乃彰權益能評鑑過程中極為根本的部分;此外,方案參與者典型上乃對其工作最為熟知者,此種評鑑取向不但承認這點,且主張應善用他

們的專業知識。

(三)研訂監控進展的方式與證據

除擇定目標、發展策略外，要求方案人員和參與者進一步研訂出用以監控方案各策略行動朝目標進展的證據及其探究方式，也是非常重要的工作。參與者所提出的每一種監控方式及其證據類別，皆應要求他們解釋其與目標之關聯性，如此可避免浪費時間於蒐集無用或外圍邊緣的證據資訊。另外，證據應具可信性和嚴謹度，這樣才可使此種評鑑在遭受可能具自我服務傾向的批評之情況下，仍可昂然挺立。

參、評論

陳美如、郭昭佑（2003）曾分析，彰權益能評鑑理念用之於校本課程評鑑可彰顯出：強調公平與機會、跨越邊界進行視野交融、開展自我決定的永續旅程及導向自由解放的社會理想等四方面的精神。Fetterman（2001）自己則曾評估，此種評鑑在實際運用上具整合群體力量以致力於共同的善、能以資料做為決定的基礎、可產生能力建立之過程等優勢，也具易受情境中人的因素影響；難以彰顯外部績效責任；參與者需耗入諸多時間、精力和資源等之限制；另他也曾討論學界所常提出有關此種評鑑在嚴謹性、客觀性和參與者偏見上的問題或質疑。以下分別評論此種評鑑取向的貢獻或優點，以及限制或質疑。

一、貢獻或優點

整體而言，彰權益能評鑑在評鑑理論與實務上的主要貢獻和優點，來自於其欲藉由在評鑑中融入彰權益能、民主參與、社群自主和自我決定等理念與過程，以啟迪人們在個人和社會上的自由解放，進而追求公平正義社會之促成等理念與理想層次，而非其在評鑑方法及過程步驟等技術層次上的貢獻。茲要述其主要貢獻或優點如下：

㈠具追求公平和正義社會的理想性格

以具堅實性的評鑑，判斷各種產品及社會服務方案之品質與價值，並公諸於世，供社會大眾和決策者做為其理性決定之基礎；若能如此，評鑑當然可整體性地增進社會運作的公平與正義。從這個角度來說，除偏頗的假評鑑外，評鑑學界所發展出的各種評鑑取向之落實運用，皆多少能具促進公平和正義社會的功能。然大部分傳統評鑑取向之評鑑者，對此比較持被動或非涉入性角色；而且，其常以自定的、自認為客觀專業的價值觀進行評鑑設計。其實，評鑑者的價值觀常只反映其自己的社會正義觀，更有甚者有時只反映了優勢階級的主流價值觀。如果從此一角度觀之，則有時評鑑將可能只為特定群體的價值而服務，這將不利於更公平、正義社會的促成。

相對地，彰權益能評鑑則期盼評鑑者主動地許諾於社會正義的實踐，期藉由協助他人在自我評鑑過程中建立能力，評估自己及所屬社群的情境條件，從多元的價值觀中決定自己的生活和發展方向；同時，採取相互提攜以促進彼此動能的共享權力觀來促進社會的公平與正義。此種理念，較之一般其他評鑑取向，更具追求公平與正義社會的理想性色彩。

㈡具引發自我及社會邁向解放的潛能

解放的社會學思潮，強調使個人和社會能去除不當的束縛與宰制，散發其具自主、自律並尊重他人的自由動能，以謀求自我潛能的發揮和正義社會的實踐。彰權益能評鑑強調使個人、組織和社群能在評鑑過程中增進其自我決定所需的權與能；而人們權與能的引發和增進，乃解放的必然要素。故此種評鑑取向具引發自我及社會邁向解放的強大潛能。

㈢能展現更充分的民主參與觀念以聚合群力

若干評鑑取向已極強調利害關係人參與評鑑和民主審議的觀念，如Stake的回應式評鑑和House的慎思民主評鑑觀念。然彰權益能評鑑不只如Stake、House 般，僅希望儘可能使所有利害關係人參入於評鑑過程中，以及以民主程序建立對評鑑焦點、評鑑設計及其結果詮釋的共識，其更要求方案人員和參與者能在評鑑者的協助、促進下，以民主開放、充分參與的方式，形成學

習社群，以群體力量自己進行評鑑設計，並根據評鑑結果規劃未來行動，以及持續地以有效證據評估行動結果，使評鑑和民主參與的精神融入於方案和組織的做決定循環機制中。這樣的民主參與，較之 Stake 和 House 的觀念更具滲入性、充分性；一般來說，這也易使方案和組織的人員更具接受評鑑、參與評鑑的意願；另由於其過程強調眾人的參入和平等，故也較能聚合群體的力量。

㈣能發揮多元價值觀的視野交融效果

在彰權益能評鑑中，由於強調各利害關係人之參入和民主參與，亦主張評鑑者與參與者之間的平等關係，評鑑者扮演的是協助、促進、激勵和批判友人的角色，而非將自己的價值觀強加於參與者身上。此種尊重多元價值的立場與過程，能引發各方案利害關係人和評鑑者勇於闡明各自的觀點、立場和價值，以相互激盪並反思自己的價值，可促進彼此視野的交融。而多元價值相互激盪及其後視野交融而建構出共識，不但可促成個人和組織的學習，亦可散發引導組織和社會進步的團體動能。

㈤能增進評鑑效用性

評鑑若未能對方案及其利害關係人產生衝擊、發揮效用，則評鑑的工作只是徒勞無功。彰權益能評鑑一方面藉由參與者於自我評鑑過程中的知能成長、組織學習，而對人員的觀念和智識產生影響，也一方面經由對方案任務的再界定、各活動現況之評估、未來改進策略之規劃，以及進展證據之設定與探究等過程，而能對方案產生改進的效用性。因之，無論就評鑑的觀念性利用，或工具性利用而言，彰權益能評鑑應能具較高的評鑑效用性。

㈥具獨特的評鑑者角色觀

彰權益能評鑑最特別的是其對評鑑者角色的觀點，希望評鑑者是協助他人進行自我評鑑的協助者、教導者、激勵者和批判性友人，而非價值判斷者。這是將評鑑權柄直接交至當事者之手的一種非常大膽而獨特的觀點和設計，至目前為止，即使是強調參與評鑑和民主評鑑的取向，亦大都未採此種觀點；這在評鑑領域上是一種非常獨特的觀點。

二、質疑或限制

㈠嚴謹度、偏見和客觀性之質疑

對彰權益能評鑑的第一個質疑是其嚴謹度。若依Fetterman的建議，此種評鑑的前二大步驟，即任務的陳述及其現狀的評估，主要由參與者以其觀點和經驗進行界定與評估。換言之，這樣的評估只針對方案中的部分活動而非全部活動，而這與一般評鑑學界主張應對方案做全面性的整全評鑑之觀點相較，顯有落差。而在Fetterman建議的第三步驟中，由參與者在評鑑者的協助下，針對現狀評估結果討論而提出方案的未來發展目標、行動策略及進展情形的證據方式，如此則所探究和評鑑者亦是方案中的有限面向。所以，從整全評鑑的觀點而言，彰權益能評鑑之嚴謹度易受質疑。另外，由參與者規劃討論出的進展情形證據形式及其探究方法，亦可能在研究設計和探究方法上面臨精確性和嚴謹度的質疑，除非其能真正且實在地接受評鑑者提供的專業評鑑技術而落實實施，但如前所述，評鑑者只能建議、支持和促進，是否採嚴謹而精確的評鑑設計，最終仍由參與者決定。

另一個對彰權益能評鑑的質疑，是偏見的問題。在前述Fetterman所提議的三大步驟中，從任務的陳述、現狀的評估，到未來行動的規劃及其成效驗證方式，主要訴諸方案人員和參與者的知識、觀點和經驗。雖然每位參與者不同觀點之相互激盪和視野交融，可相當幅度地減低某類身分者或個人的偏見，然長期處於同一組織脈絡下的一群人，在其組織文化的長期薰陶下，常會滋生出整體組織的共同性價值觀，而此等價值觀可能就是當事者自己未曾察覺的偏見來源。

在客觀性質疑方面，除前述嚴謹度和偏見可能影響客觀性外，彰權益能評鑑中評鑑者與方案及其人員長期互動，雙方觀點相互涉入評鑑歷程，以及由方案人員自主決定評鑑設計，這些都可能影響評鑑的客觀性。

㈡受人的因素影響甚鉅

彰權益能評鑑之成功程度，深受參與者們在參與動機、參入意願、溝通技能、自我信念和真誠性等人的因素之影響。弔詭的是，當組織中的人們具

高度參與動機、良好的民主溝通素養與氣氛、主動積極的任事態度和開放真誠的心胸時，彰權益能的觀念似早已存在於此等組織中，其實施彰權益能評鑑自然能水到渠成；而最不具這些特質的組織，應最需實施此種評鑑，然卻是最難推動者。當然，另外一個重要的人的因素，即是評鑑者本身的因素，彰權益能評鑑者不但需具高度的專業評鑑知能，更需具備良好的群體互動及溝通技能，才能有效地激發、促進組織中人員的參與動機、開放態度和求真求實精神，而欲培養具此種素養之評鑑者，實非易事。

㈢過度強調評鑑的形成性功能而相對地忽視總結性功能

本書第二章第二節討論評鑑的角色功能時，特別強調 Scriven 主張在增進整體社會福祉上，評鑑的形成性和總結性功能均有其重要性，不宜因一般人常具評鑑恐懼症而只重視形成性功能。而彰權益能評鑑如前所述，較偏重於評鑑的改進功能，相對地較忽略總結性功能。Fetterman（2001）自己曾引述 Chelimsky 對評鑑目的之區分方法，承認了此點限制。Chelimsky 指出評鑑的目的有三種，分別是：發展、績效責任和知識。Fetterman 指出，彰權益能評鑑在其中的發展性目的上是最強的，對組織的內在績效責任可發揮重要貢獻，但對外部績效責任領域之貢獻則是受限的。舉例而言，一家銀行藉由彰權益能評鑑之過程，可使其大幅改進客戶所關心的如工作效率及便利性方面的提升，然對顧客而言，他們更在意他們的金錢之能被正確計算和妥適運用，而這有賴於外部績效責任之稽核、評鑑。

㈣過度相信人性的求善信念

彰權益能評鑑之有效實施，端賴參與者之求善動機、意願，以及具真實和誠信的處事態度。Fetterman（2001）即認為，參與者之諾許追求真實和誠信，乃此種評鑑的最重要原則之一。然一般組織中包含各種不同的角色人員，各角色人員往往有其各自追求的殊異性旨趣，亦有其面臨的各種不同壓力、擔心，甚至恐懼，在此種情形下，是否每個人均能在評鑑者的激勵下而坦蕩心胸、開誠布公、實事求是，誠值懷疑。因之，此種評鑑可能對人性持過度樂觀的假設。

㈤大量耗費參與者的時間和精力

　　沒有一個評鑑不需耗費時間、精力和經費等資源，然與一般評鑑相比，彰權益能評鑑所需參與者投入的時間和精力更顯繁重。參與者必須於原先的例行工作之外，另投入時間、精力參與方案任務的陳述、方案現況的評估、未來行動之規劃、進展證據之蒐集，而且此一過程是一種群體參與而非個別的行動，更需耗入發展彼此溝通、建構群體內部信任感的時間和精力。這比一般外部評鑑由外來評鑑者直接處理評鑑的規劃、設計與實施，更需參與者投入更多的時間和精力，此也是彰權益能評鑑的另一可能限制。

參考文獻

丁福壽（2002）。**國民小學自然與生活科技學習領域課程計畫評鑑規準之研究**。國立台北師範學院課程與教學研究所碩士論文，未出版，台北市。

王文科（1986）。**教育研究法——教育研究的理論與實際**。台北：五南。

王文科（1994）。**課程與教學論**。台北：五南。

王文科、王智弘（2004）。**教育研究法**（第八版）。台北：五南。

王如哲（2008）。歐洲高等教育品質保證的發展與展望。**評鑑雙月刊，16**，17-21。

王淑俐（2000）。觀察的方法。載於黃光雄、簡茂發（主編），**教育研究法**（增訂七版）（頁 179-199）。台北：師大書苑。

王麗雲、侯崇博（2005）。應用方案理論進行評鑑：以嘉義縣國小週三進修方案為例。載於潘慧玲（主編），**教育評鑑的回顧與展望**（頁219-249）。台北：心理。

吳俊升（1991）。**教育哲學大綱**（增訂本）。台北：台灣商務。

吳清山（1995）。**學校行政**（第三版）。台北：心理。

呂金燮（1999）。實作評量——理論。載於王文中、呂金燮、吳毓瑩、張郁雯、張淑慧（合著），**教育測驗與評量——教室學習觀點**（頁171-203）。台北：五南。

李麗卿（1989）。**國中國文教科書之政治社會化內容分析**。國立台灣師範大學教育研究所碩士論文，未出版，台北市。

林怡君（2007）。**賦權增能評鑑模式在原住民部落社區大學實施之可行性研究**。國立台北教育大學教育政策與管理研究所碩士論文，未出版，台北市。

林邵仁（2007）。**教育評鑑標準的發展與探索**。台北：心理。

林鈺萍（2004）。**個案國小教師教學之賞評：Eisner 教育鑑賞與批評模式及**

其應用。國立台北師範學院課程與教學研究所碩士論文,未出版,台北市。

馬信行(1998)。**教育科學研究法**。台北:五南。

高新建(2000)。**課程管理**。台北:師大書苑。

張善培(1998)。課程實施程度的測量。**教育學報,26**(1),149-170。

張嘉育(1999)。**學校本位課程發展**。台北:師大書苑。

張德銳(1998)。**國小實習輔導人員臨床視導研習會手冊**。台北:台北市立師範學院國民教育研究所。

郭生玉(1989)。**心理與教育測驗**(第四版)。台北:精華。

陳向明(2002)。**社會科學質的研究**。台北:五南。

陳美如、郭昭佑(2003)。**學校本位課程評鑑——理念與實踐反省**。台北:五南。

陳英豪、吳裕益(1990)。**測驗與評量**。高雄:復文。

單文經(2005)。後現代主義的挑戰與評鑑學者的回應。載於潘慧玲(主編),**教育評鑑的回顧與展望**(頁38-66)。台北:心理。

曾淑惠(2002)。**教育方案評鑑**。台北:師大書苑。

曾淑惠(2004)。**教育評鑑模式**。台北:心理。

游家政(1994)。**國民小學後設評鑑標準之研究**。國立台灣師範大學教育研究所博士論文,未出版,台北市。

黃元齡(1981)。**心理及教育測驗的理論與方法**。台北:大中國。

黃光雄、蔡清田(1999)。**課程設計:理論與實際**。台北:五南。

黃旭鈞(2002)。**國民小學校長課程領導模式建構之研究**。國立台灣師範大學教育學系博士論文,未出版,台北市。

黃政傑(1985)。課程評鑑的概念。**國立台灣師範大學教育研究所集刊,27**,1-22。

黃政傑(1987)。**課程評鑑**。台北:師大書苑。

黃政傑(1991)。**課程設計**。台北:東華。

黃嘉雄(2000)。**轉化社會結構的課程理論:課程社會學的觀點**。台北:師大書苑。

黃嘉雄（2002）。**九年一貫課程改革的省思與實踐**。台北：心理。

黃嘉雄（2003）。課程管理的意義、策略與思維。**國民教育，44**（1），57-63。

黃嘉雄（2004a）。2001 年修訂之布魯姆認知領域目標分類：其應用與誤用。**國民教育，45**（2），59-72。

黃嘉雄（2004b）。釐清泰勒的課程評鑑觀。**國立台北師範學院學報，17**（1），27-50。

黃嘉雄（2005）。十項有關形成性和總結性評鑑的觀念謬誤。**國民教育，46**（1），68-75。

黃嘉雄（2006）。課程理論是教師的批判性益友。**北縣教育，56**，12-15。

黃嘉雄、林佩璇、許學仁、邱惜玄、黃雅文、洪正雄等（2003）。**國民中小學九年一貫課程教科書評鑑指標**。台北：教育部。

葉重新（2000）。問卷的修訂與編製。載於黃光雄、簡茂發（主編），**教育研究法**（增訂七版）。台北：師大書苑。

詹棟樑（2001）。**教育認識論導論**。台北：師大書苑。

葉重新（2001）。**心理與教育測驗**。台北：揚智文化。

蓋浙生（1982）。**教育經濟學**。台北：三民。

潘淑滿（2003）。**質性研究理論與應用**。台北：心理。

歐用生（2000）。內容分析法。載於黃光雄、簡茂發（主編），**教育研究法**（增訂七版）（頁 229-254）。台北：師大書苑。

鄭全成（2002）。**國民小學社會學習領域課程計畫評鑑規準之研究**。國立台北師範學院課程與教學研究所碩士論文，未出版，台北市。

鄭淑惠（2007）。探究評鑑如何影響教師的專業成長——以個案研究為例。載於中華民國師範教育學會（主編），**教師評鑑與專業成長**（頁93-125）。台北：心理。

Abma, T. A. (2005). Responsive evaluation: Its meaning and special contribution to health promotion. *Evaluation and Program Planning, 28*, 279-289.

Abma, T. A., & Stake, R. E. (2001). Stake s responsive evaluation: Core ideas and evaluation. *New Directions for Evaluation, 92*, 7-21.

Alkin M. C., & House, E. R. (1992). Evaluation of programs. In M. C. Alkin (Ed.), *Encyclopedia of educational research* (6th Ed.) (pp. 462-467). New York: Macmillan.

Alkin, M. C., & Taut, S. M. (2003). Unbundling evaluation use. *Studies in Educational Evaluation, 29*, 1-12.

Anderson, D. C. (1981). *Evaluating curriculum proposals: A critical guide*. London: Croom Helm.

Anderson, L. W., & Krathwohl, D. R. (Eds.). (2001). *A taxonomy for learning, teaching and assessing: A revision of Bloom's taxonomy of educational objectives*. New York: Longman.

Beauchamp, G. (1981). Basic components of a curriculum theory. In H. A. Giroux, A. N. Penna, & W. F. Pinar (Eds.), *Curriculum & instruction: Alternatives in education* (pp. 62-68). Berkeley, CA: McCutchan.

Bloom, B. S. (Ed.). (1956). *Taxonomy of educational objectives: Handbook 1 cognitive domain*. New York: Longman.

Bonnet, D. G. (1981). Five phase of purposeful inquiry. In R. S. Brandt (Ed.), *Applied strategies for curriculum evaluation* (pp. 9-24). Alexandria, Virginia: ASCD.

Chen, H. (2005). *Practical program evaluation: Assessing and improving planning, implementation, and effectiveness*. Thousand Oaks, CA: Sage.

Christie, C. A., & Alkin, M. C. (1999). Further reflections on evaluation misutilization. *Studies in Educational Evaluation, 25*, 1-10.

Cronbach, L. J. (1963). Course improvement through evaluation. *Teachers Record, 64*, 672-683.

Cronbach, L. J. (1983). Course improvement through evaluation. In G. F. Madaus, M. Scriven, & D. L. Stufflebeam (Eds.), *Evaluation models: Viewpoints on educational and human service evaluation* (pp. 101-115). Boston: Kluwer-Nijhoff.

Cronbach, L. J. (2000). Course improvement through evaluation. In D. L. Stufflebeam, G. F. Madaus, & T. Kellaghan (Eds.), *Evaluation models: Viewpoints on educational and human services evaluation* (pp. 235-247). Norwell, MA:

Kluwer Academic Publishers.

Cummings, R. (2002, October/November). *Rethinking evaluation use.* Paper presented at 2002 Australasian Evaluation Society International Conference, Wollongong, Australia.

Curran, V., Christopher, J., Lemire, F., Collins, A., & Barrett, B. (2003). Application of a responsive evaluation approach in medical education. *Medical Education, 37,* 256-266.

Davidson, E. J. (2005). *Evaluation methodology basics: The nuts and bolts of wound evaluation.* Thousand Oaks, CA: Sage.

Dooley, D. (1995). *Social research methods.* Englewood Cliffs, NJ: Prentice Hall.

Eash, M. J. (1973). Transactional evaluation in field settings: Roles and designs. In R. M. Rippey (Ed.), *Studies in transactional evaluation* (pp. 93-108). Berkeley, CA: McCutchan.

Eisner, E. W. (1985). *The art of educational evaluation: A personal view.* London: The Falmer Press.

Eisner, E. W. (1991). Taking a second look: Educational connoisseurship revisited. In M. W. McLaughlin & D. C. Phillips (Eds.), *Evaluation and education: At quarter century* (pp. 169-187). Chicago: NSSE.

Eisner, E. W. (1996). *Cognition and curriculum reconsidered* (2nd ed.). London: Paul Chapman.

Eisner, E. W. (1998). *The enlightened eye: Qualitative inquiry and the enhancement of educational practice.* Upper Saddle River, NJ: Prentice Hall.

Eisner, E. W. (2002). *The educational imagination: On the design and evaluation of school programs* (3rd. Ed.). Upper Saddle River, NJ: Merrill Prentice Hall.

Fetterman, D. M. (2000). Steps of empowerment evaluation: From California to Cape Town. In D. L. Stufflebeam, G. F. Madaus, & T. Kellaghan (Eds.), *Evaluation models: Viewpoints on educational and human services evaluation* (pp. 395-408). Norwell, MA: Kluwer Academic Publishers.

Fetterman, D. M. (2001). *Foundations of empowerment evaluation.* Thousand Oaks,

CA: Sage.

Fetterman, D. M. (2005). A window into the heart and soul of empowerment evalua-tion: Looking through the lens of empowerment evaluation principles. In D. M. Fetterman & A. Wandersman (Eds.), *Empowerment evaluation principles in practice* (pp. 1-26). New York: The Guilford Press.

Flick, U. (2002). *An introduction to qualitative research* (2nd ed.). London: Sage.

Flinders, D. J., & Eisner, E. W. (2000). Educational criticism as a form of qualitative inquiry. In D. L. Stufflebeam, G. F. Madaus, & T. Kellaghan (Eds.), *Evaluation models: Viewpoints on educational and human services evaluation* (pp. 195-207). Norwell, MA: Kluwer Academic Publishers.

Foucault, M. (1980). *Power/knowledge: Selected interviews and other writings*. Brighton, Sussex: The Harvester Press.

Franke, T. M., Christie, C. A., & Parra, M. T. (2003). Transforming a utilization-focused evaluation (UFE) gone awry: A case of intended use by unintended users. *Studies in Educational Evaluation, 29*, 13-21.

Giddens, A. (1979). *Central problem in social theory: Action, structure, and contra-diction in social analysis*. London: Macmillan.

Giroux, H. A., Penna, A. N., & Pinar, W. F. (1981). Introduction and overview to the curriculum field. In H. A. Giroux, A. N. Penna, & W. F. Pinnar (Eds.), *Curriculum & instruction: Alternatives in education* (pp. 1-9). Berkeley, CA: McCutchan.

Glatthorn, A. A. (1987). *Curriculum leadership*. Glenview, Illinois: Scott, Foresman and Company.

Gredler, M. E. (1996). *Program evaluation*. Eaglewood Cliffs, New Jersey: Prentice Hall.

Guba, E. G., & Lincoln, Y. S. (1981). *Effective evaluation*. San Francisco, CA: Jossey-Bass.

Guba, E. G., & Lincoln, Y. S. (1989). *Forth generation evaluation*. Beverly Hills, CA: Sage.

Guba, E. G., & Lincoln, Y. S. (2000). Episteinological and methodological bases of naturalistic inquiry. In D. L. Stufflebeam, G. F. Madaus, & T. Kellaghan (Eds.), *Evaluation models: Viewpoints on educational and human services evaluation* (pp. 363-381). Norwell, MA: Kluwer Academic Publishers.

Guba, E. G., & Lincoln, Y. S. (2001). *Guidelines and checklists for constructivist (a.k.a. fourth generation) evaluation.* Retrieved August 20, 2006, from http://www.wmich.edu/evalctr/checklists/constructivisteval.pdf

Hall, G. E., & Hord, S. M. (1987). *Change in schools: Facilitating the process.* Albany, New York: Sunny Press.

Hamdan, M. Z. (1986). *Curriculum evaluation: Toward a systematic methodology.* (ERIC. Document Reproduction Service No. ED 296001)

Henry, G. T. (2003). Influential evaluations. *American Journal of Evaluation, 24*(4), 515-524.

House, E. R. (1991). Evaluation and social justice. In M. W. McLaughlin & D. C. Phillips (Eds.), *Evaluation and education: At quarter century* (pp. 233-247). Chicago: NSSE.

House, E. R. (2001). Responsive evaluation (and its influence on deliberative democratic evaluation). *New Directions for Evaluation, 92,* 23-30.

House, E. R., & Howe, K. R. (2000a). Deliberative democratic evaluation in practice. In D. L. Stufflebeam, G. F. Madaus, & T. Kellaghan (Eds.), *Evaluation models: Viewpoints on educational and human services evaluation* (pp. 409-421). Norwell, MA: Kluwer Academic Publishers.

House, E. R., & Howe, K. R. (2000b). *Deliberative democratic evaluation checklist.* Retrieved August 21, 2006, from http://www.wmich.edu/evalctr/checklists/dd-checklist.pdf

Kirkhart, K. E. (2000). Reconceptualizing evaluation use: An integrated theory of influence. *New Directions for Evaluation, 88,* 5-23.

Kreisberg, S. (1992). *Transforming power: Domination, empowerment, and education.* Albany, NY: State University of New York Press.

Lawton, D. (1986a). Cultural analysis and curriculum planning. In D. Lawton (Ed.),

School curriculum planning. London: Hodder and Stoughton.

Lawton, D. (1986b). School-based curriculum planning. In D. Lawton (Ed.), *School curriculum planning.* London: Hodder and Stoughton.

Levine, T. (2002). Stability and change in curriculum evaluation. *Studies in Educational Evaluation, 29,* 1-33.

Leviton, L. C. (2003). Evaluation use: Advances, challenges and applications. *American Journal of Evaluation, 24*(4), 525-535.

Lewy, A. (1977). The nature of curriculum evaluation. In A. Lewy (Ed.), *Handbook of curriculum evaluation* (pp. 3-33). Paris: UNESCO, International Institute for Educational Planning.

Madaus, G. F. (2000). The clarification hearing: A personal view of the process. In D. L. Stufflebeam, G. F. Madaus, & T. Kellaghan (Eds.), *Evaluation models: Viewpoints on educational and human services evaluation* (pp. 33-83). Norwell, MA: Kluwer Academic Publishers.

Madaus, G. F., & Kellaghan, T. (1992). Curriculum evaluation and assessment. In P. W. Jackson (Ed.), *Handbook of research on curriculum: A project of the American Educational Research Association* (pp. 119-132). New York: Macmillan.

Madaus, G. F., & Kellaghan, T. (2000). Models, metaphors, and definitions in evaluation. In D. L. Stufflebeam, G. F. Madaus, & T. Kellaghan (Eds.), *Evaluation models: Viewpoints on educational and human services evaluation* (2nd Ed.) (pp. 19-31). Norwell, MA: Kluwer Academic Publishers.

Migotsky, C., & Stake, R. (2001). *An evaluation of an evaluation: CIRCE's meta-evaluation of the site visits and issue papers of the ATE program evaluation.* Illinois: CIRE, University of Illinois at Urbana-Champaign.

Miller, R. L., & Butler, J. (2008). Using an adversary hearing to evaluate the effectiveness of a military program. *The Qualitative Report, 13*(1), 12-25.

National Council for Accreditation of Teacher Education (NCATE) (n. d.). *NCATE policies.* Retrieved Jan. 7, 2009, from http://www.ncate.org/public/policies-contents.asp? ch=38

Nevo, D. (1995). *School-based evaluation: A dialogue for school improvement.* New York: Pergamon.

Oliva, P. F. (2001). *Developing the curriculum* (5th Ed.). New York: Longman.

Owens, T. R. (1973). Education evaluation by adversary proceedings. In E. R. House (Ed.), *School evaluation: The politics and process.* Berkeley, CA: McCutchan.

Owens, T. R., & Hiscox, M. D. (1977, April). *Alternative models for adversary evaluation: Variations on a theme.* Paper presented at the Annual Meeting of the American Educational Research Association, New York.

Parsons, B. A. (2002). *Evaluative inquiry: Using emvaluation to promote student success.* Thousand Oaks, CA: Corwin Press.

Patton, M. Q. (1997). *Utilization-focused evaluation: The new century text* (3rd ed.). Thousand Oaks, CA: Sage.

Patton, M. Q. (2002). *Utilization-focused evaluation (U-FE) checklist.* Retrieved August 22, 2006, from http://www.edu/evalctr/checklists/ufe.pdf

Popham, W. J. (1988). *Educational evaluation* (2nd ed.) Englewood, NJ: Prentice Hall.

Popham, W. J. (1993). *Educational evaluation* (3rd ed.). Needham Heights, MA: Allyn & Bacon.

Pratt, D. (1980). *Curriculum: Design and development.* New York: HBJ.

Pratt, D. (1994). *Curriculum planning: A handbook for professionals.* Orlando, Florida: Harcourt Brace.

Preskill, H., & Caracelli, V. (1997). Current and developing conceptions of use: Evaluation use TIG surrey results. *Evaluation Practice, 18*(3), 16-22.

Provus, M. (1973). Evaluation of ongoing programs in the public school system. In B. R. Worthen & J. R. Sanders (Eds.), *Educational evaluation: Theory and practice* (pp. 171-207). Belmont, CA: Wadsworth.

Rippey, R. (1972, April). *Introduction: What is transactional evaluation?* Paper presented at the Annual Meeting of the American Educational Research Association, Chicago, Illinois.

Rippey, R. (1973). What is transactional evaluation? In R. M. Rippey (Ed.), *Studies in transactional evaluation* (pp. 3-7). Berkeley, CA: McCutchan.

Rogers, P. J. (2000). Program theory: Not whether programs work, but how they work. In D. L. Stufflebeam, G. F. Madaus, & T. Kellaghan (Eds.), *Evaluation models: Viewpoints on educational and human services evaluation* (pp. 209-232). Norwell, MA: Kluwer Academic Publishers.

Rossi, P. H., Lipsey, M. W., & Freeman, H. E. (2004). *Evaluation: A systematic approach* (7th ed.). Thousand Oaks, CA: Sage.

Schwab, J. J. (1981). The concept of the structure of a discipline. In H. A. Giroux, A. N. Penna, & W. F. Pinnar (Eds.), *Curriculum & instruction: Alternatives in education* (pp. 51-61). Berkeley, CA: McCutchan.

Schwandt T. A. (2001). Responsiveness and everyday life. *New Directions for Evaluation, 92,* 73-88.

Scriven, M. (1974). Pros and cons about goal-free evaluation. *Evaluation Comment, 3,* 1-4.

Scriven, M. (1977). The methodology of evaluation. In A. A. Bellack & H. M. Kliebard (Eds.), *Curriculum and evaluation* (pp. 334-371). Berkeley, California: McCutchan.

Scriven, M. (1983). Costs in evaluation: Concept and practice. In M. C. Alkin & L. C. Solmon (Eds.), *The costs of evaluation.* Beverly Hills, CA: Sage Publications.

Scriven, M. (1991a). Beyond formative and summative evaluation. In M. W. McLaughlin & D. C. Phillips (eds.), *Evaluation and education: At quarter century* (pp. 19-66). Chicago: NSSE.

Scriven, M. (1991b). *Evaluation thesaurus.* Newbury Park, CA: Sage.

Scriven, M. (2000). Evaluation ideologies. In D. L. Stufflebeam, G. F. Madaus, & T. Kellaghan (Eds.), *Evaluation models: Viewpoints on educational and human services evaluation* (pp. 249-278). Norwell, MA: Kluwer Academic Publishers.

Scriven, M. (2005). *The logic and methodology of checklists.* Retrieved August 15, 2006, from http://www.wmich.edu/evalctr/checklists/papers/logic&methodo-

logy-oct05.pdf

Scriven, M. (2006). *Key evaluation checklist.* Retrieved August 30, 2006, from http://www.wmich.edu/evalctr/checklists/kec-june06.pdf

Shaw, I. F. (1999). *Qualitative evaluation.* London: Sage.

Shulha, L. M., & Bradley, C. J. (1997). Evaluation use: Theory, research, and practice since 1986. *Evaluation Practice, 18*(3), 195-208.

Shuy, R. W. (1998). Secretary Bennett's teaching: An argument for responsive teaching. In E. W. Eisner (Ed.), *The enlightened eye: Qualitative inquiry and the enhancement of educational practice* (pp. 135-149). Upper Saddle River, NJ: Prentice Hall.

Skilbeck, M. (1984). *School-based curriculum development.* London: Harper & Row.

Spradley, J. P. (1980). *Participant observation.* New York: Rinehart and Winston.

Stake, R. E. (1975). *Evaluating the arts in education: A responsive approach.* Columbus, Ohio: Merrill.

Stake, R. E. (1977). The countenance of educational evaluation. In A. A. Bellack & H. M. Klibard (Eds.), *Curriculum and evaluation* (pp. 372-390). Berkeley, CA.: McCutchan.

Stake, R. E. (1991). Retrospective on the countenance of educational evaluation. In M. W. McLaughlin & D. C. Phillips (Eds.), *Evaluation and education: At quarter century* (pp. 67-88). Chicago: NSSE.

Stake, R. E. (1995). *The art of case study research.* Thousand Oaks, CA: Sage.

Stake, R. E. (1997). The fleeting discernment of quality. In L. Mabry (ed.), *Advances in program: Evaluation and the postmodern dilemma* (pp. 41-59). Greenwich, Connecticut: JAI Press.

Stake, R. E. (2000). Program evaluation, particularly responsive evaluation. In D. L. Stufflebeam, G. F. Madaus, & T. Kellaghan (Eds.), *Evaluation models: Viewpoints on educational and human services evaluation* (pp. 343-362). Norwell, MA: Kluwer Academic Publishers.

Stake, R. E., & Pearsol, J. A. (1981). Evaluating responsively. In R. S. Brandt (Ed.),

Applied strategies for curriculum evaluation (pp. 25-33). Alexandria, Virginia: ASCD.

Steinmetz, A. (2000). The discrepancy evaluation model. In D. L. Stufflebeam, G. F. Madaus, & T. Kellaghan (Eds.), *Evaluation models: Viewpoints on educational and human services evaluation* (pp. 127-143). Norwell, MA: Kluwer Academic Publishers.

Stronach, J. (2001). The changing face of responsive evaluation: A postmodern rejoinder. *New Directions for Evaluation, 92,* 59-72.

Stufflebeam, D. L. (1980). An interview with Daniel L. Stufflebeam. *Educational Evaluation and Policy Analysis, 2*(4), 90-92.

Stufflebeam, D. L. (1983). The CIPP model for program evaluation. In G. F. Madaus, M. Scriven, & D. L. Stufflebeam (Eds.), *Evaluation models: Viewpoints on educational and human services evaluation* (pp. 117-141). Boston: Kluwer-Nijhoff Publishing.

Stufflebeam, D. L. (2000a). Foundational model for 21st century program evaluation. In D. L. Stufflebeam, G. F. Madaus, & T. Kellaghan (Eds.), *Evaluation models: Viewpoints on educational and human services evaluation* (pp. 33-83). Norwell, MA: Kluwer Academic Publishers.

Stufflebeam, D. L. (2000b). The CIPP model for evaluation. In D. L. Stufflebeam, G. F. Madaus, & T. Kellaghan (Eds.), *Evaluation models: Viewpoints on educational and human services evaluation* (pp. 279-318). Norwell, MA: Kluwer Academic Publishers.

Stufflebeam, D. L. (2001). The metaevaluation imperative. *American Journal of Evaluation, 22*(2), 183-209.

Stufflebeam, D. L., & Shinkfield, A. J. (1985). *Systematic evaluation: A self-instructional guide to theory and practice.* Boston: Kluwer-Nijhoff Publishing.

Tamir, P. (1985). The potential and actual roles of evaluators in curriculum development. In P. Tamir (Ed.), *The role of evaluators in curriculum development* (pp. 1-22). London: Croom Helm.

The Joint Committee on Standards for Educational Evaluation (1994). *The program evaluation standards* (2nd ed.). Thousand Oaks, CA: Sage.

Thompson, B. (1994). The revised program evaluation standards and their correlation with evaluation use literature. *Journal of Experimental Education, 63*(1), 54-81.

Tyler, R. W. (1969). *Basic principles of curriculum and instruction* (29th ed.). Chicago: The University of Chicago Press.

Tyler, R. W. (1975). Specific approaches to curriculum development. In J. Schaffarzick & D. H. Hampson (Eds.), *Strategies for curriculum development* (pp. 17-33). Berkeley, California: McCutchan.

Tyler, R. W. (1981). How can the effectiveness of learning experience be evaluated? In H. A. Giroux, A. N. Penna, & W. F. Pinar (Eds.), *Curriculum & instruction: Alternatives in education* (pp. 237-251). Berkeley, California: McCutchan.

Tyler, R. W. (1983). A rationale for program evaluation. In G. F. Madaus, M. Scriven, & D. L. Stufflebeam (Eds.), *Evaluation models: Viewpoints on educational and human services evaluation* (pp. 67-78). Boston: Kluwer-Nijhoff.

Tyler, R. W. (1991). General statement on program evaluation. In M. W. Mclaughlin & D. C. Phillips (Eds.), *Evaluation and education: At quarter century* (pp. 3-17). Chicago: The National Society for the Study of Education.

U. S. Department of Education (n. d.). *Overview of accreditation.* Retrieved Jan. 1, 2009, from http://www.ed.gov/admins/finaid/accred/edpicks.jhtml? src=ln

Wandersman, A., Snell-Johns, J., Lentz, B. E., Fetterman, D. M., Keener, D. C., Livet, M., Imm, P. S., & Flaspohler, P. (2005). The principles of empowerment evaluation. In D. M. Fetterman & A. Wandersman (Eds.), *Empowerment evaluation principles in practice* (pp. 27-41). New York: The Guilford Press.

Windham D. M., & Chapman, D. W. (1990). *The evaluation of educational efficiency: Constraints, issues, and policies.* Greenwich, Connecticut: JAI Press.

Wingate (2002). *The evaluation checklist project: The inside scoop on content, process, policies, impact, and challenges.* Retrieved August 15, 2006, from http://www.wmich.edu./evalctr/checklists/papers/insidescoop.pdf

Wolf, R. L. (1983). The use of judicial evaluation methods in the formulation of educational policy. In G. F. Madaus, M. Scriven, & D. L. Stufflebeam (Eds.), *Evaluation models: Viewpoints on educational and human services evaluation.* Boston: Kluwer-Nijhoff Publishing.

Wolf, R. L. (1990). *Evaluation in education: Foundations of competency assessment and program review* (3rd. Ed.). New York: Praeger.

Worthen, B. R., & Sanders, J. R. (1973). *Educational evaluation: Theory and practice.* Belmont, CA: Wadsworth.

Worthen, B. R., & Sanders, J. R. (1987). *Educational evaluation: Alternative approaches and practical guidelines.* New York: Longman.

Worthen, B. R., Sanders, J. R., & Fitzpatrick, J. L. (Eds.) (1997). *Program evaluation: Alternatives approaches and practical guidelines* (2nd Ed.). New York: Longman.

Zais, R. S. (1981). Conceptions of curriculum and the curriculum field. In H. A. Giroux, A. N. Penna, & W. F. Pinar (Eds.) *Curriculum & instruction: Alternatives in education* (pp. 31-49). Berkeley, CA: McCutchan.

名詞索引

漢英對照（依筆劃順序排列）

1-5 畫

9-10 畫

12-14 畫

15 畫

英漢對照（依英文字母順序排列）

A—C

國家圖書館出版品預行編目（CIP）資料

課程評鑑／黃嘉雄著. --初版.-- 臺北市：心理，
2010.03
　　面；　　公分.--（課程教學系列；41322）
參考書目：面
含索引
ISBN 978-986-191-349-0（平裝）

1. 課程評鑑

521.75　　　　　　　　　　　　　　99002370

課程教學系列 41322

課程評鑑

作　　　者：黃嘉雄

執行編輯：高碧嶸

總 編 輯：林敬堯

發 行 人：洪有義

出 版 者：心理出版社股份有限公司

地　　　址：231026 新北市新店區光明街 288 號 7 樓

電　　　話：(02) 29150566

傳　　　真：(02) 29152928

郵撥帳號：19293172　心理出版社股份有限公司

網　　　址：https://www.psy.com.tw

電子信箱：psychoco@ms15.hinet.net

排 版 者：臻圓打字印刷有限公司

印 刷 者：正恆實業有限公司

初版一刷：2010 年 3 月

初版十刷：2023 年 7 月

I S B N：978-986-191-349-0

定　　　價：新台幣 550 元